高教舆情蓝皮书
BLUE BOOK OF PUBLIC OPINION ON HIGHER EDUCATION

# 中国高等教育舆情报告(2018)

REPORT OF PUBLIC OPINION ON HIGHER EDUCATION IN CHINA(2018)

中国传媒大学高教传播与舆情监测研究中心
全国高等教育质量监测评估研究基地

主　编　王保华
副主编　刘立荣

高等教育出版社·北京

内容简介

本书是在总结2017年版本基础上编写的。全书共四部分，第一部分为理论，主要涵盖高校网络治理、网络舆情引导主体、网络意识形态安全、大数据理论等。第二部分是总报告，主要包括：2017年中国高等教育舆情年度报告、2017年度中国重点高校网络舆情分析报告、2017年中国高等教育舆情热点事件分析。第三部分是专题报告，主要涵盖了高等教育的14个方面：高等教育政策、体制改革、教师发展、管理、大学生、学科专业、质量评估、人才培养、科学研究、社会服务、大学生就业、高校思想政治、高校反腐、国外教育等方面的舆情分析报告。第四部分是热点事件评论，包括作者对当年热点，如“双一流”战略、“韩春雨事件”、“小龙虾”专业设置之争等舆情事件的评论。

本书适合高等教育管理人员及对关注高等教育发展的读者阅读参考。

图书在版编目（CIP）数据

中国高等教育舆情报告. 2018 / 王保华主编. --北京：高等教育出版社，2018. 12
ISBN 978-7-04-051079-9

Ⅰ. ①中… Ⅱ. ①王… Ⅲ. ①高等教育-研究报告-中国-2018 Ⅳ. ①G649. 21

中国版本图书馆CIP数据核字（2018）第277577号

中国高等教育舆情报告（2018）
Zhongguo Gaodengjiaoyu Yuqing Baogao（2018）

策划编辑 杨利平 靳剑辉　责任编辑 杨利平 靳剑辉　封面设计 王 鹏　版式设计 马 云
插图绘制 于 博　责任校对 刘娟娟　责任印制 赵义民

出版发行 高等教育出版社
社　　址 北京市西城区德外大街4号
邮政编码 100120
印　　刷 北京中科印刷有限公司
开　　本 787mm×1092mm 1/16
印　　张 27. 25
字　　数 450千字
购书热线 010-58581118
咨询电话 400-810-0598
网　　址 http://www.hep.edu.cn
http://www.hep.com.cn
网上订购 http://www.hepmall.com.cn
http://www.hepmall.com
http://www.hepmall.cn
版　　次 2018年12月第1版
印　　次 2018年12月第1次印刷
定　　价 50.00元



物 料 号 51079-00

# 前　言

2017年是值得记忆的一年，党的十九大召开标志着国家进入了新时代。这一年，互联网界也发生了很多重大事件：微信小程序上线、无人零售出现、乐视易主、共享单车企业倒闭、百度出击AI试驾无人驾驶汽车、“饿了么”收购“百度外卖”、搜狗上市、顺丰上市等。互联网内容生产方面，娱乐类新模式与新游戏出现：网络直播、抖音短视频等崛起，游戏“农药”（《王者荣耀》）和“吃鸡”（《绝地逃生》）火热；互联网金融方面，竞争、规制与海外发展并存：春节微信与支付宝的红包大战、校园贷遭取缔、移动支付布局海外市场等，都令人目不暇接。

2017年10月，习近平总书记在党的十九大报告中8次提到了互联网，指出要推动互联网、大数据、人工智能和实体经济的深度融合。同时再次强调建立网络综合治理体系，营造清朗的网络空间。2017年12月第四届世界互联网大会在乌镇举行，来自政府、国际组织、企业等的各界人士共同围绕数字经济、网络空间治理与交流合作等进行了探讨交流。

互联网已成为中国经济发展的重要平台，成为舆论争夺的主战场。相应地，高等教育舆情也开始主要呈现于网络空间中，对高等教育网络舆情的梳理与研究已成为提升网络治理能力的重要组成部分。

《中国高等教育舆情报告（2018）》是在总结2015年、2016年、2017年三年报告的基础上完成的，由王保华负责全书的设计和统稿工作，刘立荣协助完成前期编辑工作。

本书共四部分，第一部分为理论，主要涵盖互联网背景下的中国教育舆情研究态势与治理，中国舆论研究方法的现状与趋势，日本舆论研究的现状与趋势。第二部分为总报告，主要包括2017年中国高等教育舆情年度报告，2017年中国高等教育舆情十大热点事件分析，2017年中国重点高校网络舆情分析报告。第三部分为专题报告,主要涵盖高等教育的14个方面:高等教育政策、体制改革、高校管理、教师发展、大学生、学科专业、质量评估、人才培养、科学研究、社会服务、大学生就业、思想政治教育、高教反腐、国外教育。第四部分为热点事件评论,主要是摘取2017年涉及高等教育领域的若干热点事件进行舆情深度分析,以期对公众进行舆论引导。

本年度蓝皮书特点如下。

传承意识。作为系列高教舆情蓝皮书之一,本书始终坚持记录高等教育舆情发展的轨迹,在舆情理论研究与实践操作层面贡献价值。在理论研究方面,及时把国家社科基金教育学重点招标课题《互联网背景下教育舆情研究》的成果吸收到报告中,以体现在理论方面的思考与研究进展。与此同时,中国传媒大学高教传播与舆情监测研究中心(以下简称"研究中心")作为研究机构,还希望在高等教育舆情研究方面能形成专业性、持续性的专业报告,为高等教育舆情治理提供历史性资料,为建立高等教育舆情案例库奠定基础。

大数据方法。大数据作为一项技术手段对社会科学研究工作的影响是深远的,它不仅是统计工具,而且是思维方法的变革,要求研究者学会新的研究方法,更重要的是坚持实证研究的精髓,要善于揭示数据之间的相关性以及数据的事实真相,尤其是对决策的价值与意义。本年度的蓝皮书仍然坚持以数据说话、以事实说话的原则,客观呈现2017年中国高等教育众多方面的"景观",以期帮助教育行政部门和高等学校发现舆情出现与危机应对的规律,进而提升危机管理的能力与水平,为高等教育长远、可持续发展营造和谐的环境。

舆论引导功能。互联网时代的突出特征是颠覆性,无论是技术的变革,还是思想观念、行为方式的改变,都对现实的人产生各种无形的影响,或正面,或负面。作为舆情研究机构,研究中心的职责是:监测舆情、预测舆情、舆论引导、危机应对。为了发挥研究机构的舆论引导职责,研究中心2017年在日常舆情监测的基础上,着力发挥舆论引导的功能,对一些带有倾向性的事件进行了舆论的引导,以提升网民的媒介素养,为清朗的舆论空间建设贡献微薄之力。本报告中收录的舆情原创评论共4篇,涉及“双一流”建设、科学研究、学科专业建设等方面，这是研究中心为之努力的结果。这些评论对于展现事实、挖掘真相、重建信任、重塑价值观有着极为重要的现实意义。

本书第1章由王保华教授（中国传媒大学协同创新中心副主任、全国高等教育质量监测评估研究基地主任）、骆潇（中国传媒大学新闻传播学部传播研究院2015级硕士生）完成；第2章由王锡苓教授（中国传媒大学新闻传播学部新闻学院）、董小菲（山东女子学院文化传播学院）完成；第3章由何欣蕾博士（中央电视台驻东京记者站）完成；第4章由刘立荣（中国传媒大学新闻传播学部传播研究院2016级博士生、天津师范大学津沽学院教师）完成；第5章由李磊磊博士（中国传媒大学高教传播与舆情监测研究中心）完成；第6章由赵浩（中国传媒大学协同创新中心互联网信息研究院2016级硕士生）完成；第7章由葛自发副研究员（国家互联网应急中心）、程晶晶副研究员（国家互联网应急中心）完成；第8章由刘立荣完成；第9章由范松楠副教授（北京城市学院）完成；第10章由赵浩完成；第11章由王思懿（中国传媒大学新闻传播学部传播研究院2017级硕士生）、骆潇完成；第12章由李欣荣（中国传媒大学新闻传播学部传播研究院2015级硕士生）完成；第13章由赵莹博士（中国传媒大学图书馆学术研究部）完成；第14章由韩嫣然（中国传媒大学新闻传播学部传播研究院2016级硕士生）完成；第15章由黄维（西南大学党委宣传部）完成；第16章由王楠（中国传媒大学新闻传播学部传播研究院2017级博士生、北京第二外国语学院研究生处教师）完成；第17章由李晟（中国传媒大学新闻传播学部传播研究院2016级硕士生）完成；第18章由房正副研究员（教育部社科中心党建思政处副处长）完成；第19章由许艳艳（中国传媒大学协同创新中心互联网信息研究院2016级硕士生）完成；第20章由郭晓真（中国传媒大学新闻传播学部传播研究院2015级博士生）完成；第21章由葛自发完成；第22章由范松楠完成；第23章由黄维完成；第24章由刘立荣完成。

本书的顺利付梓，首先要感谢中国传媒大学校领导的支持，廖祥忠校长对本书给予了很多指导；其次要感谢协同创新中心的领导对编者工作长期的大力支持；再次要感谢中国传媒大学国家语言资源监测与研究有声媒体中心的技术支持；最后要感谢高等教育出版社的长期支持。

《中国高等教育舆情报告(2018)》是系列高教舆情蓝皮书的一种，坚持连续研制，难度越来越大。主要体现在：一是如何提升研究的学术高度；二是如何保持研究内容有新意；三是研究报告如何为现实工作提供借鉴。互联网时代是一个便利与风险共存的时代，也是利益与危机同存的时代，提供真相、重建信任、重塑价值是解决问题的关键。真诚期望高等教育舆情报告蓝皮书能为政府与高等学校做好本职工作、应对舆情危机提供有益的启示与借鉴！

王保华

二〇一八年七月六日

# 目 录


摘要 …… 1

## 第一部分 理论 5

第 1 章 互联网背景下的中国教育舆情:发展态势与治理 …… 7

第 2 章 中国舆论研究方法的现状与趋势 …… 19

第 3 章 国外舆论研究的现状、方法和趋势:以日本为例 …… 35

## 第二部分 总报告 43

第 4 章 2017 年中国高等教育舆情年度报告 …… 45

第 5 章 2017 年中国高等教育舆情十大热点事件分析报告 …… 71

第 6 章 2017 年中国重点高校网络舆情分析报告 …… 109

## 第三部分 专题报告 127

第 7 章 高等教育政策舆情分析报告 …… 129

第 8 章 高等教育体制改革舆情分析报告 …… 151

第 9 章 高校管理舆情分析报告 …… 170

第 10 章 高校教师发展舆情分析报告 …… 189

第 11 章 大学生舆情分析报告 …… 205

第 12 章 高校学科专业舆情分析报告 …… 226

第 13 章 高等教育质量评估舆情分析报告 …… 247

第 14 章 高校人才培养舆情分析报告 …… 271

第 15 章 高校科学研究舆情分析报告 …… 287

第 16 章　高校社会服务舆情分析报告 …… 303
第 17 章　大学生就业舆情分析报告 …… 326
第 18 章　高校思想政治教育舆情分析报告 …… 341
第 19 章　高等教育反腐舆情分析报告 …… 365
第 20 章　国外教育舆情分析报告 …… 381

第四部分　热点事件评论　401

第 21 章　“双一流”战略评析 …… 403
第 22 章　如何看待“浙大新规” …… 408
第 23 章　“韩春雨事件”带给我们的思考 …… 413
第 24 章　“小龙虾”专业设置之争：走出象牙塔 VS 回归象牙塔 …… 420

# CONTENT

ABSTRACT ···························································· 3

## Part One Theories 5

Chapter 1 Public Opinion of Chinese Education Under the Background of Internet: Development Trend and Governance ························ 7

Chapter 2 Current Situation and Trend about Chinese Public Opinion Research Methods ···················································· 19

Chapter 3 Current Situation, Methods and Trends in Foreign Public Opinion: Case Study of Japan ···································· 35

## Part Two General Reports 43

Chapter 4 Annual Report of Public Opinion on Chinese Higher Education 2017 ··················································· 45

Chapter 5 Analysis Report on the Top 10 Hot Events of Chinese Higher Education Public Opinion 2017 ····························· 71

Chapter 6 Analysis Report on Internet Public Opinion of Chinese Key Universities 2017 ············································ 109

## Part Three Special Reports 127

Chapter 7 Analysis Report on Public Opinion of Higher Education Policies ··························································· 129

Chapter 8 Analysis Report on Public Opinion of Higher Education System Reform ····················································· 151

Chapter 9 Analysis Report on Public Opinion of University Management ······ 170

Chapter 10 Analysis Report on Public Opinion of University Teacher Development ······ 189
Chapter 11 Analysis Report on Public Opinion of University Students ······ 205
Chapter 12 Analysis Report on Public Opinion of University Disciplines and Specialities ······ 226
Chapter 13 Analysis Report on Public Opinion of Higher Education Quality Evaluation ······ 247
Chapter 14 Analysis Report on Public Opinion of University Talent Cultivation ······ 271
Chapter 15 Analysis Report on Public Opinion of University Scientific Research ······ 287
Chapter 16 Analysis Report on Public Opinion of University Social Services ······ 303
Chapter 17 Analysis Report on Public Opinion of University Students' Employment ······ 326
Chapter 18 Analysis Report on Public Opinion of University Ideological and Political Education ······ 341
Chapter 19 Analysis report on Public Opinion of Higher Education Anti-Corruption ······ 365
Chapter 20 Analysis report on Public Opinion of Higher Education Abroad ······ 381

Part Four Hot Event Commentaries 401

Chapter 21 "Double First-Class" Strategy Review and Analysis ······ 403
Chapter 22 How to View the New Regulations of Zhejiang University ······ 408
Chapter 23 Reflections on "Han Chunyu Event" ······ 413
Chapter 24 Controversaries on the Speciality Setup of "Crayfish": Out of the Ivory Tower VS Back to the Ivory Tower ······ 420

# 摘 要

2017 年,是党的十九大召开之年,是“十三五”规划第二年,《国家教育事业发展“十三五”规划》《关于深化教育体制机制改革的意见》等文件的印发,“双一流”建设高校及建设学科名单的公布等,无不表明 2017 年中国高等教育事业快速发展。但同时,这一年高等教育领域的热点事件频出。对高等教育舆情的监测与研究,一方面可以帮助高校及其管理者快速发现问题、解决问题,另一方面可提高高等教育的治理水平,从而促进高等教育更好地发展。

《中国高等教育舆情报告(2018)》(以下简称《报告》)是中国传媒大学高教传播与舆情监测研究中心(以下简称“研究中心”)第四年研发的中国高等教育舆情报告。《报告》以研究中心的高等教育舆情监测系统(CUCHEPOMS)监测的舆情大数据为基础,对 2017 年中国高等教育舆情全年的发展趋势、热点事件等进行了研究。

《报告》延续 2016 年的体制改革、高等教育政策、质量评估、思想政治教育等 14 个专题的模式。本年度大学生就业、大学生两类舆情信息最多,分别占比 21.8%、18.3%,高教反腐类信息最少,仅占 0.3%。全年舆情信息高峰出现在 4 月,低谷在 1 月。《报告》还对 2014—2017 年近 4 年的高等教育舆情发展趋势进行了比较分析。纵观近 4 年的数据,大学生、就业、科学研究、国外教育、人才培养大约占信息总量的七成左右,尤其是大学生、就业这两类信息约占信息总量的 40%,反映了近年来民众对这两类议题的高度关注。

《报告》共分 4 个部分。第一部分是理论,对互联网背景下的中国教育舆情的发展态势与治理、中国及日本的舆论研究方法进行了研究。第二部分是总报告,对 2017 年中国高等教育舆情、年度十大热点事件和重点高校舆情进行了分析。第三部分是专题报告，对大学生就业等14个专题的高等教育舆情进行了研究。第四部分为热点事件评论，文章选自研究中心微信公众号“高等教育传播与舆情监测实验室”2017年发表的原创评论文章，针对浙大新规、“双一流”名单公布等年度热点事件进行了评论。

# ABSTRACT

2017 is the year of the convention of the 19th National Congress of the Communist Party of China. And it is also the second year of the 13th Five-Year Plan. "The 13th Five-Year Plan for the Development of National Education Enterprise" "The Opinions on Deepening the Reform of the Education System" and other documents were issued. The list of world-class universities and first-rate disciplines were announced. These events indicate that Chinese higher education has achieved rapid development in 2017. However, there were many hot events in the field of higher education in this year. The monitoring and research on the public opinion of higher education can help colleges and their administrators find and solve problems promptly. On the other hand, it can also improve the governance level of higher education and promote higher education to better development.

*Report of Public Opinion on Higher Education in China (2018)* (hereinafter referred to as *The Report*) is the Chinese Higher Education Public Opinion Report released by the Higher Education Communication and Public Opinion Monitoring Research Center of the Communication University of China (hereinafter referred to as *The Research Center*) in the 4th year. Based on the big data of public opinion monitored by the Research Center's Higher Education Public Opinion Monitoring System (CUCHEPOMS), The Report studies the development trends and hot events of Chinese higher education public opinion in 2017.

The Report continued the pattern of 14 topics such as institutional reform, higher education policy, quality assessment, and ideological and political education in 2016. This year, the most information of public opinion was about college students' employment and college students, which are the proportions of 21.8% and 18.3% respectively. The proportion on anti-corruption in higher education was the least, accounting for only 0.3%. The peak of public opinion information appeared in April and the trough in January. The Report also made a comparative analysis of the development trend of higher education public opinion in the past four years from 2014 to 2017. Based on data for the past four years, the data about college students, employment, scientific research, foreign education, and talent cultivation accounted for about 70% of the total. In particular, the information about college students and employment accounted for about 40% of the total. It reflects the special attention of the public in these two aspects in recent years.

The Report is divided into four parts. The first part is theories, which study the development trend and governance of education public opinion of China in the context of the Internet and the research methods of public opinion in China and Japan. The second part is general reports, which analyze the 2017 Chinese higher education public opinion, the annual top 10 hot events and public opinion about the key colleges and universities. The third part is special reports, which study the education of 14 higher education topics such as college students and employment. The fourth part is hot event commentaries. The articles were selected from the original review articles issued by The Research Center WeChat public account "Higher Education Communication and Public Opinion Monitoring Laboratory" in 2017, which include the annual hot events such as the new regulations of Zhejiang University and the announcement of "Double First-Class" list, etc.

# 第一部分　理论

# 第1章　互联网背景下的中国教育舆情：发展态势与治理*

## 一、教育舆情的内涵与研究历史

随着互联网逐步渗透到人们生活的各个角落，公众探讨公共事务的场所也逐渐延伸到网络虚拟空间。第41次《中国互联网络发展状况统计报告》显示，截至2017年12月，我国网民人数已经达到7.72亿，互联网普及率达到了55.8%。网民数量之大及互联网普及率之高，使得以互联网为基础的各种媒体、终端不仅成为新闻资讯的载体，也成为持有不同观点和价值观的公众的意见交流场所。这些不同的观点和意见集合在一起，就形成了舆情。根据刘毅在《略论网络舆情的概念、特点、表达与传播》中的定义，舆情是在一定的阶段和社会空间之中，个人和各种社会群体（构成集合在一起的公众）对自己关心的或者是和自己的利益有着密切关系的公共事务所表现出来的情绪、态度和意见的总和①。

在这些社会空间内，能激发公众讨论的往往是与其生活息息相关的住房、医疗、教育、健康、安全等公共事务；而教育作为社会民生的重要组成部分，与之相关的所有方面，都是引发公众热议的焦点。因此，围绕教育而产生的舆情也成为整个社会舆情的重要组成部分。教育舆情是舆情概念下的子概念，不同学者从不同的角度对其进行了定义。有学者就指出，社会舆情是舆情这个领域中的总概念，网络舆情概念是一级层面的概

* 本章内容系国家社科基金（教育学）重点招标课题《互联网背景下教育舆情研究》（课题编号：AFA20170005）阶段性成果之一。

① 刘毅．略论网络舆情的概念、特点、表达与传播[J]．理论界，2007(1)：11.

念，而教育舆情是二级层面的舆情概念。所谓教育舆情，就是民众在社会中作为教育舆情事件的主体，对有关教育的社会事件产生的想法和社会政治态度①。这一界定把教育舆情放到了整个社会的大环境中进行讨论，强调其社会民生特性。与这种观点不同，另一些学者认为，教育舆情的涉及主体是学生，学生是教育舆情事件的核心，他们对与教育相关的公共事务持有的情绪、态度和意见的总和，构成了教育舆情②。这主要是对舆情的内容和对象进行了细分，对作为教育主体的学生进行了强调。教育舆情作为我国公共舆情的重要组成部分，正受到越来越多的教育治理者的关注和重视，学者们通过一系列定性和定量的科学研究方法对其展开了研究。

2002 年，天津教育科学研究院组成了“教育舆情系列调查课题组”，正式拉开了我国教育舆情研究的序幕。之后十年，教育舆情研究逐渐成为我国高等教育研究中的热点领域③。以全国教育科学“十二五”规划 2011 年度课题指南中首次将“教育舆情分析研究”列入其中为标志，④教育舆情从 2011 年开始成为国家教育决策者研究关注的问题。学者们对教育舆情问题的关注由来已久，但 2011 年是教育舆情在中国教育研究领域成为热点的开端。2012 年，中国教育科学研究院建立了“教育舆情在线”网站，《中国教育舆情分析报告（2012 年度）》也相继出版，这使得教育舆情研究进入了系统化、专业化和科学化的阶段⑤。

在国际上，关于教育舆情的研究，主要集中在大数据对教育影响的研究。美国著名智库之一布鲁金斯学会（Brookings Institution）的达瑞尔·M·韦斯特（Darrell M. West，2012）、纽约城市大学的安东尼·G·皮乔诺（Anthony G. Picciano，2012）和英国牛津大学的 Rebecca Eynon（2013）等人都对大数据对于教育舆情的价值、作用和影响等进行了探讨。Anthony G. Picciano（2012）还着重讨论了大数据对美国高等教育的影响及由此带来的机遇。

从目前的研究情况来看，国外的教育舆情研究有两个特点：一是西方

① 李昌祖，杨延圣．教育舆情的概念解析［J］．浙江工业大学学报（社会科学版），2014（3）：242.
② 刘振琍，刘毅．高校教育舆情研究论略：热点、问题与展望［J］．理论与现代化，2014（2）：88.
③ 刘振琍，刘毅．高校教育舆情研究论略：热点、问题与展望［J］．理论与现代化，2014（2）：88.
④ 刘振琍，刘毅．高校教育舆情研究论略：热点、问题与展望［J］．理论与现代化，2014（2）：87.
⑤ 李昌祖，杨延圣．教育舆情的概念解析［J］．浙江工业大学学报（社会科学版），2014（3）：241.

学者更加重视对民意的调研和监测①,这种民意调研与监测又往往与政治紧密相关。例如大卫·扎里夫(David Zarifa)和斯科特·戴维斯(Scott Davies)通过在加拿大安大略地区的问卷调查,发现相对于专业性较强的医生和律师,半专业性的教学更容易受到舆论的影响②。另有研究指出,高等教育正在日益成为美国政治竞选和候选人关心的问题,例如美国共和党与民主党在高等教育公共政策方面的一些问题上有明显分歧③。二是针对高校网络舆情管理的理论研究,国外研究的重点主要集中体现在高校危机事件的管理。在国外的研究中,多数对高校网络舆情管理的研究可归于"危机管理"的类别下,没有关于高校网络舆情的明确理论研究④。

综上所述,国内以往关于教育舆情的研究,多集中于实用性和对策性研究上面,对教育舆情相关的理论研究相对较少;而且主要是从社会学、传播学和心理学等角度出发,说明教育舆情的发展变化及对策。例如利用传播学"把关人"理论、"沉默螺旋"假说等对其进行研究。有一些学者引入了布迪厄的"场域"理论,例如舒刚认为"场域"理论对教育舆情研究有启发意义,舆情场域的构成来自舆情主体与客体以及其他相关的环境要素之间的互动⑤。黄瑶尝试总结教育舆情的发展规律,但是仅仅止步于规律总结,还没有上升到理论层次。因此可以说,国内在教育舆情研究方面几乎没有原创性理论。在国际上,由于国情、制度等因素的影响,教育舆情研究所采用的方法与关注点不同,显示了较明显的差异性。

## 二、互联网时代教育舆情发展的形势

### (一)互联网技术变革带来的严峻挑战

当今时代,互联网技术的发展已经成为改变世界的重要推动力。互

---

① 杨俊娇. 高校网络舆情引导的现状与对策研究[D]. 山东:山东大学,2015:5.

② Zarifa D, Davies S. Balance of powers: Public Opinion on Control in Education[J]. The Canadian Journal of Sociology/Cahiers Canadiens de Sociologie,2007(32):259－278.

③ Doyle W R. Public Opinion, Partisan Identification, and Higher Education Policy[J]. The Journal of Higher Education,2007(4):369－401.

④ 刘东堃. 高校网络舆情管理机制研究[D]. 重庆:重庆大学,2014:8.

⑤ 舒刚. 风险社会视域下高校网络舆情的治理机制创新[J]. 国家教育行政学院学报,2015(9):33－38.

联网、大数据、人工智能正在逐渐改变人类的生存、工作、生活、学习方式。互联网的技术变革对教育领域的影响是巨大的,搜索引擎、网络公开课、社交媒体这一系列新媒体使网络信息环境变得错综复杂,使得传统的教学模式受到冲击,也为学生提供了更多样的获取知识的方式,学生学习的自主性大大加强。据中国互联网络信息中心数据,截至 2017 年 12 月,学生群体占整个网民群体的 25.4%,在网民中占据最大的规模。互联网时代,在传统媒体时代相对可控的事情,例如获取准确的舆论信息,引导舆情讨论向理性方向发展等,都变得异常困难①。在网络世界中,学生或多或少,或主动或被动地接触到了比传统教学环境中数量更庞大、质量却更参差不齐的传播者与信息。由于网络具有匿名性和低门槛的特点,面对一些教育热点事件,学生作为涉事主体,本身对此类事件就有较高的关注度,再加上学生的价值观还未形成,辨别是非、区分良莠的能力还较差,情绪很容易受到一些低级和煽动性言论的影响。并且,作为互联网使用的主要群体,对各类新兴的社交媒体和移动传播方式熟练使用的学生很容易在各类网站、论坛和社交媒体上发表言论,使得热点事件被更多的人关注。所以说,互联网技术在进入学校,给学校带来传统教学模式的颠覆和办公管理效率提高的同时,也加大了规范网络使用与管理的难度。互联网把社会上未经甄别的各种信息带到学生面前,为学生提供了一个认识世界的机会,也带来了相应的风险。学校和教育管理者应认识到互联网的这种双重作用,引导学生正确地使用互联网并学会分辨信息的真伪。

随着互联网的覆盖及移动终端的智能化升级,互联网正逐渐过渡到 Web 3.0 时代,表现为传媒生态的网络化与数据化②。技术变化迅速,不仅有"两微一端",现在又出现了快手、抖音等媒介形式,舆情传播的途径更加多样,舆情的监管也变得更加困难。个人、团体以及企业和媒体机构都在通过网络移动平台共享资源并交换信息,快速增长的大数据累积成为庞杂且无序的信息。在这样的环境下,如何把握教育舆情的整体态势

① 何欣蕾,王保华. 治理视角下的教育舆情研究:问题与对策[J]. 现代传播(中国传媒大学学报),2015(1):139.

② 何欣蕾,王保华. 治理视角下的教育舆情研究:问题与对策[J]. 现代传播(中国传媒大学学报),2015(1):139.

并探索其传播规律，成了教育治理所面临的巨大难题。如何提高信息技术和数据技术的水平，及时了解教育舆情的传播趋势，分析反映教育舆情的主流观点，预测教育舆情，最终制定出具有前瞻性的教育治理决策，是互联网给教育舆情治理者带来的巨大挑战。

### （二）社会转型与教育改革引发舆情冲突叠加

当前我国社会正处于社会转型的重要时期，在这样的背景下，教育改革承担了更多的风险，对国家的教育舆情治理也提出了更高的要求。德国学者贝克指出，由工业主义的发展带来的改革浪潮，使得当今社会成了一个危机四伏的风险社会[①]。互联网的出现和发展，深刻地影响着人们的思维方式，原有的社会关系、社会资源以及权力关系都被重新调整并且处于变动之中。网络社会本质上就是一个风险社会。根据喻国明（2013）针对互联网大数据背景下的中国社会舆情分析，中国社会舆情整体压力呈现逐年提升的加速度趋势[②]。

在这样一个转型中的风险社会里，教育事业的发展也面临着种种不确定与潜在的风险。每一次教育政策的调整、教育部的每一项重大决策部署和各级政府的相关工作都不可避免地成为公众关注和热议的焦点。网络平台开放和高速的传播环境，不仅拓宽了民众的表达渠道，也使得民间舆论对官方话语形成更强势的冲击，教育主管部门的舆论主导权受到挑战。在此背景之下如何推进教育治理、如何将社会舆情折射出的公众对于教育的期盼与教育治理的目标结合起来，成了教育部门及学校管理者面临的严峻挑战。

### （三）舆情治理理念与治理模式严重滞后于现实发展

在互联网时代以前，传统媒体对信息的生产和传播有很强的垄断控制力，传播模式呈现一对多的单向传播，传统媒体对社会舆论可以有力地

---

① 贝克．从工业社会到风险社会（上篇）：关于人类生存、社会结构和生态启蒙等问题的思考［J］．王武龙，译．马克思主义与现实，2003（3）：33.

② 喻国明．大数据分析下的中国社会舆情：总体态势与结构性特征——基于百度热搜词（2009—2012）的舆情模型构建［J］．中国人民大学学报，2013（5）：2.

进行引导和控制。出现热点舆论事件时,传统的官方媒体能利用自己强大的话语权,运用单向度的行政方法进行管控,来防止舆论状况的升级与失控。然而,随着互联网的不断深化发展,官方媒体的主导地位被削减,社交媒体成了许多热点事件的信息传播来源。个人通过微博进行爆料或为某一事件发声,成为舆情发源的起点。例如,北京延庆二中校园暴力事件、北京电影学院"性侵门"事件等,都是由个人在微博平台上爆料,之后引起了媒体和社会各界的关注与讨论,最终导致舆论的升级。由于社交媒体便捷性和快速传播的特点,使其成了舆情发源平台,从而扩大了网民的话语权,促使"民间舆论场"的形成。如此一来,想要治理好教育舆情,并且提高治理能力,就不得不考虑如何使主流媒体、教育管理者和政府机构所代表的"官方舆论场"继续发挥主导作用,从而与"民间舆论场"实现良性的互动与交流。面对舆论热潮,"围堵""遮掩""逃避"的态度只会激化舆情,使其不可控。例如,在四川泸县中学生跳楼死亡事件中,由于官方对学生死因及调查结果没有进行及时的发布,社会上出现各种版本耸人听闻的谣言,给社会安定造成很大的威胁。如何在互联网时代摸索出科学的舆情治理模式,建立可靠的舆情预警机制,尽快度过舆情治理模式的"空档期",是教育相关部门亟须考虑的问题。

## 三、互联网时代教育舆情的基本特征

教育舆情作为公众对与教育相关的政策、事件和问题的情绪、观点和态度的总和,涉及舆情主体、客体以及空间三种力量的相互作用与交涉。舆情主体主要是指那些发表观点与看法的个人、组织或政府机构;舆情客体则是引发讨论和热议的各种公共事务;而舆情空间在网络时代主要表现为各种开放性及易得性并存的互联网平台,包括各类社交媒体和自媒体。与传统社会相比,在互联网时代,教育舆情所面对的舆情参与对象、舆情触发事件以及舆情发酵空间的特征都发生了或大或小的改变。了解这些变化是相关部门和政策制定者进行科学舆情监测与教育治理的必要条件。

### (一)互联网时代教育舆情的主体特性:接近权与参与权并存

互联网的开放性特征使得公众参与讨论公共事务的门槛较低,因此教育舆情的主体呈现数量更多、范围更广的特点。另外,由于互联网具有匿名性的特点,人们发表自己看法时感受到的压力较小,网络论坛、微博、微信等社交媒体成为普通大众发表自己观点的平台,每个网民都可以成为“新闻人”,实现网络社会的“自我赋权”。“赋权”这一概念源于西方的赋权理论,是指给社会中的个人或群体创造参与社会事务的机会,挖掘与激发其潜力的一种介入方式、过程和实践活动[①]。互联网赋予网民的“接近权”与“参与权”,使得网民有机会对某一教育热点事件发表自己的观点和看法,汇聚在一起很容易形成自下而上的“草根力量”。与此同时,名人、记者、网络大 V、专栏作家以及新闻媒体也同样存在于互联网这个虚拟空间中,发挥着“意见领袖”的作用。一些教育事件首先经过网民的热烈讨论,再由网络上的各种“意见领袖”进行关注和转载,往往形成更大的舆论热潮,从而引起相关部门注意,并最终推动相关改革。譬如由“三点半放学现象”引发的舆论热潮促使教育部门进行改革就是一个很好的例子。近年来,中小学生减负工作不断推进,许多小学都把学生的放学时间提前到下午三点半左右。可是大多数城市上班族的下班时间都在下午五点左右。有家长就在当地的论坛发帖:“下午三四点离开单位去接孩子,哪个单位能允许这样做呢?”引发了大批网友的共鸣,当地媒体也纷纷采访报道。为了破解“三点半现象”,不少地方结合当地实际情况,采取措施探索和完善弹性放学制度。2017 年初,南京市就有 350 多所小学实行弹性放学制度;在上海,公办小学提供“快乐 30 分”综合活动和看护服务;在杭州,政府面向困难家庭推出“晚托班”。由此可见,在互联网时代,广大网民作为舆情讨论的主体,拥有自下而上推动改革的强大力量,成为教育舆情治理不能忽视的重要特征。

### (二)互联网时代教育舆情的客体特性:范围广与时效性并存

有学者指出,网络舆情的客体是引发网络舆情的刺激物,网络舆情的指向物,直接导致网络舆情的发生和传播,短时间内吸引大量的媒体报道

① 赵晓燕. 自媒体视角下的赋权理论研究[J]. 科学大众(科学教育),2016(10):117.

与关注[①]。在教育领域,从关注精神客体的师德师风,到有关体制改革的教育部发文,再到教育部门有关人物的个体行为,可以说,走在"信息高速公路"的互联网时代,这些人们所关心的有关教育的方方面面,无论是好是坏,都难以隐藏,纷纷呈现在公众面前。教育舆情客体在互联网时代传播速度大大加快,而多媒体技术使得教育舆情客体同时刺激信息受众的多个感官,从而使舆情爆发呈现出碎片化、海量性的特征。

在传统的大众传播时代,官方媒体的报道往往决定了人们关注的焦点。新闻媒体"设置议程",把公众的注意力引向某一事件,从而引发人们的关注和讨论。但在互联网时代,网民拥有更多的主动权,很多热点事件正是由于这些网友率先利用网络发出了自己的声音,再由媒体转载,二次传播之后在短时间就能聚集极高的社会关注度,形成了整个社会所关注的热点事件。"红黄蓝幼儿园虐童"以及"女大学生'裸贷'"的新闻都体现了互联网传播的新模式,由民众自己在网络上发声,进而引起社会关注和舆论热潮。这样一来,各类社会事件由于受到不同群体的关注和评论,不会被忽略在传统的主流新闻议程之外。

### (三)互联网时代教育舆情空间:多元性与难控性并存

互联网时代的教育舆情空间也就是教育舆情信息传播的场所。相较于传统时代,网络空间给教育舆论传播带来的变化是更多元的平台,各大门户网站、论坛、微博、微信和直播平台的出现使得舆论的门槛和地域都变得模糊,成为教育舆论发酵与争锋的场所。网络表达的门槛降低使得参与舆情讨论的主体更为复杂与多元。面对关系到社会中的每一个人的教育议题,无论是老师、学生,还是家长都或多或少、不可避免地牵扯到教育舆情事件中。避害就利的人类本能使得他们每一方都站在自己的立场上加入舆情事件的讨论中,使得事件进一步放大与发酵。由于知识储备、人生阅历和个人修养等各不相同,参与讨论的个体对同一事件也有着千差万别的反应和解读。迫于群体压力,"一边倒"的现象时有出现,影响

① 黄微,李瑞,孟佳林. 大数据环境下多媒体网络舆情传播要素及运行机理研究[J]. 图书情报工作,2015(21):40.

对公共事务的客观的舆论讨论。

与此同时,裂变式的快速传播使得网络时代的舆情事件传播规模较大,增加了热点事件的难控性。一些自媒体为了吸引眼球,难免出现"标题党"等断章取义的现象。具有从众心理的网民就很容易被这些社交媒体平台中的激进言论、谣言和极端风险信息所煽动,不可避免地促成了社会风险的放大①。自媒体平台发布无数信息,相关部门却无法事先预料和判断其是否会引发舆论热潮,无法提前对其进行审核与修改,只能在事后采取补救措施进行删除或澄清。这使得相关部门的把关权受到了削弱,把关变得被动,舆情风险增加。

## 四、互联网背景下的教育舆情治理

党的十八届三中全会提出了全面深化改革,提升国家治理体系与治理能力现代化的目标。在实现全面深化改革的目标中,网络舆情治理是非常重要的内容之一。正如习近平主席在全国网络安全和信息化工作会议上所言:没有网络安全,就没有国家的安全。没有信息化,就没有现代化。因此,在一定意义上,网络安全是国家战略之一。

当前,在进行教育舆情治理时,需要处理好以下几个关系。

第一,网络舆情与民意。网络舆情是网民在互联网上的意愿表达,有其客观、真实的一面,也有其片面的一面。民意是公众意见的表达,往往有其合理的诉求,常常是大多数人的利益诉求。由于信息鸿沟和数字鸿沟的存在,互联网在逐渐改善一些社会不平等现象的同时,一些新的不平等也被创造出来。马修·辛德曼在《数字民主的迷思》中就指出,"数字鸿沟"在互联网时代依然存在,一些大型门户网站和精英群体仍然掌握着话语权,扮演着"守门人"的角色②。虽说网络使得民众参与舆情事件讨论的门槛大大降低,不容忽视的是,由于经济发展水平的差异,在一些

① 乐媛,杨伯溆. 网络极化现象研究:基于四个中文 BBS 论坛的内容分析[J]. 青年研究,2010(2):3.

② 辛德曼. 数字民主的迷思[M]. 唐杰,译. 北京:中国政法大学出版社,2016:23.

地区，人们的网络使用条件是受到限制的。也就是说，网络舆论热潮中，那些发言最活跃的网络精英并不能完全代表普通大众。受条件所限，经济水平较差的群体参与舆情事件的讨论较少，他们的看法也较难被公众所了解①。对于舆情治理者而言，一方面，不能把网络舆论当作全部民意来源，在重视网络舆情的同时应把握好分寸，深入民众，掌握各个群体的意见，努力为每个群体疏通网络讨论通道，使得每个群体都能发出自己的声音。另一方面，形成合理的决策依据的基础，就是要多对网络舆情进行科学合理的分析与判断。

第二，法治与自治。技术赋权给大众发声提供一个技术基础，使得大众发言变得更容易。网络上的众声喧哗，一方面体现了大众民主意识的觉醒，另一方面出现了一些难以控制的乱象。但是网络不是法外之地，首先，在制度层面，应该有一个制度约束，来规范网民的言行。其次，在媒介素养层面，网民应该有自律的意识与行动。法治是教育舆情治理的核心思维②。在互联网时代，科学合理地进行教育舆情的治理，首要考虑的重要条件就是完善法治程度，形成一个成熟的法律环境。现代教育治理的基本特征就是法治，只有实现法治，才能保障教育事业的科学发展③。完善互联网的立法工作，才能实现教育舆情治理"有法可依"的良性模式，并且明确教育治理中多元主体各自的职责与义务。只要建立起一套完整的法律制度，学校就能够依照法律用"自治"来寻求善治。给学校以自主权，学校就能够探寻最适合自身的发展模式，并摆脱完全依赖政府的依附心理，寻求适合学校师生特点的治理办法，更好地满足学生的发展需求，形成良好的秩序。

第三，危机与信任。根据美国危机问题专家奥图·勒兵杰的观点，危机有三类：自然环境中的各类危机、人为环境危机、管理失灵危机④。后

---

① 吴安辉，刘海明．网络舆情表达的主客体和表达伦理［J］．编辑之友，2015(8)：49.

② 舒刚．法治是教育舆情治理的核心思维［N］．中国教育报，2018-02-06(2).

③ 袁贵仁．深化教育领域综合改革　加快推进教育治理体系和治理能力现代化［J］．中国高等教育，2014(5)：7.

④ 勒兵杰．逆境领导力：危机管理者如何面对灾害、冲突与失灵：第二版［M］．卫五名，译．北京：北京大学出版社，2017：11-16.

两类危机的大量存在，使得网络社会成为一个风险社会。而缺乏建立在法律基础上的信任，是这两类危机存在的重要原因。互联网时代教育舆情治理的基础就是建立信任。只有拥有信任，相关管理部门、利益集团、普通民众与专家学者之间才能就风险信息形成良性对话[①]。互联网时代，人与人之间的相处模式已超越传统中国熟人社会中相互熟络与信任的关系。网络时代的人们更像是“原子式的个体”，大家在一个陌生人社会里，生活伴随着不确定与不信任的恐惧。因此面对舆情事件，相关部门任何回避问题或其他不当举动都会使公众心中产生怀疑、焦虑，甚至愤怒的情绪。相反，舆论热点出现后，相关部门进行信息的公开和解释往往能够起到平息舆论的作用，并且只有保证回应及时、开诚布公，社会信任才能被建立起来。教育舆论作为民意来源，积极了解各方的观点以及公众对于教育的需求，才能进行有效的民众情绪沟通。另外，提高信息的透明度也有助于防止教育腐败的产生，保证治理的廉洁，从而树立公众对于教育行政部门的信心。

第四，改善传播技巧与化解危机。危机的出现是有原因的，大部分是工作不到位，所以，相关部门做好本职工作是化解舆情危机的前提。舆情危机的处理需要妥善处置工作与舆情危机公关同步进行，减少人为的环境危机和管理不当行为、价值观偏颇等。同时，要重视学习和掌握舆情危机应对技巧和传播策略。在当下，改善传播技巧，提前了解社会各方对于教育的观点和诉求，是互联网时代实现教育“善治”的关键。在网络时代，政府和有关部门对于信息的监管难度加大，传统的封堵办法往往会适得其反，会让政府陷入公信力危机。并且互联网时代中的沟通也超越了以往传统媒体和专家“家长式”的发言，不再是单一的“我说你听”，而发展到了“你问我答、你答我问”的交流式传播[②]。在这种一来一往的交流过程中，相关部门应了解民众对于教育问题的各种情绪与看法，对舆论进行持续的关注和分析，才能平衡好各方的利益，为政策的实施和改革创造

---

① 陆玮，唐炎钊，杨维志，等．核电的公众接受性诊断及对策研究：广东核电公众接受性实证研究[J]．科技进步与对策．2003(12)：23.

② 汪兴和．网络舆情日常应对的基本措施[J]．新闻世界，2015(12)：62.

一个顺畅的环境。在普通民众也能通过网络发表自己声音的今天，舆论危机的化解往往需要通过意见场域中多元观点的竞争。政府要善用新媒体传播策略与危机应对技巧，及时引导舆论，促进相关部门与公众之间的良性互动。

（王保华　骆　潇）

# 第2章 中国舆论研究方法的现状与趋势*

对于舆论研究中的"舆论"一词,许多学者都给出了不同的定义,与这一概念内涵相近的且使用频率较高的还有"民意""舆情"等。随着互联网技术的普及,网络舆情、网络群体性事件等频繁地出现在网络空间。Web 2.0 网络技术的勃兴,使得网民可以最大限度地参与网络舆情。伴随用户生产内容(UGC)产生的海量数据,可为预测网民的各种行为提供可能的技术。对各种信息生产模式、网民的信息行为的研究,也给传统的舆论调查方法带来一定挑战。如何客观分析网络舆情事件?如何科学研判网络舆情事件走势?这些都引起了学者的兴趣和思考。新技术催生新的研究方法,在大数据时代已经出现的抓取技术、词频分析等方法能否解决眼下的现实?这些都需要厘清和甄别。本章简要对我国舆论研究方法的现状与未来走向做一梳理。

## 一、民意、舆论和舆情使用频率的演变

民意、舆论、舆情是三个密切相关的概念,不同学者对其内涵有不同的辨析。例如,有的学者认为舆论是民意的素材或称初期形态①,被视为是民意的晴雨表②,舆情分化成舆论,舆论经互动形成民意③。也有学者认为,舆情主要指民众的社会政治态度,民意的内涵则更为丰富④。

---

* 本章内容系国家社科基金(教育学)重点招标课题《互联网背景下教育舆情研究》(课题编号:AFA20170005)阶段性成果之一。

① 陈力菲. 舆论、民意调查与精确新闻[J]. 南京政治学院学报,1999(5):92.

② 王来华,林竹,毕宏音. 对舆情、民意和舆论三概念异同的初步辨析[J]. 新视野,2004(9):64.

③ 孙立明. 网络舆情的三个世界:关于网络舆情的一个初步分析框架[J]. 中央社会主义学院学报,2017(1):89.

④ 王来华. 舆情研究与民意研究的差异性[J]. 天津大学学报(社会科学版),2009(7):336.

尽管不同学者对三个概念的理解众说纷纭,但目前在舆论内涵的认识上基本取得了共识:舆论包括三个主体,即官方、媒体和民众;而民意和舆情强调的主体则是民众,因而往往被视为意义更为接近、内涵更易混淆的两个概念。丁柏铨曾撰文提出"舆情即民意"说:舆情"既可以是得到公开表达的民意,也可以是尚未得到公开表达的民意"[①]。我们不否认这些概念存在差别,因此明晰这些概念之间的区别和联系对思考的准确性和逻辑的清晰性都非常重要;但同时也不得不承认,这些概念之间关系密切、相伴而生,有诸多共同和共通之处。

本章的梳理重在方法,因此先搁置概念之间的区别,将舆情视为民意这一概念在互联网环境下的变式,而无论是有关民意还是舆情的研究,都是舆论研究的具体实践。

为了探究"民意""舆论""舆情"等概念在我国近年来舆论学研究中的状况,笔者在中国知网将它们作为关键词进行检索。结果显示,自1980年至今,对应上述"民意""舆论""舆情"关键词的文章数量分别为27 505篇、95 203篇和29 302篇,如图2-1所示。

1987年,我国发出第一封电子邮件,进入20世纪90年代,互联网在我国日益普及。图2-1显示,1988年之前,研究文章中使用"民意""舆论"数量相当;之后,使用"舆论"的数量开始多于"民意",且呈上升趋势,在2016年前后达到曲线的峰值;"民意"的使用量则缓慢上升到2011年左右便一路下滑。中国知网的数据在一定程度上表明,舆情研究与社交媒体的勃兴关系密切。在互联网出现之前以及Web 1.0时代,"舆情"一词使用量一直比较低;直到2009年,几乎与微博出现的时间相同,其数量曲线出现了拐点,然后一路攀升。这应该不是偶然的现象。

尽管"舆论"的使用量或提及量均远高于"民意"和"舆情",但若以上关键词与研究方法相联系时,无论是舆论研究、民意调查还是舆情分析,文章数量都大致相等。这说明舆论研究、民意调查或者舆情分析等,无论采用的是量化研究或质性研究,大都遵循实证主义的方法范式。从这一点也可以部分地印证相较于舆情内容的变幻莫测,其研究方法具有

① 丁柏铨．略论舆情:兼及它与舆论、新闻的关系[J]．新闻记者,2007(6):8-11.

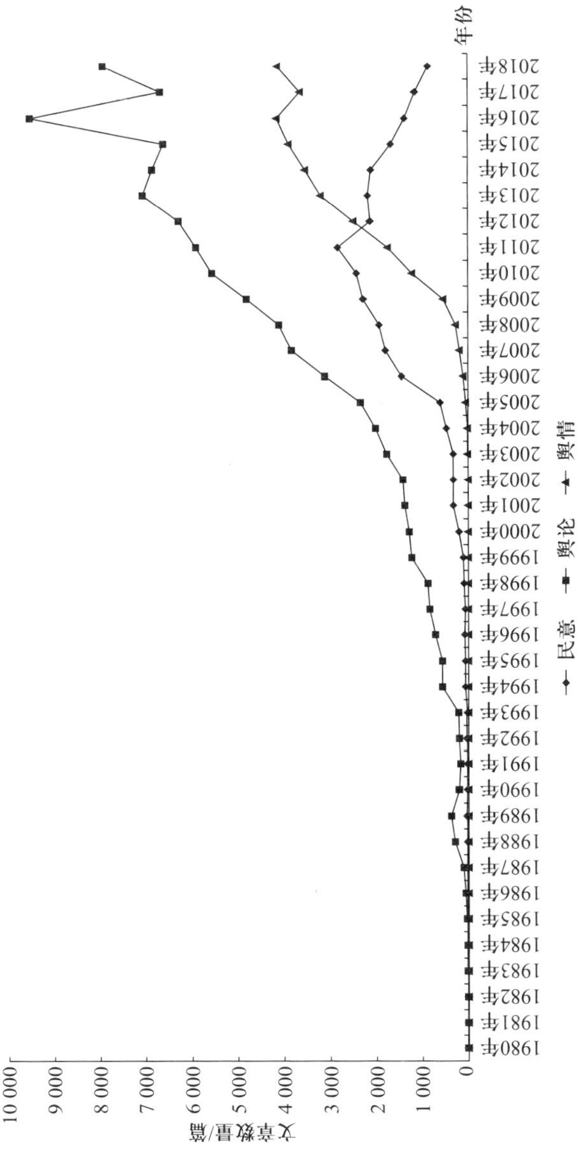


**图 2-1　民意、舆论、舆情作为关键词在中国知网进行主题检索的文章数量**

注：知网关键词检索时间为2018年3月6日，2018年数据为知网预测数据。

相对稳定性。需要说明的是，提到研究方法，以“民意”和“舆情”为关键词的文章占大多数。因此，本章也将着重梳理这两个概念。

## 二、基于调查的“民意”

在我国，民意调查作为政府了解民意的重要手段，最早可追溯至周朝设置的“行人”（掌传旨、册封、抚谕等事），“使之四乡以采诗”①。行人不论外出采诗、打仗或访问邻国，都会带回一些有关社情民意的新信息。但是这与从尊重民意出发、主动征询民众对社会事务意见的民主政治是不可同日而语的。

我国现代意义上的民意调查繁荣于20世纪80年代中期至90年代初，涌现了大量以现代调查统计为手段、针对社会热点问题的民意调查以及专门从事民意调查的机构②。经过多年的发展，我国的民意调查逐渐系统规范，走向全新的发展阶段。除了针对不同主题、不同群体的大规模抽样调查活动之外，还出现一些标志性事物，如部分学术调查机构初步实现联盟③，各级政府相继成立社情民意调查中心④，从国家部委到区、县各个级别的政府网站基本建立了较为完善的调查征集类互动渠道⑤。

### （一）调查方法的发展

我国学者最早开始的、有社会影响的现代意义的民意调查，可追溯到1942年《大刚报》实施的读者调查⑥。此次问卷调查设立了10个题目，调查读者对时局的看法，没有采用抽样技术，而由读者回答完毕后寄回报社，回收问卷11 230多份。20世纪80年代中期，整个中国学术界呈现万物复苏、欣欣向荣的景象。社会科学研究方法，特别是社会调查的理论及

① 高歌今．我国古代的民意调查：采诗制度［J］．统计研究，1984（3）：80.

② 董海军，周强．我国民意调查理论与实践发展特点及其趋势［J］．调研世界，2011（7）：52.

③ 王迪，童兵．中国民意调查研究回顾［J］．当代传播，2013（3）：37.

④ 黄艳．民意调查方法差异比较［N］．中国信息报，2013-11-09（7）.

⑤ 姜柏彤，胡志强．基于政府网站的政府网络民意调查效果评价［J］．科技促进发展，2017（3）：119.

⑥ 欧阳柏．大刚报史话（续）［J］．新闻研究资料，1984（3）：127.

操作方法逐渐被学者引介和应用。在新闻传播领域，兴起了大量应用抽样原理、统计知识的民意调查，如报纸读者、广播听众等受众调查，产生了一大批卓有成就、影响深远的民意调查成果①。这一时期，由于改革开放发展了生产力，带动了商业活动迅猛增长，鉴于广告投放与营销需求的市场调查亦蔚然成风。

民意调查所使用的方法多借鉴诸如社会学、心理学等学科。随着概率论、数理统计等学科的引入，基于问卷和抽样的民意调研方法日趋便捷与多元，同时促使问卷调查、实验法等成为民意调查使用的主要方法。

在信息收集方面，早期民意调查以入户面访和邮寄问卷为主。随着信息科技的不断发展，家庭电话普及率逐年上升，电话调查相应地成为收集资料的主要方法。随着计算机和互联网技术日益深入地应用于社会生活的各个领域，借助于计算机、互联网技术衍生的新的调查技术不断涌现，如计算机辅助电话访问系统（CATI）、计算机辅助面访系统（CAPI）、计算机辅助自主访问系统（CASI）和计算机辅助在线调查系统（CAWI）等。笔者查阅了我国各级政府下设的19家社情民意调查中心，还有零点调查、美兰德调查公司等网站，发现民意调查使用的最主要技术是计算机辅助电话访问（CATI）。

随着互联网技术的快速发展，网络问卷调查逐渐兴起，该方法以成本低、回收快、资料汇总过程中不易出现人工误差、即时统计分析结果等优势，迅速成为一种被广泛采用的方式。此外，网络调查方法可以利用互联网对问题进行多样化呈现，例如可实现"量表题目顺序循环""多媒体内容作为问题或选项内容"等功能②，这些技术促使问卷设计朝向个性化和针对性发展。由于网络调查的匿名性，人们更愿意在互联网问卷上回答一些涉及隐私或当众难以启齿的问题。

然而，互联网调查所使用的是方便样本，调查对象仅限于使用互联网的人，这样的样本不一定符合目标人群的人口统计特征，样本框的缺失也使得应答率无从计算。针对这一状况，有人提出一种有偿使用专业网络

① 陈崇山，弭秀玲．中国传播效果透视[M]．沈阳：沈阳出版社，1989：23－27.

② 杜骏飞．零点调查[M]．福州：福建人民出版社，2006：46.

调研网站样本库（如国内的问卷星、金数据、表单大师等，国外的 Survey Monkey、Survey Sampling 等）的方法，“配制”出符合特定人口统计特征的样本。然而，这类网站的使用需要付费，要得到高质量的网络问卷调查样本，成本不菲。

随着人类认识世界、认识社会的能力不断增强，科学研究所能触及的范围愈加广阔，对研究方法也相应地提出更高的要求。具体到民意调查，那就是提高抽样精度和样本的代表性。这种探究自始至终贯穿在民意调查的主旨中，即追求调查的客观性，用相对少量的样本最大限度地代表总体。

### （二）提高调查质量

在民意调查的历史上，获得高质量的调查结果始终是目标。但是不可否认的是，许多社会现象的调查质量无法验证，致使这一问题悬置不决。然而，人们总是可以利用一些社会生活中的事务来解决这一问题。如美国总统竞选的民意调查，总统竞选结果就可作为验证民意调查质量的试金石。因此，民意调查关于抽样的研究，很多都是围绕总统竞选展开的。1936 年《读者文摘》为预测总统竞选结果，曾以有无汽车和电话进行登记，然后从填有的人中去抽样，发送问询竞选倾向的明信片。这种抽样方法因抽样框中富人过多，致使预测失败。同年乔治·盖洛普（George Gallup）使用了一种新的配额抽样（一种非概率抽样技术，因其无法计算抽样误差逐渐为概率抽样所替代）准确预测了罗斯福再次当选；而 1948 年盖洛普继续使用配额抽样则导致当年总统竞选预测失败，抽样的历史就是在这种失败、成功、再失败的不断尝试和摸索中努力追求调查的准确性。

由于非概率抽样无法计算误差，下面以概率抽样进行说明。

任何一次抽样调查，都伴随着抽样误差（sampling error）和非抽样误差（non-sampling error）。抽样误差是由于使用局部的样本数据对总体参数进行估计所引起的。抽样误差越小，估计量的精度就越高。抽样误差是不可避免的，但在概率抽样的情况下可以计算和控制；非抽样误差是由于人为原因造成的，如抽样框误差、无回答、数据录入等环节都可能造成非抽样误差的产生。要减少乃至避免抽样误差的产生，需要通过科学的设计抽样方案、合理设置调查问卷、加强对调查员的挑选培训管理等方式，在稽查调查数据复核、提高被调查者的配合程度、汇总和管理等各个环节加强预防和控制[①]。

抽样问题导致调查准确性降低的情形包括抽样框不稳定、多次抽样加大误差、调查目的限制、调查周期长导致数据变动、多目标调查等。归根结底，提高调查的质量，除了上述这些因素或方面外，从抽样理论本身进行探索是十分重要的途径。例如，从样本—总体整体分布和内部属性结构两个方面构建样本代表性事后评估的指标和假设检验，可为找到多样本代表性比较提供可行的依据[②]。再如，采用城乡、人口流动性等多个标志作事前分层，可以解决适合我国分层多步或多阶段整群抽样，提高样本的代表性。具体而言，第一阶段抽样以普查小区为抽样单位，抽取一个较大规模的样本；在第二阶段抽样中继续以普查小区为抽样单位，从第一阶段抽样得到的样本中抽取子样本[③]。

自 20 世纪 80 年代末 90 年代初，农村大量人口的迁徙为以户籍为抽样框的民意调查带来了巨大的挑战。流动人口成为社会调查、民意调查必须正视的问题。国家层面也认识到流动人口带给我国社会生活的巨大影响，国家卫生和计划生育委员会自 2009 年开展全国流动人口动态监测调查，从 2012 年起数据库信息由每季更新改为每月更新[④]。在 2006 年成立的北京大学中国社会科学调查中心（Institute of Social Science Survey, ISSS）目前在研的两个主要项目——中国家庭追踪调查（China Family Panel Studies, CFPS）和中国健康与养老追踪调查（China Health and Retirement Longitudinal Study, CHARLS），实施的都是动态的跟踪调查。

除了不断改进抽样技术或实施动态监测，引入其他学科技术进步的

---

① 姜琳．民意调查中非抽样误差的控制方法[J]．调研世界，2017(11)：52－54.

② 宋子轩，冷夑，陈瑶瑶．概率抽样条件下样本代表性事后评估方法探讨[J]．统计研究，2012(7)：97－98.

③ 胡桂华，吴东晟．人口普查质量评估调查的抽样设计[J]．数量经济技术经济研究，2014(4)：129.

④ 齐嘉楠，覃民，李伯华．流动人口监测调查抽样设计的思考[J]．统计与决策，2014(3)：16.

成果也是提高抽样精度的可行途径。例如，利用空间定位技术GPS（全球卫星定位系统）对某个地理区域中的等面积小区域进行随机抽样，再对这些区域中的一定数量的居民进行调查，这一方法被称为GPS/GIS辅助区域抽样方法（GPS/GIS assistant area sampling，GAS）[①]。2001年，来自中国和美国的两位学者沈明明、皮埃尔·兰德里（Pierre Landry），首次运用空间定位抽样技术开展北京地区的民意调查，这种抽样方法充分考虑空间的相关性和异质性，有效解决了传统抽样中的人户分离问题和行政区域抽样中边界不清的问题，而且在后续的研究中又利用Google Earth地图和卫星图片的明亮度等级，来进行排空无人居住区和识别人口密度的实验，使得该抽样方法得到进一步完善，提升了调查的效率和质量。尽管该项技术目前还未在社会调查领域广泛运用，但随着遥感、全球定位系统和地理信息系统等相关技术的进步，对抽样调查的贡献应是可期待的。在利用空间地理信息的基础上，除了在实践层面进一步优化该抽样方法外，还需要在基础理论研究上下功夫，进一步区分空间抽样和经典抽样适用的不同情况，结合经典抽样设计的理论基础，考虑空间相关性和异质性，利用地理空间信息进行空间抽样设计和参数统计推断的研究。这些也应是今后努力的一个方向。

随着互联网技术的日益普及和深入发展，利用互联网无远弗届的能力进行民意调查已经成为常见现象。毋庸置疑，利用互联网进行民意调查（如利用微信、微博链接问卷地址或问卷星发放问卷等方式）所遵循的方法，尤其是抽样方法，实际上仍属于经典抽样设计，对其误差的改进，针对的仍然是样本获得的方便性和不可回推总体。针对这一现象，一些学者提出了改进提议，如对调查数据进行加权，或对调查样本进行二次抽样以及建立互联网调查的样本库等[②]。这些改进措施，在现实的民意调查

① 该方法引入了空间抽样中物种在空间内连续分布的概念，并将该概念与空间上的经纬度标识、人口资料、GPS定位系统以及区域抽样结合在一起，其突出特点是将全国国土按照空间的经纬度划分为若干单元格，然后在每个单元格上辅助人口资料信息，以每个单元格人口密度为规模度量，按照PPS方法抽选单元格，之后抽样员利用GPS手持型接收机，寻找目标经纬度，在目标范围内将住户地址进行登记，然后再抽选受访地址及受访人。

② 张铁楠，陈锐．网络民意调查的方法探讨[J]．现代传播，2012(1)：156.

中也是经常采取的策略。

无论如何,传统民意调查是一套研究者利用现有理论和经验主观设计的问题表格,所收集的数据资料均是事先设计好的,一旦研究者对所研究问题没有清晰准确的把握,问题设计的不准确甚至偏离都将无可避免。这是传统民意调查固有的局限。在这种情况下,基于抓取的分析方式以其非介入性的研究方法,成为探究民意把握舆论的要津。

## 三、基于分析的“舆情”

互联网技术的发展以及网民数量的增多使得网络成为舆论生发、传播的主要载体,网络舆情分析成为舆论研究的又一重要领域。网络舆情分析随着互联网的发展而出现,因而其分析的具体方法也随着互联网技术在不同时期的特征而变化。从时间上看,网络舆情分析可以分为两个时期:小数据监测期和大数据预测期。与之相对应,也分别使用了两类方法:一是基于统计规则的模式识别;二是基于内容挖掘的数据分析。

小数据监测期:这一时期对应早期的互联网技术,数据主要由门户网站产生,体量不大,运用统计规则的模式识别,这也是早期网络舆情分析中常用的方法。具体而言,这种方法用来描述舆情事件的报道量、评论量、转发量等结构化数据的统计分析,对已发生的网络舆情进行监测。

大数据预测期:随着互联网 Web 2.0 的发展,微博、微信等社交媒体勃兴,新闻生产方式发生了深刻的改变,网络舆情频发。这个时期由于数据(舆情)体量急剧增大,被称为大数据舆情分析时期,在网络舆情研究方法上除了承袭早期互联网舆情分析的诸多方法外,随着数理算法和计算机科学的发展,这一时期的舆情研究多以舆情预测为主要目标,重点在于预警模型的构建。

### (一) 舆情分析的变革

互联网舆情分析的基础是数据,数据有结构化和非结构化之分,相应的分析方法也有所不同。结构化数据主要是用户的行为（如浏览、点赞、转发等互动行为）和基本信息数据（如标签、性别、与身份有关的信息）；大量非结构化数据主要是网页、文档、图片、音视频等数据，并且非结构化数据的增长远远超过结构化数据。但无论是小数据时代还是大数据时代，舆情的分析都需要经过数据收集和处理分析两个阶段来完成。

在数据收集阶段，通过接入 API 接口或者爬虫工具抓取用户计算机 cookies、IP 地址、浏览路径、社交分享、地理位置、搜索关键词等，真实、客观地记录用户的文本生成内容和使用行为。在处理分析上，由于用户的使用行为多为结构化数据，处理相对简单，统计舆情事件的报道量、用户对相关内容的浏览量、点赞量、转发量、评论量等数据，通过一定的计算公式，来考察舆情事件的传播范围、深度和速度等。文本生成内容则通常是非结构化形式的数据，因此首先要采用文本数据挖掘技术将其结构化，具体技术包括文本过滤①、文本抽取②、文本分类③、文本总结④、文本聚类⑤等技术，之后再根据一定的统计规则或算法做进一步分析。

在小数据监测时期，多是基于封闭的结构化数据进行挖掘的，对于半结构化或者非结构化数据基本无能为力，难以在宏观和微观上把控舆情整体性规律和变化趋势。随着微博、微信、新闻客户端等基于移动互联网技术开发的应用和普及，舆情传播速度更快。而且，在“人人都有麦克风”的时代，任何一件小事，都可能借由网民、意见领袖、媒体呈几何级数传播，从而演变成重大舆情事件。这就对舆情弱信号的及时获取和发现提出了更高的要求。对这些弱信号的处理，要求有更为复杂的算法或者模型，同时需要更加多元和丰富的数据作为支撑。

---

① 对文本中抽取出的数据进行重新审查，删除重复信息，纠正存在的错误，以保证数据一致性。

② 信息抽取是以一个未知的自然语言文档作为输入，产生固定格式，无歧义地输出数据的过程。根据预先设定的任务，抽取特定类型的信息，例如人名、地名、机构、手机号、邮编、性别、年龄、身份证号等。除了常规的抽取，也可以通过与扩展规则（如接警员 * {人名}），死亡人数 * {人数}等）进行结合，抽取更加具体的信息。

③ 对抽取的数据按照一定的分类标准进行分类标记。

④ 从文档中抽取关键信息，用简洁的形式，对文档内容进行描述或解释。

⑤ 对文本信息进行相似性的比较，将比较相似的文本信息归为同一类别。

维克托·迈尔-舍恩伯格预测了大数据时代三大转变。第一大转变为“可以处理和某个特别现象相关的所有数据，而不再依赖于随机采样”。理由是“采样分析是信息缺乏时代和信息流通受限制的模拟数据时代的产物”，“与局限在小数据范围相比，使用一切数据为我们带来了更高的精确性”。第二大转变则为“不再热衷追求精确度”。第三大转变为“不再热衷于寻找因果关系”①。这三个转变是一种思维变革，与方法论息息相关。在各种社会热点极易在互联网上发酵、引爆、迅速传播的当下，收集舆情信息进行科学分析与研究，已经与以往不可同日而语。通过大数据技术手段，分析事件的关注程度、传播情况、发展趋势、网民情绪变化等，也可以深入某个观点的影响程度、影响人群，从而预测舆情走向，辅助决策和判断。

与此同时，大数据分析技术也给舆情分析带来更多的可能，舆情分析不再是分析样本数据，而是分析来源更为多元、结构更复杂的数据。不再是看似精确地定位于某条信息、某个人，而是在混杂的舆情信息中，发现趋势，预测走势。不再是非正即负的机械判断情感，而是分析相互关联的人物之间的情绪传递。这是因为在大数据时代，数据来源非常充分且多样，可以用多样的数据立体化地来聚焦某个人、某件事、某个问题。

### （二）大数据舆情分析的主要领域

大数据时代海量增长的数据，多为非结构化数据，因此大数据时期的舆情分析要应对的主要是对非结构化数据的处理。在各类非结构化的数据分析中，尽管已有个别机构开始通过利用人脸识别、文字识别、图像识别、视频识别等 AI 技术分析富媒体类舆情信息，但对文本类数据的分析仍是目前的主流。为了清晰地展示目前国内舆情分析的主要功能，笔者收集梳理了 9 家舆情分析机构的资料，并进行了汇总，如表 2-1 所示。

---

① 维克托·迈尔-舍恩伯格，肯尼思·库克耶．大数据时代：生活、工作与思维的大变革[M]．盛杨燕，等，译：杭州：浙江人民出版社，2013：17 - 18.

表 2-1　国内舆情分析系统主要功能*

| 系统名称 | 功能 |
|---|---|
| 清博舆情 | 热词分析、情感分析、活跃媒体监测、热区（发布和提及）分析、媒体分布、用户性别分析、微博微信分析 |
| 百度舆情 | 声量诊断、传播分析、受众画像、事件挖掘、情感提炼 |
| 脉讯在线 | 话题分析、情感分析、热词分析、用户属性分析、媒体分布 |
| 拓尔思 | 热词分析、情感分析、趋势分析、自然语言检索、媒体传播途径、地域分析、关联关系挖掘、重点人物监测、用户画像 |
| 智慧星光 | 事件溯源、事件传播分析、情感识别、地域识别、人名识别 |
| 军犬舆情 | 热点分析、传播路径、情感正负分析 |
| 谷尼舆情 | 热点发现、媒体与网民关注趋势、倾向性分析、情感值判断、舆情画像、知识图谱、重点人分析 |
| 新浪舆情通 | 关注度走势、媒体关注度、网站来源明细、地区分析、传播路径 |
| 鹰眼舆情 | 媒体分析、传播路径、舆情时间分布、观点倾向分析 |

* 表中功能的命名选自各舆情系统对自身功能介绍中的用词。需要指出的是，这里的技术是一个中观层面的概念，每一种技术需结合文本特征提取、文本检索、文本分类等微观层面的技术来实现。

从表 2-1 可看出，目前网络舆情分析的主要领域可以归纳为热点发现和事件评估。

热点发现，指对新信息的发现和对特定热点的关注。在这方面，学术界提出的热点发现技术并未在实践中得到广泛应用。各大平台使用的技术主要是两大类：一是使用分词和词频统计，来发现热门话题；二是选取诸如发文数、收藏数、阅读数、点赞数、转发数、评论数等特征指标，通过一定的计算公式来考量传播情况，在公式构成上采用人工赋予权重的方式。这里展示清博舆情对微信传播指数（*WCI*）的计算公式，如表 2-2 所示。

表 2-2　清博舆情微信传播指数（*WCI*）计算公式

| 一级指标及权重 | 二级指标 | 二级权重 | 标准化得分 |
|---|---|---|---|
| 整体传播力 $O$(30%) | 日均阅读数 $R/d$<br>日均点赞数 $Z/d$ | 85%<br>15% | $O=85\%\times\ln(R/d+1)$<br>$+15\%\times\ln(10\times Z/d+1)$ |
| 篇均传播力 $A$(30%) | 篇均阅读数 $R/n$<br>篇均点赞数 $Z/n$ | 85%<br>15% | $A=85\%\times\ln(R/n+1)$<br>$+15\%\times\ln(10\times Z/n+1)$ |

续表

| 一级指标及权重 | 二级指标 | 二级权重 | 标准化得分 |
| --- | --- | --- | --- |
| 头条传播力 $H$(30%) | 头条(日均)阅读数 $R_t/d$<br>头条(日均)点赞数 $Z_t/d$ | 85%<br>15% | $H=85\%\times\ln(R_t/d+1)$<br>$+15\%\times\ln(10\times Z_t/d+1)$ |
| 峰值传播力 $P$(10%) | 最高阅读数 $R_{max}$<br>最高点赞数 $Z_{max}$ | 85%<br>15% | $P=85\%\times\ln(R_{max}+1)$<br>$+15\%\times\ln(10\times Z_{max}+1)$ |

$$WCI=\{30\%\times[0.85\times\ln(R/d+1)+0.15\times\ln(10\times Z/d+1]+30\%\times[0.85\times\ln(R/n+1)+0.15\times\ln(10\times Z/n+1)]+30\%\times[0.85\times\ln(R_t/d+1)+0.15\times\ln(10\times Z_t/d+1)]+10\%\times[0.85\times\ln(R_{max}+1)+0.15\times\ln(10\times Z_{max}+1)]\}^2\times 10$$

$R$ 为评估时间段内所有文章($n$)的阅读总数
$Z$ 为评估时间段内所有文章($n$)的点赞总数
$d$ 为评估时间段所含天数(一般周取 7 天,月度取 30 天,年度取 365 天,其他自定义时间段以真实天数计算)
$n$ 为评估时间段内账号所发文章数
$Rt$ 和 $Zt$ 为评估时间段内账号所发头条的总阅读数和总点赞数
$R$max 和 $Z$max 为评估时间段内账号所发文章的最高阅读数和最高点赞数

事件评估是根据热点事件中公众的情感和行为反应对舆情进行等级评估并设立相应的预警阈值。笔者研究了清博舆情等网站提供的舆情分析服务、人民网舆情案例库展示的案例以及《中国互联网舆情分析报告》《2017 年中国教育行业互联网舆情报告》等的内容,经过综合判断认为,词频统计、情感分析、地域分析、语义关联分析是最常用的 4 种分析方法。4 种常用方法的价值点和具体应用场景如表 2-3 所示。

**表 2-3 大数据舆情分析的价值点和具体应用场景**

| 舆情的价值点 | 分析方法 | 应用场景 |
| --- | --- | --- |
| 与舆情相关的关键词 | 词频分析 | 热点话题发现<br>社会舆情的总体把握<br>某一舆情事件的关注度<br>舆情的时间变化轨迹<br>舆情预警 |
| 与舆情相关的观点情感关键词 | 情感分析 | 情感极性及强烈程度<br>情感走势 |
| 与舆情相关的观点地域关键词 | 地域分析 | 舆情发布或提及的地区分布 |

续表

| 舆情的价值点 | 分析方法 | 应用场景 |
|---|---|---|
| 与舆情相关的关键词之间的关系结构 | 语义关联分析 | 舆情事件相关的话题<br>舆情事件的层级结构<br>舆情扩散路径<br>关键传播节点 |

（1）词频分析，是指使用一定的技术提取文本中的词语并统计频率。这一分析主要用于发现热点话题或了解舆情传播的整体趋势，包括舆情的关注情况、舆情话题、波动变化等，也可根据统计结果预测舆情的发展趋势。

（2）情绪分析，也常被称为情感分析，它关注的是文本信息中信息生产者隐含在文本中的情绪、倾向等。情绪或情感倾向可认为是主体对某一客体现在所持有内在评价的倾向。喻国明在其微信公众号“喻国明”中曾提到许多互联网事件的发酵、扩散，背后都有情感诉求的影子，有时情感诉求甚至超出理智诉求，成为左右舆论的重要影响因素。情感分析主要有两种类型，一种是极性分析，一种是情感类别分析。前者分析总体态度是积极还是消极，后者分析属于喜怒哀乐愁中的哪类情感。从研究方法而言，也分为两类：一种是基于情感词典的方法；一种是基于机器学习的方法。基于词典的方法主要通过制定一系列的情感词典和规则，对文本进行分词、匹配词典（一般有词性分析、句法依存分析）、计算情感值，最后将情感值作为文本的情感倾向判断的依据。

（3）地域分析，主要看舆情传播的地域分布，考察的是舆情在地域空间的关联性。具体来说诸如舆情发生或波及的区域有哪些，是否广泛或引起连锁反应。

（4）语义关联分析，则主要关注网络结构特征和链接关系，用于了解舆情的关系结构，诸如传播路径、舆情相关的团体等。目前使用的多数还是关键词共词分析法，通过舆情传播网络的节点、密度、联结数等来确定舆情的关系结构。

这 4 种常用的分析方法，既能描述说明舆情“是什么”的问题，也可以表明舆情传播者的关系、传播路径，说明是“怎么样”的，还能在一定程度上分析表象背后的原因，分析“为什么”，挖掘出舆情中的焦点、关联、趋势等。

综上，相较而言，传统的网络舆情分析方法只注重舆情内容的监测，即停留在分析舆情传播者“说什么”的表达层次，而大数据时代的舆情分析，则试图呈现“为什么”这样说背后的社会心理和社会关系网。

### （三）大数据舆情分析的不足和改进

大数据舆情分析提高了数据收集、存储以及计算能力，但是随着其在舆情分析中的运用，一些弊端也逐渐显露。例如大数据舆情分析缺乏代表性、算法稳定性较差，存在算法黑箱等。

首先，大数据分析缺乏代表性，是遭到最多质疑的。即所谓大数据采集到的数据，并非是全数据，而是从特定网络应用平台采集的不完整数据，至多能代表该平台用户的意见特征，对全体网民缺乏代表性；从网络上采集的用户言论和行为数据只局限于网络使用者，并不能涵盖非网民；越来越多的社交网站为用户提供了定制化的隐私设置选项，网络用户可以自主设定信息的公开程度。这些都造成数据抓取的局限性[①]。针对大数据舆情分析收集数据缺乏代表性的不足，有学者提出采取大数据与传统统计调查数据融合法，根据不同场景不同需求进行互补与借鉴[②]。大数据指数对传统统计调查的佐证、补充乃至融合将会成为一种新趋势[③]。

其次，目前大数据舆情预测的准确性仍需要进一步提高，这需要加强机器算法和专家人脑的协作。一方面，大数据的舆情分析属于前沿探索技术，算法的准确率和稳定性需要一定时间和舆情事件的检验；另一方面，舆情隶属于社会科学范畴，某些社会心理、网络情绪等纯主观的现象，很难操作化为可量化的指标。因此目前的舆情系统必须辅以一定的人工服务，尤其是在数据特征分类、对发生舆情事件的概率特征归纳等环节。另外，提高算法可靠性需要公开具体算法。然而，国内这方面的开放性还不到位。笔者查阅了 9 家舆情分析机构，只有极个别机构在网站的介绍中公布了一些算法和公式，多数未涉及算法。

---

① 沈菲，王天娇．大数据语境中的民意：研究路径与趋势（上）[J]．教育传媒研究，2016(7)：33.

② 陈光慧．大数据时代中国政府统计调查体系改革研究[J]．商业经济与管理，2016(6)：97.

③ 米子川，姜天英．大数据指数是否可以替代统计调查指数[J]．统计研究，2016(11)：18.

再次，由于网络用户身份的模糊，大数据舆情分析范式长期以来聚焦于“事件或议题”，而弱化了对其信息发布或传播主体的分析，这成为虚假民意或民意被操纵的主要原因。这时，可以将关注“事件或议题”的研究范式转变为围绕“人”来展开，运用多种方式交叉确定群体身份的方法，明晰网民身份，比如根据微博用户个人职业信息确定其身份，或在阅读完微博用户的全部博文后再根据博文信息确定其具体职业①。这种以多个维度的数据分析来确定网民真实身份的做法，未来完全可由机器算法来完成。

最后，大数据舆情分析的缺陷，在一定程度上是理论研究与实践操作没有同步造成的。从理论层面来看，大数据舆情分析，即从浩瀚的大数据中发掘舆情事件苗头，归纳舆论观点倾向，掌握公众态度情绪，并结合历史相似事件进行趋势预测。但目前更为复杂和高级的算法并未在现实中得到广泛应用，造成这种局面的原因比较复杂，例如算法或模型不稳定无法大规模应用；大数据分析环境和应用程序过于复杂；汉语语法丰富、词义较多，新词不断涌现等都为大数据技术的应用带来了困难。

如前所述，目前舆情分析使用最多的技术仍是词频分析，情感分析、地域分析、语义关联分析等使用的主要基础技术实际上也是词频分析，高级的关联算法尚未得到广泛应用，大数据舆情分析离真正的预测还有一定的距离。大数据实现预测的关键是对各关联数据进行全面分析计算。而目前普遍使用的舆情预测系统，采取的仍是关键词定制式的预警，即人工设定好信息来源（分类或者主题）、过滤词、接收人、接收信息量、起止时间等参数后，舆情系统只有在采集到包含过滤词的信息后才进行预警。换言之，舆情的事前预警仍是大数据舆情尚未解决的技术难题，未来的着力点应在于舆情案例库的建立、关联因素分析、影响舆情走势的关键因子的提炼等。只有在这些研究的基础上，才能构建不同类型舆情的发展模型，提高大数据舆情分析的预测性。

（王锡苓　董小菲）

① 郑雯，桂勇．网络舆情不等于网络民意：基于“中国网络社会心态调查（2014）”的思考[J]．新闻记者，2014(12)：11.

# 第 3 章　国外舆论研究的现状、方法和趋势：以日本为例*

目前，中国的舆论研究处于蓬勃发展时期。在中国舆论研究体系日益成型、逐步完善的过程中，放眼国际，分析总结其他走在信息化进程前列的国家的舆论研究工作，具有重要的借鉴意义。由于各国网络信息安全制度、舆论研究的侧重点等方面存在差异，仅对外国舆论研究的现状进行分析并不能直接解决中国舆论研究面临的瓶颈与难题；但是他山之石可以攻玉。对外国舆论研究的分析与归纳，无疑可以提供一幅更加完整的舆论研究的国际图景，为中国舆论研究提供不同的思路。本章以日本为例，对日本舆论研究的现状、方法和趋势进行分析和研究。

## 一、日本舆论研究的现状

“舆论”一词在日语中，主要对应“世论”一词。第二次世界大战结束之后，“舆论”一词在日语中出现的频率日渐降低，一则因为“舆”字在日语中书写较为复杂，二则是渐渐被“世论”一词所取代。日本学者佐藤卓己在《新闻不应以舆论调查政治为动力》中提出，“舆论”和“世论”含义不同，他指出，“舆论”是英文中所指的“public opinion”，是通过理性讨论达成的一致意见，其侧重于对公共议题真伪的辨别；“世论”是属于大众文化的一部分，侧重的是人们对于某议题的情绪共鸣以及私人感情的好恶。佐藤卓己的观点被日本部分学者接受，但是从日本民众的普遍认识来看，“舆论”和“世论”是可以相互替代使用的。在日语字典《広辞苑》

* 本章内容系国家社科基金（教育学）重点招标课题《互联网背景下教育舆情研究》（课题编号：AFA20170005）阶段性成果之一。

中，将“舆论”与“世论”归为一个词条：“世论，又作舆论，在英语中称作public opinion，指的是对于公共的问题，大多数人共同持有的意见，或者说是大多数人都赞同的意见。围绕一个问题，舆论也有可能出现分歧。”

日本的舆论研究与中国的舆论研究相差较大，其差异主要体现在三个方面：第一，日本的研究方法较为传统，缺少对大数据、倾向性分析等研究新技术的引进；第二，日本的研究内容主要以线下的民意为主，对于线上的网络舆论研究不足；第三，日本的舆论研究主体主要是舆论调查公司、大众媒体、研究机构等民间主体，政府部门对于舆论研究不够重视。

目前中国的舆论研究集中于网络舆论研究，主要是通过大数据分析等高新技术，对网络信息进行监测、分析预测舆论发展态势，并对潜在舆论发展情形提前进行处置预案的设计等。而日本的舆论研究主要分为两个维度：第一个维度是上升到国家战略高度的信息通信技术发展战略的宏观层面；第二个维度是社会观念调查研究的中观层面。

从宏观来看，随着网络技术在国家治理中更加深入广泛的应用，日本早已将国家信息安全战略纳入国家整体安全战略的布局。“日本政府的信息安全对策是从1999年开始正式启动的，1999年9月日本政府内阁设置‘信息安全相关省厅局长会议’。2000年初，连续发生篡改省厅主页事件，于是日本政府开始进行信息安全体制建设”[①]。从日本内阁府设置专门机构统合各政府部门之间的信息安全议题，到日本总务省将信息通信技术作为重要发展战略，先后推出“e-Japan”“u-Japan”等旨在推进社会信息化管理的战略计划可看出，在日本，信息技术不论是在网络信息安全的“攻防战”中，还是在便民、利民的信息化进程中，都成了重要议题和实践计划。

从中观来看，日本的社会观念调查研究主要集中在三个方面：一是媒体收视/听率调查；二是针对公众对公共事务意见的民意调查；三是以内容分析为主的社会观念的历时研究。这类研究多用于传媒产业，主要目的是了解受众的基本情况以及其接收传媒信息的心理、行为以及潜在需求；此外在商业领域也较广泛地进行社会观念调查，主要目的是为了更好

① 孙宁．日本国家信息安全体制现状[J]．网络技术安全与应用，2004(2)：50.

地推销商品和服务。

## 二、日本舆论研究的方法

日本官方的舆论研究以国家信息安全体制为主题，其研究内容、研究方法和手段多为非公开的，甚至涉及国家机密，难以了解、把握。而其中媒体、社会研究机构和数据调查公司等民间的舆论研究则大多是公开的，使得研究者得以通过相关公开信息加以分析、研究。下面，将对日本的社会观念调查研究方法进行概要的整理、分析、说明。

在定量研究和定性研究两类研究方法中，日本舆论研究呈现以定量研究为主、定性研究为辅的基本情形。通过归纳总结，笔者认为日本公开的舆论研究主要有三种类型：一是媒体收视/听率调查；二是针对公众对公共事务意见的民意调查；三是以内容分析为主的社会观念的历时研究。

### （一）媒体收视/听率调查

在媒体的收视/听率调查方面，日本和中国所使用的调查方法和研究目的基本是一致的。日本媒体与收视/听率调查公司共同合作或者单独发起，对日本民众如何使用电视、广播等媒体及对于媒体的传播行为有何种期待与要求进行统计调查，以便获取受众需求后对以后的节目制作进行调整。在日本众多的收视/听率调查中，由日本放送协会（以下简称 NHK）放送文化研究所从 1985 年以来每五年实施一次的“日本人与电视”的调查最具典型代表意义；另外，从 2013 年起，NHK 放送文化研究所开始实施“全国放送服务接触动向调查”，以更好地把握受众对媒体的需求。

随着网络媒体的发展，在日本这样一个电视大国，也逐渐出现电视节目内容和播出平台分离的现象，这就要求扩大收视/听率调查的范围，以涵盖网络平台的传播效果。部分电视节目在网络平台的传播造成较大影响，也需要对其传播效果进行评估。2017 年，NHK 放送文化研究所副所长中野佐知子发表了一篇文章《NHK 全国个人视/听率调查的将来像》，对目前日本广播电视媒体的收视/听率调查进行了总结，如表 3-1 所示，并对传统媒体传播效果评估如何应对网络媒体环境的变化做出了规划。NHK作为日本广播电视媒体的翘楚，其收视/听率的调查方法无疑具有代表性。目前，NHK的收视/听率调查主要分为两种：一种是调查公司在受众家中的电视上安装测量仪，从而机械采集受众收视行为信息；另一种是由NHK放送文化研究所通过日记卡的方式对样本家庭的收视/听行为信息进行收集。日本学者中野佐知子发表的《NHK全国个人视/听率调查的将来像》一文中，指出了NHK放送文化研究所与收视/听率调查公司的收视/听率调查的不同点，具体内容如表3-1：

**表3-1　NHK放送文化研究所与收视/听率调查公司的收视/听率调查的不同点**

<table>
<tr><th></th><th>NHK放送文化研究所</th><th colspan="2">收视/听率调查公司</th></tr>
<tr><td>名称</td><td>全国个人收视/听率</td><td>家庭收视/听率（通常情况）</td><td>个人收视/听率（仅限于关东、关西、名古屋地区）</td></tr>
<tr><td>时间</td><td>每年两次分别选取特定的一星期时间</td><td>全年</td><td>全年</td></tr>
<tr><td>定义</td><td>调查对象用日记卡自觉记录收视/听行为</td><td>电视测量仪自动记录</td><td>调查对象通过“人员测量仪”，操纵手控器上的按钮记录</td></tr>
<tr><td>场所</td><td>无论家里、家外都可统计</td><td colspan="2">只能在自己家中（电视机上限为8台）</td></tr>
<tr><td>样本量</td><td>全国约有118万人<br>关东地区约有40万人</td><td>关东约有18万家庭</td><td>关东约有40万人</td></tr>
<tr><td rowspan="2">优势</td><td rowspan="2">1. 可以获得全国的收视/听率；<br>2. 获得不同性别、年龄等受众的收视/听率；<br>3. 获得NHK所有频道的收视/听率</td><td>——</td><td>获得不同性别、年龄等受众的收视/听率</td></tr>
<tr><td colspan="2">1. 每天的收视/听率结果在次日可以获得；<br>2. 获得每分钟的收视/听率；<br>3. 获得历时收视/听率</td></tr>
<tr><td rowspan="2">弱势</td><td rowspan="2">1. 每年分别在特定的时间统计两次；<br>2. 无法获得历时收视/听率</td><td colspan="2">无法获得全国的收视/听率</td></tr>
<tr><td>无法了解受众的个体情况</td><td>——</td></tr>
</table>

面对网络媒体环境中受众接受信息的行为变化、收视/听率数据来源的多元化、传统收视/听率调查可靠性下降等现实挑战，NHK着力于未来建立更为客观、可靠的收视/听率调查体系。为此NHK放送文化研究所

参考借鉴了非营利组织广播受众研究会（Broadcasters Audience Research Board，BARB）以及以 BBC 为主的英国媒体的跨媒体收视/听率调查方法，希望在保证数据真实客观、方法科学的前提下，引进其他社会主体的收视/听率以及传播效果数据，对现有的收视/听率调查范围进行补充。然而，日本 NHK 的收视/听率调查方法革新仍在探索与论证过程中，尚未有成型的实践经验。

## （二）针对公众对公共事务意见的民意调查

在日本针对公众对公共事务意见的民意调查，主要是以政治选举、政治事务决策为主题，而采用的研究方法以定量研究为主，主要是问卷调查法。在日本进行政治选举、政治事务决策等方面的民调主体，是以媒体为主的，此外也包括日本的内阁府等国家职能部门和个别舆论调查公司。

从问卷填答者的分类来看，日本媒体进行的调查主要是代填式问卷调查，而非自填式问卷调查，主要的实现方式则是电话问卷调查。日本共同通讯社、时事通讯社、日本放送协会（NHK）、朝日新闻社、读卖新闻社、每日新闻社等众多主流媒体基本都有专门负责舆论调查的部门和专职工作人员。在选举、修宪等政治方面的议题上，日本媒体通常在一定时间范围内就某一话题，从受访者资源库中随机抽取一定数量的受访者进行电话问卷调查。例如，在 2017 年日本政界爆出“加计学院”丑闻，种种证据表明日本首相安倍晋三存在假公济私为好友开办的学校办学开后门的情况，日本媒体随着该事件的进展，陆续进行了有针对性的民意调查。根据 NHK 6 月 12 日的世论调查结果，关于日本政府对于“加计学园”丑闻的说明情况，仅有 3% 的调查对象认为“非常令人信服”；22% 的人认为“可以信服”；而 33% 的人表示“不能信服”；另有 32% 的人认为“根本没有说服力”。这个民意调查是在 6 月 10 日至 11 日限定的 48 小时内，负责民意调查的专门工作人员通过随机抽取 NHK 受访者资源库中的人员进行电话问卷调查得出的结果。为了能够反映民意，日本放送协会的 NHK 放送文化研究所会定期进行民意调查，分析研究后将结果公布。其中 NHK 对于日本民众的政治意识会按月进行调查研究并公布结果。NHK 的民意调查主要以政治议题为主，例如，调查民众对冲绳美军基地的态度、对美国总统选举的观点、对日本核电厂建设的意见、对宪法的观念变化等；此外，针对民众对2022年东京奥运会的期待以及对NHK节目内容编排的意见等与日本民众日常相关的话题，也会进行调查研究。

日本内阁府作为行政部门，为了了解民意的基本动向，把握民众对于政府主要政策的态度，几乎每月都会进行民意调查。一般民意调查通过科学的统计方法，抽取3 000名日本的成年男女进行相关调查；而根据调查内容的不同，有时也会把调查样本扩大至5 000名或者10 000名。为了能够保证结果的准确性，内阁府的民意调查一般由调查员通过当面访问的形式进行，少数情况下通过邮寄调查问卷的形式进行。根据实际需要，日本内阁府在一般的民意调查之后，可能会通过追加5个问题的形式进行特别民意调查，以更准确地了解民众对某一话题的意见。经过数据分析之后，日本内阁府会在其官方网站公布相关调查结果，以满足民众的知情权。

此外，日本还存在一些舆论调查公司，主要通过问卷调查的方式为商业主体提供用户体验、销售策略等商业决策方面的舆论调查服务。舆论调查公司的调查内容侧重于商业领域，但是方法和手段与媒体、政府部门开展的民意调查大体一致。

### （三）以内容分析法为主的社会观念历时研究

在日本学术界，尤其是历史学、新闻传播学等社会科学研究中，学者常常会通过对文本的内容分析，来研究日本社会对某一特定话题的观念变迁。例如日本学者马场公彦就对日本在战后对中国形象和中国观的变迁进行了相关学术研究，而其采用的研究方法主要是内容分析的定量方法。马场公彦的著作《战后日本人的中国观》搜集了从1945年至1972年在日本发行的24种综合性杂志上所登载的2 554篇有关中国的文章，并对其进行了定量和定性的分析来追溯历年变化。对1972年末至天皇访华的1992年这20年在日本所发行的11种综合性杂志总计1 604篇文章进行了同样的研究。“在研究视角上，我一面注视‘国民舆论’的动向，一面以‘市民外交’视角加以分析。”[①]马场公彦通过对日本公开发行的各类

① 马场公彦．战后日本的中国形象与中国观[J]．唐磊，译．国外社会科学，2016(3)：90.

综合性杂志中有关中国的文章进行内容分析，从舆论主体、舆论话题、舆论发展态势等方面，对战后日本人对中国的认识等相关舆论进行了分析研究，得出了论据充分、内容翔实的结论。而日本学界对于舆论的研究主要是通过内容分析法对已经公开发行的报纸杂志、书籍、电影以及公开放送的电视节目、广播节目等不同形式的文本，围绕某一特定主题进行研究，从而把握日本社会对于某一话题的社会舆论历时变迁情况。这类研究的主要目的是“以史为鉴、面向未来”，在对历史文本定量研究的基础上对问题的本质进行一定程度的把握，而对于相关问题未来变化的预测则主要采用定性研究，通过理性的分析对未来作出判断。这与我国目前通过大数据等技术进行舆论的分析研究有一定差距。目前我国有部分舆论研究已经达到通过量化研究建立数学模型，从而对未来舆论走向进行量化预测的程度，例如建立相应的舆论变化发展的数学模型，从而预测在某一变量改变时舆论态势的变化。

## 三、日本舆论研究的趋势

目前，日本官方和民间的舆论研究都在发展之中。而其中媒体、社会研究机构和数据调查公司等民间的舆论研究情况更容易分析把握，究其原因主要是民间舆论研究公开的信息较多。而官方的舆论研究因上升到国家信息安全体制的宏观层面，其研究内容、研究方法甚至涉及国家机密，外界无法获得更多信息。

日本官方的舆论研究，从研究目的上主要分为官用和民用两大类。官用的舆论研究，主要是政府有关部门为保证网络安全、防止黑客入侵、监测追踪打击网络犯罪、保障国家政治经济体制安全以及更高等级的社会安全等方面而进行的研究。随着未来网络科技的发展，日本官方的舆论研究内容与方法无疑也会不断更新。基于日本物联网技术的信息化基础设施的普及与发展，日本政府将掌握大量社会日常生活数据，为大数据时代的舆论研究提供信息来源与研究基础。但目前日本舆论研究界尚未将公众的生活行为大数据与舆论研究结合起来。

日本是一个传媒广布、网络信息化发达的先进国家，对日本舆论研究趋势的把握，为我国舆论研究提供了另一套不同的思路——通过信息化基础设施的建设，更全面地掌握社会生活数据，从而更好地对舆论进行收集、分析、评估、预测。舆论主要是人们对公共事务、社会问题的观点、态度，它潜藏在人们的行为、言语中。通过传统的舆论调查方法，未必能真实、完全地把握围绕某一问题所产生的舆论。特别是在日本这样一个语言文法表意较为暧昧、国民性格较为含蓄委婉的国家，在信息化基础设施建设中构建评价反馈系统、大数据采集系统等，可以更有效地了解社会议题的舆论动向。例如，目前部分日本医院在积极推进网络信息化，致力于让病人通过网络系统对就医体验等进行评价；日本各高校开设的网络课堂，也通过学生选择的科目、在线上课时长、课后评价等网络系统，来了解人们对于网络课程的观点和态度。当社会管理各方面的信息化基础设施建设全面铺开后，社会管理部门有能力实时掌握人们社会生活的数据，并从中分析出社会舆论的动向，舆论研究将实现质的飞跃并得到更实时、客观的分析结果。

目前，我国的舆论研究主要以网络舆情监测技术为手段，对网络舆情进行分析，但是应该明确网络舆情只能代表部分民意，而非民意的全体。未来当物联网技术发展到一定阶段，人们的衣食住行等各个方面都有物联网终端的参与，那么收集到的数据则可以更好地还原现实社会的舆论全景。

（何欣蕾）

# 第二部分　总报告

# 第4章 2017年中国高等教育舆情年度报告

2017年,是国家"十三五"规划的第二年,也是党的十九大召开之年。这一年,《国家教育事业发展"十三五"规划》《关于深化教育体制机制改革的意见》等文件印发,"双一流"建设高校及建设学科名单公布等,无不表明2017年中国高等教育事业的快速发展。但同时,这一年中大学生深陷"校园贷"、大学生求职遭遇传销、高校论文涉嫌抄袭等高等教育领域的舆论热点事件频发。对中国高等教育舆情的监测与研究,一方面能及时获悉舆情动态,方便高校及管理者针对问题提出应对方案;另一方面,对教育舆情的监测还可帮助管理者发现其中的规律,从而能够未雨绸缪,提高高等教育治理能力。

## 一、高等教育发展

2016年12月,国务院印发了《国家教育事业发展"十三五"规划》,确定了"十三五"时期教育改革发展的指导思想、主要目标、战略任务和保障措施。2017年是教育"十三五"规划的开局之年。2017年9月,中共中央办公厅、国务院办公厅印发了《关于深化教育体制机制改革的意见》,这是今后推进教育改革的纲领性文件,标志着我国的教育事业由之前的"立柱架梁"进入"内部装修"阶段。习近平总书记在十九大报告中明确提出,要"优先发展教育事业。建设教育强国是中华民族伟大复兴的基础工程,必须把教育事业放在优先位置,加快教育现代化,办好人民满意的教育","加快一流大学和一流学科建设,实现高等教育内涵式发展"。2017年高等教育领域一系列政策、文件的出台,昭示着我国高等教育在追求高质、公平的道路上更进了一步。

2016年12月,全国思想政治工作会议召开。2017年5月至10月,教育部领导前往各地高校调研,深入思想政治(以下简称"思政")课堂听课。2017年5月,教育部党组审议通过《2017年高校思想政治理论课教学质量年专项工作总体方案》,将2017年定为"高校思想政治理论课教学质量年"。围绕思政课的攻坚战拉开帷幕,从中央到地方、从政策到课堂,思想政治教育领域出现了新气象。中宣部联合教育部推选出10名"最美思政课教师",各省纷纷举办思政课教学标兵、教学能手比赛,微电影制作、情景教学、跨学科联袂授课、思政教育手机应用平台等教学方式也被应用于课堂教学,有力地推动了思政课跨上一个新台阶。2017年12月,教育部党组印发《高校思想政治工作质量提升工程实施纲要》的通知,更是从目标、任务、内容、实施保障等方面对今后思政工作的展开提出了更明确、更全面的要求。

2017年9月,教育部、财政部和国家发改委联合发布《关于公布世界一流大学和一流学科建设高校及建设学科名单的通知》。10月,党的十九大报告再次提出,要加快一流大学和一流学科建设,吹响了新时代"双一流"建设的号角。

2017年9月,中共中央办公厅、国务院办公厅印发《关于深化教育体制机制改革的意见》,对学前、初等、中等、高等以及职业教育等方面均给出指导性意见,是我国教育体制改革继续深化的纲领性文件。2017年国家先后出台《关于深化职称制度改革的意见》《高校教师职称评审监管暂行办法》等四份文件,有力地推动了高校教师职称改革。

2017年3月,李克强总理在做政府工作报告时说,要切实落实高校和科研院所自主权,落实股权、期权和分红等激励政策,落实科研经费和项目管理制度改革,让科研人员不再为杂事、琐事分心劳神。要深化人才发展体制改革,实施更加有效的人才引进政策。高校科研人员的热情进一步提升,科研活力将进一步被激发。

2017年10月,教育部高等教育教学评估中心发布最新版《中国高等教育系列质量报告》,包括本科教育、工程教育、新建本科和民办本科共4本专题报告。报告中指出,我国本科教育"体量"世界最大,质量稳步提升;工程教育主动"转型升级",跻身世界舞台;新建本科院校占据了高等教育的"半壁江山",将逐步发展为"应用型大学";民办本科教育在本科高校中占比超过三成，已成为我国高等教育的重要组成部分。

2017 年 4 月 1 日，国家级新区——雄安新区成立，多所北京高校主动对接雄安新区建设，高校服务社会、服务地方发展的功能进一步体现。2017 年 12 月，国务院办公厅印发《关于深化产教融合的若干意见》，促进高等教育融入国家创新体系和新型城镇化建设，要求推进产教融合人才培养改革，以利高等教育更好地服务经济社会的发展。

2017 年教育部还多次对高校热点问题进行回应。例如针对多地高校大学生深陷“校园贷”问题，教育部同年 9 月召开新闻发布会，明确已与银监会、人社部联合发文取缔校园贷款业务，鼓励正规的商业银行开办针对大学生的小额信用贷款。

## 二、专题分析

2017 年 1 月 1 日—12 月 31 日，中国传媒大学高教传播与舆情监测研究中心（以下简称“研究中心”）通过 CUCHEPOMS 系统共监测到 49 226 条高等教育舆情信息，信息来自报纸、电视、广播、门户网站、网络论坛、博客、微博，按照不同类别分为 14 个专题：体制改革、高等教育政策、高校管理、教师发展、大学生、学科专业、质量评估、人才培养、科学研究、社会服务、大学生就业、高等教育反腐、国外教育和思想政治教育，如表 4-1 所示，其中思想政治教育专题是 2016 年新增加的专题。

**表 4-1　2014—2017 年高等教育舆情信息各专题数量和占当年总量的比例**

| 专题 | 2017 年 | | 2016 年 | | 2015 年 | | 2014 年 | |
|---|---|---|---|---|---|---|---|---|
| | 数量（条） | 占比 | 数量（条） | 占比 | 数量（条） | 占比 | 数量（条） | 占比 |
| 体制改革 | 2 061 | 4.2% | 2 348 | 6.0% | 3 525 | 6.7% | 2 450 | 3.9% |
| 高等教育政策 | 668 | 1.4% | 771 | 2.0% | 497 | 1.0% | 651 | 1.0% |
| 高校管理 | 2 326 | 4.7% | 2 108 | 5.4% | 1 359 | 2.6% | 1 093 | 1.8% |
| 教师发展 | 2 816 | 5.7% | 1 775 | 4.5% | 1 433 | 2.7% | 1 323 | 2.1% |
| 大学生 | 9007 | 18.3% | 7 701 | 19.7% | 13 445 | 25.6% | 15 000 | 24.2% |
| 学科专业 | 2 789 | 5.7% | 1 387 | 3.5% | 2 154 | 4.1% | 2 487 | 4.0% |

续表

| 专题 | 2017 年 | | 2016 年 | | 2015 年 | | 2014 年 | |
|---|---|---|---|---|---|---|---|---|
| | 数量（条） | 占比 | 数量（条） | 占比 | 数量（条） | 占比 | 数量（条） | 占比 |
| 质量评估 | 1 227 | 2.5% | 944 | 2.4% | 721 | 1.4% | 5 782 | 9.3% |
| 人才培养 | 4 303 | 8.7% | 3 406 | 8.7% | 4 624 | 8.8% | 7 019 | 11.3% |
| 科学研究 | 5 245 | 10.6% | 4 431 | 11.3% | 6 080 | 11.6% | 5 872 | 9.5% |
| 社会服务 | 839 | 1.7% | 863 | 2.2% | 909 | 1.7% | 721 | 1.2% |
| 大学生就业 | 10 721 | 21.8% | 8 044 | 20.5% | 12 116 | 23.0% | 11 390 | 18.3% |
| 高等教育反腐 | 134 | 0.3% | 287 | 0.7% | 336 | 0.6% | 284 | 0.5% |
| 国外教育 | 3 696 | 7.5% | 3 604 | 9.2% | 5 377 | 10.2% | 8 000 | 12.9% |
| 思想政治教育 | 3 394 | 6.9% | 1 518 | 3.9% | / | / | / | / |
| 合计 | 49 226 | 100% | 39 187 | 100% | 52 576 | 100% | 62 072 | 100% |

纵观 2014—2017 年连续 4 年的舆情信息数据（表 4-1）可以看出，大学生、就业、科学研究、国外教育、人才培养大约占信息总量的 70%，其中大学生、就业这两类信息大约占总体舆情信息数量的 40%，这两类信息是近 4 年来高等教育舆情关注的主要话题。

如图 4-1、图 4-2 所示，2017 年大学生就业类舆情信息最多，高达 10 721 条，占总体舆情数据的 21.8%；紧随其后的是大学生舆情信息，有 9 007 条，占 18.3%。与前两年一样，科学研究类舆情信息处于第 3 位，达到 5 245 条，占 10.6%；人才培养居于第 4 位，有 4 303 条信息，占 8.7%；国外教育舆情信息为 3 696 条，占 7.5%，居于第 5 位。2014—2017 年，高教反腐类信息一直最少，2017 年仅占 0.3%，高等教育政策类信息位居倒数第二位，2017 年占比 1.4%。

如图 4-3 所示，2017 年全年高等教育舆情信息呈春季学期高、秋季学期稍有回落的走势。全年信息数据最多月份为 4 月（5 279 条），最少月份为 1 月（1 746 条）。3 月—7 月舆情信息维持在一个高位状态，8 月信息减少。纵观 2015—2017 年三年的数据，舆情信息峰值均出现在春季学期，2017 年为 4 月份（5 279 条），2016 年为 7 月份（4 387 条），2015 年为 6 月份（6 686 条），而舆情低谷基本都在寒暑假，如 2017 年为 1 月份（1 746 条），2016 年为 2 月份（1 456 条），2015 年为 8 月份（2 578 条）。

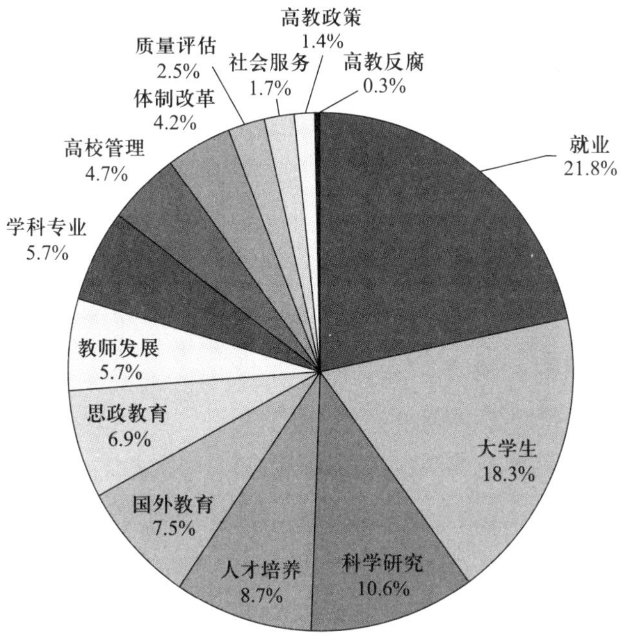


**图 4-1　2017 年高等教育舆情数据分类百分比**

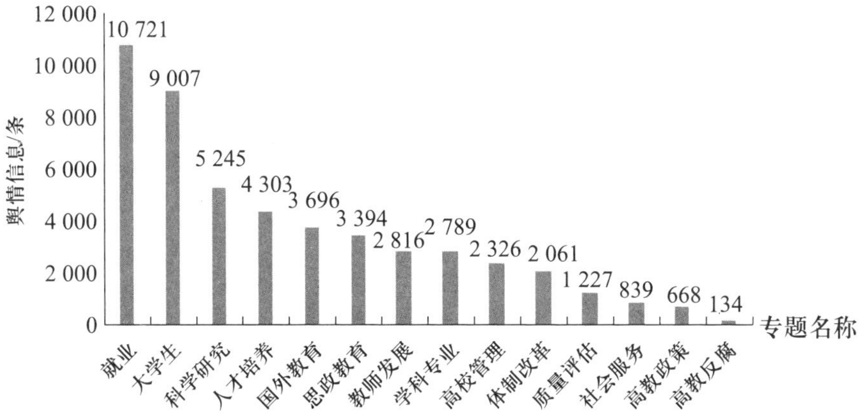


**图 4-2　2017 年高等教育舆情信息数据分类统计**

2017 年与 2016、2015 年的上半年舆情走势相比较，与前两年上半年起起伏伏的走势不同，2017 年自从 3 月份舆情骤增之后，至 7 月份一直维持在信息高位，每月信息量均在 5 000 条左右。2017 年 3 月两会召开，两会代表委员就高等教育中的现状与问题建言献策，高考改革、“双一

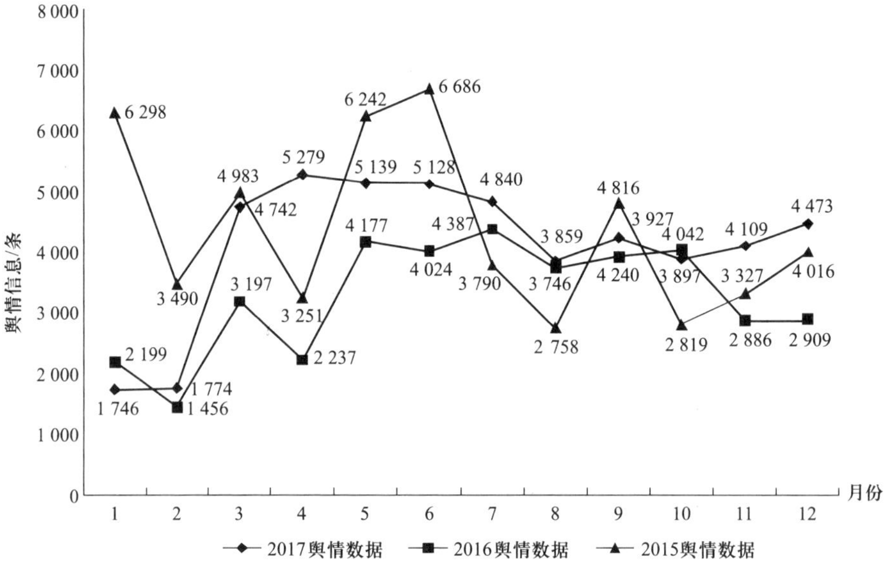


**图 4-3　2015—2017 年高等教育舆情数据月统计折线图**

流”建设、高校去行政化、取消行政级别等都是公众关注的热点；3 月下旬，多所高校公布自主招生简章。4 月，雄安新区成立，哪些在京高校将迁往雄安新区引发猜测；教育部发布《教育部等五部门关于深化高等教育领域简政放权放管结合优化服务改革的若干意见》，进一步向地方和高校放权，直接将舆情数据推向年度峰值；5 月则有中国社会科学院大学成立、教育部将 2017 年定为“高校思想政治教学质量年”、山东大学一长江学者因贪污获刑等事件引发关注热潮。

2017 年下半年舆情走势与前两年相比，有相同的地方，如 7 月—9 月舆情均是“先抑后扬”，8 月舆情有一个明显的低落期，9 月随着新学期开始，舆情迅速增加。但与 2016 年不同的是，2017 年 10 月之后的舆情数量并没有下降，反而略有增长。9 月，教育部联合银监会等部门发文禁止“校园贷”业务、“双一流”名单公布、中央印发《关于深化教育体制机制改革的意见》、深化教育改革等都是社会关注的热点事件，舆情数据一直居高不下；10 月，党的十九大召开，随即高校掀起十九大精神进校园、进课堂热潮，高校系列质量报告出炉也引发舆论关注；11 月，师范类专业实行统一认证，《高校职称评审监管暂行办法》出台；12 月，江歌遇害案在日本开庭审理、大学生因专业更名求职遭拒等是当月高等教育领域的热点事件，使得当月数据不降反升。

从季度舆情数据统计来看（图 4-4），与 2016 年类似，2017 年的舆情信息数量最少的季度也为第一季度。但不同的是，2017 年第二季度舆情信息数量最多，而 2016 年在第三季度最多。纵观三年的舆情信息季度分布情况可发现，三年中 2017 年的季度舆情峰值与低谷落差最大，舆情分布不够均衡。

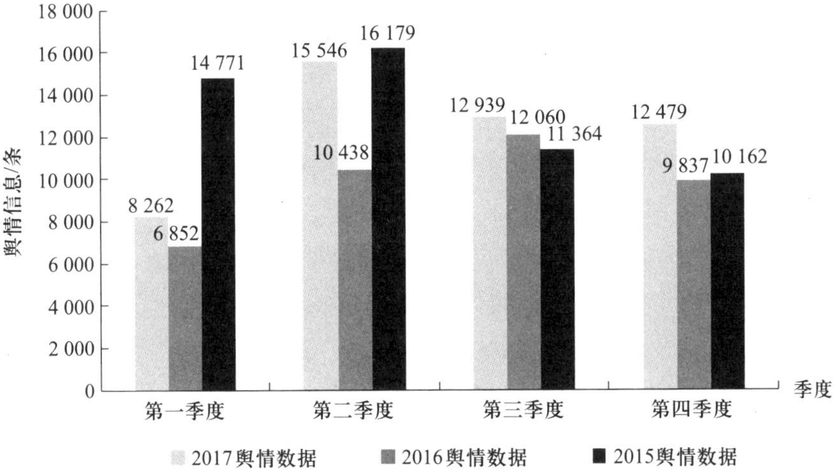


图 4-4　2015—2017 年高等教育舆情数据季度统计

## （一）体制改革

2017 年，党中央、国务院、教育部发布了多项教育体制改革方面的指导意见，有力地推动了我国教育体制继续深化改革。为了推动高校职称改革，国家连发《关于深化职称制度改革的意见》《高校教师职称评审监管暂行办法》等四份文件，可见改革决心之坚定。2017 年 9 月，中共中央办公厅、国务院办公厅印发《关于深化教育体制机制改革的意见》，这是我国教育体制改革继续深化的纲领性文件。2017 年还出现了山东大学迁建主校区惹争议、大学生因专业更名求职被拒等事件，都体现了高等教育体制改革中亟待解决的一些问题，引起了社会舆论广泛关注。

2017 年，研究中心共监测到有关高等教育体制改革的信息 2 061 条，四个季度舆情分布较为均衡,3月、9月和12月出现舆情高峰。2017年高等教育体制改革的舆情信息主要集中在“人才培养”“人事改革”方面,新增了“双一流”“思政课”类型的改革信息。舆情地域分布上仍然以东部为主。“山东大学迁建主校区”“高校教师职称全面下放至高校”“中央发文深化教育改革”“大学生因专业更名求职遭拒”等成为高等教育体制改革的热点舆情事件。

2017年2月,山东大学被曝光将在卫星城章丘建8 000余亩主校区,引发校友及公众的质疑,舆论普遍质疑山东大学决策不够公开、透明。4月,教育部等五部门联合印发《关于深化高等教育领域简政放权放管结合优化服务改革的若干意见》(以下简称《意见》),按照《意见》,今后高校教师职称评审权将全部直接下放至高校,专家和高校教师纷纷叫好,但也有人担心“一放就乱”。基于消除此种顾虑,11月,教育部、人社部又印发了《高校教师职称评审监管暂行办法》,全方位保障高校职称评审改革的顺利进行。9月,中共中央办公厅、国务院办公厅印发《关于深化教育体制机制改革的意见》,这是一份涉及学前、初等、中等、高等以及职业教育的纲领性文件,《意见》中深化教育改革的举措直指当前教育积弊所在,大快人心,舆论持高度肯定态度。12月,王芬(化名)因专业更名求职遭拒被媒体曝光,折射出高校改革与社会衔接不畅以及地方教育局“不作为”“懒政”等问题,引起公众关注。

综上分析,高等教育体制改革舆情事件一般有如下特点:部分舆论隐藏于微信群等私密空间;舆情带有“长尾”效应;与社会牵连甚广。因此,今后高教体制改革舆情的监测与应对需重视对线下舆论的调研;要长期关注舆论动态,注意归纳总结热点事件的舆情发展规律,形成舆情预判及预警机制;注意舆情事件引发的联动效应,改革的相关部门一方面要扩大宣传,另一方面谋求建立与其他部门携手改革、互通有无的工作机制。总之,要集全社会之力,推进高等教育体制改革继续深入。

### （二）高等教育政策

2017年是我国高等教育政策制定和实施过程中的里程碑,代表性事件是教育部、财政部和国家发改委在9月联合发布《关于公布世界一流大学和一流学科建设高校及建设学科名单的通知》。10 月,党的十九大报告再次提出,要加快一流大学和一流学科建设。这意味着"双一流"政策正式成为未来较长一段时间内,指导我国高等教育事业发展的重要行动纲领,意味着我国高等教育事业深化改革又向前迈出了重要的一步。除此之外,2017 年高等教育领域的其他政策涉及国家资助、高考加分、教师职称评定、大学生入伍等方面。

从舆情数量上看,2017 年,研究中心共监测到高等教育政策舆情共 668 条,日均监测信息 1.83 条。2017 年高等教育政策舆情的信息月度分布数量并不均衡,总体呈现开年走低、年中高、年底回落的分布态势。

从舆情类型上来看,2017 年度高等教育政策舆情信息主要涉及 9 类,即大学生毕业政策、留学政策、自考政策、资助政策、招生政策、交流政策、参军政策、落户政策和高等教育发展政策。其中,资助政策占比最高,占 2017 年度高等教育政策舆情信息的 32%。

在舆情地域分布方面,2017 年度高等教育政策舆情信息涉及我国大多数省级行政区。受信息发布渠道和监测范围影响,系统未监测到澳门特别行政区的相关信息。从地域排名来看,2017 年高等教育政策舆情信息数量排名靠前的地域依然是北京、上海、广东等一线发达地区。其余地区的高等教育政策信息数量较为均衡,基本遵循东部高等教育资源雄厚地区数量多、西部和高等教育资源匮乏地区数量少的规律。

2017 年 1 月媒体报道云南一技师学院参照学位制设立"技士"、"匠士"加冕制度,对此舆论以褒扬为主,肯定学院旨在激发学生荣誉感和认同感的创新之举。2017 年 5 月,武汉大学新闻系主任夏琼辞职信爆红网络。该事件引发舆论对高校行政管理体制的不满及对高校"去行政化"改革的讨论,也有境外媒体趁机对我国高校意识形态管理工作发起攻击,但由于当事人及时回应,该事件所引发的网络纷扰最终自然消亡。2017 年 9 月,教育部等部门公布"双一流"建设高校及学科名单。名单发布后毁誉参半,主流舆论以积极正面为主,而自媒体舆论则对名单有所质疑,并借机对部分高校名单进行调侃,凸显"双一流"名单遴选亟须提升科学性和透明度。

2017 年高等教育政策领域的舆情和外宣工作还存在如下典型问题:

一是部分负面舆论回应不及时、无力度；二是政策宣传手段过于单一，综合外宣能力有待提高。建议相关部门在未来的舆情工作中，一要勇于担当，及时处置；二要构建面向高教决策的新媒体舆情监测协同创新机制；三要强化面向高教决策的新媒体舆情监测分析能力；四要提升面向高教决策的大数据舆情支撑创新水平。

## （三）高校管理

党的十九大报告明确指出，我国已经进入中国特色社会主义新时代和全面建设社会主义现代化国家新征程。我国高等教育必然通过“建设世界一流大学和一流学科”、强化内涵式发展将自身锻造为中华民族伟大复兴工程的重要结合点。这无疑对高校管理事务提出了更高、更新、更细的要求。在信息获取成本几近为零的互联网时代，就高校管理事务生成的舆情事件纷至沓来，由此为高校管理工作增加了危机公关与形象建设等内容。

从绝对数量上看，2017 年研究中心在高校管理舆情版块共监测到相关信息 2 326 条。从相对数量上看，2017 年高校管理舆情版块的信息量在 14 个专题版块中位于第 9 位，处于中间位置，但相较 2016 年下降 2 位。2017 年度高校管理舆情信息在月分布上并不均衡，最高值出现在 3 月份，为 254 条；最低值出现在 2 月份，为 87 条。季度分布上，高校管理领域舆情热度最高时段是第二季度，最低时段为第一季度。2017 年度高校管理舆情信息可以分为 8 大类，即制度与规章、后勤管理、人事管理、学生管理、教学管理、科研管理、发展规划与交流合作。2017 年度高校管理舆情信息在舆情地域分布上覆盖到 34 个省级行政区（省、自治区、直辖市和特别行政区）。高校管理舆情信息的前三名依然是北京市、上海市、山东省。

2017 年 3 月，清华大学提出将游泳与毕业绑定，新规经媒体报道后引发争议，舆情迅速升温。其中，自媒体上不乏广大网友娱乐化的调侃之声，而来自专家或媒体的评论则正面居多，间或伴有各类建言。5 月，中国社会科学院、共青团中央关于申请创办中国社会科学院大学相关事项的请示和关于成立中国社会科学院大学的论证报告得到教育部批准，创办中国社会科学院大学获批。消息一出引发各方关注。专家的评论更多地集中在这所新大学的管理机制与人才培养方式上。媒体对该事件的直接评论虽少,但以正面评价为主。12月,《高校思政课如何"高精尖"?》一文引发对高校思政课质量提升话题的再关注。媒体借助来自教育界的一线教师的支持性话语表达了现代信息技术对提升高校思政课教学质量具有极大潜力的肯定与认可。

从2017年高校管理领域的舆情应对状况来看,以下两个问题应引起足够重视:第一,高校信息释放和阐释的视角单一,姿态过高,不接地气;第二,高校不谙大众媒体价值评判规则和业务操作手法。相应地,高校作为舆情管理主体,应切实加强自身的媒介素养。通过强化自身的媒介素养,高校不仅能够更好地与大众媒介机构展开有效合作,并能尽快建立一支业务能力过硬的负责对外宣传和舆情管理的队伍,还能在理念上熟悉不同舆论场域的规律,进而加以利用。

### (四)教师发展

高校教师作为高等教育的主要参与者,与其发展相关的议题是高等教育研究的重要部分。对于高校教师发展舆情进行深入分析,了解媒体与公众就教师发展方面所关心的热点话题,有助于把握教师发展的舆论态势,为高等教育管理部门、高等院校提供建设意见。

2017年,研究中心监测到的教师发展相关的舆情信息共2 816条。与2016年的教师发展数据相比,全年数据有较大增加,且在连续两年的数据中,舆情高发月份为4月—5月、9月—10月;此外,上半年的教师发展相关舆情信息数量要低于下半年。由此,加强对舆情信息相对集中的时间段的监测和分析,可以提前做好舆情应对准备。在全年的舆情信息中,月信息量超过250条的月份有8个,整体呈现舆情高发态势。9月份的信息量最大,达295条,其次为7月、5月和6月,均突破了270条。季度分布上,第一季度明显较少,后三个季度整体态势较高。

本专题前三项受关注的舆情信息类别分别是教学科研、交流合作、职称评定,紧随其后的是制度政策、高校辅导员、知名教师、师风师德等其他内容。与高校教师发展相关的信息中,教学科研与交流合作方面占比最大。

2017 年 3 月,“浙江一高校破格选拔多名教授”事件经由主流媒体报道引发关注,舆论聚焦于教师职称评审制度的改革创新上;2017 年 5 月,“清华大学教授颜宁受聘普林斯顿大学”事件,率先从微博平台传播,然后经由主流媒体的评议,使得公众对该事件的认知更趋理性;2017 年 8 月,“90 后美女博导杨树刷屏朋友圈”事件从微信朋友圈传播开来,因众多“标签”集于一身而引发了网友关于美女学霸、学术新秀的讨论;2017 年 10 月,两部门印发《高校教师职称评审监管暂行办法》,规定高校教师职称评审权直接下放至高校,并进一步规范了高校职称评审工作,获得舆论普遍认可。

整体来看,2017 年全年教师发展热点事件与主体高校、政策制度、职称评审等方面密不可分。今后在高校教师舆情应对策略方面,应注意两点:一是涉事高校作为事件主体方,应密切关注社交媒体平台上的舆情信息,跟踪热门讨论,从而在舆情研判上获得更多先机;二是事件主体方应善于运用官方信息发布平台,就社会关注和讨论的热点第一时间给予回应,从而遏制失实信息的生成和蔓延。

### (五)大学生

把握大学生舆情规律是做好大学生工作的重要保证。

2017 年,研究中心共监测到大学生相关信息 9 007 条,较 2016 年有小幅提高,增长近 2 000 条,大学生舆情信息数量在全部专题中排名第二。2017 年的舆情分布、走势与去年非常相似,从 1 月开始到 6 月总体呈现上升趋势,2 月—3 月涨幅较大。舆情信息数量在 6 月达到顶峰,随后平稳下滑至 11 月,在 12 月有小规模的上升。2017 年的高考季、毕业季仍然是大学生舆情的高发期。

2017 年大学生舆情信息共分为“教育架构”“招生考试”“大学生就业”“大学生安全”“课外实践”“海外留学”和“日常生活”七大类。同往年一样,招生考试和教育架构在所有类型的舆情信息中仍然占比最大。虽然报道量多,但是相关事件并未引发过“热”的舆情讨论。2017 年,舆情类型新增了“日常生活”一类,主要涉及大学生的特色校园生活、具有代表性的校园活动等。大学生将自己的日常生活分享到社交账号的行为越来越常见,这类看似琐碎的大学生生活常常能够登上微博热搜榜,也越来越能吸引网友的关注。

2017 年初,大学生过年在家被嫌弃一事被《新京报》转载后,通过各大媒体平台的多级传播在短时间内便引起了民众的热烈讨论。一方面是大学生群体为自身的辩驳,另一方面则更多是长辈对青年的建议。另外,一些与大学生息息相关的政策出台后,也因其具有代表性而受到广泛关注。比如武汉、长沙、合肥、南昌和成都五省会城市于 4 月出台了“在校大学生可缴存公积金”的政策。租房、买房问题本就是大学生群体步入社会时急需解决的难题之一,因此,该消息一出,便引起了广大网友对“这是享受实惠还是变相啃老”的争论。除此之外,陕西省 8 月 29 日出台新规,对贫困生做出了“不在校外租房、不得经常出入营业性网吧”的硬性衡量标准,再一次激起民众对贫困生尊严和合法权益问题的思考。8 月发轫于微博的“沈阳城市建设学院强制学生实习”事件也是新媒体时代典型的舆情发酵模式,即民众通过新媒体平台曝出事件,借由意见领袖两级传播或多级传播产生广泛的影响力。涉事者在舆论的追问下现身,同时上级管理部门也立即做出回应给民众以交代。

对大学生舆情进行有效监测和管理是保证高等教育领域正常秩序的必要活动。在大数据时代,以数据分析为基础,建立起联动、即时的监管与应急处理机制;发挥媒体的权威作用,在教育热点事件出现后,不能仅停留在报道、转发层面,更应合理进行舆情引导;更新管理者思维模式、提高媒介素养,探索更具操作价值和广泛适用性的大学生舆情应对方法实属当务之急。

### (六)学科专业

高等教育学科专业反映一定时期内经济建设、科技进步、文化发展、社会分工对高级专门人才种类、层次、规格的要求以及对人才培养知识、能力和素质的要求①,因此,高校学科专业建设的核心考量因素,便是其

---

① 杨林,陈书全,韩科技. 新常态下高等教育学科专业结构与产业结构优化的协调性分析[J]. 教育发展研究,2015(21):46.

与社会发展需求的契合度。新常态下的社会发展，需要高校学科专业的逐渐革新。2017 年《关于公布世界一流大学和一流学科建设高校及建设学科名单的通知》正式发布，为高校学科专业的全面升级，实现与国际对标提供了政策保证。

2017 年，研究中心 CUCHEPOMS 系统共监测学科专业相关信息 2 789 条，平均每日 7.64 条。较 2016 年相比，大幅增加了 1 402 条，增量近一倍。从全年舆情分布走势来看，可分为两个小高潮：第一个小高潮集中在 3 月至 6 月，舆情信息量普遍在 300 条以上，且波动不大；第二个小高潮则出现在下半年的 7 月到 12 月，在新闻数量上虽较上半年的第一小高潮有所下降，但仍旧较为稳定，保持在 200 条左右。

2017 年度学科专业舆情信息可分为“专业报考”“新增专业”“学科专业改革”“专业排行”“专业就业”“MBA 相关信息”“交流合作”七大类，其中“学科专业改革”及“交流合作”占比分居一二位。

2017 年学科专业舆情版块首个热点事件为 1 月的高校开设电子竞技专业事件，以中国传媒大学成立数字媒体艺术专业为发端，电子竞技的影响力已经从职业学院渗透至全日制重点本科高校，引发外界强烈关注。4 月的高校实行大类招生事件成为本年度学科专业版块的第二个热点，以清华大学为开端，中国人民大学、北京航空航天大学、北京科技大学、北京化工大学等高校均宣布实行大类招生，“先上大学，后选专业”的通识教育培养模式得到社会一致好评。9 月，重庆工程学院设立“网红学院”一事引发社会广泛关注。虽然涉事高校出面澄清“网红学院”并非学院，只是非盈利的校企合作项目，但舆论评价仍以负面态度居多，掀起了一次关于高校学术操守与市场导向是否矛盾的讨论。学科专业版块最后一个热点事件出现在 10 月，教育部正式印发《普通高等学校师范类专业认证实施办法（暂行）》，基于教师教育质量监测平台和大数据，建立国家统一师范类专业认证体系。此次认证改革有利于我国师范类专业与国际对标，有助于提高相关人才的整体培养质量，得到社会普遍认可。

纵观 2017 年度学科专业版块的舆情信息，媒体在事实引导方面表现良好，有效减少了因信息不足引发的非理性舆论，从报道深度来看，大多仍停留在事件表面，依靠转载他人原创文章吸引受众。同样值得关注的是，高校在舆情危机管理方面，先发预警行动不到位，舆情危机后的处理工作普遍错过最佳时机，整体表现并不成熟。

### （七）质量评估

随着高等教育的大众化、多样化发展，人们日益关注高等教育质量和标准问题。作为保障高等教育质量的重要手段，质量评估的结果影响到高校、教师、学生等各个层面，因而也逐渐成为社会关注的焦点。

2017 年，研究中心的数据显示，高等教育质量评估专题相关信息共 1 227 条，较 2016 年增长幅度为 23.1%，在全部高等教育舆情信息中占比 2.5%，较 2016 年的 2.4% 略有提高。质量评估专题舆情各月的信息分布波动较大，6 月、12 月相对较高，2 月、8 月相对较低；从季度分布上看，第二、第四季度相对较高。地域分布方面，与 2016 年相同，舆情信息数量排名前三的依然是北京市、上海市、浙江省，后三名依然是澳门特别行政区、青海省、西藏自治区，北京市高等教育质量评估类舆情信息尤为突出，占全部舆情信息数量的 17%，远高于第二名上海市的数量。舆情信息类型方面，包括就业质量、质量监测与质量保障体系建设、“双一流”建设与教育质量、质量评估与学科评估、专业认证、思政课质量、国际化与国际认证、教师教学能力、国外教育高校质量等。其中专业认证是近两年的新话题，在质量评估专题舆情中占比高达 18%。质量监测与质量保障体系建设相关内容占比虽然不高，但相比前三年的比例有一定提高。

年度热点舆情方面，2 月 27 日，上海软科教育信息咨询有限公司在其旗下网站“最好大学网”发布了“2017 中国最好大学排名”，引起了媒体大量转载以及专家和网友的关注。除了科学研究、人才培养、服务社会三个维度外，此次中国最好大学排名还首次增加了国际化的评价维度，引入留学生比例指标。和大多数排名相比，此次排名的显著优势是公布了排名的原始数据，但其排名标准和排名结果仍引起了网友热议。高校排名屡屡引发公众争议，其背后显示了民众对中国高校的密切关注。7 月 8 日，华中科技大学新通过的“本科不努力，毕业成专科”新规引发热议。其实，类似规定在国内高校（北大、清华等）已有先例，因此，在成熟的管理制度和政策规章条件下，这是一次积极有益的探索，有利于促进教育领域的良好改革与进步。10月16日,自2016年首次发布中国高等教育系列质量报告后,我国第二次发布了高等教育系列质量报告。此次系列质量报告共包括本科教育、工程教育、新建本科和民办本科专题报告4本,其中《中国本科教育质量报告》和《中国民办本科教育质量报告》均为首次发布。以人民网为代表的多家主流媒体对此进行了报道,并做了积极、中肯的评价与剖析。

2017年高教质量评估舆情延续了2016年的特点:参与报道的媒体更加多样、舆情态势的发展更加迅速。在此基础上,也呈现一些新的特点,如首曝媒体以网络为主、话语权去中心化等。同时,高等教育质量评估舆情在应对策略方面更需加强,面对公众对高教质量要求和关注的不断提高,高教管理部门以及高校应积极主动发布质量评估类信息动态,并充分发挥当前新媒体等平台的传播优势和作用;高校应探索建立常态化的教学过程日常监测与结果评估发布体系,通过舆论监督促进高教质量评估常态化,进而提高高等教育质量,切实发挥舆论监督的重要作用。

### (八)人才培养

高校作为人才培养的主体,人才培养的质量和水平便成为评价高校教学质量的重要标准,也成为支撑高校持续发展的内在动力与核心。

2017年研究中心共监测到高校人才培养的舆情信息4 303条,与2016年相比在数量上有大幅度上升,但与2016年舆情信息数量随着月份的推移不断增加相比,2017年舆情数量除前两个月较低外,其余月份舆情数量较为稳定,均在400条左右。但不同于往年,由于3月份多所高校开启自主招生工作以及教育新政的实行,2017年人才培养的舆情数量在3月便达到了年度最大值。2017年高校人才培养舆情信息共分为课程体系、课堂教学、国际交流、创新教育、分类培养、创业教育、实践平台、实践教学8个类型。与2016年相比,课程体系建设所占比重仍然最大。此外,实践教学、创业教育所占比重较2016年都有一定幅度的增加。2017年高校人才培养舆情信息数量在地域分布上,依旧是北京第一,领先全国平均水平,上海虽居全国第二,但数量仅为北京的二分之一,北京、上海依旧是教育舆情关注的焦点。整体来说相较西部,东部省份教育水平比较发达,因此在教育舆情关注度上普遍高于西部省份。

年度热点舆情方面,3 月份,北京大学、清华大学等十多所高校启动了各自的自主招生报名工作,最高优惠可享受一本线录取。而关于自主招生是否能够真正做到公开透明、选拔出优秀的人才弥补应试教育的不足以及背后的教育公平、招生管理、高校腐败等问题则成了讨论的焦点。5 月份,为解决“冷门”专业人才稀缺的问题,北京联合大学、北京国际职业教育学校和故宫博物院进行合作,开设了文物保护与修复专业高端技术技能人才贯通培养试验项目,尝试解决“冷门”专业的人才空缺问题。大多数媒体和公众对这种培养方式给予肯定,认为这种“合作”背后是对人才培养模式的新探索。7 月份,大学生到职校“回炉”的现象经媒体报道后引发社会关注,对于该事件,社会更关注造成这种现象究竟是学校和教育体制的问题还是个人问题,相关报道是否以偏概全。12 月份部分高校要求硕士生毕业前在专业学术期刊甚至核心期刊上发表论文的规定引发热议,而该规定究竟是出于对学生的严格要求还是导师任务的下移成为讨论的焦点。

人才培养一直是舆论关注的焦点,如何借助媒体引导舆情走向,做好舆情应对,有以下几个方面值得注意:一是加强对特殊时间段的舆情监测,特别是开学季与毕业季;二是收集分析数据,建立舆情预警机制;三是做到舆情信息的及时公开,只有积极应对,主动公开相关信息,才能掌握事件的主动权,引导事件向着预期可控的方向发展。

### (九)科学研究

高校的科学研究与科学研究所、企业科研平台的不同之处在于它包含着高校“立德树人”的宗旨,因此更需关注高校的科学研究相关舆情。

2017 年,研究中心在科学研究领域共监测到相关舆情信息 5 245 条,日平均监测信息为 14. 37 条,在全部高等教育舆情信息中,科学研究占比为 10. 6%,约等于大学生就业信息的二分之一,在 14 个版块中排名第三,作为中国现代大学四大职能之一的科学研究,在网络中拥有极高的关注度。在月度分布上,波动较大,3 月与 5 月信息量极为接近,为当年的最高值,最低值出现在寒假的 2 月份。

2017 年度科学研究舆情信息分为七类:科研服务、科研发展、科研单位、科研工作者、科研资助、科研领域、学术道德。其中,科研发展、科研服务两类信息占比较高,两者合计超过了 2017 年度高校科研舆情信息总量的二分之一。科学研究地域舆情信息量位列前三名的依然是北京市、上海市、浙江省。北京市与上海市以具有绝对优势的信息量领跑其他地区,特别是北京市的总量几乎与上海市、浙江省、广东省(前二至四)三地总量持平。而其他地区的信息量没有明显差异。

年度热点舆情方面,3 月份"科研经费放权"引发网友热议,网友的观点可以分为三种,第一种对政策本身有疑问;第二种关心顶层设计的执行落实情况;第三种为科研人员打抱不平,质疑明星为何挣得比科研人员多。6 月,"商人投资 2.6 亿元被骗:天津大学技术团队学术事件"成为热点,舆论焦点主要集中在三个方面:第一种角度,审判天津大学;第二种角度,相对客观陈述;第三种角度,蹭热点做科普。该事件较为全面地反映出当前国内媒体的属性与特色,特别是在报道较为有争议事件时,媒体的新闻素养显得并不全面,媒体在其中扮演了"审判者"的角色,违反新闻报道规范。9 月,热点话题集中在"袁隆平院士的两项新技术"的讨论,后因网友将此与之后的鹿晗公布恋情放在一起讨论,此次事件从科学研究专业领域拓宽到了社会舆论场。

针对高校科学研究舆情发展情况,有三点对策建议:首先,高校舆情管理可以借助更先进的技术与更专业的机构。其次,高等院校需要培养具有专业基础知识的对外宣传人员,特别是从事科学研究领域报道的专业人员。最后,科研团队需要配备对外发声的专业人员,建议增强科学普及等社会性服务工作。

### (十)社会服务

2017 年,高等教育社会服务仍然受到媒体与社会公众的相当关注。从对接雄安新区建设,到《中国普通高校创新能力监测报告 2016》发布,再到《关于深化产教融合的若干意见》的出台,高等教育发展要主动融入乃至服务国家社会经济发展已成为社会共识。

2017 年,研究中心共监测到有关高等教育社会服务相关信息 839

条，信息总量较 2016 年减少了 24 条，但降幅不大，相对稳定。舆情信息在月分布上起伏较大，最高值出现在 8 月，为 99 条，最低值出现在 1 月，为 35 条。从季度分布上看，第三季度信息最为集中，达到 281 条。从舆情类型上来看，2017 年高校社会服务舆情信息主要涉及七大类，即机构创建、活动与成果通报、科技创新/协同创新、志愿活动、多方合作、建言献策、服务区域/城市/社区。与往年相比，科技创新类新闻总量明显增多，说明高校依托人才优势、技术创新优势发挥社会服务功能的潜力正不断被挖掘。舆情地域分布上仍然以东部为主。

2017 年 4 月，新华网发布权威消息，中共中央、国务院决定在河北设立雄安新区。随后，北京大学、北京师范大学、北京理工大学等高校主动对接雄安新区建设的报道出现。关于高校如何履行社会服务功能、更好对接雄安新区建设的讨论也迅速升温。10 月，科技部、教育部首次发布《中国普通高校创新能力监测报告 2016》，该报告以科学的指标体系和扎实的调研数据向公众全方位、立体化展示了高校的创新能力，通过数据客观反映近年来我国高校科技创新发展状况以及在国家创新体系中发挥的作用，高校在国家创新体系中的定位、贡献及评价指标等随即成为舆论关注焦点。12 月，国务院办公厅印发《关于深化产教融合的若干意见》，明确了同步规划产教融合与经济社会发展，促进高等教育融入国家创新体系和新型城镇化建设，建立紧密对接产业链、创新链的学科专业体系，健全需求导向的人才培养结构调整机制等内容，将产教融合上升为国家教育改革和人才资源开发的基本制度，引发社会各界尤其专家学者的关注、热议。

从本年度高校社会服务专题的几个热点事件来看，当前高校社会服务舆情存在以下几个特点：第一，无论是主流媒体还是社交媒体，对高校社会服务功能都有很高的关注度；第二，报道形式多样，既有传统纸媒，也有很多微博、微信等自媒体参与；第三，舆论关注的焦点更多地集中在高校与社会两者的互动关系上，相关讨论还不够深入。有鉴于上述舆情传播特点，高校社会服务舆情要从以下几方面有所加强：一是发挥主流媒体的权威解答功能，及时发布相关消息；二是注重发挥专家学者的深度探讨和解疑释惑作用；三是加强对新媒体舆论导向的引领，多管齐下，提升高校社会服务信息的传播效果。

### （十一）就业

在高等教育舆情研究领域，大学生就业一直是其中热度最高、影响范围最广的议题。在高校扩招、毕业生人数大幅增加的背景下，知识失业与人才短缺、就业难与招工难同时并存。当前，高校毕业生的就业形势依然复杂严峻，高教领域中大学生就业一直是媒体关注的重要议题。2017 年研究中心共监测到大学生就业舆情信息 10 721 条，占全年数据总量的 21.8%。

具体来看，2017 年大学生就业专题舆情信息数量已经连续两年居各专题数据量首位，连续四年居各专题数据量前两位。2017 年，就业专题信息总量远超第二三名，第三名科学研究专题仅为 5 245 条，由此可见当前就业舆情热度之高。同时，相比 2016 年，2017 年的就业专题舆情总量也有大幅度增长，总量增加了 2 677 条，环比增长 33%。

2017 年，大学生就业舆情信息在月度分布上呈较为集中的态势，主要集中于 3 月至 7 月，受企业春季和秋季集中招聘影响，3 月、7 月为全年度峰值，季度分布也主要集中在第二三季度。从舆情类型来看，2017 年大学生就业舆情主要有就业率、创新创业、就业政策、就业报告四类信息内容。其中，就业率相关信息最多，占比 42%。从舆情地域分布角度来看，2017 年大学生就业舆情信息主要集中在北京、上海以及东部省份。

2017 年 2 月，“大学生新规”——《普通高等学校学生管理规定》（以下简称《规定》）出台，其中规定创业可算学分，为在校创业的大学生提供了制度保障。信息发布后，教育部作为信息发布者首先进行了议程设置，在其官方网站的新闻版块发布了多条对新修订《规定》的解读和评论，但官方舆论场与民间舆论场相互割裂，网民对该政策持质疑态度。2017 年 5 月，智联招聘发布的《2017 年大学生求职指南》引发了媒体对大学生择业观的探讨。研究显示，“95 后”群体具有更强的自我意识，择业时个人成长也首次超越待遇，成为大学生心目中选择理想工作最重要的标准。该话题在微博和微信等社交媒体平台都引发了网友热烈讨论。舆情的爆发过程暴露了大学生和家长群体在面临就业难时的焦虑与悲观情绪，这亟待高校就业指导课程的建设以及相关就业领域专家的意见建议，为大学生群体提供解决思路和应对措施。在 2017 年后半年，二线城市打响“抢人大战”，各城市密集出台人才吸引政策，使一线城市回流的年轻群体有新的多样化就业城市选择，但一些媒体人和专家都建议二线城市吸引人才应该依托强劲的产业结构和经济实力以及跟随其后的薪酬待遇。

大学生就业与普通民众的生活较为贴近，因而在应对相关舆情事件时，首先应努力开拓多种传播渠道，力图与受众的视角和交流场域更为贴近，才能实现对舆情发展路径的把控与干预。其中，传统媒体应增强舆论引导能力，而非渲染焦虑情绪，并拓展多种适合年轻群体的新型传播方式，增强传播效果；政府主管部门和高校等必须探寻舆情发展规律，建立健全预警机制。

## （十二）高等教育反腐

2017 年是中央八项规定出台 5 周年的关键时期，亦是全面从严治党和惩治腐败取得赫赫战果的一年，高等教育系统的反腐工作也持续推进。

2017 年高教反腐舆情信息峰值出现在 5 月份，除此之外，1 月、7 月、8 月、11 月几个月舆情信息数量相对较多。总体来看，2017 年高教反腐舆情信息数量全年分布较为分散，相对集中于第二季度。在舆情事件类型上，2017 年高教反腐舆情类型主要包括正面信息、招生考试腐败、学术腐败、违反八项规定、师生公德败坏、国外高校反腐败六大类，其中“违反八项规定”和“学术腐败”类信息在所有类型中所占比例最高。从舆情地域分布上来看，2017 年高教反腐舆情信息共涉及 31 个省份。其中，河北相关舆情信息量最大，山东、上海、北京舆情信息量紧随其后。从舆情典型事件来看，学术腐败类新闻仍是引起媒体和网民广泛关注的重头新闻，如之前被曝光的“复旦大学仇思隽博士论文抄袭事件”“107 篇医学论文撤稿事件”“厦门大学附属中山医院院长蔡建春博士论文抄袭事件”等，都在网上引起了热烈的讨论。

从整体情况来看，与 2016 年相比，2017 年高教反腐舆情信息总量有所降低，这充分证明党和政府在高等教育领域再次取得反腐倡廉佳绩，但教育反腐工作仍然任重而道远。未来高校应不断完善各项相关制度，并增强打击腐败行为的执行力度,完善反腐机制。

### (十三)思想政治教育

社会发展和大学生思想活动的新变化给新时期高校思想政治教育编织出新的时代图景,也提出了新的历史课题,必须认真审视和研判新时期大学生思想政治教育发生的深刻变化和本质特征,把握大学生思想活动发展的新动向和新特征,而这需要加强对思想政治教育舆情的综合分析。

2017 年,研究中心在高校思想政治教育方面共监测到相关舆情信息 3 394 条,日平均监测信息 9.30 条。从横向来看,高校思想政治教育方面的舆情信息占信息总量的 6.9%,排在第 6 位,相对较多。从纵向来看,2017 年高校思想政治教育舆情方面的信息量比 2016 年增加了 1 876 条,增幅高达 124%。2017 年度高校思想政治教育舆情信息在月分布上起伏较大,最高值出现在 4 月份,为 424 条;最低值出现在 2 月份,为 68 条。

3 月,集美大学思政课教师穿龙袍上课引发关注,围绕这种做法是"有益探索"还是"哗众取宠",形成了两种截然不同的观点,体现社会舆论对思政课的广泛关注。5 月,围绕教育部将 2017 年定为高校思政课教学质量年及其开展的一系列工作,媒体给予很大关注,相关报道数量较多,但多是从工作安排和成效角度给予关注,没有形成较为深入的讨论。11 月,习近平新时代中国特色社会主义思想研究中心纷纷在高校成立,吸引了很多媒体关注,成为一时热点,但持续时间不长,后续报道较少。

当前高校思想政治教育舆情主要存在以下几个特点:一是中央主要媒体及教育战线相关媒体表现积极,《人民日报》《光明日报》等中央主要媒体积极参与,教育部官方网站、《中国教育报》《中国高等教育》等教育部门媒体承担了大部分宣传任务,各地方教育部门和各高校媒体密切配合,形成了较为立体的媒体报道结构,为高校思想政治教育工作的开展营造了很好的声势。二是媒体报道对深层次问题讨论不够,缺少持续关注。从学理上、机制上发现问题、直面问题,做得还不够。相关报道的持续关注不够,缺少跟踪报道和后续报道,使得事件的影响力大大减弱。三是对思想政治教育客体的关注不够,学生的声音很少听到。

新媒体时代,要从容应对高校思想政治教育舆情,需要在以下几个方面继续改进和加强:一是要牢牢把握思想政治工作的领导权和主动权,用习近平新时代中国特色社会主义思想武装大学生头脑。要牢牢把握立德树人的根本任务,坚持以习近平新时代中国特色社会主义思想为指导,用党的创新理论成果武装大学生头脑,保证思想政治工作的正确政治方向,确保党对思想政治工作的领导权和主动权。二是主流媒体要及时发声,加以引导。在事件发生初期,主流媒体如果能够及时发声,加以引导,往往能够抓住事件舆情发展的主动权,起到事半功倍的效果。三是高校思想政治教育要创新工作形式,主动运用新媒体手段。要想吸引青年学生的关注,得到他们的认可,就必须在创新话语体系的同时创新工作形式,用他们愿意接受、乐于接受的教育手段和沟通方式来开展思想政治教育工作。

## (十四)国外教育

对国外教育舆情信息的分析、研判和预警有助于我国在激烈的国际竞争中防患于未然,提升自身的国际形象。除此以外,对国外教育舆情的分析有助于我国高等教育机构借鉴引进国外高等教育优秀教学模式,取长补短提升自身实力。

2017 年研究中心在国外教育舆情方面共监测到相关信息 3 696 条,日平均监测信息 10.12 条。横向来看,2017 年国外教育舆情版块的信息量低于就业、大学生、科学研究、人才培养四个版块,位列第 5 位,居中上位置;纵向来看,研究中心监测到的 2017 年国外教育舆情版块的信息量与 2016 年的 3 604 条相比增加了 92 条,增幅较小。此外,2017 年度国外教育舆情信息在月分布上呈现不均衡发展态势。其中,最高值出现在 5 月份,为 404 条;最低值出现在 1 月份,为 142 条。从数据走向来看,2017 年国外教育版块的舆情从 1 月到 12 月,经历了 1 月份至 3 月份迅猛上升、3 月份至 5 月份小幅波动、5 月份至 8 月份持续下降、9 月份至 12 月份缓慢回升的过程。

从舆情类型来看,2017 年研究中心监测到的国外教育舆情信息中,主要涵盖留学政策、院校发展、学术动态、合作办学、留学生活五类信息内容。其中,留学政策和留学生活类信息占比合计达到 60%,相比之下,学术动态及院校发展的信息所占比重较小。

从舆情地域分布情况来看,2017年度国外教育舆情信息呈现东部地区舆情信息量较多,中部省份信息量居中,西部省份信息量相对较少的特征。其中北京市以717条的信息占有量拔得头筹,青海省及宁夏回族自治区的信息量则最少。

2017年度国外教育舆情热点事件主要有:在赴美留学大潮高涨的现状下引起诸多关注的“美国高校为吸引中国留学生而更名”事件,该事件引发公众对于“以名识校”正确性的思考,也使高等教育机构开始思考高等教育的实质究竟为何;4月份的“北大在英国设立分校”事件,因我国媒介介入迟缓,借助国外媒体的曝光才在国内引起话题,说明我国高等教育机构的宣传力、传播力以及舆情敏感性均有待提高。第三个热点事件为发生在7月份的“澳大利亚高校现辱华公告”事件,事件发生后迅速传播,在华人圈及留学圈均掀起舆论浪潮。网友虽然大都斥责辱华行为但并没有流露过于极端的民族主义色彩,有不少网友对事件的缘起进行理性分析与解读,避免了因“群情激愤”而造成事件的二次发酵。第四个热点事件是舆情进程漫长复杂的“留日女生江歌被害案”,该事件作为一个后真相时代的“新闻标本”,引发了公众和媒体对于“道德与法律”“网络暴力与网络正义”“感性与理性”的深刻思考。

针对热点事件中体现出的问题,在国外教育舆情应对策略方面,应该利用平台优势,构建体系化国外舆情应对机制,制定合理的热度指标体系,以方便舆情的收集、分析研判及预警。此外,为了维护国外教育舆情生态系统的动态平衡,政府、高等教育机构及舆情相关人员应提高舆情敏感度,对舆情进行全程跟进和及时干预。最后,在自媒体平台“异军突起”的今天,自媒体和网民应该提高舆情的理性应对能力,做真相的“探索者”,而不是“审判者”。

## 三、高等教育舆情应对

### (一)掌握高等教育舆情事件发生规律,舆情应对未雨绸缪

舆情应对的终极目标并不是平抑舆情,而是解决引发舆情的负面事

件,甚至是在负面事件发生之前就能够有所防范,尽量减少舆情事件对高等教育管理部门及高校的冲击,保障高校教学、科研等工作的顺利进行。高等教育舆情事件看似纷繁复杂、五花八门,但因教育活动有一定的周期性,其中也有一些规律可循。例如有学者指出“春季人体内分泌系统较为活跃,易激动和发怒,因此非正常死亡、学生过激言行以及校园安全管理类舆情事件最为突出”①。每年的毕业季、就业季,要格外关注学生的就业问题,提前做好学生就业的正确引导及相关提醒,告诫学生防范皮包公司、传销等就业骗局。尽管有些事情防不胜防,但是高校宣传部门可以通过研究舆情事件发生规律,提前做好舆情应对方案,以防事发突然,处理不当,招来质疑。

### (二)舆情应对开诚布公,堵不如疏

时至今日,很多高校面对突发舆情事件时的第一反应仍是“封堵”,命令学生不得大肆张扬、不得接受媒体采访,甚至限制学生在微博、微信朋友圈的发言等。但殊不知“防民之口甚于防川”,越是“封堵”,反而越是群情激愤,舆情的暗流涌动更甚。另外高校此时的不当反应有时会引起舆情的二次转化,将舆论的矛头引致自己身上,如北京电影学院性侵事件。因此,高校面对舆情事件,应尽量及时给予公开回应,事实说得越快,则谣言跑得越慢。如果是学生的意外伤害等事件,则尽快公布真相,如果是教师的不当行为事件,作为管理者则应尽快查清原委,及时表明学校公正严明、不偏不倚的态度。“封堵”的方式在以前可能还偶尔奏效,但在今天的自媒体时代,舆情应对应开诚布公,堵不如疏。

### (三)顺应新媒体发展趋势,掌握在新媒体上发声的规律与技巧

网络时代,新的媒体应用形式层出不穷,并不断成长为新的网络舆论空间。例如网络问答社区“知乎”,以前似乎只是用户问答、分享知识的空间,但今天“知乎”日益成长为一个“两微”之外的大学生群体聚集的网络舆论空间,一旦有任何热点事件,“知乎”上都会讨论得热火朝天。例

① 田凤,等. 中国教育网络舆情分析报告2012[M]. 北京:教育科学出版社,2013:54.

如2016年的魏则西事件就曝光于“知乎”，并在“知乎”引起热议。2017年的北京电影学院性侵事件发生后，“北电侯亮平”的微博账号被封，许多自媒体相关文章也被删除，但是在“知乎”上还有“如何看待北京电影学院性侵事件最后不了了之?”等帖子。因此，高校管理者要注意这些不断涌现的备受年轻人喜爱的新的舆论平台。另外，也要不断学习掌握在新媒体上发声的技巧，了解网民的心理，能够用网言网语及时回应网友的质疑。4月份107篇中国学者论文被施普林格旗下的《肿瘤生物学》杂志集体撤稿，之后中国科协微信公众号“科协改革进行时”发表文章《施普林格撤稿，中国科协喊话：出版集团也有责任》，但文章急于撇清责任，而且“官腔”十足，不但没有平息质疑，反而激发了网友更大的不满。因此，在互联网时代，不仅要不断学习新媒体的使用功能，更要掌握利用新媒体发声的技巧。

### （四）高校管理者要学会与媒体打交道，提高外宣能力

2017年2月，《长江日报》报道了潜江市江汉艺术职业学院开设“小龙虾”专业一事，引发舆论热议。但学校的招生简章内明确写出招生专业为“烹调工艺与营养(二年制)”“餐饮管理(二年制)”“市场营销(三年制)”，三个专业均出自教育部公布的专业目录，只不过是学生培养面向的是小龙虾产业。这篇由通讯员供稿的文章很有可能是学校主动向社会释放信息，借用“小龙虾专业”的噱头进行招生宣传，却不想弄巧成拙，引起了社会对“小龙虾”“奇葩”专业设置的争议。再如2017年7月份多名沈阳城市建设学院的大学生发微博称被学校强制前往富士康实习，校方获悉后并未及时整改，反而面对媒体采访时态度强硬，称“网络报道并不属实”，统一实习是为保证实习质量，却未料到招来更大质疑。如此种种，均反映了高校不了解媒体工作规律，对外宣传能力欠缺。今后高校在主动对外宣传时，既要找准宣传点，又要恪守事实，不能为了哗众取宠进行过度、夸大或者歪曲宣传。在回应社会关注时，态度应诚恳，不要试图掩盖真相。

（刘立荣）

# 第5章　2017年中国高等教育舆情十大热点事件分析报告

根据监测数据，中国传媒大学高教传播与舆情监测研究中心（以下简称“中心”）筛选的与2017年高教话题有关的新闻报道，数量超过6条以上的共476个；根据数据及影响力分析，从中筛选出2017年度十大热点事件，涉及大学生、教师发展、学术诚信、留学生、就业、高校管理、高等教育政策等诸多方面，详见表5-1。

**表5-1　2017年度高等教育十大热点事件**

| 序号 | 热点事件话题 | 日期 | 首曝媒体 |
|---|---|---|---|
| 1 | 考研热:200万人报名考研 | 2月16日 | 北京晚报 |
| 2 | 中国学者107篇论文被撤 | 4月21日 | 新浪微博 |
| 3 | 清华教授颜宁跳槽普林斯顿 | 5月7日 | 新华网 |
| 4 | 北京电影学院性侵事件 | 5月10日 | 新浪微博 |
| 5 | 马里兰大学中国留学生毕业演讲 | 5月22日 | 新浪微博 |
| 6 | 武汉发布“百万大学生留汉”新政 | 6月23日 | “武汉晚报”微信公众号 |
| 7 | 再议寒门贵子 | 7月5日 | “清唱”微信公众号 |
| 8 | 浙大“网红论文”新规 | 9月15日 | “浙江大学”微信公众号 |
| 9 | “双一流”大学名单公布 | 9月21日 | 中华人民共和国教育部官方网站 |
| 10 | 高校教师职称评审权下放 | 11月13日 | 中华人民共和国教育部官方网站 |

## 一、年度热点舆情特点分析

### （一）首曝媒体以网络为主，社交媒体表现突出

据研究中心的监测系统（CUCHEPOMS）监测数据，在2017年度高等

教育十大热点事件的首曝媒体方面，网媒（含微博和微信）优势明显，所占比例已至 90%，在报道突发性事件时，更是独占鳌头。如图 5-1 所示，其中，政府机构官网独揽了 20% 的热点事件首发；社交媒体则是公众在官方渠道之外重要的信息来源，年度十大热点事件里有 60% 的话题来自社交媒体的爆料，尤其是微信公众号已经成为重要的意见集散地和言论表达场所，推动舆情事件的进一步发展。

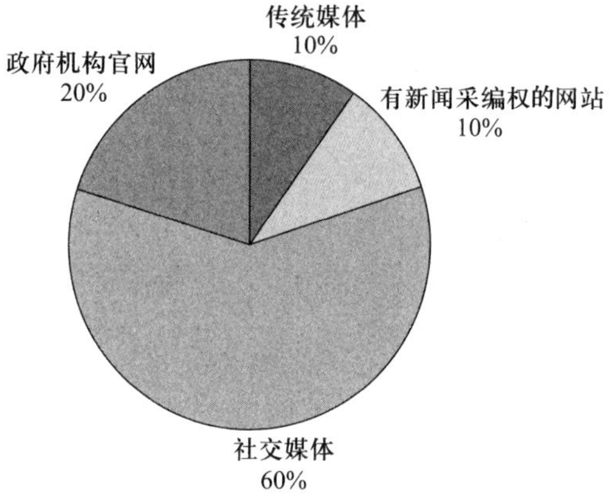


图 5-1　热点事件首曝媒体类型占比图

从热点事件的爆发及传播渠道来看，微博、微信、知乎等社交媒体依然是舆情发生的主要信息源及舆情发酵关键渠道。社交媒体对于涉及高等教育公平、高等教育质量、学术诚信、师德风貌等热点事件进行讨论，瞬间扩散能力强，许多热点事件传播以“十万”人次为单位，不管是传播数量还是传播范围、传播频率，均远远超过传统媒体，并在事件的进一步发酵过程中，形成了不同层级的舆论场，公众的参与程度大大加强。但社交媒体在信息传播过程中蕴含着传播内容碎片化、情绪多而事实少、观点片面绝对化等问题。与此同时，传统媒体以深度报道、系列报道、新闻评论等方式，尽可能全面翔实、多角度地加以引导，发挥了社会舆论“压舱石”的作用。

## （二）舆情热点持续时间长，切实反映我国高等教育存在的问题

2017 年度高等教育舆情十大热点事件，除个别事件以外，舆情持续

时间都比较长，有些话题的相关讨论甚至从年初持续至年末，长尾效应明显。如年初曝出的热点事件考研热，媒体及公众就按照时间表“公布初试成绩—复试时间安排—公布考研结果—第二年研究生考试报名—研究生考试初试”对“考研”这个话题从年初一直关注到年末，除了关心考研人数的不断攀升，还对考研的原因、就业市场的需求、考研的人群、考研培训以及试题命题等考研有关的方方面面进行了关注和讨论。因考研而引起的种种话题切实反映出随着我国社会经济发展进入了新的历史阶段，高等教育所面临的主要矛盾，已经转变为人民日益增长的对公平优质高等教育的需求与其发展不均衡不充分之间的矛盾①，如优质高等教育资源区域分布不平衡不充分，东部重点高校密集而西部稀疏；高等教育层次不平衡不充分，研究生、本科生和专科生的比例略呈“橄榄型”，与国际高等教育相应比例呈“金字塔”型的结构相去甚远；在实际中表现为高校没有根据社会和市场需求培养学生，一方面高级技工人才缺口达千万人，影响我国产业转型升级，而另一方面高校毕业生就业压力一再攀升；高等教育生态发展不平衡不充分，高校办学存在同质化倾向，不少学校自身定位模糊，“千校一面”；高等教育科类结构不平衡不充分，虽然文理学科比例大致相当，但各学科之间发展不均衡不充分的现象明显，影响学科建设的多样性②。

从全年来看，高等教育领域舆情热点不断。200 万人考研引领媒体全年多角度围观考研热潮；清华教授颜宁“跳槽”引发舆论关注高校人才流动；争议浙大“网红论文”新规也被看作科研人员对科研成果认定标准改革的期待；关于寒门是否还能出贵子的讨论，实际上反映出了公众对教育公平的深度关切。从社会各界对全年热点事件的讨论中，看到目前高校在学科专业设置方面仍然需要进一步优化；人才培养力度不够，必须继续坚持人才培养模式创新，学生就业与所学专业相关性不强；高校实践资源仍然不足，实现由量到质的跨越转变存在突出问题；高校质量意识和质

---

① 李元元．新时代中国高等教育发展的新判断新特征新使命［N］．中国教育报，2017-11-02(6)．

② 申怡，夏建国．论我国高等教育的“不平衡不充分”及其破解路径［EB/OL］．中国教育新闻网，2018-03-15．

量文化不够，学术诚信教育需要大力提高，高校去行政化，建立现代大学制度，学术自治仍然任重道远。要解决这些问题，必须进一步深化高等教育综合改革，必须进一步加快高等教育外延式发展向内涵式发展转型，从而满足人民对优质高等教育资源的需求，实现建设中国特色、世界水平高等教育强国的总目标。

## 二、热点事件分析

### （一）热点事件一：考研热，200 万人报名考研

#### 1. 舆情新闻报道

超 200 万人考研 他们在搏什么

（2017 年 2 月 16 日载于《北京晚报》，952 个网页刊载相关新闻）

各高校开始陆续公布 2017 年考研初试成绩……考研报考人数达到“史上最高”的 201 万，首次突破 200 万人，比 2016 年的 177 万报考人数增长 13.6%。为何越来越多的人选择考研？考研升温的背后是怎样的现实？[①]。

#### 2. 舆情进展分析

春节刚过，随着各地高校陆续公布 2017 年考研初试成绩，考研热再度成为社会公众关注的热点。《北京晚报》评论文章《超 200 万人考研 他们在搏什么》在 2 月 16 日发表后迅速得到各大媒体的转发，重新掀起了“考研热”的讨论。事实上，在 2016 年 10 月份研究生考试报名时，媒体对 2017 年研究生入学考试报名人数超 200 万的事实就已经进行了报道，但时值十九大召开，全国民众更关注决定国家发展大计的时事政治，相关的讨论并没有大范围展开，大多数报道也仅仅停留在对招生人数上升，后续考试时间安排等事实性陈述上，评议并不多见。2017 年刚开年，媒体迅速调整了报道视域，考研热成为各界热议的话题，媒体、专家、公众、大学

① 李松林．超 200 万人考研 他们在搏什么[N]．北京晚报，2017-02-16(21)．

生纷纷加入其中。1 月 12 日《人民日报》发表评论，表示过高的考研人数“让人欢喜让人忧”，文章认为越来越多的人期待获得更高学历，培养更多能力本来是一件好事，但把考研视为延缓就业的权宜之计，把高学历等同于好工作是一种功利的想法，既折射了“人才培养、就业招聘、价值认识等方面的偏差”，也反映了当前高校在院系设置、学科专业方面与社会实际脱节的难堪现实，促使不少学生希冀用一纸研究生学历来掩盖自己能力的欠缺①。

2 月 16 日，《北京晚报》的报道从考生、考研机构和专家三个角度仔细考察了考研热的背景因素。根据报道显示，学生考研的动机无非逃避就业压力、获得更多知识（深造）和拿文凭。从考研培训市场来看，近几年随着考研人数的一再上涨，行业发展火热，记者所采访的考研培训机构表示该机构报名人数比前一年增长了一倍。接受采访的教育学者熊丙奇对考研热进行了批判，他认为，目前高热的考研现象最根本的原因在于大学生整体就业形势严峻，一方面学生为了延缓就业压力，通过考研来规避直面风险，另一方面，用人单位对高学历的偏好助长了这种功利的追求。当然，报道也提到研究生扩招可能是考研人数增长的一个诱因。

如果说《人民日报》和《北京晚报》对于考研热的批评较为委婉，之后 3 月 6 日《中国青年报》的评论则直接称规模庞大的考研族是被“膨胀学历”催生的②，对于这种“学历膨胀”的现象，给出了正反两种专家解读，北京师范大学教授李奇指出，我国高等教育正处于由大众化到普及化的过渡阶段，人们受教育程度的普遍提高必然会导致同一工作要求更高学历；而熊丙奇表示“研究生报考热，带有极强的短期功利色彩”，根本原因在于就业压力和社会的学历情结双重作用的结果。在 3 月 7 日的报道中，中国青年网给出了除了就业形势严峻和学历情结之外导致大学生热衷考研的原因——能力恐慌，因为在大学里没有学到就业用的知识，没有

① 雅言. 考研人数创新高 让人欢喜让人忧[N]. 人民日报,2017-01-12(17).
② 范雪,王莅媛. 被“膨胀学历”催生的考研族[N]. 中国青年报,2017-03-06(11).

培养出符合职位的能力，学到的“不能说没有用，至少不能直接用”[①]，文章指出这种因能力欠缺所产生的恐慌虽然暂时可以通过考研来回避，归根结底还是需要高校改变教育教学方法，加强对学生就业工作的引导来解决。《华西都市报》的报道支持了该观点，文章认为，考研热已经成为一种现象，但是这种现象并非“存在即合理”，人们应该反思现象背后所表现的学校教育与市场需求之间的脱节错位以及学历在能力筛选中的权重分配问题。在全国考研分数线公布后，《中国青年报》再谈考研热，继续分析考研人群的心理动因，作者称不少考研的学生仅仅出于回避压力的原因考研，希望继续停留在人际关系简单、生活环境轻松的学校里，用一年的辛苦换两三年的轻松，“拒绝长大”[②]。

在研究生考试录取结束后，纸媒对于200万人报名考研的报道暂时告一段落，偶见的报道也多是对之前媒体报道的综合编辑整理，自媒体则继续关注考研热问题，如百家号“蔷薇教育”就发文表示，虽然从实际就业率来看研究生学历含金量高于本科生学历，但就业单位更重视能力，“考研的目的是选拔优秀人才，而不是弄成另一种应试教育，否则，将来的硕士文凭会变得越来越不值钱”[③]。

进入9月份，2018年全国研究生考试报名即将开始，新一轮的媒体聚焦启动了。1日，新华网报道了教育部关于2018年考研的新闻发布会，紧接着在4日又整理了一份2018年考研时间表图解；6日，澎湃网整理了考研政策变化；24日，《济南时报》率先关注了考研预报名中的“推免生占比问题”，采访表示学生的考研动因是“就业恐惧症犯了”[④]。在考试开始前的一个月，《中国青年报》对考研“弃考族”现象进行了报道，报名者要么“为找工作考研，为找到工作放弃考研”，要么因为考研太辛苦放弃考研[⑤]。专家表示，按西方学位制度的设计，研究生只是博士生学习前的预备阶段，只有那些真正立志走学术道路的人才需要攻读，如果仅仅是

---

① 胡海军．“考研热”也是一种能力恐慌[EB/OL]．中国青年网，2017-03-07.

② 叶雨婷．“考研热”与逃避长大[N]．中国青年报，2017-03-02(9).

③ 超200万人考研，一纸文凭能代表人生吗？[EB/OL]．蔷薇教育·百家号，2017-06-16.

④ 曹莫．“考研热”降温了？本科生的“就业恐惧症”治愈之前不太可能[N]．济南时报，2017-09-24(A5).

⑤ 王文瑄，李若竹．考研临近现“弃考族”[N]．中国青年报，2017-11-27(11).

迫于就业压力来读研，寄望高学历来帮助找工作，却没有认真提高自己，很可能“竹篮打水一场空”[①]。

12 月 21 日教育部公布 2018 全国研究生考试报名人数为创新高的 238 万后，各界对“考研热”这一话题的关注程度再次升级，传统媒体、自媒体以及网民纷纷发表自己的观点。《光明日报》表示，考研热揭示了人们对更高质量教育的期待，然而面对“生源质量下降、招生选拔制度不完善、培养机制有缺陷”等的挑战，研究生教育的核心工作在于保障和提升培养质量，必须坚守“研究性”的本质。《中国青年报》对考研热的关注可谓是纸媒前列，继之前的报道，该报 25 日指出：数据显示 2018 年考研，就业已经成为首要动机，且报考的专业热度分化明显，工科专业遇冷而经管类专业火爆[②]。次日再发报道，明确指出“考研热在某种程度上是延续了就业压力，而非缓解”，因为膨胀的学历并不能代表真实的能力水平，竞争必然会延续到读研之后，只有改变人才评价标准，改革高等教育，使人才培养适应市场需求，才能遏制这种异化的学历追求[③]。研究生考试结束后，该报继续关注考研群体，批评给校园里孔子雕塑上供品摆鲜花的学子“拜孔子求考研通过 你们考虑过孔子的感受吗”，指出虚幻的仪式感也许可以给人片刻安慰，但把握人生方向，获得美好未来更需要“脚踏实地奋斗”[④]。教育学者熊丙奇在澎湃新闻发表署名文章，表示考研热的真相在于尽管我国高等教育进入普及化阶段，教育理念和人才评价标准却仍然停留在精英教育阶段的“唯学历”层次，把学历等同于能力。要遏制异化的考研热，一方面改革招生制度，实行申请—审核制；一方面需要用人单位转化思维，以能力而不是学历作为挑选人才的标准[⑤]。

相关报道参见表 5-2。

---

① 储殷．读研就是找工作的一块敲门砖？［EB/OL］．中青在线，2017-11-29.

② 叶雨婷，窦红飞．考研：招生越多压力越大的背后［N］．中国青年报，2017-12-25(9).

③ 赵青源．别让考研成为就业压力的延时器［N］．中国青年报，2017-12-26(2).

④ 土土绒．拜孔子求考研通过 你们考虑过孔子的感受吗［N］．中国青年报，2017-12-27(2).

⑤ 熊丙奇．高等教育普及时代的唯学历问题［EB/OL］．澎湃新闻，2017-12-27.

表 5-2　考研热的相关报道(不完全统计)

| 序号 | 时间 | 来源 | 新闻标题 |
|---|---|---|---|
| 1 | 1月12日 | 人民网 | 考研人数创新高　让人欢喜让人忧 |
| 2 | 2月16日 | 北京晚报 | 超200万人考研　他们在搏什么 |
| 3 | 3月6日 | 中国青年报 | "考研热"也是一种能力恐慌 |
| 4 | 3月20日 | 中青在线 | "考研热"与逃避长大 |
| 5 | 6月26日 | 新东方网 | 毕业季7成学生有考研意向　2018考研热3大原因分析 |
| 6 | 9月24日 | 舜网-济南时报 | "考研热"降温了？本科生的"就业恐惧症"治愈之前不太可能 |
| 7 | 11月27日 | 中国青年报 | 考研临近现"弃考族" |
| 8 | 12月14日 | 大洋网-广州日报 | 以平常心看待考研热 |
| 9 | 12月21日 | 中国新闻网 | 报告指出:中国硕士招生年均增幅6%　女生渐成考研主流 |
| 10 | 12月23日 | 楚天都市报 | 考研热背后需要冷思考　研究生求职是否真的更容易 |
| 11 | 12月25日 | 中国青年报 | 考研:招生越多压力越大的背后 |
| 12 | 12月26日 | 中国青年报 | 别让考研成为就业压力的延时器 |
| 13 | 12月27日 | 澎湃新闻 | 考研热的真相:高等教育普及时代的唯学历问题 |

媒体调查的数据显示超七成高校本科毕业生选择考研,出于样本量选择的缘故这个比例可能偏高,然而2017年研究生入学考试报名人数为201万,也就是说在2013年全国已经挤过高考独木桥的694万人[①]里,经过四年大学专业学习后有近三分之一的人选择了考研,考虑到694万人中包括数量众多的专科生,这个比例会更高。毫无疑问,这样高的一个比例表明考研热已经成为一种无法忽视的社会现象,处于公众关心的范畴,因此媒体对考研热的密切关注实属顺理成章,绝非出于猎奇心理。

从有关考研热这一话题的议程设置来看,媒体、专家和网民基本围绕考研的时间程序表来发表看法,考研的各个环节如报名、初试、分数线划定、复试、录取往往会引发一波新的议论,而备考环节(上一轮考试结束

① 1977—2014 历年全国高考人数和录取率统计[EB/OL]. 新浪教育,2015-06-18.

至新一轮报名开始的时间段)、考研群体、备考生活、培训机构则处于舆论观察的中心。从意见表达的主体来看,网民更加感性,往往从自身境遇出发,慨叹 200 万人考研"为了找好工作""人多不好考""希望大家鼓励",而媒体和专家则试图在呈现事实之外,给公众呈现考研热背后的原因,促使公众更加深入地思考。一开始主流的观点倾向于做出"就业压力大""人才评价标准的问题"等解读,200 万人考研"让人欢喜让人忧";中期委婉表示不少人考研可能因为"能力恐慌""不想长大";后期则直接警告考研并不能等同于找到工作,只是"延缓"而非"取消"压力,盲目考研很可能会"竹篮打水一场空",更侧重于追问高等教育与人才需求的脱节,忧虑本科教育人才培养质量,质疑地方本科院校成为考研基地,呼吁研究生培养必须坚守"研究性",提升培养质量,满足公众对更高质量教育的需求。

### (二) 热点事件二:中国学者 107 篇论文被撤

#### 1. 舆情新闻报道

太丢人!中国学者集体欺骗国际医学期刊　被撤稿 107 篇论文

(2017 年 4 月 21 日载于观察者网,571 个网页刊载相关新闻)

世界著名学术出版商施普林格(Springer)4 月 21 日发布消息称其治下的期刊《肿瘤生物学》(Tumor Biology)因作者编造审稿人和审稿意见而撤稿 107 篇论文……都来自中国……这些论文作者提供虚假的审稿意见……调查掌握了"确凿的证据"("clear evidence")……撤稿数量打破了纪录[①]。

#### 2. 舆情进展分析

4 月 21 日(当地时间 4 月 20 日),世界著名的学术出版机构施普林格出版集团发布正式声明,宣布撤回旗下《肿瘤生物学》期刊所刊登的 107 篇论文,原因是这些论文涉及"同行评审"造假,虽然该声明并没有宣

---

① 孙武. 太丢人! 中国学者集体欺骗国际医学期刊 被撤稿 107 篇论文[EB/OL]. 观察者网,2017-04-21.

告撤稿论文的来源，但从公布的论文撤稿名单中很容易看到这些论文全部来自中国。在微博曝出该消息后，观察者网第一时间发文报道，一时间各大网站纷纷转载，众多自媒体账号齐齐跟进，网民纷纷发表自己的看法，从 21 日至 25 日，短短 5 天内，各路媒体关于该事件的报道就达 2 300 篇，新浪微博的网民热议达 7.67 万条，可谓 4 月重磅社会热点话题（相关报道见表 5-3）[①]。

**表 5-3　中国学者 107 篇论文被撤稿的相关报道（不完全统计）**

| 序号 | 时间 | 来源 | 新闻标题 |
|---|---|---|---|
| 1 | 4 月 21 日 | 观察者网 | 太丢人！中国学者集体欺骗国际医学期刊　被撤稿 107 篇论文 |
| 2 | 4 月 22 日 | 观察者网 | 施普林格撤稿 107 篇论文　中国科协：出版集团也有责任 |
| 3 | 4 月 23 日 | 澎湃新闻 | 107 篇中国医学论文齐被撤　涉事 524 名医生名单公布 |
| 4 | 4 月 24 日 | 人民日报 | 捍卫真实就是捍卫科学的生命 |
| 5 | 4 月 24 日 | 科技日报 | 107 篇论文被撤，媒体刊文三问国际形象出丑谁之错 |
| 6 | 4 月 25 日 | 新华社新媒体在线 | 107 篇论文涉嫌造假被撤：会看病的不如会写论文的？ |
| 7 | 4 月 25 日 | 中青在线 | 107 篇中国论文被撤稿，先别急着喊丢人 |
| 8 | 4 月 26 日 | 中国青年报 | 没有真实，所有科学俱为谎言 |
| 9 | 4 月 28 日 | 人民网 | 107 篇论文被撤与学术公信力下降 |
| 10 | 5 月 1 日 | 科技日报 | 施普林格再度回应撤稿事件，国内学者建议将“掠夺性期刊”集体拉黑 |
| 11 | 5 月 25 日 | 中国新闻网 | 中国科协：施普林格撤稿事件损国家声誉查实绝不姑息 |
| 12 | 6 月 3 日 | 北京青年报 | 3 篇中国论文再遭施普林格撤稿 |
| 13 | 6 月 14 日 | 人民网 | 科技部回应“中国医学论文被集体撤稿”暂停相关项目基金 |
| 14 | 6 月 15 日 | 澎湃新闻 | 施普林格再撤下 10 篇中国医学论文：涉“集中撤稿”事件调查 |

---

① 数据来自中国传媒大学高教传播与舆情监测研究中心系统。

续表

| 序号 | 时间 | 来源 | 新闻标题 |
| --- | --- | --- | --- |
| 15 | 7 月 18 日 | 澎湃新闻 | 《肿瘤生物学》被 SCI 除名，曾撤稿 107 篇中国医学论文 |
| 16 | 7 月 27 日 | 人民日报 | 官方通报 107 篇论文被撤稿：涉 521 人正依规处理 |
| 17 | 8 月 2 日 | 科技日报 | 107 篇论文撤稿不能只怪作者，临床医生职称评价改革试点中 |
| 18 | 9 月 13 日 | 澎湃新闻 | 施普林格撤稿事件续丨华东师大通报：与涉事教师解聘 |
| 19 | 9 月 14 日 | 澎湃新闻 | 107 篇论文撤稿涉事者如何处理？科技部中国科协有把“尺” |

在该事件爆发初期，网络舆论几乎是一面倒的愤慨批评，众多网民表示“太丢脸了”“丢人丢到国际上”“创世界纪录的造假”“学术界的耻辱”，表示主管部门一定要“从严从重处罚”，大量情绪化的表达充斥在网络中，中国科学界的声誉受到很大影响。相较而言，新闻媒体在表达了最初的震惊、惋惜和愤怒之余，迅速把调查事件来龙去脉作为报道重点。财新网在 21 日晚间迅速对该事件的背景给出初步解释，表示论文撤稿是因论文审核过程“同行评审”环节出现了造假，并非很多人想象的论文内容抄袭或数据造假，而且这次撤稿并非首次，2015 年就有英国出版机构撤稿 41 篇医学论文，并指出这次事件是中国 SCI 论文造假产业的“冰山一角”[①]。微信公众号“知识分子”则在文章中引用来自《自然》(Nature)的数据说明近几年中国学者论文频频出问题的原因在于“伪造、剽窃和不可重复”，并进一步指出此次大规模医学论文被撤稿的原因在于医学界是论文出产大户，约占世界论文发表的一半，而且，“医生的评价体系也出了问题”，在医院和大学附属医学院里，评职称不是看实践技能而是按论文发表数量和刊登期刊档次，“做一千台手术不如一篇 SCI 论文”，医生迫于升职加薪的压力，找第三方黑中介造假，“出现问题是迟早的事”[②]。

① 苑苏文，王明婷．涉嫌审稿流程造假　国际医疗期刊撤 107 篇中国学者论文[EB/OL]．财新网，2017-04-21.

② 中国论文再度出丑：都是谁？责任在谁？[EB/OL]．知识分子・微信公众号，2017-04-22.

在媒体的报道分析之下，舆论的关注点从讨论“大规模学术造假抹黑中国科研声誉”渐渐转到热议“目前不完善的科研成果评价体制对医生的压力”之际，科协的声明引发了第二波舆论高潮，网民对论文撤稿事件的关注点再次发生变化，科协成了受批评的靶子。4 月 21 日，中国科协微信公众号“科协改革进行时”发表文章《施普林格撤稿，中国科协喊话：出版集团也有责任》，该文章显示早在 4 月 18 日，科协领导与施普林格的代表座谈，商谈关于论文撤稿事件，科协表示“出版方也有责任”。该声明无疑让本来尚未平息的网民情绪更加激烈，有网民表示“出现了论文造假，科协不是急于调查处罚造假行为，而是忙着找出版社算账，让出版社担责任，是向全世界表示科协勇于当科研造假的保护伞吗?”“面对学术造假的质疑，首尔大学调查了黄禹锡、日本理化学研究所调查了小保方晴子……只有中国科协调查了施普林格出版社……”“小偷都有理由指责被偷的家庭没装防盗门了”“总有刁民想害朕”，一时间科协的声明被不少人看作主管者推诿责任、惩治不力的表现。

网络的大范围热议让《人民日报》也加入了讨论，4 月 24 日，人民时评发表文章，对这次论文撤稿给出了看法。文章表示，大规模撤稿，作者、出版社和期刊编辑都有责任，但涉事者更应反思和承担责任，对于科研造假，毋庸讳言，的确存在惩治不力的现象，特别是对所谓“第三方机构”，有关部门更应从重处罚。这篇文章认为，科研评价机制的完善是一个不断改进的过程，科研工作者应当不忘初心，抛弃浮躁投机的不正风气，踏踏实实做工作，因为“捍卫真实就是捍卫科学的生命，纵容造假就是损害科学的未来”[①]。《人民日报》的表态在某种程度上引导了之后的媒体报道走向，此后新闻报道和专家点评很多就学术造假中的“第三方机构”做了分析，并对靠收取高额版面费却对论文质量把关不严的“掠夺性期刊”进行了批判，在很大程度上稀释了网民的激愤情绪。

从整个事件的进展来看，在事件爆发后的前 10 天是舆情高峰，各方观点激烈交锋，“痛斥学术造假”“为医生喊冤”“谴责第三方学术中介”“批评科研评价机制不公”“杜绝科研评价行政化”“无论是程序还是内

① 赵永新．捍卫真实就是捍卫科学的生命[N]．人民日报，2017-04-24(5)．

容，必须对学术造假零容忍”，各方意见争论不休，在以《人民日报》为代表的主流媒体发表观点后，对于事件的评议逐渐形成了合意，舆情也随之逐渐回落，5月、6月、7月、8月、9月的报道可以看作对撤稿事件后官方处理结果的追踪，而相应的网络争议基本平复。

## （三）热点事件三：清华教授颜宁跳槽普林斯顿

### 1. 舆情新闻报道

清华美女教授颜宁不满国内科研体制出走普林斯顿？这谣言毫无说服力

（2017年5月9日载于观察者网，803个网页刊载相关新闻）

39岁的颜宁已接受美国普林斯顿大学邀请，受聘……终身讲席教授的职位，将于近期前往就任该教职。微信公众号“颠倒的黑白”对这件事的解读扰乱了舆论。目前文章阅读量10万+，点赞近9 000……全文核心思想……颜宁受聘普林斯顿，是负气出走，而出走的直接原因是国内科研体制，是连续两年拿不到自然科学基金委的科研项目。9日，颜宁在微博上辟谣“去不去普林斯顿与基金委无关”[①]。

### 2. 舆情进展分析

5月7日晚10点，新华社新闻《清华大学教授颜宁受聘普林斯顿大学》公布了该消息，并简要介绍了颜宁骄人的科研履历。正如观察者网所言，这本来是件高高兴兴的事情，然而在8日微信公众号“颠倒的黑白”发表的文章《清华才女颜宁教授为何负气出走普林斯顿?》迅速传遍朋友圈后，这件令人高兴的事情变了味道。该文以颜宁在2014年申请国家自然科学基金项目失败为因，分析出颜宁受聘美国名校是“负气出走”，并得出结论“不反思中国科研体制，只能自欺欺人了”[②]。“清华”“美女教授”“跳槽”“普林斯顿”这几个单独写出来就可以吸引大量关注

① 赵可心．清华美女教授颜宁不满国内科研体制出走普林斯顿？这谣言毫无说服力[EB/OL]．观察者网，2017-05-09.

② 雷歌．清华才女颜宁教授为何负气出走普林斯顿？[EB/OL]．颠倒的黑白・微信公众号，2017-05-08.

的词汇组合起来杀伤力惊人，不到一天的时间，该文章阅读量就超过10万，点赞近万，引发了社会各界的大讨论，人们围绕“颜宁去普林斯顿的原因”“科研体制限制人才创新”“人才流失还是人才流动”“出国就是不爱国”“海归人才再归海”展开了激烈的讨论，各种观点彼此攻击，一起普通的科研人员流动事件最终演变为一起全社会对中国科研机制进行考评的公共事件。

从表5-4中可以清晰地看出，在舆情爆发后的前两天，也就是从5月8日至5月9日，舆论的观点主要集中在“颜宁去普林斯顿是负气出走吗?”的真实与否上。颜宁本人以及清华大学迅速针对公众号的文章进行回应，颜宁表示要辟谣，去普林斯顿和国家基金委无关。清华大学含蓄回应这说明“世界一流大学对包含清华在内的国内高校的较高认可”。《人民日报》持乐观看法，报道称，颜宁去美国引发各界热议是正常现象，因为不同的人对事物看法本就不同，无须紧张。正像颜宁本人所说，这是一件“开开心心”的事，是“我国高等教育螺旋式上升的一个注脚”。尽管“发达国家对发展中国家人才的虹吸效应，依然是一种现实的存在”，但差距正在缩小，“人才流动”终会取代“人才流失”的观念①。5月9日至5月底，舆论关注就迅速超越了对事件本身真实与否的回答，转向讨论中国科研机制，对比中外科研环境，评价中国科研实力。《新京报》认为人们热议颜宁跳槽可以解读为“公众表达对学术评价机制不满”，无论颜宁本人是否同意甚至她自己又说了什么，她已经成为“公众借以审视科研体制的符号”②。5月25日，中国科协做出了对颜宁跳槽的官方表态，应用“开明的态度、国际化角度”解读颜宁赴美，称随着中国科技实力的不断增强，科学家“自由流动会成常态”③，中国科协的表态使持续了两周多的激烈讨论落下了帷幕，但媒体对颜宁事件的关注继续保持到了年底。

---

① 陆侠．清华女教授跳槽普林斯顿：是人才流失，还是人才流动[EB/OL]．人民日报·微信公众号，2017-05-09.

② 王言虎．颜宁离开清华：未来“科技之星”何以被理解为“负气出走”[EB/OL]．新京报快评，2017-05-09.

③ 马海燕．中国科协官员谈颜宁赴美：是对中国科技水平的认可[EB/OL]．中国新闻网，2017-05-25.

**表 5-4　颜宁跳槽普林斯顿的相关报道(不完全统计)**

| 序号 | 时间 | 来源 | 新闻标题 |
| --- | --- | --- | --- |
| 1 | 5 月 8 日 | 光明日报 | 清华教授缘何受聘世界一流大学 |
| 2 | 5 月 9 日 | 观察者网 | 清华美女教授颜宁不满国内科研体制出走普林斯顿？这谣言毫无说服力 |
| 3 | 5 月 9 日 | “人民日报”微信公众号 | 清华女教授跳槽普林斯顿：是人才流失，还是人才流动 |
| 4 | 5 月 10 日 | 澎湃新闻 | 颜宁远飞美国普林斯顿为何引发国内如此轰动？原因有三 |
| 5 | 5 月 10 日 | 南方网 | 清华教授颜宁“出走”还请“多回头” |
| 6 | 5 月 10 日 | 中国青年报 | 颜宁不欠谁一个解释 |
| 7 | 5 月 10 日 | 科技日报 | 科技观察：说说杨振宁“回国”和颜宁“出国” |
| 8 | 5 月 10 日 | 荔枝网 | 科研事件成公共话题，颜宁“出走”的舆论偏见丨荔枝时评 |
| 9 | 5 月 11 日 | 光明网 | 颜宁“出走”普林斯顿引关注　既非负气亦非缺钱 |
| 10 | 5 月 11 日 | 中国网 | 我们应该为颜宁“走出去”鼓掌 |
| 11 | 5 月 25 日 | 中国新闻网 | 中国科协官员谈颜宁赴美：是对中国科技水平的认可 |
| 12 | 7 月 4 日 | 澎湃新闻 | 专访欧洲研究委员会主席：颜宁去普林斯顿是流动，不是流失 |
| 13 | 11 月 7 日 | 北京晚报 | 高校知名教授频频被“挖墙脚”？专家：“智力输出”是对中国人才培养的认可 |
| 14 | 12 月 28 日 | 中国新闻周刊 | 颜宁为何从清华跳槽去美国普林斯顿大学，她终于说出原因了…… |

从对颜宁跳槽的不同解读来看，不同类型的媒体之间可谓泾渭分明，以《人民日报》为代表的主流媒体基本上保持了“个人选择无须干涉，中国科研水平受国外名校认可，科学家理应自由流动”的乐观解读；以《新京报》为代表的都市媒体认为意在促进科研体制进步的意见和声音尽管刺耳，但仍“值得倾听”；众多自媒体则倾向于反思科研体制不足，并不讳言近几年来，相较于回国的伟大科学家，更多数量的顶尖科技精英选择出走国外，人们应当深思“为什么在国内泯然众人的科学家在国外备受欢

迎，名利双收，为什么在国内因年龄、关系等原因在科研经费和发展空间受限的科研人员在国外屡屡创新成功？”[①]。

## （四）热点事件四：北京电影学院性侵事件

### 1. 舆情新闻报道

网曝北影性侵学生事件　涉事老师：等法律部门解决

（2017年5月10日载于网易，1 210个网页刊载相关新闻）

网易娱乐5月10日报道　今天凌晨两点58分，微博实名认证为“畅毅文化艺人事业部总经理”的@宋泽尘Leslie_AM发表微博，称好友“阿廖沙”在北京电影学院就读期间，遭遇班主任之父性侵[②]。

### 2. 舆情进展分析

5月10日凌晨两点，微博实名认证网友发布消息称自己的朋友在北京电影学院（以下简称“北影”）读书期间遭遇老师的父亲性侵，事后当事人不仅没有得到帮助，还遭遇了来自老师以及同学的排挤和不公正待遇。因所陈述的事件性质恶劣，一经曝出，随即点燃了大批网友对于“狼师”的愤慨，前往北京电影学院的微博讨要说法，北影受到了几乎一面倒的质疑和批评。从5月10日至5月31日，有近1 000篇相关的媒体报道，新浪微博相关话题近22万条[③]。北影性侵事件受到社会强烈关注，除了事涉“北影”“性侵”等刺激眼球的因素，也与之前3月份网民热议反映学校性侵案件的韩国电影《熔炉》以及5月初台湾女作家林奕含因中学时被性侵自杀引发公众对性侵事件的讨论有关。相关报道如表5-5所示。

表5-5　北影性侵事件的相关报道（不完全统计）

| 序号 | 时间 | 来源 | 新闻标题 |
|---|---|---|---|
| 1 | 5月10日 | 新浪微博 | 北京电影学院性侵 |
| 2 | 5月10日 | 网易娱乐 | 网曝北影性侵学生事件　涉事老师：等法律部门解决 |

① 颜宁出走，究竟是谁的错，看了以后不许喷[EB/OL]. 岭南牛爷·搜狐号，2017-05-15.

② 网曝北影性侵学生事件　涉事老师：等法律部门解决[EB/OL]. 网易娱乐，2017-05-10.

③ 相关数据来自中国传媒大学高教传播与舆情监测研究中心系统。

续表

| 序号 | 时间 | 来源 | 新闻标题 |
|---|---|---|---|
| 3 | 5 月 10 日 | 人民网 | 北京电影学院回应毕业生被性侵事件:正在调查 |
| 4 | 5 月 10 日 | 中国青年网 | 北电性侵危机公关做砸了,但比“狼师”更可怕的是我们 |
| 5 | 5 月 14 日 | 凤凰八卦 | 北影女生遭性侵忍辱多年,发声后却被同学联合孤立 |
| 6 | 6 月 9 日 | 观察者网 | 北京电影学院回应学生实名举报教授性侵:依法调查 |
| 7 | 6 月 11 日 | 央视网 | “北电学生”举报教授事件:北京电影学院称责成纪检等调查 |
| 8 | 6 月 11 日 | 知乎 | 如何看待校友微博爆出的“北京电影学院摄影学院老师的父亲性侵学生”一事? |
| 9 | 6 月 12 日 | “共青团中央”微信公众号 | 北电侯亮平? 真的假不了,假的真不了!让子弹飞一会儿 |
| 10 | 7 月 27 日 | 豆瓣 | 你们还记得北电性侵的事吗? 阿廖沙收到了法庭传票 |
| 11 | 11 月 24 日 | 知乎 | 如何看待北电性侵事件最后不了了之? |

5 月 10 日当晚,北京电影学院发布微博,称涉事女生患有抑郁症。但很快又删掉了这条微博,稍后重新发布微博称学校会开展调查。北影草率的回应进一步激怒了网友,网友在微博上用讽刺表达了对北京电影学院对该事回应的强烈失望、不满和愤怒。

5 月 12 日,涉事女生的校友和朋友在微博持续发布消息,表示愿意亲自作证教授存在不公正行为,为激烈的舆情态势再添一把火。同日晚些时候,亦有注册为电影学院毕业生的网友发布班级联名证明,称涉事女生才是过错方,老师是被冤枉的。截然相反的声明引发了公众的强烈兴趣,数据显示,该事件舆情在 5 月 13 日到达顶峰,网络上开始争论事件真相到底如何。尽管真相不明,但发布班级声明且故意曝出涉事女生照片的行为被大部分网友评价为“冷漠,对于同学没有怜悯心”“真实性欠佳的洗地文”。

与沸反盈天的网络热议相比，对于这起事件，纸媒的态度审慎克制，《新京报》委婉地表示，学校给涉事女生扣精神病帽子的行为不妥，仓促提出的调查结果可信度不高，某些人对遭遇性侵的女生态度冷漠，“为尊者讳、捍卫自己任职机关的荣誉，心情都可以理解。但是不是也该考虑一下那些举报者的境遇？”[①] 5 月 18 日网络上出现了一篇《北京电影学院深陷“性侵门”，对话朱炯副教授及各方当事人》的文章，作者称自己是“一个有理想的记者”，自己对话了朱炯老师，用看起来合乎逻辑的表述暗示性侵事件是涉事女生“炒作”，老师不存在孤立、打击该女生的行为。这篇文章继续引发了公众对于性侵门真相的拷问，但文章的内容被很多网友看作有迹可循的“高级公关文”，涉事教师和北影的信誉度再次遭到质疑。5 月 25 日，涉事教师与其父发表声明，表示要通过法律途径维护自己的声誉，但网民的态度仍以怀疑居多。

6 月 5 日，北影性侵门出现了新的转折，一名注册为“北电侯亮平”的微博用户声称自己实名举报了北影摄影学院领导宋某和吴某的贪腐行为，并在之后的几天陆续公布信息，引发新的舆情地震。“侯亮平”是反腐大热剧《人民的名义》中的正义角色，以“北电侯亮平”自居的用户也的确反映的是北影摄影学院领导的贪腐行为，顷刻间，舆论对北影性侵的关注已经转换为对北影丑闻的围观和问责。北京电影学院再也无法沉默下去了，9 日，学校微博发声明，表示“责成纪检等相关部门依法依规进行调查处理”，11 日，涉事教师宋某发布律师声明“……虚构事实，侵犯了……合法权益，且已涉嫌侮辱、诽谤……向公安机关报案，并被依法受理”。同日下午，央视新闻直播间对此报道。12 日，共青团中央微博发声“北电侯亮平？真的假不了，假的真不了！让子弹飞一会儿”，呼吁公众要保持耐心，等待事件的水落石出[②]。

让许多人感到愤怒和遗憾的是，名为“北电侯亮平”的微博账号在 6

① 陈小二．北影学生疑遭性侵：有些人为何反而指责这位女生[EB/OL]．新京报快评，2017-05-16.

② 北电侯亮平？真的假不了，假的真不了！让子弹飞一会儿[EB/OL]．共青团中央·微信公众号，2017-06-12.

月 11 日被封，所发内容全部清空，刊登事件报道的不少网页无法显示，一些自媒体账号的评论文章也被删除。这些行为引起了公众的巨大反弹，大量愤怒的网民在不相干微博下持续不断刷屏，影响了其他用户的使用体验，招致了不少反感。尽管网民对于“北电侯亮平”背后是否存在公关团队，整个事件是否纯属权力争夺存在争议，但随着时间的流逝，相关讨论依然渐渐平息。从 7 月到 12 月底，在不同平台还可以看到零星讨论，如知乎的“为什么中国大学性侵现象如此严重？”“如何看待北电性侵事件最后不了了之？”等问答贴，如百度贴吧“北电性侵事件就这样不了了之？大家是不是应该再关注一下？”等话题。人们似乎已经淡忘了这件几乎把北影推到舆论批评绝境的事件。

从舆情应对的技术角度来看，北京电影学院的表现确实让人大失所望，从事件爆发一开始的草率抹黑涉事者到中间的沉默不回应，再到后来被迫无奈发表声明，都没有体现出高校应有的人文关怀和负责精神。从表面上看，这起尚未得到官方确认的性侵事件是某女生个体受到侵害，实际上反映了大学生权益保护的问题，由于高校相对封闭的人事环境和高校学术权力结构的制约，学生在学业、未来就业推荐等方面对教师评价存在严重依赖，使得不少学生在面对侵害时无力反抗或取证困难。北京电影学院之所以被公众口诛笔伐，某种程度上也说明公众对近年来高校丑闻的不满和愤怒积蓄已久，是公众对近些年高等教育界丑闻频出的一次情感宣泄，折射出当前中国高校的公众形象危机。

## （五）热点事件五：马里兰大学中国留学生毕业演讲

### 1. 舆情新闻报道

中国留学生毕业演讲：美国空气都是新鲜而甜美的

（2017 年 5 月 22 日载于腾讯网，652 个网页刊载相关报道）

美国东部时间 5 月 21 日中午，在马里兰大学 2017 年毕业典礼上，一位名叫 Shuping Yang 的中国女留学生作为全校学生代表上台发表毕业演讲。其中有关中国的言论引发舆论关注。在中文社交媒体上，这段毕业演讲被贴上了“辱华”的标签，遭到网民的大量抨击[①]。

**2. 舆情进展分析**

5月22日5时45分，网民“@刘昊要好好做学术”把马里兰大学毕业典礼上中国留学生杨舒平的演讲视频从YouTube转移至微博，他简要介绍了这个演讲内容，并标注这位吐槽国内空气质量的当事人是昆明人。上午9时47分，微信公众号“北美留学生日报”以《马里兰大学中国留学生毕业演讲涉嫌辱华：我在美国吸到的空气都是甜的》为题，为杨舒平演讲加上了“辱华”标签，文章迅速获得阅读数10万+、点赞数1 946，微博头条文章阅读数71万+[②]。上午11时36分，@环球时报发布中文字幕视频微博，引发网民刷屏反应和海量抨击。短短一天内，该视频播放量达2 650万，微博评论超过19.8万条[③]。大量网民认为杨某作为留学生不仅不爱国，还“通过歪曲事实攻击祖国来献媚外国”“无知浅薄”“以诋毁祖国的方式博眼球”“跪舔美国”，对杨某展开了抨击甚至辱骂。杨某的私人信息包含个人联系方式、就读中学、家庭住址、父母履历、出国留学费用等被公开在网络上。随着事件传播范围的扩大，网民情绪表达也趋向激烈，对于杨舒平的批评有蔓延到批评留学生群体忘本和质疑马里兰大学动机的趋势。相关报道见表5-6。

**表5-6　马里兰大学中国留学生毕业演讲的相关报道(不完全统计)**

| 序号 | 时间 | 来源 | 新闻标题 |
|---|---|---|---|
| 1 | 5月22日 | 环球时报 | 中国留学生毕业演讲：美国空气都是新鲜而甜美的 |
| 2 | 5月23日 | 环球网 | 中国留学生毕业演讲遭如潮质疑　被批自贬祖国罔顾事实 |
| 3 | 5月23日 | 北京日报 | “美国空气香甜”惹争议，我们淡定一些又何妨？ |

① 中国留学生毕业演讲：美国空气都是新鲜而甜美的[EB/OL]. 环球时报网，转引自腾讯网，2017-05-22.

② 数据来自中国传媒大学高教传播与舆情监测研究中心系统。

③ 数据来自中国传媒大学高教传播与舆情监测研究中心系统。

续表

| 序号 | 时间 | 来源 | 新闻标题 |
|---|---|---|---|
| 4 | 5 月 23 日 | 观察者网 | 马里兰大学中国留学生演讲引争议　何江在哈佛的演讲才是不卑不亢 |
| 5 | 5 月 23 日 | 重庆晨报上游新闻 | 马里兰大学中国留学生毕业演讲引争议　校方:自豪地支持 |
| 6 | 5 月 23 日 | 搜狐网 | “辱华演讲”背后的社交媒体民族主义生意 |
| 7 | 5 月 24 日 | 浙江在线 | 在美中国留学生毕业演讲引争议　杭外留美毕业生这样说 |
| 8 | 5 月 24 日 | 人民网 | 在美中国留学生毕业演讲引争议 |
| 9 | 5 月 24 日 | 观察者网 | 外交部回应马里兰大学留学生杨舒平争议演讲:应做负责任表态 |
| 10 | 5 月 26 日 | “西萧教育”百家号 | 公众号北美留学生日报写过哪些“硬伤”报道? |
| 11 | 5 月 27 日 | 新东方网 | 马里兰大学毕业演讲惹争议　毕业演讲是非多 |

社交网络的如潮批评让中国留学生团体迅速表态,马里兰大学学生学者联合会在 16 时 02 分发表声明表示杨某演讲仅代表个人意见,联合会正积极与学校沟通,希望学校给出答复并恳请舆论不要攻击马大和马大学子。被指空气质量不佳的昆明市政府也通过官微回复称“截至 5 月 8 日昆明空气质量优良的指数达 100%”,晚间 18 时 21 分,杨舒平在清除一切微博内容、更改微博名称后发表声明致歉,称“深爱自己的祖国和家乡……完全没有对国家和家乡的否定和贬低之意”,杨某关闭微博评论的行为受到了网民的讽刺。社交媒体的风波让马里兰大学华人学生们甚至连夜赶制了一批 T-shirt,上面印着“proud of China”的字样,分发给中国学生,让大家穿去参加各学院的毕业典礼。

5 月 23 日,《环球时报》发微博表示“在美国东部时间下午 6 点 33 分,马里兰大学校方代表对外界表示,对于杨舒平的发言,学校自豪地表示支持，也对她在毕业典礼上发出她的声音表示赞赏”，引发不少网民对马里兰大学的强烈批评，该校华裔校长陆道逵被部分极端言论评价为“别有用心”，利用杨某攻击中国。同时，大量网络媒体开始转发相关新闻报道。

5月23日，有关该事件的争议持续发酵，评论多元化的态势较为明显。有意见认为舆论对杨的演讲过度解读。此外杨舒平的大量个人信息被公布在网络上，反思“人肉搜索”等网络暴力的言论逐渐增多。还有舆论从形成本次热点事件的背后推手进行分析，如著名新闻传播学微信公众号“新闻实验室”发表文章《“辱华演讲”背后的社交媒体民族主义生意》，指出这次演讲风波可能是社交媒体追求10万+、100万+阅读量的结果①。

5月24日，外交部发言人陆慷在例行记者会上应询对杨舒平演讲事件做出了回应，“任何一个中国公民对任何事情都应该做出一个负责任的表态，这是一个有行为能力的人应该能够做到的。”对于杨舒平删掉微博后的公开表态，陆慷认为“这些年轻学子出去以后，对事情的看法，思想的认识，可能都会有一个发展变化的过程。不管是一个什么样的变化过程，只要最终他们还是从心底热爱祖国，愿意为自己的祖国做出贡献，我相信中国是鼓励、支持和欢迎的。”②

整体来看，这起演讲事件的舆情持续时间短，平复时间快，主要舆情高峰出现在5月23日，5月25日后相关报道迅速减少。值得注意的是，这是一场由社交媒体而起，在社交媒体上进行意见交锋的热点事件，时效慢的纸媒乃至其他普通的网络媒体在这场激烈的观点碰撞中都退居后场。也许今后的舆情热点将更多地采取这种发展方式出场，留给人们辨析真伪的时间很短，做出相应正确反馈的时间会更短。在这样一个讲求“快”的传播场域里，有关部门对舆情热点事件的回应与引导更需及时快捷。

---

① 方可成．“辱华演讲”背后的社交媒体民族主义生意[EB/OL]．新闻实验室·微信公众号，2017-05-23.

② 外交部回应马里兰大学留学生杨舒平争议演讲：应做负责任表态[EB/OL]．观察者网，2017-05-24.

## （六）热点事件六：武汉发布“百万大学生留汉”新政

### 1. 舆情新闻报道

武汉：9 项新政力争 5 年留住 100 万大学生

（2017 年 6 月 26 日载于《中国青年报》，424 个网页刊载相关新闻）

放宽落户条件，5 年让 20 万大学生住进人才公寓，创业享 1 年免费工位……武汉市日前发布《关于支持百万大学生留汉创业就业的若干政策措施》，力争 5 年留住 100 万大学生……这些政策措施不仅适用从武汉高校毕业的大学生，同样适用于全国其他高校毕业来汉创业、就业的大学毕业生①。

### 2. 舆情进展分析

毕业季到来之际，武汉市政府率先推出 9 项“百万大学生留汉新政”，大学生落户几乎零门槛。事实上早在 3 月份，该市就已宣布将实施力度空前的人才计划，而受到全国媒体的关注，只是人们没有想到公布的政策比宣传时的政策力度更大，对大学毕业生的优惠更多。无独有偶，武汉新政后，长沙、西安、南京、成都、济南等城市纷纷亮出自己的政策，希望能够吸引尽可能多的大学毕业生留下来。从 6 月底至 7 月中下旬，媒体主要集中精力为社会公众和大学毕业生详细介绍并对比各新兴城市种类繁多的人才优惠政策，间或提及城市人才大战的背景。从报道中可以看到，各城市的人才优惠政策主要集中在住房、户口、工资待遇以及通过优惠扶持创业这几个方面。相关报道见表 5-7。

表 5-7　“百万大学生留汉”新政的相关报道（不完全统计）

| 序号 | 时间 | 来源 | 新闻标题 |
|---|---|---|---|
| 1 | 6 月 26 日 | 中国青年报 | 武汉：9 项新政力争 5 年留住 100 万大学生 |
| 2 | 6 月 28 日 | 新华网 | “北上广情结”明显松动，“新一线”城市抢人竞争白热化 |
| 3 | 7 月 5 日 | 澎湃新闻 | 城市争人，要有远见 |

① 朱娟娟，李明月．武汉：9 项新政力争 5 年留住 100 万大学生[N]．中国青年报，2017-06-26(5)．

续表

| 序号 | 时间 | 来源 | 新闻标题 |
|---|---|---|---|
| 4 | 7月5日 | 北京青年报 | “抢人大战”折射城市步入高维竞争 |
| 5 | 7月25日 | 澎湃新闻 | 新一轮大学生争夺战打响，主打“房子、户口和钱” |
| 6 | 7月25日 | 凤凰财经 | 二线城市“抢人才大战”白热化　背后根源是什么？ |
| 7 | 7月26日 | 光明网 | 城市抢夺人才大战需互利共赢 |
| 8 | 8月1日 | 澎湃新闻 | 人才争夺战：“新一线城市”都使出了哪些招？ |
| 9 | 8月10日 | 人民日报 | 吸引人才不能止于短期刺激 |
| 10 | 8月29日 | 澎湃新闻 | 低于市场价20%就能买到房：二线城市竞相上演“抢人大战” |
| 11 | 10月12日 | 澎湃新闻 | 买房打折、收入兜底，二线城市靠什么留住人才 |
| 12 | 10月13日 | 北京青年报 | “毕业生购房打八折”的积极意义 |
| 13 | 10月17日 | 海外网 | 多地“抢人才大战”的本质是什么？ |
| 14 | 11月24日 | 湖北日报网 | 武汉和郑州，为这件事“较劲”了！ |
| 15 | 11月26日 | 中国新闻网 | 城市“人才大战”激战正酣：抢人容易“守才”难 |
| 16 | 11月27日 | 人民日报 | 引才聚才，不能只靠红利 |
| 17 | 11月29日 | 澎湃新闻 | 至少六城出新政对人才放开住房限购，武汉可低于市场价买房 |
| 18 | 12月8日 | 湖南日报 | 打赢这场人才大战 |
| 19 | 12月28日 | 楚天都市报 | “百万大学生留汉工程”成效显著 |

毕业生入职后，媒体对各大城市人才新政的介绍也告一段落，开始启动对人才新政的深层次分析，为什么各地会扎堆出台人才新政？反映了什么样的社会现实？什么样的人才政策能够更容易取得预设的效果？在人才新政的落实过程中会产生哪些问题？留在城市里的大学生是如何评价这些人才新政的？各地抢人大战的结果怎么样？

针对这些问题，凤凰财经称，数据显示2015年是中国劳动人口增长拐点，人口老龄化的问题会逐渐显现，新兴城市要发展经济，完善社会保障，离不开大量劳动人口做支撑，需要提前吸引人才，备战未来①。光明网的报道指出，在招揽人才的同时，各地需要因地制宜，按需招贤，不可以

① 杨芳．二线城市“抢人才大战”白热化　背后根源是什么？［EB/OL］．凤凰财经，2017-07-25.

盲目追求高大上的学历而罔顾自身发展实践需求，需要建立合理的人才梯队。在挽留人才的计划中要通盘考虑，使相关的配套政策跟上并充分对接激进的人才新政的步伐，避免拖后腿的情形出现[①]。海外网认为，一线城市的人口政策不断收紧，大学毕业生落户越来越难，客观上推动了人才的外溢效应，而新兴城市出于城市化需求和产业转型需要有必要引入大量高素质的人才，而年轻的大学毕业生正是活力的代表，是新的创造力、消费力、保障力和税收支撑力，有了这样的背景，新兴城市的人才大战才如火如荼[②]。11 月起，各地校招提上了日程，为了吸引人才，各地政府在维持对其人口房产限购的基础上，为大学生打开了房产限购禁令并提供住房优惠，用"真金白银"留人才。《楚天都市报》报道称"截至 12 月 15 日，武汉吸收大学毕业生达到 28.29 万人，是去年的近 2 倍"[③]，在多项优惠政策的加持下，武汉已经成功塑造了"大学生最友好城市"的鲜明形象。

从媒体和公众议程设置来看，舆论的关注点围绕毕业—校招—就业，中间插播相关的即时消息。从整个舆论的倾向性来看，无论是媒体还是网民都对多地的人才新政抱有乐观的支持态度，认为是社会人才观念的进步，是社会经济发展的必然选择。只有少数观点从查漏补缺的角度出发，敦促政府不要盲目上马激进的人才引进计划，建议为人才搭建合适的发展环境和平台。此外，还存在极少数观点认为对大学生放开限购政策是变相的地产挽救计划，是对中央收紧房地产调控的变相抵制。

### （七）热点事件七：再议寒门贵子

#### 1. 舆情新闻报道

寒门难出贵子，是对奋斗者的公平？

（2017 年 7 月 5 日载于微信公众号"一点阅"，794 个网页刊载相关新闻）

朋友圈流行的一篇鸡汤文在短时间内刷屏，该文声称"阶层差异造

---

① 张立．城市抢夺人才大战需互利共赢[EB/OL]．光明网时评，2017-07-26.

② 汪东旭．多地"抢人才大战"的本质是什么？[EB/OL]．海外网，2017-10-17.

③ "百万大学生留汉工程"成效显著　本报今推大型报道深度聚焦武汉用满满的诚意留住大学生[EB/OL]．楚天都市报，转引自凤凰网，2017-12-28.

成教育资源差异，形成阶层固化，早不是什么新鲜话题。……寒门之所以难出贵子，很重要的原因是寒门的父母不努力奋斗、上进……从另一个角度看，寒门难出贵子，体现的恰恰是对奋斗者的公平——如果你不努力实现自己的梦想，你的孩子也很难实现他的梦想；把自己的梦想嫁接在孩子身上，越来越不现实"①。

**2. 舆情进展分析**

这篇朋友圈出现的鸡汤文从7月5日开始迅速攻占了各大微信公众号，成为朋友圈转发率极高的刷屏文章。作者提出了一个违反常理的观点"寒门难出贵子是因为寒门的父母不努力不上进"，但受到很多人的追捧。有网友表示"对自己很有帮助，清楚地分析了家境优越的孩子为什么各方面都很优秀"，自己要努力奋斗，为下一代创造更好的条件。"说得很正确，的确家庭条件差的孩子很难在高考中取得好成绩""寒门难出贵子体现了上一代或几代奋斗的公平"，也有很多网友表示这篇文章"打着鼓励奋斗的旗号，为阶层固化做背书"，因为"你之所以是寒门，因为父母没有努力，不够上进""通篇貌似语重心长的循循善诱里隐藏着对豪门的优越感的洋洋得意，然而骨子里却充满了对贫困阶层的偏见和歧视"。很快，在微信朋友圈引起的网友热议也转移到网络中来，人民网、《中国青年报》《光明日报》加入到讨论中来，发表了自己的观点。相关报道见表5-8。

**表5-8　再议寒门贵子的相关报道(不完全统计)**

| 序号 | 时间 | 来源 | 新闻标题 |
| --- | --- | --- | --- |
| 1 | 7月5日 | "一点阅"微信公众号 | 寒门难出贵子，是对奋斗者的公平? |
| 2 | 7月9日 | "人民网舆情监测中心"微信公众号 | "阶层固化"担忧时有出现，寒门真的难出贵子吗? |
| 3 | 7月12日 | 中国青年报 | "寒门难出贵子"怎么就体现公平了 |
| 4 | 7月13日 | 荔枝网 | "寒门难出贵子是对奋斗者的公平"错在哪里? |

① 艾小羊. 寒门难出贵子，是对奋斗者的公平[EB/OL]. 一点阅·微信公众号，2017-07-05.

续表

| 序号 | 时间 | 来源 | 新闻标题 |
| --- | --- | --- | --- |
| 5 | 7 月 15 日 | 上观 | 庞众望、魏祥何以“感动中国”？奋斗！温暖！力量！ |
| 6 | 7 月 17 日 | 光明网 | “寒门难出贵子”是个伪命题 |
| 7 | 7 月 17 日 | 中国青年网 | “寒门贵子”逆袭人生需要自强自立的精神之“钙” |
| 8 | 7 月 18 日 | 西安晚报 | “寒门贵子”的故事传递着奋斗力量 |
| 9 | 7 月 19 日 | “光明日报”百家号 | 魏祥、庞众望等“寒门贵子”的故事为何频繁刷屏 |
| 10 | 8 月 23 日 | 人民网 | 10 万个“魏祥”“庞众望”通过三个专项计划上名校 |
| 11 | 8 月 24 日 | 新京报 | 沧州寒门学子庞众望清华报到　校长寄语赠送爱心纪念封 |
| 12 | 8 月 24 日 | 中国教育报 | 魏祥庞众望们，如愿走进清华 |
| 13 | 8 月 31 日 | 新华日报 | 让“寒门贵子”不再成新闻 |
| 14 | 9 月 17 日 | 央视新闻频道 | 清华新生庞众望：寒门学子逆境求学　与未来奔跑 |

从热点事件的发展进程来看，在 7 月上旬，话题的讨论主要出现在社交媒体圈，各路网友观点针锋相对，对于“寒门难出贵子”激辩不休。高考录取成绩公布后，众多主流媒体加入了争辩。与社交圈的争议不同，主流媒体保持了一致的驳斥口径，认为这篇“寒门难出贵子体现奋斗公平”的文章，忽视了不同地区和阶层之间在经济文化资本上的巨大差异，把成功简化为父母是否努力奋斗，等同于家境是否优越，实际上恰恰传递的是“龙生龙，凤生凤”阶层固化有理的有毒价值观，罔顾自我实现过程中的制度保障因素，抹杀了国家为创造高等教育起点公平，为广大寒门学子提供上进途径的努力，也极大地打击了出身贫寒的学子奋发向上的拼搏热情①。百家号“视觉百瓜”用河北贫寒学子庞众望被清华大学录取的实例驳斥寒门难出贵子的观点②，庞同学出身农村贫苦家庭，父亲患有精神

① 杨三喜．“寒门难出贵子”怎么就体现公平了[N]．中国青年报，2017-07-12(2)．

② “寒门再无贵子”终成反命题　河北农村男孩用分数诠释一切[EB/OL]．视觉百瓜·百家号，2017-07-14．

病，母亲瘫痪在床，靠捡废品补贴家用，然而凭借自己的不懈努力，高分被清华录取，成为他人眼中的“贵子”。如果按照网文的逻辑，庞同学理应出身豪门，父母为他提供优越的教育环境。

网文中提到北京市高考状元表示“农村地区的孩子，越来越难考上好的大学……现在的状元都是这种家里又好又厉害的这种。”澎湃新闻在其系列报道《2017 高考状元调查》中给 40 位高考状元发送了调查问卷，结果显示，在 2017 年的高考状元中，6 位状元来自农村，其余 34 位状元是城镇户口，占比 85%。这些状元的父母，父亲是公务员的占比 35%，母亲为公务员的占比 22.5%，远超其他职业，排名其后的是教师、医生和公司职员，但并非所谓的豪门。在父母的受教育情况中，状元父母的学历较高，父亲本科学历的占比为 37.5%，而母亲学历在本科以上的占比 45%。受访的多数“寒门”状元表示，虽然家庭出身会带来不小的差距，但最终决定成为“贵子”的仍是个人努力，“豪门”也有败家子[①]。随着新生入学，媒体与公众舆论的关注点又转移到了以魏祥、庞众望为代表的“寒门贵子”顺利入学，开启人生新篇章的故事。

从舆情热点事件的内容来看，网友争论寒门是否能出贵子很大程度上反映了公众对于阶层固化、阶层向上流动和教育公平的担忧。近几年来，天价学区房、昂贵择校费的有关报道屡屡刷屏，让很多城市中低收入人群感叹奋斗不易，压力倍增。在涉及切身利益的教育公平问题上产生了深刻的代入感和参与感，容易产生担忧和焦虑情绪。其次，我国人均 GDP 已经超过 8 000 美元，处于中等收入经济体向高等收入经济体转型过渡阶段。在这一时期，早期经济快速发展积累的矛盾往往集中爆发，加之原有的经济发展模式无法有效应对并易形成系统性社会风险，不确定性增大，因此，在网络舆论场中拥有话语权的中等收入群体对涉及自身利益的住房、教育、医疗、阶层流动以及社会保障等民生话题格外敏感和焦虑。

但是也需要看到，要实现教育资源更加公平的配置，单独依靠某些

---

① 何利权，刘芸，杨柳，游淑华．2017 高考状元调查⑩[EB/OL]．澎湃新闻，2017-08-05.

“寒门”父母个体的奋斗无法实现，最终需要凭借国家的力量，在制度上做好顶层设计，从而在根本上保障更多“寒门”学子能够有机会站在与“豪门”学子一致的起跑线上。正如教育部部长陈宝生在十九大记者招待会上所言，“今年的甘肃考生魏祥、河北考生庞众望，都通过农村专项计划被清华大学录取……我们的任务……主动回应人民群众对教育的新期待，……办好人民满意的教育”①。

## （八）热点事件八：浙大“网红论文”新规

### 1. 舆情新闻报道

浙江大学新规引师生热议　优秀网络文化成果算论文

（2017 年 9 月 17 日载于人民网，1 100 个网页刊载相关新闻）

日前，浙江大学发布《浙江大学优秀网络文化成果认定实施办法（试行）》，针对在校师生在媒体及其“两微一端”发表的原创作品，根据其传播效果和影响力，将可被认定为优秀网络文化成果，可等同于国内权威、一级、核心等学术期刊论文。该规定引来学术圈的大范围争议和社会公众的持续关注②。

### 2. 舆情进展分析

9 月 15 日，浙江大学官方微博发布了《关于优秀网络文化成果认定实施办法（试行）》方案，经新华社报道后迅速引发了学术圈的热议和网民的关注。一直以来，大学科研论文成果的认定制度被学术界所批评，高校教师职称评定乃至学生博、硕士学位授予对于论文成果的硬性要求与有限的学术期刊版面之间的矛盾在一定程度上构成了学术不端行为的动因。对于网络文化成果的认定似乎可以解决此问题，所以浙大论文新规一经提出，就引起了巨大的反响，支持者、反对者和中立者旗帜鲜明地提出了自己的观点。相关报道见表 5-9。

① 柴葳，蔡继乐．陈宝生：落实好十九大精神　办好人民满意教育［EB/OL］．中国教育报，2017-10-23（01）．

② 浙江大学新规引师生热议　优秀网络文化成果算论文［EB/OL］．人民网，2017-09-17．

表 5-9　浙大“网红论文”新规的相关报道(不完全统计)

| 序号 | 时间 | 来源 | 新闻标题 |
| --- | --- | --- | --- |
| 1 | 9 月 15 日 | “浙江大学”微信公众号 | 这个文件跟每位浙大师生都有关！优秀网络文化成果认定办法试行，最高可认定为权威学术期刊文章！ |
| 2 | 9 月 16 日 | 人民网 | 浙江大学新规引师生热议　优秀网络文化成果算论文 |
| 3 | 9 月 17 日 | 浙江在线 | 浙江大学：从“唯论文”到“泛论文”的进步 |
| 4 | 9 月 17 日 | 财新网 | 网络文章可算论文，浙大新规是改革先河还是误解学术 |
| 5 | 9 月 17 日 | 东方网 | 高校积弊严重　浙大新规未尝不可一试 |
| 6 | 9 月 18 日 | 澎湃新闻 | 浙大优秀网络文化成果认定引热议，校方：不会降低学术标准 |
| 7 | 9 月 19 日 | 新华网 | 浙大创新学术评价体系引热议，“网红文章”能否等同于期刊论文？ |
| 8 | 9 月 19 日 | 济南时报 | “浙大新规”：改革先锋还是学术鸡汤？ |
| 9 | 9 月 19 日 | 光明网 | 人们究竟在担心浙大学术认定新规什么 |
| 10 | 9 月 20 日 | 新京报 | 网文可算论文引争议　浙大称将严把学术关 |
| 11 | 9 月 20 日 | 浙江在线 | 浙大论文新规引热议　高校应如何评价报纸理论文章？ |
| 12 | 9 月 22 日 | FT 中文网 | 看待浙大“学术新规”的两种逻辑 |
| 13 | 9 月 23 日 | 法制网 | 建议对浙大新规作合法性审查 |
| 14 | 9 月 24 日 | 浙江在线 | 浙大再做说明：网络成果新规是对已有评价方法的补充 |
| 15 | 9 月 25 日 | 大洋网 | 对浙大新规不妨宽容些 |
| 16 | 9 月 26 日 | 中国青年报 | 浙大新规引热议：评价体系如何告别唯学术唯核心期刊 |
| 17 | 9 月 29 日 | 科技日报 | 浙大新规能否促进科学家注重科普 |
| 18 | 11 月 29 日 | 青年记者 | 也谈浙大新规兼论将科普纳入考核体系问题 |

支持者认为“学术期刊写作时效差”“媒体融合背景下的学术革新”“很多网络文化成果影响力超过期刊论文”“为全国高校职称评聘重新立

法”;反对者觉得“用商业点击率考核严肃学术价值是堕落行为”“网络作品追逐热度与点击率,论文则有其学术规范性,两者难以相提并论”“浙大操之过急”“教授要争做网红了”;中立观点则认为“最重要的是制定一套被学术界广泛认可的评价机制,而非简单甩出一份名单,借用商业点击量作为考核标准”“不反对科研成果通过网络发表,但必须由学术共同体以学术标准严格审核和评价”。

随着辩论的进一步深入,学术界对于浙大论文新规的批评逐渐严厉,多数学者认为:浙大“网红论文”新规粗暴地把传播效果与学术价值画了等号。学术和传媒的区分不在于高雅和庸俗,而在于评价标准不同。学术研究的目标在于拓展人类认知的边界,价值如何并不在于多大程度上获得了公众的满意,迎合了媒体的欢心。其考核必须经学术共同体以专业标准认定,浙大新规混淆了学术和传媒的边界,如果按照 10 万+的标准,且不考虑造假,那些研究冷门基础科学的学者估计一辈子都难以摸到教授的门槛,毕竟有多少人会真正对奇怪的公式、冰冷的实验数据以及无法理解的定理感兴趣呢? 反之,那些网络大 V 更容易打动普通人,如同网友所说“周小平可以妥妥地当教授了,著作等身啊,全是 10 万+”。无论在什么时代,坚持学术研究的客观性、科学性和纯粹性,始终应当是不懈追求的目标①。学术界需要有学术共同体制订的标准来考核成果,严格划分学术和传媒的边界。

学者表示,在浙大提出的媒体清单里,清一色的官方媒体,以中央级为主,把官方新闻媒体当作是学术文章的载体,让人感觉惊讶。更让人感到奇怪的是,在入选的中央级媒体里没有新华社和中央人民广播电台,但却包含另外一些中央级媒体的子刊、子媒体,这样的选择标准并不符合中宣部对中央媒体的认定,显得格外随意,难怪网友吐槽“一篇环球时报微信端阅读量为 10 万+文章可以等同于一级学术刊物论文”,让人感到莫名愤慨和悲伤②。

① 王昕. 浙大新规之互联网学术价值探讨[EB/OL]. 首都传媒经济研究基地·微信公众号,转引自和讯网,2017-09-18.

② 陈东升. 建议对浙大新规作合法性审查[EB/OL]. 法制洋葱头·微信公众号,2017-09-21.

此外，学者们和网友们还提出了进一步疑问：对于网络文章的价值如何认定？在当下网络水军遍地，炒作成风的互联网环境下，如何杜绝阅读量、点击量造假？如果无法制止网络造假，浙大新规也就不能像其声称的那样解决论文造假问题了。

### （九）热点事件九："双一流"大学名单公布

#### 1. 舆情新闻报道

"双一流"建设高校及建设学科名单公布

（2017 年 9 月 21 日载于新华网，113 000 个网页刊载相关新闻）

日前，教育部、财政部、国家发展改革委印发《关于公布世界一流大学和一流学科建设高校及建设学科名单的通知》，公布世界一流大学和一流学科（简称"双一流"）建设高校及建设学科名单。据介绍，"双一流"建设高校通过竞争优选、专家评选、政府比选、动态筛选产生。"双一流"建设以学科为基础，对建设过程实施动态监测，实行动态管理，不是"终身制"[①]。

#### 2. 舆情进展分析

9 月 21 日，三部委在官网上公布了"双一流"建设高校和建设学科名单（以下简称为"双一流"名单），并通过教育部官方微信公众号和微博向外界转发具体大学名单，新华社、中国新闻网等主流媒体也转发了消息，受到公众的热切关注。之后《光明日报》、澎湃新闻、《中国青年报》等主流媒体纷纷加入报道行列（表 5-10）。

表 5-10　"双一流"名单公布的相关报道（不完全统计）

| 序号 | 时间 | 来源 | 新闻标题 |
| --- | --- | --- | --- |
| 1 | 9 月 21 日 | 中华人民共和国教育部官方网站 | 关于公布世界一流大学和一流学科建设高校及建设学科名单的通知 |
| 2 | 9 月 21 日 | 新华社 | "双一流"如何选出？因何而设？意味什么？——三部委有关负责人解读世界一流大学和一流学科建设名单 |

① 权威发布："双一流"建设高校及建设学科名单公布［EB/OL］. 新华网，2017-09-21.

续表

| 序号 | 时间 | 来源 | 新闻标题 |
|---|---|---|---|
| 3 | 9月21日 | 澎湃新闻 | “双一流”突破大学身份固化 |
| 4 | 9月22日 | 光明日报 | 建设中国特色的“双一流” |
| 5 | 9月22日 | 光明网 | “双一流”到底是不是“985、211”的翻版 |
| 6 | 9月22日 | 新京报 | 入选“双一流”不等于一劳永逸 |
| 7 | 9月22日 | 光明日报 | “双一流”建设　为什么是“他们”成功入选 |
| 8 | 9月24日 | 新华每日电讯 | 打破“终身制”,“双一流”遴选认定并非一劳永逸　部分高校校长谈“双一流”建设:人才培养是关键,不用太着急去“抢” |
| 9 | 9月25日 | 中国青年报 | 双一流:对高校过度综合化的重塑 |
| 10 | 9月26日 | 人民网 | “双一流”建设名单落地:非新无以为进,非旧无以为守 |
| 11 | 9月26日 | 时代周报 | “双一流”黑马:这三所中西部高校为何入选 |
| 12 | 10月12日 | 中国教育报 | “双一流”建设更要脚踏实地 |
| 13 | 10月22日 | 新华网 | 刘炯天:双一流建设名单不是拿来做排位的 |
| 14 | 11月19日 | 人民日报 | “双一流”建设应从提升高等教育自信开始 |
| 15 | 11月24日 | 财经网 | “双一流”时代,高校发展何处去 |
| 16 | 12月18日 | “澎湃新闻”百家号 | 40余高校校长共话“双一流”:重人才培养,别只盯个别学科 |

事实上,2017年1月份,教育部就计划在上半年公布一批“双一流”建设大学名单,而在6月份,网上就已流传一份“双一流”建设大学名单。在正式名单公布之前,网民关心的问题主要有哪些学校和学科可以入选双一流?双一流大学是“985”和“211”大学的升级版吗?从9月21日至22日的监测数据来看,媒体报道的主要内容聚焦于向公众解读入选名单的细节化信息,如具体有哪些学校入选,“双一流”建设的目的、入选的考核标准是什么,建设周期及准入退出机制怎么样,“双一流”建设总体方案的制定背景以及过程等等,力图给公众建立一个“双一流”知识图谱。

网友的关注点聚焦在入选“双一流”名单的大学和学科名称以及入选或落选原因上。在一流学科名单里,很多传统印象里优势明显的大学学科纷纷落榜,如复旦大学的“新闻传播学”没有入选;西南政法大学与华东政法大学水平相近的优势专业“法学”落榜。相反,复旦大学的年轻学科航空航天却轻轻松松超越了哈尔滨工业大学、南京航空航天大学、西北工业大学的航空领域"铁三角"的地位，网友表示"有点方""简直让人颠倒三观"。也有网友对母校落榜表示淡定，如西南政法大学与东北财经大学双双落榜，两校同学互相调侃合并学校，改名为"东南西北财经政法大学"，争取下次以最强姿态上榜。

从22日起，媒体对"双一流"名单的关注点由细节说明转移到深度分析，尝试对双一流的战略任务、目标定位、建设思路和实现方法提出建议。《光明日报》指出，我国高等教育一直与国家建设和经济发展共同成长，不同阶段的高等教育为国家建设和社会经济发展输送了大量人才。当前，我国国民经济发展进入了新的历史阶段，高等教育也应随之进行调整，适应新形势，对接新任务，迫切需要进行内涵式发展，进一步提升质量，提高综合实力和国际竞争力，为实现中华民族伟大复兴提供智力支持[①]。

"双一流"名单中的学校是将要建成世界一流大学和一流学科的学校，而并不是说这些学校和学科本身已经是世界一流。此外，"双一流"名单的建设周期是五年，五年后没有达标就必须退出，也意味着这是一份动态的、不断变化的名单，只有这样才能打破原"985"和"211"名单固化、体制僵硬和激励效果边际递减的痼疾，提升建设效率。《中国青年报》文章指出，"双一流"并非原"211"和"985"的简单升级，"双一流"的特色就在于它的建设思路就是引导高校重新思考自己的优势与特色，是对高校过度综合化的调整，最终要实现走特色发展之路，从而达到提升质量的目的[②]。此外，建设"双一流"并非要解决教育资源的平均配置问题，而是集中力量和资源，对接国家战略，建设一部分世界一流大学和一流学科，这才符合我国的国情。

"双一流"名单公布后，各入选高校纷纷根据自身的特点提出了建设方案，并第一时间向社会公布。很多学校的方案能够因地制宜，重点突出，目标明确，思路清晰，然而也有一些学校过于精确，制订的计划里某专

① 建设中国特色的"双一流"[N]. 光明日报，2017-09-22(1).

② 陈志文. 双一流：对高校过度综合化的重塑[N]. 中国青年报，2017-09-25(9).

业要进入世界前多少名，某学科要获得多少项科研基金，显得过于脱离实际，省略了科学论证，缺乏实际操作性。从规划的角度来看，能够拥有长远的发展眼光固然很好，但也要考虑到方案的落地实施，不能只抬头“仰望星空”，而忽视了脚下的实际工作。

## （十）热点事件十：高校教师职称评审权下放

### 1. 舆情新闻报道

高校教师职称评审权将直接下放至高校

（2017 年 11 月 14 日载于《人民日报》，694 个网页刊载相关新闻）

日前，教育部、人力资源和社会保障部联合印发《高校教师职称评审监管暂行办法》……规定高校教师职称评审权直接下放至高校，……高校教师职称评审工作要“切实把师德评价放在首位”①。

### 2. 舆情进展分析

11 月 13 日，教育部、人力资源和社会保障部联合印发《高校教师职称评审监管暂行办法》（下称《暂行办法》），明确规定高校教师职称评审权直接下放至高校。职称评审涉及每一位高校教师的利益，因此《暂行办法》出台后迅速引发了教师群体的高度关注，许多高校教师以及专家学者就涉及职称评审权下放的诸多环节进行了一场持续一个多月的公开讨论（表 5-11）。

表 5-11　高校教师职称评审权下放的相关报道（不完全统计）

| 序号 | 时间 | 来源 | 新闻标题 |
|---|---|---|---|
| 1 | 10 月 20 日 | 中华人民共和国教育部官网 | 教育部　人力资源社会保障部关于印发《高校教师职称评审监管暂行办法》的通知 |
| 2 | 11 月 14 日 | 人民日报 | 高校教师职称评审权将直接下放至高校 |
| 3 | 11 月 15 日 | 新京报 | 职称评审权下放高校　更需防止“刷职称” |
| 4 | 11 月 17 日 | 央视网 | 职称评审权下放高校，健全人才评定体系 |
| 5 | 11 月 20 日 | 大河网 | 高校老师评职称，学校当家？ |

① 张烁．高校教师职称评审权将直接下放至高校[N]．人民日报，2017-11-14(12)．

续表

| 序号 | 时间 | 来源 | 新闻标题 |
|---|---|---|---|
| 6 | 11月21日 | 光明日报 | 高校教师评职称，监管如何跟上 |
| 7 | 11月21日 | 中国科学报 | 职称评审权力下放与公平的具体化 |
| 8 | 11月22日 | 光明日报 | 职称评审权放到底　还须接得住 |
| 9 | 11月26日 | 现代教育报 | 高校职称评审权需戴上“紧箍咒” |
| 10 | 11月28日 | 深圳特区报 | 高校职称评审权下放将激发教师的创造力 |
| 11 | 11月30日 | 北京青年报 | 高校职称评审，规则比标准更重要 |
| 12 | 12月7日 | 科技日报 | 下放高校职称自主评审权喜忧参半 |
| 13 | 12月22日 | 光明日报 | 职称评审权下放至高校这个“权”怎么用 |

从态度上看，绝大多数高校教师支持职称评审权下放。从高等教育发展的宏观视角出发，职称评审权直接下放至高校是深入推进高等教育领域“放管服”改革的根本要求，也是进一步扩大高等学校办学自主权，实现学术自治回归的重要措施，可以促进高校充分发挥办学积极性与创造性，最大限度释放教师队伍活力，推动中国教育治理体系与治理能力的现代化。从微观实践上来说，把职称评审权下放给高校，由学校根据教师自身的教学实践来评定职称，一定程度上可以减缓职称评审和实际工作“两张皮”的现象。毕竟，高校自身最了解教师的具体工作和表现①。仅有少部分教师表示，因学院职称名额数量有限，不管评审权是否下放到学校，自己都无法参与评审。

还有不少学者认为，高校教师职称评审权下放仅仅是扩大高校办学自主权的一小步，长远来看，理应取消职称，实行职务聘任。如21世纪教育研究院副院长熊丙奇就认为“高校教师职称评审改革……应该逐渐取消职称评审，将职称评审改革为职务聘任管理”②。究其本质，职称评审是行政权力对学术权力的一种侵害，教师要想获得职称上的晋升，必须由教育行政部门组织评审会，行政力量主导学术荣誉评价，是一种权力的滥用。科学合理的教师管理、评价，应该基于职务进行，教师受聘什么职务，就享有什么规格的待遇，离职后也就不再保留相应的待遇。

① 蒋理．职称评审权下放高校　更需防止“刷职称”[N]．新京报，2017-11-15(A2)．
② 王之康．教师职称评审权下放高校之后[N]．中国科学报，2017-11-21(5)．

职称评审权下放意味着高校有了话语权，却仅仅是第一步，高校如何进行职称评审才关系到体制改革的最终效果。按照《暂行办法》要求，高校职称评审权下放后，由高校自主制定评审条件、自主开展评审工作，学者争论比较多的实际上是由谁来组织职称评审，如何避免评审过程中的学术不端行为？用什么样的规则和标准来考核？以往在教师职称评审中出现的弄虚作假、学术不端行为根源在于行政力量代替了本应发挥作用的学术委员会，整个高校对教师的审核评价由学校行政机构制定评价标准，然后组织实施，因此存在功利化倾向和寻租空间，在某些高校，“跑职称”“要职称”俨然成为公开的秘密，职称评审异化为“权学交易”[①]。为了从根本上遏制上述乱象，就必须要让高校在职称评审中坚持严格的学术标准，除了加强监管之外，高校应成立独立的教授委员会或学术委员会，建立专业的同行评价体系，由学术委员会或教授委员会来主持教师职称评审，通过专业同行评价体系来实现对教师的考评。

以往教师职称评审的困境主要表现在行政过于强势，本应发挥作用的学术委员会变成了点缀；数量至上，片面追求论文数量和课题级别；重科研轻教学，教学业绩比不上科研指标；暗箱操作泛滥，工作业绩赶不上人脉关系，人情票屡禁不止。一句话来形容就是“不评不甘心，参评很累心，落评更灰心”。职称评审自主权下放后，如何搭建新的职称评价体系至关重要。按照教育部等五部委印发的《关于深化高等教育领域简政放权放管结合优化服务改革的若干意见》，在建立新的考评体系时，高校要将师德表现作为评聘的首要考量因素，还需提高教学业绩在评聘中的比重。抛弃“论文 GDP”的愚行，兼顾学术与教学、强调师德的作用[②]。

在评审标准的选择上，学者的建议并不相同。尤小立认为，教师的职称并非综合评价，它主要是对教师科研能力和水平的一种衡量。而衡量教师科研水平和能力最公平的标准就是评定者的代表性论文。当然这里的论文指的是经过同行评议的论文，而非单纯追求数量的行政化意义的论文[③]。而周

① 郭立场．高校职称评审，规则比标准更重要[N]．北京青年报，2017-11-30(A2)．

② 晋浩天．职称评审权下放至高校这个“权”怎么用[N]．光明日报，2017-12-22(9)．

③ 尤小立．职称评审权力下放与公平的具体化[N]．中国科学报，2017-11-21(5)．

耀旗认为衡量科研成果，不应采取“简单的定量研究”，应该使用“真正深入、仔细的匿名专业评估”方法。单纯只追求数量会扼杀研究创新能力，培养“技术民工”。张端鸿认为，评审标准应该具有差异性，要根据不同院校、不同学科的特点和发展状态，以学科为主体制定学术标准[①]。

（李磊磊）

① 王之康. 教师职称评审权下放高校之后[N]. 中国科学报,2017-11-21(5).

# 第6章　2017年中国重点高校网络舆情分析报告

互联网的快速发展，极大地影响了当代人们的生产、生活及思维方式。习近平主席在致首届世界互联网大会的贺词中提到："当今时代，以信息技术为核心的新一轮科技革命正在孕育兴起，互联网日益成为创新驱动发展的先导力量，深刻改变着人们的生产生活，有力推动着社会发展。"互联网信息的快速传播和广域覆盖，在给人们信息沟通带来便利的同时，也为舆论的滋生提供了肥沃的土壤。互联网作为一种高维媒介，构建着一个全新的社会"操作系统"①，伴随着互联网对舆论生态的重构，网络舆论越来越突发化、多元化，网络舆情变得多发而复杂。

教育作为民生之基，一直以来备受社会关注，大学教育作为学校教育的重要环节之一，与网络舆情有着密切的联系。高校网络舆情主要指高校群体通过网络对自己感兴趣的或与自己利益相关的各种公共事务或社会事件持有的多种情绪、态度、意愿和意见交错的总和②，是社会舆情的重要组成部分。大学生是社交网络的主要使用者，对社会事务普遍关心并热衷于发表评论，观点个性、多元；而高校教师观察社会现象更加深刻，意愿表达也更充分、全面，使得高校网络舆情具有议题多元化的特征。此外，大学生面对学习、就业等压力，情绪有待宣泄；高校教师面临课题成果、论文发表、职称晋升等问题，也会在情绪表达上呈现多元化。高校师生对舆情热点事件的参与以及高校本身热点事件的频发，使高校网络舆情对社会的影响逐步扩大，也使高校网络舆情引导成了高校宣传、思想工

① 喻国明．互联网是高维媒介：一种社会传播构造的全新范式——关于现阶段传媒发展若干理论与实践问题的辨正[J]．编辑学刊，2015(4)：7.

② 郭天莹．中国高校网络舆情研究综述[J]．农业图书情报学刊，2016(4)：92－93.

作中不可缺失的重要组成部分。

本章主要以中国传媒大学高教传播与舆情监测研究中心（以下简称“研究中心”）的重点高校网络舆情监测系统获取的数据为基础，以媒体关注度为指标，对2017年度重点高校舆情事件进行分析和研判，探寻高校舆情的发展脉络和规律，以服务于高教决策和高校治理。本章主要分为三个部分，第一部分为2017年度重点高校热点事件舆情综述，整体把握2017年重点高校的媒体关注度情况和热点事件的舆情发展规律；第二部分为2017年重点高校热点事件舆情分析，即从系统监测到的热点事件中遴选出对社会、学校产生重要影响的事件，对其舆情发展状况进行详细的分析和解读；第三部分为重点高校热点事件舆情应对策略分析，针对重点高校热点事件提出舆情应对建议。

## 一、2017年重点高校热点事件舆情综述

2017年，研究中心通过重点高校舆情监测系统监测到重点高校网络舆情113 158条文本信息，总体文本数量较2016年的163 915条有所下降。经过计算机与人工遴选分析，共总结出738个具有较大社会影响的热点舆情事件（热点事件的媒体关注度均大于15）。下面根据时间分布、地域分布、具体事件类型来进行详细解读。

### （一）时间分布

从总体时间分布上（图6-1、图6-2）来看，2017年重点高校热点舆情事件信息呈现类“M”状的三阶段非均衡发展态势。第一阶段为数据递增阶段（1月—6月），此阶段热点舆情事件数量总体偏低（30～70条），并于6月达到了第一个高峰期；第二阶段大体为“V”字形发展阶段（7月—9月），在此阶段，7月、8月热点舆情事件数量集中在35条至50条之间，为全年低谷期，9月份热点舆情事件达到了116条，成为全年最高值；第三阶段为递减阶段，在最后三个月，热点舆情事件数量持续减少，总体处于80～110条之间。

从季度分布上看，2017年重点高校热点舆情事件整体呈递增态势。

第一季度数据量全年最少，为 104 条；第四季度数据量最多，为 269 条。总体来说，2017 年重点高校热点舆情事件的时间分布与高校招生入学、假期有较大关联，如寒假、暑假校园新闻较少，但在 3 月、9 月高校开学后热点舆情事件数量呈现持续递增趋势，舆情分布的阶段性特征明显。

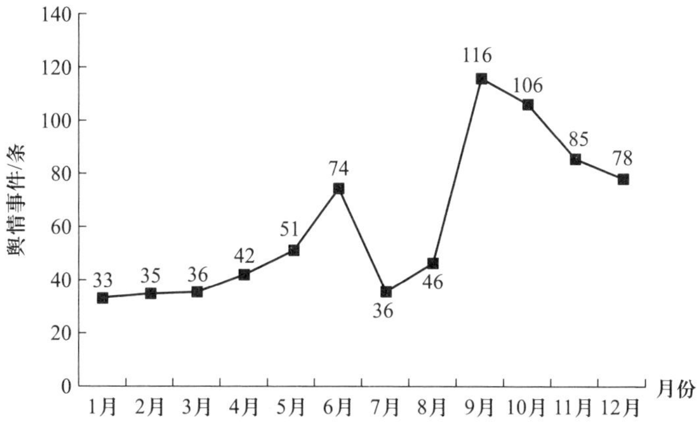


**图 6-1　2017 年重点高校热点舆情事件月分布图**

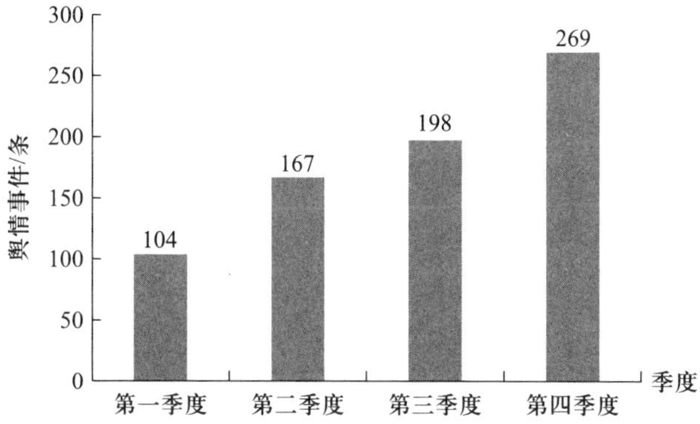


**图 6-2　2017 年重点高校热点舆情事件季度分布图**

## （二）地域分布

就地域分布来看（图 6-3），2017 年重点高校热点舆情事件主要涉及 18 个省及直辖市。热点事件分布最多的地区为北京市（304 条），其次为上海市（64 条），两地的热点事件约占 2017 年重点高校热点舆情事件总量的一半之多。最少的地区为黑龙江省和吉林省（分别为 4 条和 10 条）。

浙江、湖北、江苏等地是高教热点舆情事件的高发地，热点舆情事件数量均在35条以上；此外，山东、湖南、四川、天津等省市热点事件也较多；安徽、陕西、广东、甘肃等省份热点事件相对较少；重庆、福建及东北省份舆情事件数量整体偏少。总体来说，2017年重点高校热点舆情事件的分布与重点高校的地理位置及高校排行热度呈正相关关系，重点高校分布越多、学校整体实力排名越靠前的省份，其热点舆情事件的数量就越多。

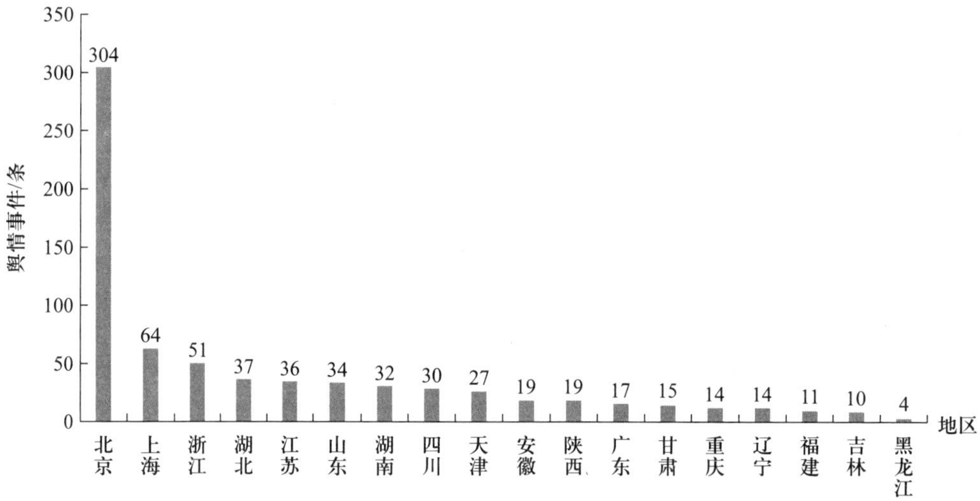


**图6-3　2017年重点高校热点舆情事件地域分布图**

## （三）事件类型

2017年中国传媒大学重点高校舆情监测系统监测到的738个热点舆情事件基本可以用11大类来概括（图6-4），分别为学生校园生活、科学研究、招生考试、毕业就业、学科专业、政策聚焦、教育管理、教师发展、质量评估、教育反腐及其他。其中，学生校园生活所占比例最大，超过总数量的五分之一；其次为科学研究，约占事件总量的14%；与此同时，与招生考试、毕业就业、学科专业、政策聚焦相关的热点舆情事件数量分布较均匀，相互之间差距并不大；教育管理、教师发展、质量评估、教育反腐等类型所占比例相对较低。

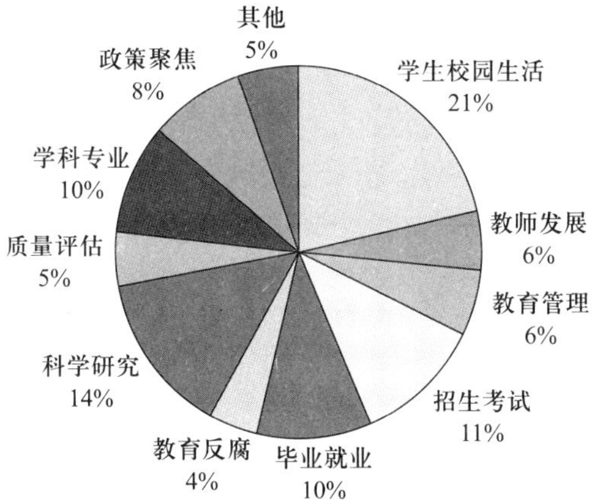


图 6-4　2017 年重点高校热点舆情事件具体类型图

## 二、2017 年重点高校热点事件舆情分析

### （一）热点事件一：清华北大美女学霸毕业后投身游戏主播

#### 1. 舆情新闻报道

她是高考状元清华北大学霸　也是游戏主播里一股清流

（2017 年 2 月 5 日载于《钱江晚报》，65 个网页刊载相关新闻）

石悦，2006 年内蒙古地区理科高考状元，本科毕业于清华大学建筑学院，硕士研究生就读于北京大学。在大学期间，便开始发布自制游戏解说视频，以幽默、随性的风格赢得网友的喜欢和支持。毕业后她签约斗鱼平台，本着自己对游戏的热爱，成了一名主机游戏主播。

近日，关于石悦签约平台主播的报道较受关注，学霸石悦的职业选择一时间引发网友热议[①]。

#### 2. 事件焦点及舆情进展

（1）事件焦点

2017 年 2 月 5 日，《钱江晚报》报道了一位北大毕业的女学霸石悦放

① 张颖，张峰．她是高考状元清华北大学霸　也是游戏主播里一股清流［N］．钱江晚报，2017-02-05（A0006）．

弃了自己在清华和北大相继学习了8年的建筑专业,与某网络平台签约成为游戏女主播的事件。因为清华、北大、美女学霸、游戏直播这几个标签而迅速发酵成为网络热点事件。人们的焦点主要集中在美女学霸毕业后做游戏主播是不是不务正业以及是否造成人才资源浪费这两点上。

(2)舆情进展

清华北大美女学霸毕业后投身游戏主播事件舆情发酵于2017年2月5日一篇由《钱江晚报》发表的文章《她是高考状元清华北大学霸　也是游戏主播里一股清流》。该报道以人物事件加观点评论的形式,对石悦的学习经历、如何投身游戏主播行业以及众人对她这行为的主流看法进行了详细的报道。报道之后虽然有媒体转载,但并未引起广泛关注。经腾讯新闻、人民网等各大网络媒体转发之后,该事件引起了广泛的关注和议论,人们争论的焦点集中于对名牌大学毕业生的传统认识以及职业选择自由等方面。2月7日,中国青年网发布报道《高考状元成游戏主播引热议　回应:贵贱在自身》,对该事件的主人公进行了采访,并肯定了其职业选择。3月10日,该事件的主人公在接受新浪电竞专访时,进行了全盘的自我陈述,通过对自我成长经历、个人性格等方面的分析让公众更加全面地了解了她的选择原因,人们对该事件的讨论也逐渐回归平息,该事件逐渐进入舆情消退期;6月12日、6月14日在该事件平息三个月之后,微信公众号"张良计"与《人民日报(海外版)》再次以该事件作为价值观导向的代表性事件发表评论文章,肯定了事件中主人公展现的"正能量"。该事件的相关报道如表6-1所示。

**表6-1　清华北大美女学霸毕业后投身游戏主播的相关报道(不完全统计)**

| 序号 | 时间 | 来源 | 新闻标题 |
|---|---|---|---|
| 1 | 2月5日 | 钱江晚报 | 她是高考状元清华北大学霸　也是游戏主播里一股清流 |
| 2 | 2月7日 | 中国青年网 | 高考状元成游戏主播引热议　回应:贵贱在自身 |
| 3 | 2月8日 | 韩娱台 | 清华美女当主播遭骂　网友吐槽:浪费资源 |
| 4 | 2月8日 | 人民网 | 高考状元"退化"成游戏主播该喷吗? |
| 5 | 2月9日 | 中国青年报 | 过上自己想过的生活本就是成功 |

续表

| 序号 | 时间 | 来源 | 新闻标题 |
|---|---|---|---|
| 6 | 2 月 9 日 | 中国青年报 | 我们有什么资格去抨击清华女主播 |
| 7 | 2 月 11 日 | 常州新闻 | 清华女生毕业成游戏主播　是一种资源“浪费”吗? |
| 8 | 6 月 12 日 | “张良计”微信公众号 | 高考状元去做游戏主播怎么了　你们凭什么骂? |
| 9 | 6 月 14 日 | 人民日报(海外版) | 当“正能量”网红不丢人 |

该事件在沉寂了半年之后,作为讨论话题“如何看待清华北大毕业游戏主播女流遭骂?”又出现在了共青团中央的知乎问答页面,多位网友围绕名牌大学生的毕业去向所反映的价值观展开热烈讨论,但该话题引起的热度很有限,该事件正式进入舆情消逝期,淡出大众视野。

**3. 网友观点倾向性分析**

网友对于该事件的看法主要分为两个方面。一种认为名校培养的大学生从事公众眼中“不正经”的行业,是一种教育资源的浪费,认为即使不接受高等教育也同样可以从事这类行业;另一种则认为当下职业选择自由,去做游戏主播也是出于自我的选择,与学历高低没有关系。网评员程振伟并不赞同该女生的做法,他认为北大专业学霸,按以往的人才培养标准,行业精英要尽可能地发挥自己的能力来为国家做出更大的贡献;个人的自由选择虽然很重要,但该女生跻身直播行业显然不是资源配置的最佳方式①。网友“SYT”认同该女生的选择,他认为更高的学历、更多的教育,就是为了去找到真正喜欢的东西和想要的未来,北大、清华学生毕业卖猪肉、做直播,这都无可厚非,能找到自己喜欢的生活方式,能赚钱养活自己,又何必管别人怎么看呢?②

**4. 专家评析**

《人民日报(海外版)》吴正丹在文章《当“正能量”网红不丢人》中指出,网红有很多种,“正能量”网红值得肯定,同时那些有才华、有想法,希

---

① 程振伟. 炒作清华北大学霸做直播,背后套路太深[EB/OL]. 长江网,2017-02-08.

② 清华北大毕业生当网红主播,该现象你如何看待?[EB/OL]. 百度派,2017-06-15.

望在互联网领域取得成绩的预备网红同样值得社会尊重。顺应互联网时代的趋势，将才华、能力变现或者变流量，形成规模经济是互联网经济时代的必然。因此，当“正能量”网红并不丢人，如何能够在互联网领域实现自己的价值才更值得“正能量”网红思考①。

新华网林旻煜在文章《过上自己想过的生活本就是成功》中评论，当年轻人有勇气放弃一些东西，根据自己内心的想法去追寻自己的期望时，应该给他们看似“离经叛道”的举动鼓励和尊重。人们常说，兴趣是前进路上最持久的动力，兴趣自会引领人将潜力发挥到极致，并使得个人能在前进途中无比享受探索的过程。石悦接受访谈时，就表达了自己对网络游戏的热爱和对游戏的独到理解，而通过平台主播这份工作，她可以向喜爱游戏的众多网友传播和推广自己的所想所爱②。

**5. 舆情点评**

清华、北大，这些在常人看来都是“天之骄子”才能进入的中国高等学府，人们往往认为这些学校里走出来的学生都应该是社会的精英，都应该从事最高端的行业，具有一般人无法达到的职业要求；而一旦他们“打破传统”，甚至有些“离经叛道”地从事了某些非常大众的行业，甚至有些“低端”的职业，往往会成为社会舆论的焦点。这其实反映了公众对学历教育和职业选择的认识还是偏于保守，未能完全适应目前的自由选择的职业环境。

这场舆论风波最开始聚焦于名牌大学标签下的毕业生从事目前看起来虽然“网红”但“低端”的游戏直播，引发公众对于学历教育资源浪费与职业选择的热烈讨论，之后又经过当事人的陈述使公众对这件事的发生和主人公的选择产生了更多理解，最终经过主流媒体对价值导向的挖掘使该事件上升到了正确看待职业选择、发挥正能量的高度。由这件事也可以看到，公众的观点能够与时俱进，在不断的讨论中，更具时代进步特点的观点开始占据主流。

---

① 吴正丹．当“正能量”网红不丢人[N]．人民日报(海外版)，2017-06-14(08)．

② 林旻煜．过上自己想过的生活本就是成功[N]．中国青年报，2017-02-09(02)．

### （二）热点事件二：国际生免试入清华　清华大学国际学生招生简章惹争议

#### 1. 舆情新闻报道

十年寒窗不如一纸国籍？网传“老外不用考试上清华”究竟是怎么回事

（2017 年 2 月 16 日载于“澎湃新闻精选”搜狐号，3 300 个网页刊载相关新闻）

近日，一篇名为《老外不用考试上清华？十年寒窗不如一纸国籍，清华新政让中国考生欲哭无泪》的帖子在网上被热议。该事件的起因源于清华大学早在 2016 年便已颁布的《2017 年清华大学国际学生（本科）招生简章》（以下简称《招生简章》）。《招生简章》规定，2017 年起，清华大学招收国际学生取消笔试，采用申请—审核制方式。在此之前，所有申请清华大学本科的国际学生都需要先参加 4 ~ 5 个科目的考试，然后加试或者面试后才能录取。新的《招生简章》使得网友认为此举对国内考生不公，并引起广泛讨论①。

#### 2. 事件焦点及舆情进展

（1）事件焦点

清华大学公布的《2017 年清华大学国际学生（本科）招生简章》，由于录取新规从“笔试—面试”的方式改为了“申请—审核”制，这一取消的“笔试门槛”成为外界质疑并热议的焦点。一方声音认为，该办法降低了国际生的录取门槛，对国内考生普遍不公，诸如“老外不用考试上清华？十年寒窗不如一纸国籍”之类的表达，引发许多网友共鸣。其中还有一种担忧：权贵阶层可以利用该政策让自己的子女通过移民国外的方式，获得外籍身份，“拿着外国护照免试上清华”；也有评论认为，“申请—审核”制有利于提高清华的留学生比例，以促进一流大学建设，吸引更多的优秀留学生就读。总之，这一招生新政是创新之举还是教育不公，成为该事件

① 沈河西．十年寒窗不如一纸国籍？网传“老外不用考试上清华”究竟是怎么回事［EB/OL］．澎湃新闻精选 · 搜狐号，2017-02-16.

讨论的焦点。

（2）舆情进展

该舆情事件中，有关清华大学取消国际学生笔试的招生"新政"，其实在2016年10月份即已出台公布，在当时并未引起较大反响。2017年2月13日，因一篇名为《老外不用考试上清华？十年寒窗不如一纸国籍，清华新政让中国考生欲哭无泪》的帖子，使得这一政策重新进入公众视野，引发公众讨论。最初，对这一"新政"进行解释的相关报道较多，如澎湃新闻率先开展了对该事的说明；自2月17日起，关于该政策的正反两方讨论成为报道主线，支持反对声音不一，清华大学也主动发声做出解释；至2月21日，舆情讨论渐入尾声，媒体对公众关切问题进行解读，并对清华此举的进步意义进行倡导，网络讨论逐渐平息。相关报道如表6-2所示。

**表6-2　国际生免试入清华**
**清华大学国际学生招生简章惹争议的相关报道（不完全统计）**

| 序号 | 时间 | 来源 | 新闻标题 |
|---|---|---|---|
| 1 | 2016年10月8日 | 新浪教育 | 清华大学国际学生本科招生采用申请审核制 |
| 2 | 2017年2月13日 | "酷玩实验室"搜狐号 | 老外不用考试上清华？十年寒窗不如一纸国籍，清华新政让中国考生欲哭无泪 |
| 3 | 2月16日 | 澎湃新闻 | 十年寒窗不如一纸国籍？网传"老外不用考试上清华"究竟是怎么回事 |
| 4 | 2月18日 | 新京报 | 清华回应"国际生免笔试"：通行做法 |
| 5 | 2月18日 | 光明日报 | 校方回应"老外不用考试上清华"：录取难度不降反升 |
| 6 | 2月19日 | 半岛都市报 | 十年寒窗不如"一纸国籍"？清华大学回应录取门槛 |
| 7 | 2月21日 | 东方网 | 国际生免试入清华引争议　呼唤改革高考录取方法 |
| 8 | 2月22日 | 中国新闻网 | 媒体谈清华国际生免考：民众担忧特别可以理解 |
| 9 | 2月23日 | 网易新闻 | 国际生免考清华新政触痛了什么 |

续表

| 序号 | 时间 | 来源 | 新闻标题 |
| --- | --- | --- | --- |
| 10 | 2 月 23 日 | 中国教育新闻网 | 教育时评:何必急着否定清华“招生新政” |

**3. 网友观点倾向性分析**

“国际生免试入清华”事件中网友的观点主要有以下三方面。

一,因国内生和国际生进入清华渠道不一,引发网友对入学门槛不公的质疑。参加高考,取得优异的成绩是国内学生进入名校的主要途径,即使免试,也要经过类似自主招生的严格审核,这与国际生的“申请—审核”制难度上的较大差别成为网友评论的焦点。

二,认为该“新政”存在漏洞,网友认为对于有条件的家长,完全有能力让其子女放弃中国国籍,以移民的方式就读清华;一些移民中介机构,已经开始提供国内子女免试上清华的整套解决方案,这不免被网友诟病。

三,有一部分网友认为,“申请—审核”制并不等于“免试直通车”,开放申请并不等于降低录取标准,该政策反而有利于清华大学与国际知名大学接轨,从而引进更多的优秀国际人才。

**4. 专家评析**

厦门大学高等教育发展研究中心主任别敦荣在《中国教育报》上撰文提出,在国内外高校招生中,存在两种类型的招生办法:高考和非高考招生;在欧美国家高校,综合审核招生较为普遍,考察也较全面,清华出台此“新政”也符合国际通例,所以并不建议急于否定,同时清华更应严格考核,消除公众担忧①。

21 世纪教育研究院副院长熊丙奇在文章《国际生招录标准考验高校智慧》中认为,内地高校借鉴国外的申请制,是融入国际竞争的选择,国际学生比例的高低直观反映一所学校的国际竞争力和生源多样化的状况。当前我国启动的“双一流”建设,也要求大学重视对世界各地一流生源的吸引,因此也需要客观看待招生简章的建设性意义②。

---

① 别敦荣. 何必急着否定清华“招生新政”[N]. 中国教育报,2017-02-23(2).

② 熊丙奇. 国际生招录标准考验高校智慧[EB/OL]. 新华网,2017-02-22.

**5. 舆情点评**

清华大学国际学生招生简章惹争议事件，根本上还在于国内外学生录取方式存在差异：国内学生上大学必须通过高考，通过笔试考取优异成绩入学，而国际生实行“申请—审核”制，笔试被免除，这无疑触动了高考是否公平这根公众最敏感的神经。与此同时，其中也存在着对招生制度的误解。申请不等于录取，取消笔试也并不等于免试上清华，因此，媒体最初报道时也存在标题炒作现象。

面对汹涌的舆情，清华大学也及时做出了官方解释，实行“申请—审核”制并不意味着降低了录取标准，而且考核维度将更丰富，难度不降反升；面对更多的申请者，清华也可以优中选优；同时国际生招生名额并不挤占国内学生名额。如此回应，基本消除了公众质疑。后期媒体评议的理性引导，使得该事件舆情平稳消退。

## （三）热点事件三：浙大试行优秀网络文化成果认定办法引热议

**1. 舆情新闻报道**

浙大试行优秀网络文化成果认定办法：可定为权威学术期刊文章

（2017 年 9 月 16 日载于“澎湃新闻”搜狐号，

882 000 个网页刊载相关新闻）

日前，“浙江大学”微信公众号刊文《这个文件跟每位浙大师生都有关！优秀网络文化成果认定办法试行，最高可认定为权威学术期刊文章！》，公布了《浙江大学优秀网络文化成果认定实施办法（试行）》，规定在校师生在媒体及其“两微一端”发表的原创作品，根据作品在网络上的传播效果和影响力，可被认定为优秀网络文化成果。优秀网络文化成果在晋升评聘、评奖评优时，可等同于国内权威、一级、核心等学术期刊论文。

作为国内名校，浙大率先在国内高校将优秀网络文化成果的认定提升到参照学术认定，引发强烈反响[①]。

---

① 浙大试行优秀网络文化成果认定办法：可定为权威学术期刊文章[EB/OL]．澎湃新闻·搜狐号，2017-09-16.

**2. 事件焦点及舆情进展**

（1）事件焦点

浙江大学的《优秀网络文化成果认定实施办法（试行）》一经发布便受到了广泛关注，不仅限于学界，短短几天之内，媒体及网络便汇集了大量讨论。

纵观网络上的各方意见，事件焦点集中在如下几方面：第一，单纯批评该试行办法不够严谨，不顾学术论文的严谨性和科学性要求，以文章传播度或者点击率为评价的参考标准，陷学术探讨于哗众取宠的爆款文章中；第二，认为现行的学科评价体系日渐古板而不知变通，学术论文写作有新“八股文”的趋势，篇幅冗长、过于强调格式等，而今正是需要变革的时机；第三，跳过对当下办法具体内容的讨论，关注办法真正实施以后，这个看似接地气的官方改革举措会成为新的标杆，还是会不了了之，而依其标准评出的等同于学术论文的优秀网文，是否能让大家心服口服。

（2）舆情进展

该事件源自 9 月 15 日浙江大学微信公众号上推送的《关于优秀网络文化成果最高可认定为学术期刊文章》的一则消息。该消息经澎湃新闻转评后，一时间引爆网络，并在随后 10 天里在网络上获得持续关注。

舆情上升阶段，媒体文章中较多关注该试行办法，并将该试行办法中吸引公众眼球的“高校”“浙江大学”“网文可等同于学术期刊论文”等关键字眼作为新闻题眼来引起读者关注。舆情高潮阶段，新闻媒体捕捉到了更能引起社会关注、连接起高校学术与普通民众的新闻点“网文阅读 10 万+可视为学术期刊论文，并可评职称”。该标题的提取，虽有曲解原试行办法的嫌疑，但是成功引起了社会大众对该事的关注，瞬间引爆舆论。舆情消退阶段，处在风口浪尖的浙江大学出面发声回应社会质疑，阐明了试行办法的原意为优秀网络文化成果的传播度和点击量是作为参考标准之一、评选会有科学明确的机制等举措。随着浙江大学对舆论的回应，该新规信息逐渐明朗，公众对该事件的讨论逐渐回归理性。相关报道如表 6-3 所示。

表 6-3 浙大试行优秀网络文化成果认定办法引热议的相关报道(不完全统计)

| 序号 | 时间 | 来源 | 新闻标题 |
|---|---|---|---|
| 1 | 9月16日 | "澎湃新闻"搜狐号 | 浙大试行优秀网络文化成果认定办法:可定为权威学术期刊文章 |
| 2 | 9月17日 | 央广网 | 微信阅读10万+等同一级学术期刊刊发?浙大学术考核新规引热议 |
| 3 | 9月17日 | 澎湃新闻 | 深观察丨10万+文章也可算论文?对浙大试验不妨多些包容 |
| 4 | 9月17日 | 财新网 | 网络文章可算论文,浙大新规是改革先河还是误解学术 |
| 5 | 9月18日 | 浙江在线 | 观察丨浙大论文新规引热议 高校应如何评价报纸理论文章? |
| 6 | 9月18日 | 光明网 | 网络点击量只是"学术成果"的结果之一,并非全部 |
| 7 | 9月19日 | 新华网 | 浙大创新学术评价体系引热议,"网红文章"能否等同于期刊论文? |
| 8 | 9月20日 | 人民网 | 教育舆情:浙大新规惹争议 10W+与学术是个什么关系? |
| 9 | 12月6日 | 中国新闻网 | 网络文化成果算不算科研成果?教育部:以内容为标准 |

### 3. 网友观点倾向性分析

对于浙江大学试行的将优秀网络文化成果等同于学术期刊论文的办法,网友存在多方面意见。在"阅读10万+等于学术期刊论文"的新闻舆论节奏带领下曾出现偏激和一面倒的否定的情况,待事件澄清后,部分网友回归理性。

有网友认为,网络上的爆款文章多是为了博人眼球或者哗众取宠,这类快餐类的文章并无实际内容,学术期刊上登载的长篇大作虽然不接地气,但是言之有物,学术类的探讨重在内行看门道,所以学术还是应该保持其高深性和专业性。

也有网友认为,像天文、地理、经济学等诸多学科,自己虽然感兴趣,想要了解,但因为该类学术文章过于专业而难于读懂。浙江大学的这一举措,或许能鼓励更多专家学者将自己所学的专业知识,以老百姓能接受的方式进行科普，也不失为提升大众审美和科学素养的好方法。

而比较偏激的网友则认为，此举是为了接地气而进行的哗众取宠行为，作为国内顶尖的高等院校，应该多在学术、理论、人才培养等方面深耕和改革，把社会评价引入高校教职人员的评优评先，是丢失了大学高等院校的基本坚守。

**4. 专家评析**

浙大这一“吃螃蟹”之举，在高校科研院所及学术界引起巨大反响。复旦大学资深教授童兵认为，“文字训练是任何人必须历练的基本功，网络作品的质量目前全国尚无认可的评价标准，浙大的方案缓行为妥”[①]。同样来自复旦大学的胡守钧教授指出，承认并充分肯定优秀网络文章的价值是一件好事，但是，“不管形式如何变化，关键是学术的东西要坚持学术的原则，学术文章要坚持学术内涵，不能因为新的因素进来，就降低学术含量，那样就是本末倒置了”[②]。

评论员方乐迪在《深观察丨10 万+文章也可算论文？对浙大试验不妨多些包容》一文中对此举持肯定态度，认为面对浙大的开创之举，舆论应释放更多善意与包容；固然试行的规定有不完善之处，但也不至于将其全盘否定，更好的方向是借此完善规定，让其成为一种更广泛适用的标准，让更多高校敢于跟进[③]。

**5. 舆情点评**

浙大试行优秀网络文化成果认定办法一经发出，便在网络上激起千层浪，引爆了网络舆论，校方也被推到风口浪尖。面对舆论质疑，浙江大学并未放之任之，而是公开接受媒体提问，正面补充阐释该试行办法。而在过去，当面对网络舆论事件时，很多涉事主体往往视其为“洪水猛兽”，面对公众质疑不敢做出正面回应，遮掩躲闪，信息不公开不透明，反而使

---

① 浙大新规，网文 10 万+算学术成果！复旦大学文科资深教授童兵：浙大方案缓行为妥！[EB/OL]. 上观新闻，2017-09-18.

② 浙大新规，网文 10 万+算学术成果！复旦大学文科资深教授童兵：浙大方案缓行为妥！[EB/OL]. 上观新闻，2017-09-18.

③ 方乐迪. 深观察丨10 万+文章也可算论文？对浙大试验不妨多些包容[EB/OL]. 澎湃新闻，2017-09-17.

得舆论更加猛烈，造成的负面影响更大。浙江大学这种公开回应应对舆情的方式，值得肯定和学习。

## 三、重点高校热点事件舆情应对策略分析

以网络热点舆情事件作为分析对象，纵观2017年重点高校网络舆情发展规律，可分析出以下舆情特点。

首先，重点高校网络舆情的产生极具突发性。重点高校作为社会民众在教育方面关注的主要对象，无论是有关在校生、教职工的政策措施改革的新闻报道，还是诸如贴上“清北”标签的一例旧闻，都有可能引发网络“围观”，通过网络渲染和网民舆论的发酵，形成强大的社会舆论。如国际生免试入清华事件，实为半年前的政策却备受争议。其次，重点高校网络舆情的传播速度快范围广。大学生及高校教师群体，对热点事件的关注和评议往往非常快，在社交网络中的扩散十分迅速，再加上网络媒体的相继报道，往往会产生重大影响。此外，重点高校网络舆情事件还具有一定的专业性。特别像政策调整这类事件，公众认识并不深刻，容易受到网络舆论影响，如浙大《优秀网络文化成果认定实施办法（试行）》实为贯彻落实全国高校思想政治工作会议精神，探索优秀网络文化成果纳入科研成果统计、晋升评聘和评奖评优范围的“破冰”之举，但是舆论起初对此举批评声远远超过了肯定、赞扬之声。

基于重点高校网络舆情事件的特点，提出三点舆情应对策略建议。

第一，高校要重视对舆情热点的预判和监控。对于极具热点性质的政策或新规的出台，高校要重视对舆情的事前预测和干预，最大可能地广泛征询社会各界对相关政策的意见和建议，充分考虑政策解读是否明晰、政策实施是否完善，并持续关注相关舆论。在消息发布后，要通过对媒体及网络舆情的监测，及时发现和了解公众在政策解读上的认知和心态，及时发布信息答疑解惑，对政策新规进行深度解读，防止媒体和公众自发的负面情绪渲染占据舆论先导。

第二，高校要与媒体建立良好的互动机制。纵观全年的高校舆情热点事件，媒体报道基本上成为整个舆论走向的风向标，在消息扩散、事态

进展报道、后续评议等方面承担着主要的信息桥梁作用。因此,高校应积极与媒体互动,及时主动向媒体提供解读信息,尽快将事实真相传达给公众,消除媒体和公众的疑虑和误解,力争控制舆论局势。此外,高校要利用自身优势,联合高校内专家发声,促进热点舆情的平稳消退。

第三,重视社交媒体、网络媒体等传播平台。新媒体平台上人人都可发表自己的观点和看法,特别是自媒体账号的兴起,动辄 10 万+的阅读量,某些观点在网民中不断聚集、发酵、壮大,甚至逐渐成为网民中的主流舆论。对于自媒体文章的分析,能够对整个舆论态势进行整体的感知,因此,要格外重视社交媒体、自媒体等网络平台上的言论。对于自媒体平台上出现的不实信息,也要及时出面发声辟谣,并要求自媒体账号进行勘误,从而更好地引导和应对网络舆情。

（赵　浩）

# 第三部分　专题报告

# 第7章　高等教育政策舆情分析报告

教育政策是政府或政党制定的有关教育的方针和行动准则，主要是某一历史时期国家或政党的总任务、总目标在教育领域内的具体体现，"是一种基于价值言说的教育意义的表达和教育目的的指向，实现的是一种价值的政治性权威分配"①。对于国家而言，高等教育政策是实现教育强国战略目标的有力抓手，是实现民族复兴的重要途径；对于全国高校和广大师生而言，高等教育政策是影响其教研和学习生活的风向标，是关乎其未来走向的影响因素。当前，我国的高等教育政策主要围绕建设"世界一流大学和一流学科"的战略目标进行，其最终目的在于实现高等教育的强国梦想。整个高等教育的寻梦过程，是由一项项涉及广大高校和师生切身利益的政策条款铺就而成的。高等教育政策的每一个细则都是我国深化高等教育改革的注脚，牵动着社会大众和广大师生的目光和神经。从某种程度上讲，每一项高等教育政策制定得科学与否，都会引起社会舆论的关注，都关乎我国高等教育深化改革和长远发展。与此同时，网络新媒体和新技术的快速发展，也为广大师生群体对高等教育政策制定建言献策提供了绝佳平台，使高等教育政策的制定、实施和反馈过程更易受到社会的监督和舆论的修正。此外，高等教育事业拥有一大批高学历、高素养、高水平的专家学者和大学生群体，他们善用网络、善于谏言、善于分析，他们用高水准的知识素养、用专业化的表达和有见地的分析，为高等教育政策制定营造出一幅幅别开生面的舆论画卷，这些谏语诤言成为促进我国高等教育事业不断深化改革、不断创新发展的营养因素和前行动力，推动我国高等教育强国梦一步一步由理想变为现实。

① 王举．论教育政策的价值基础：基于政治哲学的视角[D]．上海：华东师范大学，2013：1.

2017年是我国高等教育政策制定和实施过程中具有里程碑意义的一年,代表性事件是教育部、财政部和国家发改委在2017年9月联合发布的《关于公布世界一流大学和一流学科建设高校及建设学科名单的通知》,正式公布世界一流大学和一流学科建设高校及建设学科名单。10月,党的十九大报告再次提出,要加快一流大学和一流学科建设。这意味着"双一流"政策正式成为未来较长一段时间内,指导我国高等教育事业发展的重要行动纲领,意味着我国高等教育事业深化改革又向前迈出了重要一步。除此之外,2017年高等教育领域的其他政策多为一般性动作,涉及国家资助、高考加分、教师职称评定、大学生入伍等方面。相关政策在大众预料之内,所引发的社会关切和舆论关注也较为有限。当然,其中也不乏一些热点话题,如云南某技师学院设立"匠士"学位、武汉大学新闻系主任辞职、《高校思政工作质量提升工程实施纲要》发布等,均在一段时间内引起较大舆论反响。

## 一、高等教育政策舆情概况

中国传媒大学高教传播与舆情监测研究中心(以下简称"研究中心")对2017年1月1日—12月31日的高等教育政策舆情进行监测。总体情况分析如下。

### (一) 舆情时间分布

#### 1. 数据数量

2017年,研究中心CUCHEPOMS系统共监测到高等教育政策舆情668条,日均监测信息1.83条。横向上看,2017年高等教育政策领域的信息量低于就业(10 721条)、大学生(9 007条)、科学研究(5 245条)、人才培养(4 303条)、国外教育(3 696条)、思政教育(3 394条)、教师发展(2 816条)、学科专业(2 789条)、高校管理(2 326条)、体制改革(2 061条)、质量评估(1 227条)、社会服务(839条)等领域,仅高于教育反腐(134条)领域,其在整个高等教育舆情中的占比仅为1.4%。可见,高等教育政策舆情在整个高等教育舆情中的占比并不高。若非 2017 年有“双一流”名单公布，该数据可能会更少。当然，抛开高等教育政策本身的数量和社会影响力不讲，这也从另一个侧面凸显，我国高等教育政策的舆论传播和外宣工作还有待于进一步加强。

对比 2014—2017 年数据可以发现（相关统计如图 7-1 所示），高等教育政策领域的舆情信息量基本保持相当水平，只有 2015 年数量偏少，2017 年的数量较 2016 年也稍微有所下降，但总体较为平稳，表明近 4 年我国的高等教育政策制定和实施过程连贯稳健，无较大政策波动。从贡献值角度看（相关统计如图 7-2 所示），2014—2017 年高等教育政策舆情信息在整个高等教育舆情信息数量中的占比没有发生较大变化，占比与高等教育政策舆情数量的绝对值走势基本保持一致，说明近 4 年来社会大众对高等教育政策的关切程度没有发生重大改变。

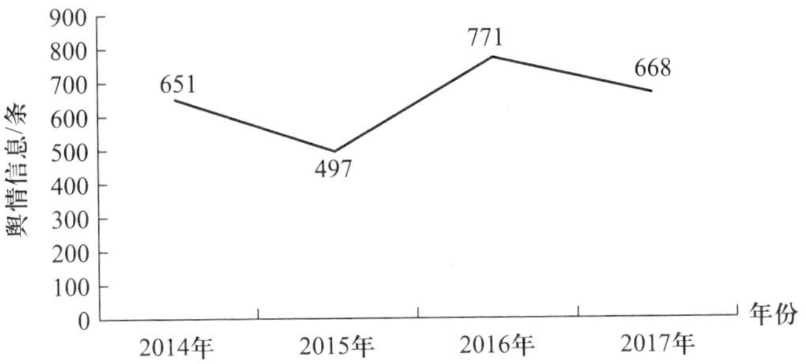


**图 7-1　2014—2017 年高等教育政策舆情信息数量走势图**

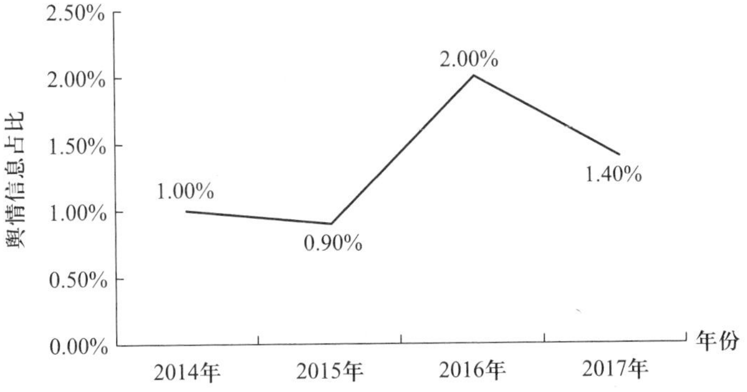


**图 7-2　2014—2017 年高等教育政策舆情信息占比走势图**

2. 数据分布与走向

2017 年高等教育政策舆情信息的月分布和季度分布情况如图 7-3、图 7-4 所示。

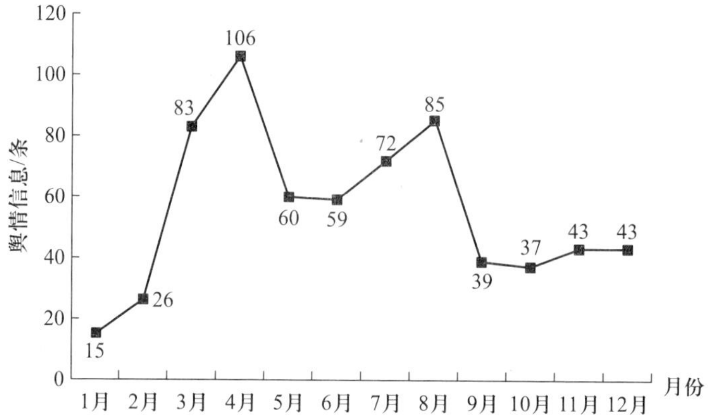


图 7-3　2017 年高等教育政策舆情信息月分布图

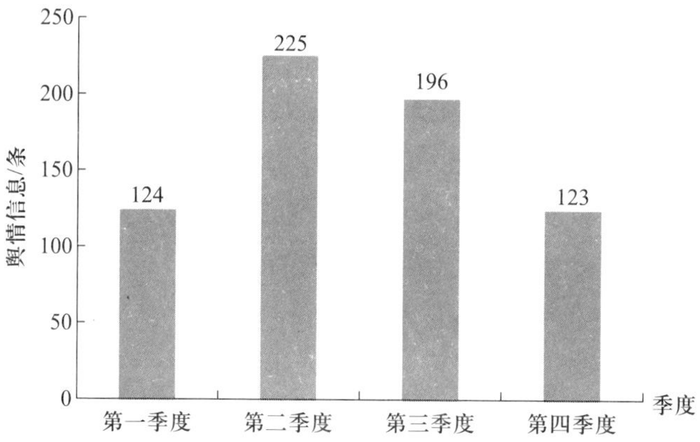


图 7-4　2017 年高等教育政策舆情信息季度分布图

2017 年高等教育政策舆情的信息月度分布数量并不均衡，总体呈现开年走低、年中高、年底回落的分布态势，这与高等教育政策的发布时间规律密切相关，也与教育主管部门的年度工作计划和年度工作安排密切相关。最高值出现在 4 月份，为 106 条；最低值出现在 1 月份，为 15 条。从数据走势上看，3—9 月为高等教育政策舆情的高发期，无论是中央还是地方教育主管部门，均把年中这段时期视为高等教育政策的密集发布期。从具体事件上看,4 月高等教育学生资助、少数民族加分收紧、大学生村官遴选和部分地区大学生公积金缴纳等政策密集出台,成为该月出现舆情监测高峰的直接原因。

从季度分布图中可以看出,高等教育政策舆情的信息季度分布与月分布的总体趋势保持一致,同样呈现两头低、中间高的态势,其中一季度和四季度的数量基本持平,均为 120 条左右。二季度信息数量最高(225 条),三季度次之(196 条),基本反映了我国高等教育政策制定和发布的时间规律。

## (二) 舆情类型分布

从舆情类型上来看,2017 年度高等教育政策舆情信息主要涉及 9 类,即毕业政策、留学政策、自考政策、资助政策、招生政策、交流政策、参军政策、落户政策和高校发展政策,如图 7-5 所示。

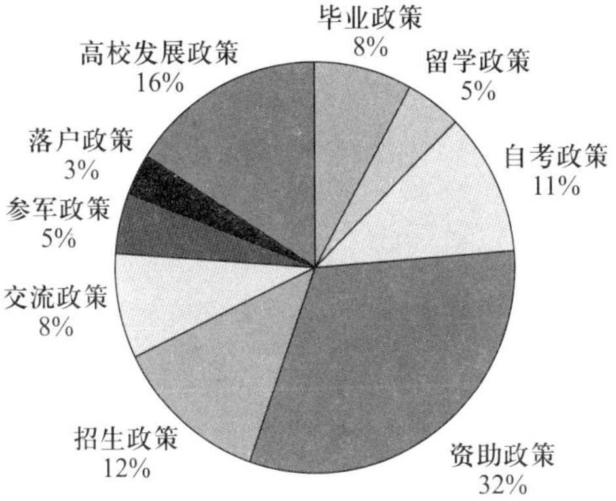


**图 7-5　2017 年高等教育政策舆情信息类型分布图**

其中,学生资助政策占比最高,占 2017 年度高等教育政策舆情信息的 32%。这与财政部、教育部、中国人民银行、银监会在 4 月发布名为《关于进一步落实高等教育学生资助政策的通知》直接相关,通知要求相关单位对大学生的资助做到无缝衔接,做到“四个全覆盖”,即培养单位全覆盖、教育层次全覆盖、公办民办全覆盖、所有区域全覆盖,从国家层面上加强了对贫困大学生资助的政策保障。通知发布后,各省、自治区、直辖市教育主管部门纷纷转发通知,并出台地方细则落实通知相关要求,在很大程度上成为资助政策占比最高的主要原因。高校发展政策舆情数量次之（16%），直接缘由是“双一流”建设学校和学科名单公布，在全社会引发较大反响。十九大报告再次提及加快“双一流”建设，明确提出建设“教育强国”宏伟目标，使高等教育政策成为全社会舆论关注的焦点。招生政策舆情数量占比排名第三（占比12%），主要缘于教育部门再次出台收紧高考加分政策要求，各地配合落实政策要求，陆续出台减少高考加分选项，引起媒体和舆论较大范围关注。其他引起舆论较大程度关注的领域还有各地出台的大学生毕业政策、对外交流政策等，其中部分地方出台大学生落户优惠、大学生公积金缴纳政策等引发舆论关注小高潮。

总体上看，高等教育政策舆情信息数量的类型分布反映了2017年高等教育政策制定的重点和动向。一方面，我国高等教育正加快向大众化方向迈进，如何进一步保障贫困大学生的生活、学习不因经济条件差而受到影响，如何实现农村和西部边远地区贫困学生的大学梦想，成为摆在高等教育主管部门面前的迫切问题。由此也促发了四部门发文进一步落实高等教育学生资助政策，以确保贫困大学生能够拥有正常的学习、生活环境；另一方面，我国高等教育面临深化改革和国际化发展的重大课题，随着我国经济社会的发展和综合国力的提升，高等教育大而不强的问题迫切需要改变。建设世界一流大学、加强与发达国家高等教育的交流与沟通，构建中国特色的高等教育强国体系势在必行。在这样的背景下，“双一流”战略顺势而出，成为2017年高等教育政策改革中的一大亮点，也成为我国高等教育发展改革史上浓墨重彩的一笔。

## （三）舆情地域分布

在舆情地域分布方面，2017年度高等教育政策舆情信息涉及我国大多数省级行政区。受信息发布渠道和监测范围影响，系统未监测到澳门特别行政区的相关信息。从地域排名（图7-6）来看，2017年高等教育政策舆情信息数量排名靠前的地域依然是北京、上海、广东等一线发达地区。其中北京作为我国首都和教育部所在地，其高等教育资源雄厚，国家级媒体和互联网平台众多，高等教育政策舆情信息数量最多。上海地区的高等教育政策舆情信息数量次之，虽然比北京相差甚远，但比起其他省份依然保持较大优势，这与上海的经济地位和高等教育地位关系密切。

广东地区的高等教育政策信息数量紧随上海之后,一方面,广东省出台了系列促进本省高等教育发展的政策;另一方面,广州、深圳、珠海等发达城市在吸引高等教育优势资源方面出台的政策力度也很大,成为我国高等教育发展最快的地区之一。

系统监测还显示,其余地区的高等教育政策信息数量较为均衡,基本遵循东部发达和高等教育资源雄厚地区数量多、西部和高等教育资源匮乏地区数量少的规律。

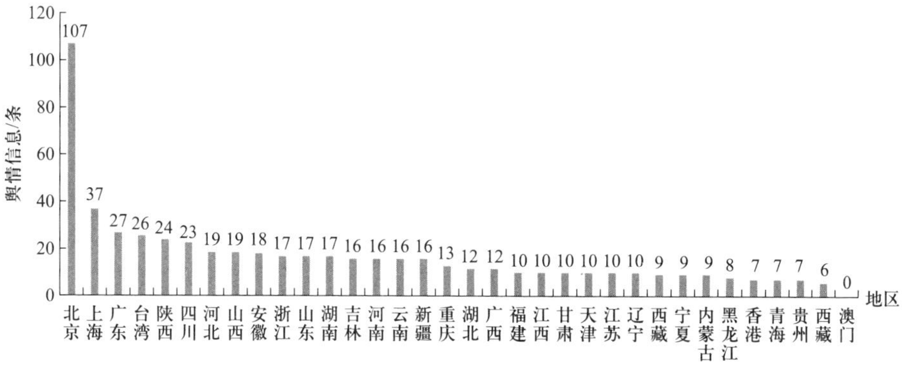


**图 7-6　2017 年高等教育政策舆情信息地域分布图**

## 二、高等教育政策舆情热点事件①分析

### (一) 热点事件一:云南一技师学院参照学位制设立技士、匠士“加冕”制度

#### 1. 舆情新闻报道

“匠士”加冕效应

云南一技师学院参照高等教育学位制,设立了技士、匠士、高级匠士

(2017 年 1 月 23 日载于《中国青年报》,20 个网页刊载相关新闻)

2016 年毕业季,云南交通技师学院 91 名同学获得学院授予的“技

① 本章热点事件系中国传媒大学 CUCHEPOMS 系统根据报道监测数量自动推荐,并结合专家研判确定。

位”证书，其中有16名同学获得更高等级的“匠士”认证，接受了院长的“匠士加冕”。据悉，自2013年起，云南交通技师学院便在全国率先创立匠士加冕制度，参照高等教育学位制，设立了技士、匠士、高级匠士。学院对“技士”和“匠士”实行一套相当严格的考核程序和标准，每年只有15%的毕业生能拿到技位证书①。

**2. 事件焦点分析**

表面上看，云南交通技师学院设立“技士”“匠士”“高级匠士”的“加冕制度”，为学院旨在激发学生荣誉感和认同感的创新之举，实则反映了我国职业教育面临社会认同缺失的尴尬境地。对此，舆论的焦点集中于国家推进职业教育改革的措施和制度保障，也正因如此，有观点直接提出，技士、匠士“加冕”不仅需要学校“自救”，更需要国家的制度保障。南方网1月23日刊载戴先任题为《职业院校“匠士加冕制度”值得推广》的评论文章称，要改变对职业院校毕业生的歧视，需要全社会重视职业教育，给予所有人同等的上升渠道与社会地位。如要改变既有的应试教育体制，用人单位应改变唯学历论英雄的偏见，提高职业教育地位，这才能让职业院校吸引更多优秀学子就读，这才是治根之策②。

必须承认，对社会大众和职业教育而言，云南交通技师学院的做法，值得推广、借鉴。在国家提出发展制造强国的背景下，一流的技工和精益求精的工匠精神，是保障我们造出一流产品、打造世界制造强国的前提和保障。换言之，一个国家、一个社会对高技能人才的尊重，体现了追求卓越“工匠精神”在这个国家和社会的价值，也体现了这个国家和社会的价值观。从这个角度说，现代职业教育迫切需要“技位”。

但也有观点认为，当前职业教育面临的困境是多方面因素造成的，普通高等教育的扩招、适龄求学人口总量的变化等，都极大地冲击了中职和高职的招生。同时，高职院校的专业设置和人才培养也存在一定的弊端和缺陷，用工单位和社会对高职毕业生普遍存在偏见，导致高职毕业生就

---

① 张文凌．“匠士”加冕效应：云南一技师学院参照高等教育学位制，设立了技士、匠士、高级匠士［N］．中国青年报，2017-01-23(10).

② 戴先任．职业院校“匠士加冕制度”值得推广［EB/OL］．南方网，2017-01-23.

业难、社会认同度低。仅仅靠一个没有官方认可的“技位”，不可能改变当前形势下高职教育和高职毕业生的尴尬境地。

**3. 舆情进展分析**

云南交通技师学院设立“技士”“匠士”的“学位”的信息再次被曝光后，人民网、新浪新闻、网易新闻、凤凰网、和讯网、天津网等网络媒体和《贵阳晚报》《都市时报》等传统媒体都对该事件进行了报道，如表 7-1 所示。媒体普遍赞赏云南交通技师学院的创新性举措，认为该举措有一定的加冕效应和激励效应，值得进一步推广。也有媒体呼吁相关部门在总结云南交通技师学院相关经验的基础上，出台适当政策，从制度上对职业教育学位的授予加以保障。

微博传播方面，因为该话题具有一定的专业性和地域性，微博用户对此的讨论并不多，只有云南网、安宁发布、昆明人社局、云视新闻等云南当地相关机构的官方微博账号发布了相关消息，只有零星转发、评论。

微信公众号中关于这一话题的讨论明显多于微博。公众号中共有 373 篇文章对该事件进行关注或转载评论。但从具体内容来看，相关报道和评论多转载自传统媒体和网络媒体，并无新的原创内容。

**表 7-1　云南一技师学院参照学位制设立了技士、匠士“加冕”制度的相关报道(不完全统计)**

| 序号 | 时间 | 来源 | 新闻标题 |
|---|---|---|---|
| 1 | 1 月 23 日 | 中国教育在线 | 云南一技师学院参照学位制　设立了技士、匠士加冕制度 |
| 2 | 1 月 23 日 | 中国青年报 | “匠士”加冕效应：云南一技师学院参照高等教育学位制，设立了技士、匠士、高级匠士 |
| 3 | 1 月 23 日 | 新华网 | 云南一技师学院参照高等教育学位制　设立技士匠士等 |
| 4 | 1 月 23 日 | 腾讯网 | “蓝领”成“金蓝领”，云南一技师学院创技士、匠士加冕制度 |
| 5 | 1 月 23 日 | 中青在线 | “匠士”加冕效应 |
| 6 | 1 月 24 日 | 东方网 | 职院“匠士加冕”更需要制度“加冕” |
| 7 | 1 月 24 日 | 上海金融报 | “匠士”更需制度“加冕” |
| 8 | 1 月 25 日 | 大众网 | 职业院校“匠士加冕制度”值得推广 |

**4. 舆情方向分析**

高职院校设立职业“学位”的做法引起了一批专家、学者的关注。其实早在2014年，湖北职业技术学院就为1 103名符合条件的应届毕业生颁发“工士学位证书”，为职业院校设立“职业学位”开启了创新先河。从舆情的反映情况来看，多数专家对部分高职院校的创新之举表示肯定和赞赏，认为高职学生被授予学位，是从教育改革源头出发、解决高职毕业生就业困境的一个战略决策，具有划时代的意义。湖北职业技术学院教务处前处长闵建杰认为，设立职教学位，会在一定程度上激发学生报考职业院校的热情，有助于高职院校招生，同时将进一步提升学生的自信心和认同感[①]。此前的职业教育一度被大众误解和歧视，以至于很多人认为到职业院校去读书是因为学习不好、成绩太差，无形中在社会上形成了职业院校是“差生”集中地的印象。学位制度的引进算是一种“纠偏”。21世纪教育研究院副院长熊丙奇也对设立“工士”等职业学位持肯定和赞赏态度，“中国近年来在发展职业教育时，一直提到要建立‘立交桥’，但学生的流通渠道并没有真正建立。授予‘工士’学位即副学士学位，是有价值的探索”[②]。但熊丙奇同时提醒，授予“副学士”是学校的创新之举，值得肯定，但从国家层面来讲，不宜将“副学士”“匠士”等纳入国家授予文凭系列，反而相关部门应以更宽容的姿态和更包容的精神，鼓励学校扩大办学自主权，鼓励职业学院自主招生、自授学位，学位的含金量由社会专业机构认证[③]。同时，也有专家呼吁相关部门，“在顶层设计中完善体系，使职业教育真正成为一种教育类型”[④]。相关专家进一步解释称，“技位”体系是一种比较可行的方案和选择，技位授予将倒逼学院进行教学改革，对教师水平、课程设置、设施设备提出更高要求，有助于激发学院的办学活力和发展动力，有助于我国职业教育改革的创新之举，相关举措为探索我国职业教育发展道路提供了有益经验[⑤]。

---

① 李茂君，吕雅楠，顾霁婵，等. 职教突围的“工士”探索[EB/OL]. 解放网，2014-08-31.

② 让职业教育不再“低人一等”[N]. 新京报，转引自网易，2014-06-23.

③ 熊丙奇：授予“工士”学位值得探索[EB/OL]. 海外网，2014-06-23.

④ 张文凌. 云南一技师学院参照学位制设立技士、匠士加冕制度“匠士”加冕效应[N]. 中国青年报，2017-01-23(10).

⑤ 张文凌. 云南一技师学院参照学位制设立技士、匠士加冕制度“匠士”加冕效应[N]. 中国青年报，2017-01-23(10).

从舆情传播角度来看,关于职教学位设立与否的讨论并非一个新话题,却能数次引起媒体的再关注、再争议,说明该话题在我国职业教育改革进程中的重要性。对学院而言,设置"技士""匠士"的"学位",组织"加冕"环节,无疑是教学改革"求新求变"的大胆尝试;从舆论的反映情况来看,主流舆论对设置职业学位持包容和肯定的态度,认为是推进职业教育改革的一次大胆尝试,有助于提升职业教育的自豪感和社会认同度。当然,这种私下设立的"学位"并非国家规范的学位制度,教育主管部门不认可有理有据。但也正因为"匠士学位"不正规,才出现了"职业教育学位改革应该有制度保障"的呼声,这从另一个侧面说明了教育界对国家深入推动职业教育改革创新的期盼。

对于部分职业学院私设"学位",也存在质疑和否定的声音。这种观点认为,若不能正视职业教育存在的现实、根本问题,不对现有的职业教育进行改革,只凭给职教生一个"工士"的"学位",除了加剧学位的泛滥,无助于从根本上改变职教生弱势和受歧视的现状[①]。舆论担忧的是,相关部门、职业院校未能反思职业教育发展中的真正问题,仅把设立第4层次学位即副学士学位,作为提升职校生竞争力的主要手段,如此本末倒置则陷入了"锯箭疗法"的窠臼。结果表面看起来是创新之举,可根本问题依然没有得到解决。用锦上添花之举,去解决雪中送炭之事,不应成为当下职业教育的优选。进而有理性的观点认为,对于职业教育来说,如何培养出"拿得出,用得上,能顶事"的职校生,打造出德国式品质的蓝领,成为决定职业教育发展前景的当务之急[②]。

## (二)热点事件二:武大新闻系主任辞职信走红网络

### 1. 舆情新闻报道

武大新闻系主任辞职信火了,自称无作为无建树

(2017年5月26日载于搜狐网,464个网页刊载相关新闻)

5月24日,武汉大学新闻系主任夏琼教授的一封辞职信火了。夏琼

---

① 唐吉伟德."工士"学位首先要与市场对接[N].华商晨报,转引自新浪网,2014-06-23.

② 唐吉伟德."工士"学位首先要与市场对接[N].华商晨报,转引自新浪网,2014-06-23.

教授称，本人因任新闻系系主任一职长达12年之久，期间既无所作为，更无甚建树，特请求辞去新闻系系主任一职，恳请批准为盼！之后，夏琼本人通过微信朋友圈予以了“间接回应”，称“今天是个好日子，我的辞职获得批准，感谢院领导班子高效的办事效率，必须为院领导点十个赞”。并称“长期与这种不懂教育、不尊重教学、践踏教师尊严、侮辱学生智商的高校行政管理体制进行着不自量力的抗争，突然发现毫无意义和价值”。夏琼感慨“如今想做一个认真的教书先生真的很困难”[①]。

**2. 事件焦点分析**

从整个舆论过程来看，公众关注的焦点有三。

一是夏琼主任辞职的原因。从开始的无端猜测，到夏琼的“间接回应”和“独家对话”，舆论将夏琼辞职的原因归咎于对现行高等教育体制的不满，并有观点认为夏琼“高调辞职”，“醉翁之意不在酒”，背后隐含更高层次的表达诉求。

二是高校“去行政化”改革。回顾整个事件，暗含情绪的辞职信仅为舆论发酵的“导火索”，高校“去行政化”改革才是整个事件的“炸药包”。夏琼在朋友圈发布的“累了、倦了，也绝望了”和“无意义的斗争”，矛头均指向“不懂教育、不尊重教学、践踏教师尊严、侮辱学生智商的高校行政管理体制”，这也引发了大量媒体和专家对高校“去行政化”的大量讨论和建言，使高校“去行政化”成为整个舆论事件关注的焦点话题。

三是如何维护高校教师的尊严。有观点借当前高校教师的职称、收入、科研评价体系等，批评现行制度导致高校教师生存困难、尊严受损。

**3. 舆情进展分析**

夏琼辞职信事件先是在微信朋友圈和微博等自媒体传播，限于网友自发的自媒体议程，后经《新京报》等传统媒体的介入，进入媒体和专家议程（表7-2），并引起部分境外媒体炒作，对我国高等教育体制进行发难。

---

① 武大新闻系主任辞职信火了，自称无作为无建树[EB/OL]. 传媒头条·搜狐号，2017-05-26.

表7-2　武大新闻系主任夏琼辞职信爆红网络的相关报道(不完全统计)

| 序号 | 时间 | 来源 | 新闻标题 |
| --- | --- | --- | --- |
| 1 | 5月26日 | 搜狐网 | 武大新闻系主任辞职信火了,自称无作为无建树 |
| 2 | 5月26日 | 搜狐网 | 武大新闻系主任回应辞职信:早有打算没想到会火 |
| 3 | 5月26日 | 凤凰网 | 武大新闻系主任:辞的是小队长职务　只想安静教书 |
| 4 | 5月26日 | 凤凰资讯 | 武大新闻系主任辞职:高校已放不下三尺讲台! |
| 5 | 5月27日 | 新京报 | 武大新闻系主任辞职信走红网络　称只想安静教书 |
| 6 | 5月27日 | “校园生活随笔”百家号 | 武大新闻系主任夏琼老师辞职的真正原因令人深思 |
| 7 | 5月27日 | “海那边”搜狐号 | 武大新闻系主任辞职,是谁在“践踏教师尊严,侮辱学生智商”? |
| 8 | 5月28日 | 煤炭安全网 | 郭喜林:有感于武大新闻系主任辞职 |

仅看辞职信这一核心话题,该事件并无太多迂回和曲折,也未出现反转,甚至连事件相关方——武汉大学的正式回应都没有。所以就辞职信本身而言,舆情最终以话题生命力的自然消亡为终点。当然,这并不是说,相关话题不会再次回归大众的视野。从事件所反映的深层次问题来看,随着高等教育“去行政化”改革的持续推进,其必然会被媒体再次提及。从这一角度讲,夏琼辞职信事件所引发的舆论涟漪依然会持续荡漾。

从衍生话题来看,夏琼教授的辞职信还被与近期发生的复旦大学教授“工资条”、陈丹青去职清华大学以及“最美首席女法医”王雪梅辞职等事件相关联。学者熊丙奇5月26日以《多少薪酬才能撑起大学教授的尊严》为题发表评论称,“对于武汉大学新闻系主任的辞职,复旦大学教授的工资单,不宜简单理解为个别教授的个案,而需要对我国高校当前实行的内部治理结构、教师薪酬制度,进行全面的梳理。要以改革的勇气,直面高校严重的行政化以及由此已经形成的学术利益共同体,全面改革我国高校内部治理,否则,以目前的高校管理体制,我国对高等教育投入再多的经费，也无法建成世界一流大学"[①]。

当然，夏琼并非完全辞去公职，也未对当下的高校管理体制发表更进一步的言论，该事件更未因外力干预发生曲折回转，舆论渐入平息。

**4. 舆情方向分析**

对于夏琼辞职，舆论的焦点并非局限于辞职本身，而是集中在夏琼教授辞职的原因——对高校行政管理体制的不满，进而引发舆论对高校"去行政化"改革的讨论。对于后者，专家和学者普遍呼吁继续推进"去行政化"改革，推进高校行政和教学分离，恢复高校教师的主体地位和尊严。

媒体评论表示，令夏琼教授以及更多高校老师倍感无奈的是大学教育的行政化，且根深蒂固不可动摇。微信公众号"时局君"(微信公众号：shiju17520)建议通过实施岗位责任制、分散高校管理权、建立科学决策机制、推行行政执行监督问责、提高行政管理队伍素质等方式，革除高校管理体制弊端。

当然，除了形成呼吁推进高校"去行政化"改革等"一边倒"的声音外，并非全网都是支持夏琼辞职、讨伐当前高校管理体制的声音。众声喧哗中，不乏一些稍显理性、冷静，甚至是另类的声音，揭示出"夏琼辞职"事件的另一面。孙锡良博客刊载《对"武大夏琼辞职"的冷静思考》一文提醒广大网友夏琼教授制造新闻，那是她的专业能力体现，这里面很难映射出谁明谁暗，人民大众没必要简单地跟随她的新闻目标走。文章呼吁"所有真正关心教育的人对该事件进行全面的反省，不是全面的反对，更不是全面的反扑。"孙锡良的博文称，"单从一封信并不能看出事件的全部真相，夏教授的说辞并不能照出自己的光辉，这是我与一般网友评论的歧见之处，尽管我对她的言词有一定认同。如果只局限于探讨夏教授本身的学术水平和学校的管理模式，毫无疑问都偏离了这条新闻的本意，如果有人借此攻击武汉大学的管理模式也只能突显自己对中国高等教育现状的局部无知"[②]。"有相当多的老师并不真想做纯粹的教书先生，很多

① 熊丙奇．多少薪酬才能撑起大学教授的尊严[EB/OL]．凤凰评论，2017-05-26.

② 孙锡良．对"武大夏琼辞职"的冷静思考[EB/OL]．新浪博客，2017-05-28.

老师的批判源于自己的缺失，并非因对'纯粹'的追求失落感。老师这个群体的道德分量有被浮夸的倾向，如果要改变中国教育，老师们的道德需要回归，而不应只指责教育管理者"①。还有观点对夏琼教授所谓的"尊严"和"建树"提出质疑，百度百家号"真相与黑幕"5 月 28 日称，"连专门从事新闻教育的教授都可以传授沉默的新闻道德，她的桃李们肯定更是青出于蓝而胜于蓝，整个社会就充斥着一群精致利己的新闻工作者，真相从何而来？没有真相，正义从何而来？没有正义，尊严从何而来？当所有人都没有尊严时，你夏教授凭什么有尊严？""不愿意为尊严而战斗，就必然沦落为面子而战斗。夏琼教授是一个缩影，是一个放弃尊严只为面子而战斗的缩影，是所有体制人一辈子沉浸于窝里斗的缩影"②。

回顾夏琼"辞职"事件在网上的发酵过程，总体上呈现出以下三个特点。

自媒体倒灌主流媒体议程成为当下多数热点舆情事件演变的重要路径。显而易见，夏琼辞职事件先是"不经意"在微信朋友圈流传，经多轮传播发酵形成微信热点话题，引发《新京报》等传统媒体的关注，最终引发其他媒体大范围的跟进报道以及境外媒体的跟风炒作，最后形成自媒体、传统媒体、专家共论共议的舆论传播局面，终使该事件成为高教领域的热点话题。

热点话题的扩大化倾向明显，细微事件宏观化叙事成为网络舆情传播的重要特点。夏琼辞职事件的起因，源自网络中流传的一封手写辞呈，因落笔轻率、直接，迥异于传统的辞职信风格，言语中流露对现行制度的不满和申请人的个性而受到网友追捧，后有夏琼对辞职信的一系列"间接回应"，把舆论关注的焦点成功转移至对高等教育管理体制的议论上来，将事件话题转移至教育政策改革等宏观叙事，最终引发广大网友响应，形成舆论奇观。这种话题转移趋势在此前发生的多数网络热点事件中，均得到验证，可见该趋势已成为网络热点事件传播的重要特点。

武汉大学和相关部门"冷眼旁观"，凸显官方机构新媒体应对能力不

---

① 孙锡良．对"武大夏琼辞职"的冷静思考[EB/OL]．新浪博客，2017-05-28.

② 换一个角度看武大新闻系主任的辞职[EB/OL]．真相与黑幕·百家号，2017-05-28.

足。整个舆论过程中，媒体在报道的结尾处常提到，截至本报道发表之前，武汉大学未对该事件进行任何回应。之所以媒体常会如此描述，表达的是对相关部门回应的期待和希望，但整个过程中，武汉大学一直失声。想必，武汉大学也有让事件自然冷却的考虑，担心回应会节外生枝。但从国务院对各部门回应网络舆论热点的要求和舆论传播引导的内在规律来看，相关单位和部门选择沉默的做法，反映出来的不只是新媒体素养缺失。

## （三）热点事件三：教育部公布“双一流”名单

### 1. 舆情新闻报道

权威发布！“双一流”建设高校及建设学科名单公布

（2017 年 9 月 21 日载于人民网，3 560 000 个网页刊载相关新闻）

据教育部官方微信“微言教育”消息，教育部、财政部、国家发展改革委日前印发《关于公布世界一流大学和一流学科建设高校及建设学科名单的通知》，公布世界一流大学和一流学科（简称“双一流”）建设高校及建设学科名单。其中一流大学建设高校 42 所，一流学科建设高校 95 所[①]。

### 2. 事件焦点分析

“双一流”名单公布后，舆论聚焦于盘点哪些高校及学科入选、对“双一流”意义的解读及如何建设“双一流”。主流舆论认为，“双一流”战略系统清晰、规划明确，是新时代促进高等教育内涵式发展的需要，是尊重教育规律、符合我国高等教育发展实际的重大决策。“双一流”战略确定的动态平衡原则，有助于高等教育回归教育的本原，有助于进一步平衡地区高等教育资源，为建设高等教育强国和经济社会创新发展增添新的动力。正面肯定之余，网上也掺杂着些许质疑声音，对“双一流”名单的质疑和调侃在一些自媒体中流传。如网友在知乎等网站留言：“工大和西工大航天没评上，北大和复旦评上了；厦大经济落选；湘雅的医学评不上……”[②]。部分理性的质疑和建言表明，“双一流”战略的评选和实施机

① 权威发布！“双一流”建设高校及建设学科名单公布[EB/OL]. 人民网，2017-09-21.

② 该如何正确评价新出来的那个“双一流”大学政策？[EB/OL]. 知乎网，2017-09-21.

制仍有继续优化的空间。

**3. 舆情进展分析**

9 月 21 日,“双一流”名单在教育部网站公布以后,媒体关注量直线上升,次日就有 1 300 家网站转载了相关消息,并引发大量媒体、专家分析、评论。同时相关消息开始向自媒体平台溢出。截至 10 月底,微博平台共有相关信息 9 900 余条、微信公众号共有相关文章 16 300 余篇,知乎问答回复 5 000 余个。从传播路径上看,“双一流”名单的传播大致遵循了“教育部官方网站和官方微信账号发布—大众媒体转载报道—网民关注—媒体专家评论—教育部配套解读—网民持续关注”的螺旋式路径。其中,新华社、中国新闻社发布信息较早,《光明日报》《南方日报》等配套发布解读措施。从传播趋势上看,相关评论在名单公布一周后热度较高,9 月底趋于平稳,但仍未彻底停息,直至 10 月底相关评论依然在持续(表 7-3)。

**表 7-3　教育部公布“双一流”名单的相关报道(不完全统计)**

| 序号 | 时间 | 来源 | 新闻标题 |
|---|---|---|---|
| 1 | 9 月 20 日 | 中华人民共和国教育部官网 | 教育部　财政部　国家发展改革委关于公布世界一流大学和一流学科建设高校及建设学科名单的通知 |
| 2 | 9 月 21 日 | 新浪网 | 教育部发布“双一流”高校及学科名单 |
| 3 | 9 月 21 日 | 中国教育在线 | 终于公布了! 首批“双一流”建设高校和建设学科完整名单出炉! |
| 4 | 9 月 21 日 | 新华网 | 权威发布:“双一流”建设高校及建设学科名单公布 |
| 5 | 9 月 21 日 | 新浪网 | 最全解读! 震动教育界的“双一流名单”你真读懂了吗? |
| 6 | 9 月 21 日 | 中新网 | “双一流”建设高校及建设学科名单公布 |
| 7 | 9 月 21 日 | 重庆论坛 | 双一流名单遭全国网友疯狂吐槽 |
| 8 | 9 月 21 日 | 凤凰网 | 权威发布:“双一流”建设高校及建设学科名单公布 |
| 9 | 9 月 22 日 | 中国教育报 | 探索世界一流大学建设的中国模式——“双一流”建设高校和建设学科名单解读 |
| 10 | 12 月 5 日 | 科学网 | “双一流”名单热聊背后的冷思考 |

**4. 舆情方向分析**

“双一流”名单公布后，大量媒体和专家对名单和“双一流”政策进行了解读点评。总体来看，媒体、专家对“双一流”的正面作用和积极意义持肯定态度，认为“985”“211”工程虽存在弊端，但客观上为中国高等教育发展创造了良好的政策环境，有力促进了中国高等教育做大做强。而“双一流”打破了“985”“211”工程身份固化、竞争弱化和重复交叉的弊端，整体上认为“双一流”战略将促进我国高等教育迈入新的发展阶段，将有力促进我国创建世界一流大学和世界一流学科。同时，部分专家对“双一流”战略的实施和落实还提出诸多建议。

一要处理好“双一流”建设与我国高等教育整体发展之间的辩证关系。中国农业大学张红伟等专家指出，“双一流”建设，对于我国建设高等教育强国的意义不言而喻。当前，无论是中央还是地方都给予“双一流”高校大量的支持，舆论也给予“双一流”高校极大的关注，仿佛“双一流”已成为中国高等教育的“代言”和“名片”。但其实此次入选“双一流”建设名单的高校(含一流学科建设高校)仅占全国高校数量的4.8%，推出“双一流”名单并不意味着其余95.2%的高等教育不再重要、不再发展。相反，只有我国高等教育的整体实力获得大幅提升，“双一流”建设的目标才能更好、更快地实现。因此，相关部门在推进“双一流”高校建设的同时，也应树立辩证思维，以更宽的视野、更高的站位、更优的策略，处理好“双一流”建设与我国整体高等教育事业发展之间的关系，确保我国高等教育整体发展与“双一流”建设目标早日实现①。

二要处理好“双一流”学科建设与整体学科建设之间的关系。专家认为，学科之间的关系是互为补充、互为给养的，优势学科和强势学科的快速发展，需要多学科基础的强力支撑，而高等院校的整体发展不仅需要一批高精尖的优势学科，更需要多学科的整体发展和协调发展，因此，“双一流”学科和“双一流”高校的建设发展离不开相关学科的配合协同，离不开通识教育的基础支撑。对于高等教育而言，建设“一流”学科是其发展理应追求的目标，而促进多学科协同发展、培育大量符合社会发展需

① 张红伟．“双一流”名单热聊背后的冷思考[EB/OL]．科学网，2017-12-05.

求的人才也是高等教育发展的题中之意，因而建设"一流"学科很有必要，而促进学科整体发展也不应受到"一流"学科建设冲击，两者共同发展、共同进步是促进我国高等教育健康发展的必然道路①。

三要处理好"双一流"建设与我国高等教育阶段性发展目标之间的关系。专家认为，建设高等教育强国是党中央立足当下、着眼长远制定的中长期战略目标，其实现必然建立在我国高等教育阶段性的发展历程和发展基础之上，也必须依靠一个个中短期计划的实现作为基础，必须依靠具体高校的具体目标实现作为支撑，因而"双一流"建设必须处理好近期与远期、整体与个体之间的关系。只有近期的各个目标如期实现，长期的"双一流"和教育强国建设目标才可能有基础和保障②。

## 三、高等教育政策舆情应对策略分析

2017 年的高等教育政策舆情总体平稳，国家层面的热点舆情："双一流"名单引起舆论高度关注；年底教育部印发《高校思政工作质量提升工程实施纲要》也获得舆论较大关注。地方层面的热点舆情较多，云南某技师学院独树一帜，设立"技士"和"匠士"学位，获得大批媒体转载，舆论对此广为称赞；武汉大学新闻系主任辞职一石激起千层浪，其引发的蝴蝶效应远超出当事人的想象。各路媒体蜂拥而至，或误读当事人的本意，或赞扬当事人的潇洒，但该事引发的震荡绝非仅限于"辞职"这么简单，其中背后隐射的高等教育机制、体制问题，始终没有得到正式回应，更勿谈得到有效的解决。政策平稳、舆情平稳、正面为主、积极向好，似乎可以被用来评价 2017 年高等教育政策舆情的总体形势，但表面平静，并不代表不起波澜，更不代表舆情应对和对外宣传恰当有力。归纳而言，2017 年高等教育政策领域的舆情和外宣工作还存在如下典型问题。

一是对部分负面舆论回应不及时、无力度。就武大新闻系主任辞职一事而言，原本是当事人的个人意愿，却没曾想引发如此巨大的舆论效

---

① 张红伟．"双一流"名单热聊背后的冷思考［EB/OL］．科学网，2017-12-05.

② 张红伟．"双一流"名单热聊背后的冷思考［EB/OL］．科学网，2017-12-05.

应，其背后的武汉大学、中国高等教育体制都受到了一定的舆论质疑。而回顾该事的整个过程，除了夏琼多次向媒体当面解释、回应外，作为其中主要当事方的武汉大学和教育主管部门竟然屡屡缺位，即便面对媒体的讨论质疑，也没有直接或正面回应。不难看出，这其中有相关部门"以静制动""静观其变"的策略，但从整个过程和最终的结果看，也难以排除其应对能力欠缺、手段不足的问题。直面问题，是解决问题的前提。"鸵鸟式"回避问题，任由热点事件自由发酵，并期待其自然消亡，是手段，有时候也真的能起到一定作用，但从主动作为、部门履职的角度来看，这一做法未免有些消极。

二是政策宣传手段过于单一，综合外宣能力尚未形成。从高等教育政策领域的舆情热度和在整个高等教育舆情数量的占比情况来看，2017年的高等教育舆情显得有些平淡无奇。当然，其中的原因有多方面。一方面，很多高等教育政策的影响面很小，且部分是对以往政策的修正、强化，社会大众对相关政策已有预期，导致社会关注程度不高。另一方面，也说明相关部门在政策解读、外宣方面的工作还有待提升，其长期依赖新闻发布、官媒传导的外宣方式有待改进，特别是对微信、微博和其他新兴网络应用的综合利用能力还有待进一步加强。

鉴于以上问题，笔者认为高等教育主管部门和广大高校管理者可以在以下几个方面有所作为。

### （一）勇于担当，及时处置

如前所述，"以静制动"应对舆情并非良策，尤其是关于高等教育政策类的舆情。不及时回应，表面上看舆情逐渐消退，似乎风平浪静，但会让公众对政策的误解越积越深，长久看来不利于政策的实施推进。因此有关部门要切实承担责任，勇于担当，对舆情事件要及时处置。在日常工作中建立舆情监测、研判、处置的全流程工作机制。一方面，加强对突发、敏感信息的监测力度，做到重大突发事件和敏感信息的及时发现、及时上报和及时处置。另一方面，制定重大舆情应对方案，积极调动专家、媒体、网民等多方面资源，综合运用官方网站、新闻发布会、网络自媒体等多种传播渠道，协同采取线上回应引导、线下解决问题等方式，制定专业化、精准化的舆情传播引导策略，有力、有节、有效回应舆论热点和社会关切，切实促进问题解决和危机化解。

## （二）构建面向高教决策的新媒体舆情监测协同创新机制

高等教育政策的制定不仅需要考虑我国的基本国情和高等教育的发展现状，还需要综合考虑社会大众对高等教育发展的需求和期待，广泛吸纳广大民众对高等教育事业发展的意见建议，同时适应互联网新技术、新媒体所引发的网络舆论形势和舆论生态的变化。因而有必要在现有高等教育舆情监测体制机制的基础上，充分整合广大高校、科研机构、行业组织、互联网企业，建立跨部门、跨学科、跨领域、符合新时代要求的高等教育决策支持协同创新机制。一方面，就高等教育政策制定相关议题及时向社会大众征求意见，加强技术创新和机制创新，建立专门队伍，充分重视微信、微博和社交网络等渠道的网络舆情，形成基于网络新媒体的高教舆情综合研究和协同配合能力。另一方面，也要在新媒体、新应用中搭建适合高等教育政策传播的宣传阵地，利用官方账号搭建社会力量和民间机构广泛参与的高等教育决策互动渠道，充分汲取社会大众、专家学者和广大师生对高等教育决策的智慧营养，为提升高教政策制定能力提供智力支撑。

## （三）强化面向高教决策的新媒体舆情监测分析能力

针对 2017 年高等教育政策领域暴露出的舆情应对和外宣问题，建议相关部门在充分调研我国高等教育发展实际的基础上，结合高等教育深化改革的发展趋势和内在规律，着力加强高等教育舆情的大数据分析能力建设。通过项目引领、联合攻关和部门协同等方式，实现新媒体舆情分析和决策支撑能力的跨越式提升。充分利用数据挖掘和机器学习技术对汇总的高等教育内部数据和舆情数据进行关联分析，通过数学建模等方式，建立高等教育舆情研判和决策支持动态仿真系统，为高等教育决策制定及评估服务。

## （四）提升面向高教决策的大数据舆情支撑创新水平

近两年来，大数据舆情成为舆情研究领域的重要方向，而分析 2017

年高等教育政策舆情,不难发现教育部门对大数据舆情的把握和应对能力也稍显不足,需要在未来不断加强人、财、物等资源投入。提升高等教育领域的决策能力和决策水平,关键在于通过人才培养、体制优化和机制创新,将大数据舆情的研判成果成功运用到决策实践过程中来。这要求相关部门一要以大数据思维打造高等教育决策领域的高端支撑智库。二要树立数据驱动决策理念,理顺大数据辅助高等教育决策的体制机制。三要出台系列促进大数据舆情智库发展的配套政策、制度,逐步完善面向决策支持的高教大数据支持环境。

（葛自发　程晶晶）

# 第8章 高等教育体制改革舆情分析报告

2017年,党中央、国务院、教育部发布了多项教育体制改革方面的指导意见,有力地推动了我国教育体制继续深化改革。2017年1月,印发《关于深化职称制度改革的意见》,十几天后,《国务院关于第三批取消中央指定地方实施行政许可事项的决定》发布,意味着之后高校副教授评审无须省级教育部门审批。2017年4月,教育部官网发布了《教育部等五部门关于深化高等教育领域简政放权放管结合优化服务改革的若干意见》,进一步明确高校职称评审权下放。《意见》发布后,各地陆续实施,逐步下放评审权。为了保障下放至高校的职称评审权不被滥用,11月份,教育部、人社部又印发了《高校教师职称评审监管暂行办法》。2017年一年为了推动高校职称改革,国家连发四份文件,可见改革决心之坚定。2017年9月,中共中央办公厅、国务院办公厅印发《关于深化教育体制机制改革的意见》,对学前、初等、中等、高等以及职业教育等方面均给出指导性意见,是我国教育体制改革继续深化的纲领性文件。2017年还出现了山东大学迁建主校区惹争议、大学生因专业更名求职被拒等事件,都体现了高等教育体制改革中亟待解决的一些问题,引起了社会舆论广泛关注。

为了把握高等教育体制改革方面的舆情发展,本章在中国传媒大学高教传播与舆情监测研究中心(以下简称“研究中心”)CUCHEPOMS系统监测数据的基础上,对2017年度高教体制改革舆情展开分析。

## 一、高等教育体制改革舆情概况

2017年研究中心的监测系统CUCHEPOMS共监测到有关高等教育体制改革的信息2 061条,日均5.65条。与上一年的2 348条相比,高等教育体制改革的舆情信息减少了287条,同比减少12.2%。2015年相关信息量为 3 525 条，由此可见最近三年有关高等教育体制改革的舆情信息数量总体上呈下降趋势。从监测内容上看，2017 年高等教育体制改革的舆情信息中，热点话题有"山东大学迁建主校区秘而不宣惹争议""高校教师职称评审权全部下放至高校""中央发文深化教育改革""大学生因专业更名求职遭拒"等。

## （一）舆情时间分布

2017 年高等教育体制改革舆情信息高发期在第二季度，舆情信息数量 590 条，最低为第一季度 416 条，两者相差 174 条。整体看来四个季度舆情分布较为平均。以月份来看，体制改革方面的高教舆情全年共出现三个舆情高峰，分别为 3 月、9 月和 12 月。其中 2 月份相关舆情最少，仅有 88 条，3 月份相关舆情最多，为 229 条（图 8-1、图 8-2）。山东大学迁建章丘的消息自 2 月曝出后，后续舆论持续在 3 月发酵，同时 3 月份高等教育改革也成为两会期间的重要议题，因此 3 月份高等教育体制改革舆情信息全年最多。9 月底中共中央办公厅、国务院办公厅印发《关于深化教育体制机制改革的意见》，因其中有众多民众关心的热点问题，如入园难、择校难、教师待遇低、高考改革等，因此一经颁布，就引起公众热烈讨论。12 月大学生王芬因专业更名求职遭拒事件引发公众关注。

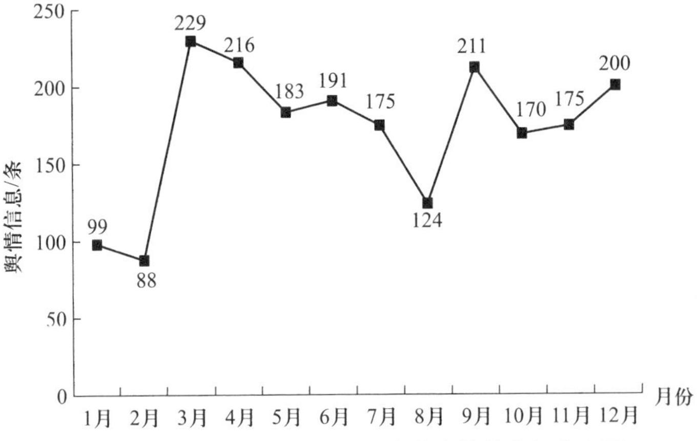


**图 8-1　2017 年高等教育体制改革舆情信息月分布图**

与前三年相比，2017 年高等教育体制改革舆情信息的时间分布出现

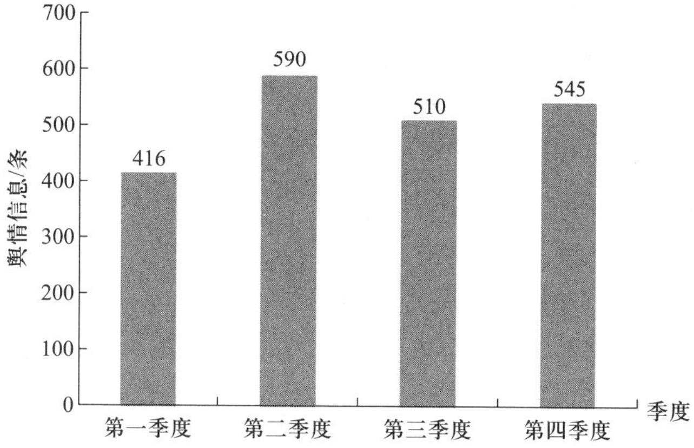


**图 8-2　2017 年高等教育体制改革舆情信息季度分布图**

以下变化：①从舆情信息月分布图来看，2014 年有 5 月、10 月两个峰点，2015 年有 1 月、3 月、5 月三个峰点，2016 年有 3 月、5 月、7 月、10 月四个峰点，2017 年则有 3 月、9 月、12 月三个峰点。2014 年舆情数量最少出现在 2 月份，舆情数量最多出现在 5 月份；2015 年舆情数量最少出现在 8 月份，舆情数量最多出现在 5 月份，2016 年与 2014 年相似，舆情数量最少出现在 2 月份，舆情数量最多仍出现在 5 月份。2017 年舆情数量最少出现在 2 月份，舆情数量最多出现在 3 月份。纵观四年的月分布图，5 月份成为高等教育体制改革舆情易集中爆发的时期，2 月份则是舆情信息相对低迷时期。②2014 年的高等教育体制改革舆情主要集中在第二和第四季度，2015 年舆情主要集中在第一、第二季度，2016 年、2017 年则各季度分布较为均匀，各季度之间差别不大（详见《中国高等教育舆情报告（2015）》第 106 页、《中国高等教育舆情报告（2016）》第 166 页、《中国高等教育舆情报告（2017）》第 198 页）。

## （二）舆情类型分布

2017 年高等教育体制改革的舆情信息大致可以分为“人才培养”“人事改革”“高考制度”“学校管理”“科研体制”“高校去行政化”“大学生就业”“思政课”“双一流”等方面，详细比例如图 8-3 所示。

根据数据统计得出，“人才培养”“人事改革”方面的体制改革信息最

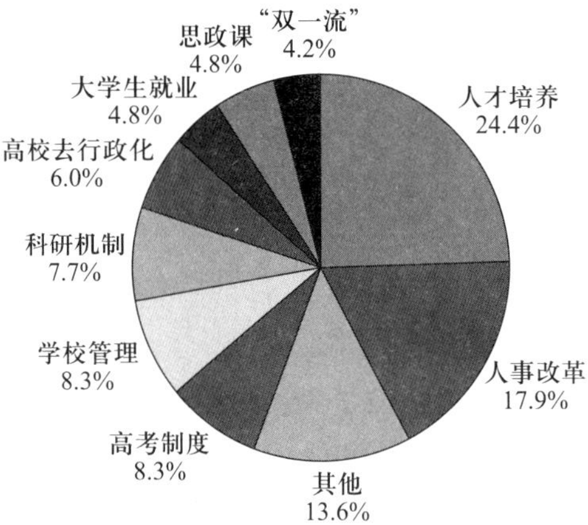


图 8-3　2017 年高等教育体制改革舆情类型分布图

多，两者占比共超过 40%。2017 年被定为"高校思政课教学质量年"，2017 年 9 月"双一流"建设高校及建设学科名单公布，因此 2017 年关于思政课教学改革、围绕"双一流"改革的信息增多，两者分别占比 4.8%、4.2%。

与去年相比，"高校反腐""财务管理"相关的体制改革信息几乎消失殆尽，而随着 2017 年各地深化高校"放管服"改革以及职称评审权的下放，"人事改革""高校去行政化""科研机制""校园管理"方面的舆情信息增加。

## （三）舆情地域分布

在舆情信息地域分布上，根据数据统计，由图 8-4 可以看出，高等教育体制改革舆情仍主要集中在北京、上海地区。北京、上海作为全国文化、教育中心，高校资源较多，使其成了高等教育舆情的爆发地与聚集地。浙江、山东、广东紧随其后，分别排在第三、四、五名，这一方面是因为三省高校众多，另一方面因为浙江大学学术成果认定新规、杭州电子科技大学"破格"选拔"教授"、山东大学迁建主校区、山东大学一长江学者因贪污获刑等热点事件的推动，使得三地舆情信息较多。

与前三年相比，高等教育体制改革舆情地域分布的前 5 名略有变化。2014 年与 2015 年前 5 名均是北京、上海、陕西、浙江和河南，2016 年前 5 名依次为北京、上海、浙江、广东和山东，2017 年前 5 名与 2016 年基本一致，只是山东和广东名次互换。高等教育体制改革舆情仍集中在东部地区。四年里,北京、上海、浙江稳驻前五,三地作为全国高等教育体制改革信息集散地的位置不可撼动。

与去年相比,东部地区11个省份中除了辽宁省舆情数量略有增加,其他地区均有不同程度的下降。北京、上海、广东均有大幅下降,降幅分别为33.3%、42.5%、40.1%,整个东部地区舆情信息总量由去年的1 913条下降至1 346条,降幅29.6%。中部和西部舆情总数基本与去年持平,变化不大。尽管东部地区舆情数量大幅下降,但仍是西部、中部舆情数量的2~3倍。四年来一直保持东部地区舆情信息数量最多,西部次之,中部最少的特点。东部地区作为文化、教育信息集散中心的优势凸显。

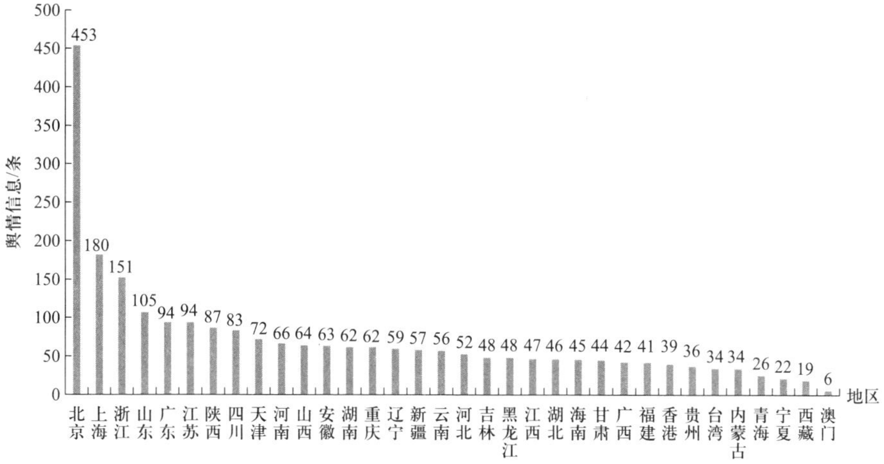


**图8-4　2017年高等教育体制改革舆情信息地域分布图**

## 二、高等教育体制改革舆情热点事件分析

### (一) 热点事件一:山东大学迁建主校区

#### 1. 舆情新闻报道

秘而不宣?山大筹建主校区惹得舆论一片哗然

(2017年2月7日载于《中国青年报》,34个网页刊载相关新闻)

春节期间,历经多次搬迁的山东大学,因其济南主校区筹划在40公

里以外的章丘区建8 000余亩的主校区，引发了校友们的质疑，称此举无异于“举家拆迁”“关系山大命运”。如何在济南卫星城章丘打造良好的大学生态、老校区及刚刚投入使用的青岛新校区如何处置都让公众担心。校方决策过程缺乏公开和透明也备受质疑[①]。

**2. 舆情进展分析**

该事件最初曝光于山东大学校友自发筹办的微信公众号“校友茶座”，该公众号1月26日、28日、31日连发三文《亲爱的母校啊，你欠我们一个解释》《该怎么拯救你，我的山东大学》《为什么强烈反对山大建设章丘“主校区”：你要的数据和观点来了》质疑校领导决策不够透明公开，担心迁建章丘对山大发展不利。

2月3日，山东大学校友会官方微信公众号“山大人”发表文章《关于山东大学济南主校区建设事宜致广大校友的一封信》，信中称感谢校友对母校建设给予的关注，将通过多种形式征求校友意见建议。这是山东大学就迁建主校区事件对公众的第一次公开答复。

针对这封“态度开明”的公开信，2月4日“校友茶座”发起呼吁，请山大校友发表负责任的意见建议，2月5日，甚至制作调查问卷请校友参与投票，最终有8 000人参与投票，6 500人投了反对票。

尽管校友反对率高达81%，但是“山大人”还是在上封公开信征求建议13天后，在2月14日又发表文章《关于主校区建设事宜再致广大校友一封信》，信中称“在广泛听取社会各界、校内师生、广大校友意见建议的基础上，学校多次与济南市委市政府沟通磋商，基本达成了共识”[②]。信中就广大校友关注的问题一一进行了回复，但是山东大学迁建章丘已成为“板上钉钉”的事情。2月27日，山东大学主校区建设框架协议签约仪式举行。

在1月26日至2月13日期间，关于该事件的各种观点激烈交锋，2月14日后，一方面因事情已成定局，另一方面可能因校方的回复切中了

---

① 李一陵．秘而不宣？山大筹建主校区惹得舆论一片哗然[N]．中国青年报，2017-02-07(2).

② 校友会秘书处．关于主校区建设事宜再致广大校友一封信[EB/OL]．山大人·微信公众号，2017-02-14.

公众的关注点，削减了公众的部分疑虑，质疑之声逐渐减弱。

2月3日、8日、15日、21日、28日及3月5日是舆情高发时间点，2月3日山东大学第一次向公众回应该事，2月7日“校友茶座”发文《主校区建设争议|各方声音摘录：如何唤醒一个装睡的人？》，14日山东大学第二次回应该事，21日前后山东大学召开济南主校区筹建情况通报会，会上就一些公众关心问题进行了详细说明，2月27日，山东大学主校区建设框架协议签约仪式举行，因此可见校方就该事但凡有回应、有动作，都会引起公众热议。相关报道见表8-1。

**表8-1　山东大学迁建主校区的相关报道(不完全统计)**

| 序号 | 时间 | 来源 | 新闻标题 |
|---|---|---|---|
| 1 | 2月3日 | 网易 | 山东大学拟迁建主校区：正与政府磋商　听校友意见 |
| 2 | 2月4日 | 网易 | 山大首次公开回应迁建主校区 |
| 3 | 2月4日 | 光明网 | 大学校区搬迁到底谁做主 |
| 4 | 2月6日 | 新京报 | “迁建主校区”：山东大学小心动了文脉传承 |
| 5 | 2月6日 | 中国青年网 | 山东大学迁校“传言”，谁在搅动舆论场？ |
| 6 | 2月7日 | 中国青年报 | 秘而不宣？山大筹建主校区惹得舆论一片哗然 |
| 7 | 2月8日 | 腾讯 | 山东大学拟迁主校区　6 500名校友反对：劳民伤财 |
| 8 | 2月8日 | 长江网 | 山东大学主校区搬迁，校友先莫打嘴仗 |
| 9 | 2月9日 | 人民日报 | 大学搬迁期待“阳光决策” |
| 10 | 2月14日 | 网易 | 山东大学再致信校友：济南章丘区是主校区建设较为理想的选择 |
| 11 | 2月15日 | 齐鲁网 | 山大已有一校三地八校园　为啥还要在章丘建主校区？ |
| 12 | 2月15日 | 大众网 | 山东大学确定搬迁章丘建6 000亩主校区！ |

**3. 舆情方向分析**

此次事件的焦点主要集中在大学决策制度和一流大学建设方面，而专家对此次事件中山东大学的做法普遍持批评态度。学者熊丙奇称建设一流大学主要不在于大楼，而在于大师，在于一流的学生培养机制和一流的学术成果，批评国内部分高校过于“贪大求全”，会影响一流大学目标的实现。他认为“建设一流大学更重要的是，建立现代大学制度，即学校办学应有的现代治理结构”[①]。像大学搬迁等重大办学决策需要在校内公开讨论，充分论证，并且要纳入立法程序，由地方人大监督审议，不能任由行政部门拍板独断。《新京报》社论《大学搬迁当避免闭门决策》一文中也称学校若只剩“大楼”，而无“大师”，学校也难以发展提高，学校的行政化风气会影响学术风气[②]，指责山东大学在搬迁事宜上半遮半掩，含混模糊，行政化风气严重。

《楚天都市报》更是发表题为《建世界一流大学不是靠摊大饼》的文章，文中称山东大学目前的 8 个校区，本身就是为了做大而缺乏规划一味由行政拉郎配的结果，“大学之道，在于学问与耐得寂寞，不是拆拆建建堆砌出来的华丽外表，出人才出成果才是服务经济建设的长远之计”[③]。长江网网评员齐国瑞也称校友情怀值得尊重，仅有少数教职工参加的迁校会议没有太大决定权；另外他举例称“欧美、日本等发达国家的大学，为了学生社会化、城市化等考量，反而回流到城市中心，正是这种大规模‘集聚效应’，才催生了许多新型产业”[④]。建议山东大学要三思而后行。储朝晖也提醒山东大学新校区尽管面积大，但是远离市区、设施不全，教授学生不愿去，不利于学校发展[⑤]。

也有人对山东大学校友在此次事件中的表现提出批评，称要站在全局通盘考虑，不应感情用事，“学生自媒体要理性，不能成为舆论风暴眼，发起投票、问卷调查等活动要科学合理，注重对问题原因、解决方法的探寻，而不是数据上造大声势和情感上进行对立”[⑥]。

网友对该事件中山东大学的做法持更加情绪化的批评与对立态度。有极少数对校方的决定表示支持，如微博网友“北京东路没有人”：“长远看肯定还是建一个统一的大园区比较好，但也希望中心校区永远保留

① 熊丙奇．大学校区搬迁到底谁做主［EB/OL］．光明网，2017-02-04.
② 大学搬迁当避免闭门决策［N］．新京报，2017-02-07（A02）.
③ 徐汉雄．建世界一流大学不是靠摊大饼［N］．楚天都市报，2017-02-09（6）.
④ 齐国瑞．山东大学主校区搬迁须三思而后行［EB/OL］．长江网，2017-02-08.
⑤ 董鲁皖龙．大学为何频建新校区？［N］．中国教育报，2017-02-08（1）.
⑥ 曾政．解山大迁校之争宜先搭沟通之桥［EB/OL］．红网，2017-02-09.

着”,但更多的是质疑。最大的质疑还是在于学校决策的“独断专行”,山大校友及网友期待校方更公开透明的决策。

## (二)热点事件二:高校教师职称评审权全面下放至高校

### 1. 舆情新闻报道

高校教师职称评审权全部下放至高校

(2017 年 4 月 10 日载于《经济日报》,20 个网页刊载相关新闻)

教育部、中央编办、发展改革委、财政部、人力资源社会保障部近日联合印发《关于深化高等教育领域简政放权放管结合优化服务改革的若干意见》,针对研究生学位授权审核、本专科专业设置、高校编制、职称评审、薪酬分配等问题,进一步向地方和高校放权,让学校拥有更大办学自主权。按照《意见》,今后高校教师职称评审权将全部直接下放至高校,由高校自主组织职称评审、自主评价、按岗聘用[①]。

### 2. 舆情进展分析

4 月 6 日,教育部官网公布该意见,随即 4 月 6 日、7 日引来大批媒体对此进行转载、解读。4 月 10 日,教育部就高校“放管服”20 条召开专家座谈会,4 月 10 日、11 日又引发了媒体新一轮的报道(表 8-2)。4 月 13 日有报道称江西将启动高校教师职称制度改革,下放职称评审权。5 月 27 日,媒体称湖北将推进高校和企业职称制度改革,教师职称评审权下放,这些都引起了媒体的关注。因此后续舆情高峰均由各地推行此项改革等新闻性事件引起,大部分是新闻的大量转载。

**表 8-2　高校教师职称评审权全面下放至高校的相关报道(不完全统计)**

| 序号 | 时间 | 来源 | 新闻标题 |
|---|---|---|---|
| 1 | 4 月 6 日 | 教育部官网 | 教育部等五部门关于深化高等教育领域简政放权放管结合优化服务改革的若干意见 |
| 2 | 4 月 6 日 | 凤凰网 | 教育部等五部门放大招:高校职称评审权全部下放到高校 |

① 余颖. 高校教师职称评审权全部下放至高校[N]. 经济日报,2017-04-10(3).

续表

| 序号 | 时间 | 来源 | 新闻标题 |
|---|---|---|---|
| 3 | 4月7日 | 南海网 | 五部门发文明确高校教授职称评审权将回归学校 |
| 4 | 4月7日 | 中国教育新闻网 | 松绑减负,高校自主权再上大台阶 |
| 5 | 4月10日 | 新浪网 | 高校教师职称评审权全部下放至高校 |
| 6 | 4月11日 | 中国青年网 | 大学版"放管服":放了还要接得住 |
| 7 | 4月11日 | 上观新闻 | 五部委简政放权推大学版"放管服":放大招还要接住招! |
| 8 | 4月12日 | 凤凰网 | 专家解读高校"放管服"改革:放权要健全制度,加强多方监督 |
| 9 | 4月14日 | 科学网 | 高校"放管服"新政,释放一揽子利好 |
| 10 | 4月17日 | 中国高新网 | 高校职称评审权下放"青椒"晋升有了"绿色通道" |

**3. 舆情方向分析**

很多专家肯定了高校教师职称评审权下放这一举措,称"值得期待""有积极意义""激发高校教师的积极性"等。上海师范大学博士生导师陈昌来认为职称评审权力下放以后,有利于学科平衡发展、有利于教师培养[①]。同济大学发展规划研究中心主任助理张端鸿认为这意味着今后高校教授和副教授职称评审无须行政管理部门审批,"切断了职称评审'行政逻辑'的制度基础"[②]。

有专家在肯定其进步意义之余,也不免有担忧。例如熊丙奇指出改革很难一步到位[③];《新华日报》评论称职称改革错综复杂,"不能简单认为放权就可'包治百病'"[④]。科学网有博主称职称评审权下放有积极意义,但是会产生吹泡现象,导致高级职称泛滥,当教师都拥有高级职称时,单位可能会落实雇员制和职员制,职称不再是护身符[⑤]。

---

① 韩晓彤,邓琪.专家谈丨"职称评审权下放到高校是进步,最终应全面取消"[EB/OL].澎湃新闻网,2017-04-12.

② 戴春晨,王鹏钧,尹凯茵.部委"松绑"用人权　高校教师编制、薪酬机制迎变[N].21世纪经济报道,2017-04-14(07).

③ 熊丙奇.高教"放管服"改革应更深入彻底[N].深圳特区报,2017-04-07(A02).

④ 职称评审须"放权不放手"[N].新华日报,2017-04-07,转引自中国青年网,2017-04-07.

⑤ 马军.职称评审权下放到学校是吹泡还是真正的改革?[EB/OL].科学网,2017-04-09.

也有一些较为悲观的论调。如蒋永红称高校教师职称评审权下放后，因职称评审带来的矛盾不会消失，权力下放后，矛盾可能会更激烈[①]，他认为高校能不能用好下放的职称评审权，关键在于能否解决五大问题：职称与岗位不分的问题，有教授职称但不在教授其岗，挤压其他教师上升渠道；"同工不同酬"的问题，有的年轻教师做着和教授一样的工作，甚至工作量更多，但是薪酬不一；聘用过程中科学评价人才的问题，目前高校的职称评审标准存在简单量化问题；专业技术职务与管理职务分离的问题，"学官"现象普遍，侵占学术资源；职称评审中的腐败问题[②]。自媒体一点号"虹野"称"各部委把职称评审权下放其实有些'甩锅'的味道"，认为高校没有了上级主管部门的管理作为"缓冲带"，难以承担起这项工作[③]。该文悲观地称评审权下放后，高校教师评职称会更难。

有不少专家提醒要避免"一放就乱"的现象，权力下放后，行政管理部门要做好监管工作。国际关系学院副教授、中国与全球化智库研究员储殷担心权力下放后评审流于形式、学校之间评审标准存在差异导致人心浮动等，他说"改革是必要的，但是放权绝不可以一放了之"[④]。

对于如何解决职称评审权下放后带来的种种问题，专家也给出了多种建议。专家建议教育管理部门要加强监管，也有人呼吁引入第三方机构来监督评审过程以及形成独立于行政权力之外的学术委员会进行评审等。《新华日报》发文称"放权不意味着放手。权力下放的同时，意味着在管理和服务上则要接管更多的责任和压力"[⑤]，指出应做到三方面：其一，完善专家遴选标准和相应配套制度的设置，确保评审真正做到"专业主导"而非"行政主导"，避免权力的不当干预；其二，科学论证和设计评审的性质：达标抑或选拔、职称互认、第三方评审体系等；其三，评审标准

---

① 蒋永红．高校用好职称评审权尚需解决五大问题[EB/OL]．中国教育新闻网-蒲公英评论网，2017-04-13.

② 蒋永红．高校用好职称评审权尚需解决五大问题[EB/OL]．中国教育新闻网-蒲公英评论网，2017-04-13.

③ 职称评审权下放，高校教师评职称会更难[EB/OL]．虹野・一点号，2017-04-08.

④ 李洋．高校职称评审权下放"青椒"晋升有了"绿色通道"[N]．中国高新技术产业导报，2017-04-17(A3).

⑤ 职称评审须"放权不放手"[N]．新华日报，2017-04-07，转引自中国青年网，2017-04-07.

不能降低，确保职称含金量①。熊丙奇认为职称评审改革的终极目标是最终取消职称评审，他认为我国之前已有部分高校获得自主评审职称的权力，但评审过程中依然存在很多问题。他介绍国外一流大学是将教授作为岗位聘用，而国内是将教授作为职称评聘，教师在乎职称超过职务，因而导致出现种种职称评审乱象。现在如果把评审权力下放至各高校，若高校管理过于行政化，则有可能加剧职称评审不公，"只有取消职称评审，才能从根本上消除乱象"②。"眼下的关键是要兑现放权承诺，同时推进高校用好自主权，建立能用好自主权的现代大学制度"③。张春晓认为，要加强监管，并建立评审公开、回避、抽查等制度，才能把好事办好④。

网友对该事件的评论较少，已有的评论主要集中在质疑方面。评论称职称泛滥、教授贬值的，如网易网友"ip：119. 39. *. *"称"教授要开始大贬值了"。还有部分怀疑学校无法做到公平公正的，如微博网友"高山流水974773473"称"下放后又如何管理高校的审评权？如何让高校做到审评公平公正有理有据？"

## （三）热点事件三：中央发文深化教育改革

### 1. 舆情新闻报道

中央发文深化教育改革：教师工资不低于公务员

（2017年9月25日载于新浪网，183个网页刊载相关新闻）

日前，中共中央办公厅、国务院办公厅印发《关于深化教育体制机制改革的意见》（以下简称《意见》），对公众普遍关心的入园难、入园贵、中小学课业负担重、择校难等均给出指导性意见。

《意见》强调，要改进高等教育管理方式。研究制定高等学校分类设置标准，制定分类管理办法，促进高等学校科学定位、差异化发展，统筹推进世界一流大学和一流学科建设。此外，《意见》还提出，要全面推进科

① 职称评审须"放权不放手"[N]. 新华日报，2017-04-07，转引自中国青年网，2017-04-07.

② 韩晓彤，邓琪. 专家谈丨"职称评审权下放到高校是进步，最终应全面取消"[EB/OL]. 澎湃新闻网，2017-04-12.

③ 熊丙奇. 高教"放管服"改革应更深入彻底[N]. 深圳特区报，2017-04-07(A02).

④ 张春晓. 让职称改革更灵活更务实更公正[N]. 大众日报，2017-04-27(04).

研评价机制改革，加强学术道德建设。要完善依法自主办学机制。

在教师队伍建设方面，《意见》强调，要切实提高教师待遇①。

### 2. 舆情进展分析

该《意见》最早由新华社在 9 月 24 日发电文公布，当天仅有 8 条网页新闻，38 篇微信公众号文章、27 条相关微博。在后续传播过程中，网页新闻和微博出现了两个舆情高峰，而微信公众号文章则出现了三个舆情高峰。

第一个舆情高峰出现在 9 月 25 日，网页新闻、微信公众号文章以及微博数量都达到了最大值，网页新闻数为 79 条，微信公众号文章数量飙升至 563 篇，相关微博数量 177 条。这波舆情持续时间很短暂，网页新闻数量在 9 月 28 日以后就几乎为零了，微博数量也与之类似，但是微信公众号文章数量没有骤降为零，而是持续到了 10 月 4 日左右。10 月 9 日，中央召开贯彻落实《关于深化教育体制机制改革的意见》电视电话会议，多地设分会场参加会议。多家媒体对此进行了报道，10 月 10 日出现了关于《意见》的第二次舆情高峰。网页新闻数为 18 条，微信公众号文章数量为 145 篇，相关微博数量 14 条。之后网页新闻、微博相关报道在一两天内迅速结束。但是微信公众号文章在 10 月 25 日又出现了第三个舆情高峰，除了有些高校学习《意见》的报道，其余大多数是教育类公众号关于教师身份、教师待遇等方面的解读文章，舆情带有长尾效应。相关报道见表 8-3。

**表 8-3　中央发文深化教育改革的相关报道（不完全统计）**

| 序号 | 时间 | 来源 | 新闻标题 |
| --- | --- | --- | --- |
| 1 | 9 月 24 日 | 中华网 | 解读《关于深化教育体制机制改革的意见》 |
| 2 | 9 月 25 日 | 新华网 | 公平和质量是深化教育改革的主线 |
| 3 | 9 月 25 日 | 网易 | 中央深化教育体制改革：试行学区化管理　探索弹性离校 |
| 4 | 9 月 25 日 | 搜狐 | 化解择校难题、提高教师待遇　中央发文深化教育改革 |

① 中央发文深化教育改革：教师工资不低于公务员[EB/OL]. 新浪网，2017-09-25.

续表

| 序号 | 时间 | 来源 | 新闻标题 |
|---|---|---|---|
| 5 | 9月25日 | “一页柠檬草”百家号 | 中央发文,编制改革的现在,这类人要涨工资 |
| 6 | 9月26日 | 中金在线 | 为深化教育改革划定“中央标准线” |
| 7 | 10月9日 | 新华网 | 刘延东:加快深化教育体制机制改革　以优异成绩迎接党的十九大胜利召开 |
| 8 | 10月11日 | 华夏经纬网 | 深化教育体制机制改革　推进教育事业科学发展 |
| 9 | 10月16日 | 国家民族事务委员会网 | 西南民族大学传达学习有关深化教育体制机制改革的主要精神 |

**3. 舆情方向分析**

《意见》出台后,大批媒体进行了转载和解读,这些解读的关注点多集中在学前教育入园难、中小学教育择校、课业负担以及教师待遇等问题,不过也有媒体关注到了《意见》中高等教育部分。9月21日“双一流”名单刚刚公布,9月24日公布的《意见》里即对如何建设“双一流”进行了阐述。

对此次《意见》出台,专家都持高度肯定的态度,如熊丙奇称《意见》是实现教育现代化的纲领性文件①;和静钧称以往教育方面管理的微观问题,都由地方教育部门研究解决,导致多地政策不一,不利于相关问题的解决,此次中央出台统一意见,有利于地方步调一致深化教育体制改革,给教育领域未来一段时间的改革指明了方向②。湖北省教育科学研究院党委书记、院长方向荣表示,《意见》给出了教育体制改革的路线图和时间表,《意见》中的方法也都切实可行,“在改革的力度、广度、深度上又有了新的突破……标志着我国教育综合改革由‘立柱架梁’进入‘内部装修’的新阶段”③。专家学者都赞叹《意见》勇于直面当前教育的热点、难点问题,突出工作重点,有着鲜明的问题意识和科学指导性。

① 熊丙奇. 公平和质量是深化教育改革的主线[N]. 北京青年报,2017-09-25(A02).

② 和静钧. 为深化教育改革划定“中央标准线”[N]. 深圳特区报,2017-09-26(A02).

③ 陈鹏. 深化改革带来怎样的教育图景[N]. 光明日报,2017-09-27(09).

关于如何推进改革,熊丙奇称要想推进教育体制和机制改革,需要落实《意见》中的重要原则——“坚持放管服相结合,要深化简政放权、放管结合、优化服务改革,把该放的权力坚决放下去,把该管的事项切实管住管好,加强事中事后监管,构建政府、学校、社会之间的新型关系”①。

该《意见》经媒体转载后引起了网友的广泛关注。网友的观点呈现多元化,也从侧面暴露了教育领域依然存在较多问题。

对《意见》的出台,大多数网友都持肯定态度,例如腾讯网友“常见”称“教育的春天到了!”。点赞之余,网友也希望政策能够落实,例如网易网友“Flybeta”称“希望能落到实处!”。也有部分网友质疑《意见》,如新浪网友“三水客”称“估计小编是刚入职的。别在强调什么‘教师工资不低于公务员’了! 我教书教了三十年,这句话听得耳朵都起茧了,看得眼睛都花了,盼得眼睛都快瞎了。意见能大过法律? 法律条文上都有,实现过吗?”该网友所说的法律应该是指《教育法》,《教育法》规定教师工资不应低于公务员平均工资水平,但教育法的有关规定只是“倡导性规定”,没有强制性,因此部分地方教师工资待遇仍低于公务员,这一早就倡导多年的待遇要求迟迟没有实现,引发教师群体不满。

可见,《意见》的出台确实非常有针对性,《意见》中深化教育改革的举措直指当前教育积弊所在,大快人心。

## (四) 热点事件四:大学生因专业更名求职遭拒

### 1. 舆情新闻报道

大学生因专业更名求职遭拒,教育部:将加大专业目录宣传力度

(2017 年 12 月 13 日载于网易,34 个网页刊载相关新闻)

2017 年 6 月,已从四川大学“对外汉语”专业毕业 4 年的王芬参加河北省邯郸市市直学校教师公开招聘,但其报考的语文教师岗位所列的 12 个专业中并不包含“对外汉语”,只有“汉语国际教育”(教育部 2012 年将“对外汉语”更名为“汉语国际教育”),最终她在面试环节被“淘汰”。邯

① 熊丙奇. 公平和质量是深化教育改革的主线[N]. 北京青年报,2017-09-25(A02).

郸市教育局工作人员称“这次的话只能这样了，下次我们再征求学校意见，给学校建议。”教育部表示，将进一步加大对本科专业目录的宣传力度，为高校毕业生创造更好的就业环境①。

**2. 舆情进展分析**

12 月 13 日，澎湃新闻最先对该事件进行了报道。很快就被新浪、腾讯等商业门户网站转发，随后引发了《钱江晚报》、光明网、新华网、中国青年网等媒体的热评，在微博上也不断有类似经历者评论跟进。12 月 14 日舆论关注达到最高点，随后关注度很快下降，三天后，媒体相关报道为数寥寥。在网页新闻、微信公众号、微博三类平台的报道中，公众号的报道数量最多且舆情持续时间较长。相关报道见表 8-4。

**表 8-4　大学生因专业更名求职遭拒的相关报道（不完全统计）**

| 序号 | 时间 | 来源 | 新闻标题 |
|---|---|---|---|
| 1 | 12 月 13 日 | 网易 | 大学生因专业更名求职遭拒，教育部：将加大专业目录宣传力度 |
| 2 | 12 月 14 日 | 新浪 | 川大学子因专业更名求职遭拒　教育部：加大专业目录宣传 |
| 3 | 12 月 14 日 | 澎湃 | 专业更名影响大学生求职，教育局真的“只能这样”？ |
| 4 | 12 月 14 日 | 光明网 | “因专业更名求职遭拒”也是一种懒政 |
| 5 | 12 月 15 日 | 钱江晚报 | 因专业改名求职遭拒，考生招谁惹谁了 |
| 6 | 12 月 15 日 | 腾讯网 | 大学生因专业更名求职遭拒　教育部：加大专业宣传 |
| 7 | 12 月 15 日 | 新华网 | 大学生因专业更名求职遭拒，教育部：将加大专业目录宣传力度 |
| 8 | 12 月 18 日 | 中国新闻网 | 大学生所学专业更名求职遭拒　一纸文凭变废纸？ |

**3. 舆情方向分析**

媒体对该事件全部持批评态度，一方面指出招聘单位就专业名称死抠字眼，过于机械，另一方面则批评邯郸市教育局工作不到位，存在“懒

① 大学生因专业更名求职遭拒，教育部：将加大专业目录宣传力度[EB/OL]. 网易，2017-12-13.

政”之嫌。澎湃新闻的“马上评”栏目指出邯郸市教育局应未雨绸缪，在招聘前考虑到新旧专业名称的衔接问题，与人社部加强沟通、对下属学校招聘进行指导，事发后也应有所作为，及时止损。但其目前的表现“实则是不作为和对求职者不负责任的托词”[①]。光明网评“邯郸市教育部门这种拒绝的姿态，也并非是一种‘公事公办’……说到底，这就是一种放弃职守的懒政、不作为”[②]。《钱江晚报》时评作者王彬批评招聘单位在专业名称上抠字眼，不懂得合理变通，有“死板机械”之嫌，批评当地教育局“懒政不作为”[③]。

相对于媒体的激烈评论，专家的评论则要缓和一些，如中国教育科学研究院研究员储朝晖称用人单位不了解高校专业变化，在具体招聘时又过于死板[④]；四川大学文学与新闻学院时任院长曹顺庆也称“主要是因为社会不了解大学专业的设置，需要媒体大力宣传”[⑤]。教育部对此表示，将进一步加大对新版本科专业目录的宣传力度。这些观点都要温和得多，将责任更多地归咎于宣传不到位、用人单位了解不足等方面。

至于今后这种招聘困局如何破解，有评论指出用人单位、人社部、教育部门都应承担相应的责任[⑥]；王彬称症结在于专业名称变更与用人单位招聘专业设定两者的衔接上，这需要多方合力，用人单位招聘时应尽量设置专业大类，教育部、高校、人社部和用人单位专业名称要衔接好，实现统一[⑦]。而对于相关部门的“懒政”，光明网犀利地指出“对于因此造成恶劣社会影响的，该问责的则要严厉问责，以儆效尤”[⑧]。

---

① 甘琼芳．马上评丨专业更名影响大学生求职，教育局真的“只能这样”？［EB/OL］．澎湃评论，2017-12-14.

② “因专业更名求职遭拒”也是一种懒政［EB/OL］．光明网，2017-12-14.

③ 王彬．因专业改名求职遭拒，考生招谁惹谁了［EB/OL］．腾讯网，2017-12-15.

④ 大学生因专业更名求职遭拒，教育部：将加大专业目录宣传力度［EB/OL］．澎湃新闻，2017-12-13.

⑤ 大学生因专业更名求职遭拒，教育部：将加大专业目录宣传力度［EB/OL］．澎湃新闻，2017-12-13.

⑥ 甘琼芳．马上评丨专业更名影响大学生求职，教育局真的“只能这样”？［EB/OL］．澎湃评论，2017-12-14.

⑦ 王彬．因专业改名求职遭拒，考生招谁惹谁了［EB/OL］．腾讯网，2017-12-15.

⑧ “因专业更名求职遭拒”也是一种懒政［EB/OL］．光明网，2017-12-14.

网友对该事也大都持质疑批评态度。很多网友留言称有过同种遭遇，如微博网友“Hola 小张”留言称“广播电视新闻学已经改名为广播电视学，专业代码都一样，但是我资格审查时也因此被拒，很可惜”；有人因不了解教育部专业修订原委质疑学校专业名称乱改，如澎湃新闻下有人留言“学校总是瞎改专业名”，微博网友“烟花三月忆江南”称“专业更名？好随意啊”；有人怀疑王芬遭遇了“萝卜招聘”，澎湃网友“斯通瓦尔”说“她被阴了呗。有关系户在要占名额，无非是找了个冠冕堂皇的理由把她踢了”。同样，网友评论中也有质疑招聘死板，只重专业名字不重应聘者能力，微博网友称“恐怕是制定规则和遵从的人学历太低太死板，只看专业名字而不看个人能力，现在本科教育是宽口径，专业名字有那么重要吗？”

## 三、高等教育体制改革舆情应对策略

通过以上 4 个热点事件的分析，可以发现高等教育体制改革方面的舆情事件有如下特点：部分舆论“隐身”于微信朋友圈、QQ 群等较为隐蔽的私密空间内，如 4 月《教育部等五部门关于深化高等教育领域简政放权放管结合优化服务改革的若干意见》公布后，有媒体称该消息“刷爆微信群”；政策发布类舆情带有“长尾”效应，政策发布后三天内，媒体大量转发，达到舆情高峰，之后随着各地政策的施行，又会引起媒体关注；高校体制改革与社会牵连甚广，并不局限于当下某高校的一时一地，而是一项长久连贯且波及面甚广的改革，如 2017 年 12 月的“大学生因专业更名求职遭拒”事件，反映了当前的高校改革与社会衔接之间的问题。针对这些特点，关于高等教育体制改革舆情应对策略提出以下建议。

### （一）重视对线下舆论的调研

如上文所言，高等教育体制改革的相关政策颁布后，往往在微信朋友圈、微信群、QQ 群等流传、议论，这些信息因涉及用户隐私以及限于技术手段很难被监测到，但是这些“隐蔽”的舆论仍需重视。如“高校教师职称评审权下放”事件，高校教师群体是最大的利益相关方，该信息一经发布就在教师群体中引起了不少的讨论，但是很多教师并不乐于在网上发表意见。可通过线下的问卷调查、访谈等方式获取他们对改革的意见及建议，以获取全面的舆情信息，推进教育体制改革顺利进行。

### （二）体制改革类舆情需“常抓不懈”

体制改革，绝非一朝一夕就能促成的，从政策的制定到各高校落实需要较长时间，舆情“长尾”效应明显，因此不能仅关注政策发布后三两天的舆情，还要注意政策发布后各地各高校具体行动时的舆论动态，时刻保持警惕，一旦有异常动向，需及时应对。体制改革战线较长，其中热点事件反复出现，因此在长久的舆情观测中，注意归纳总结热点事件的舆情发展规律及特点，形成舆情预判及预警机制。

### （三）注意舆情事件引发的联动效应

高校体制改革尽管主要面向高校，但是改革向来是“牵一发而动全身”，需注意因高校体制改革带来的其他影响。例如 2017 年 12 月的“大学生因专业更名求职遭拒”事件，明明是教育部与时俱进的专业更名，却被当地招聘单位看作专业不对口。教育部与人社部、教育部与用人单位之间的衔接急需打通理顺，否则就会出现教育部锐意改革，而其他部门却墨守成规的矛盾。带来的就是高校与社会脱节，学生就业问题频现等现象。因此，高等教育体制改革路上，主管部门一方面要扩大宣传，另一方面是否可以谋求与其他部门携手改革、互通有无，让改革不再仅仅是象牙塔内的事，更是全社会的事。

（刘立荣）

# 第9章　高校管理舆情分析报告

“一般而言，教育事务、研究事务、管理事务是高等教育事务的三个方面。其中，教育事务主要关注高校的人才如何培养、高深知识如何传播，即如何通过教育让人成为人；研究事务则关注知识如何分类、学科如何设置，即高深专门知识如何生产与应用；管理事务涉及高校的组织结构、权力运行机制、治理体系等”①。这三项事务是在高等教育的演变过程中渐趋完善成型的。

高等教育古已有之。但现代意义上的高等教育起源于12至13世纪的欧洲中世纪大学，逐渐沉淀形成院系分科、规定的课程、正式的考试、稳定的教员、颁发学位文凭等独有特征。传统的中世纪大学与教会和专业行会渊源匪浅，享有相当的自治权，其职能集中在传授已有知识，即教育事务。直到19世纪初，德国洪堡创办的柏林大学成为新型大学的代表，职能上从教育事务转向研究事务，以增扩人类的知识为己任。而管理事务作为一种规范性操作则是在高等教育规模不断增大、复杂性不断增强的过程中逐渐探索成型的。

但反观中国高等教育发展历程，管理事务可谓如影随形。中国现代意义上的高等教育起始于19世纪60年代。鉴于后起国家的特定国情，我国高等教育始终是民族独立、国家富强的宏大战略的有机组成部分，其成长的每个阶段都充满顶层设计与管理的浓墨重彩。“百年来的中国大学经历了三次重要的转型：第一次转型是20世纪20年代，以1922年新学制的颁布为标志，以美国高等教育模式为参照系进行的变革；第二次转型是新中国成立后，以1950年中国人民大学的成立和哈尔滨工业大学的

① 王建华．高校管理事务的专业性与院校研究的制度化[J]．高校教育管理，2018，12(1)：7－8.

改革为标志,开始了对苏联高等教育模式的全盘照搬;第三次转型是改革开放以后,以 1985 年《中共中央关于教育体制改革的决定》颁发为标志,中国大学以欧美高等教育模式为主,参照世界各国大学发展经验,走上自主探索和建设中国特色社会主义高等教育模式的道路”①。

而今,党的十九大报告明确指出,我国已经进入中国特色社会主义新时代,开启全面建设社会主义现代化国家新征程。我国高等教育必然通过“建设世界一流大学和一流学科”、强化内涵式发展将自身锻造为中华民族伟大复兴工程的重要结合点。这无疑对高校管理事务提出了更高、更新、更细的要求。在信息获取成本几近为零的互联网时代,就高校管理事务生成的舆情事件纷至沓来,由此为高校管理工作增加了危机公关与形象建设等内容。

出于辅助提高高校管理水平以及带动高校场域与舆情场域良性互动的责任与自觉,中国传媒大学高教传播与舆情监测研究中心(以下简称“研究中心”)对 2017 年 1 月 1 日—12 月 31 日的高校管理舆情版块进行了专门的跟踪监测和分析。

## 一、高校管理舆情概况

### (一) 舆情时间分布

#### 1. 数据数量

从绝对数量上看,研究中心在高校管理舆情版块共监测到 2017 年相关信息 2 326 条,日平均监测信息 6. 37 条。信息量环比增加了 218 条,日平均监测信息增加 0. 59 条。从信息量增速上看,2017 年高校管理舆情版块的信息增量为 10. 34% ,明显低于上一统计周期的 55% 。这说明由高校管理引发的舆情事件依旧在增长,但增速明显放缓。该指标可在评判高校舆情管控能力是否增强时作为参考。

从相对数量上看,2017 年高校管理舆情版块的信息量低于大学生就

① 孟中媛. 百年来中国大学的三次转型发展的历史回顾[J]. 黑龙江高教研究,2008,169(5):11 - 13.

业（10 721 条）、大学生（9 007 条）、科学研究（5 245 条）、人才培养（4 303 条）、国外教育（3 696 条）、思政教育（3 394 条）、教师发展（2 816 条）、学科专业（2 789 条）等版块，高于体制改革（2 061 条）、质量评估（1 227 条）、社会服务（839 条）、高教政策（668 条）、高教反腐（134 条）等版块。14 个专题版块中高校管理舆情版块位于第 9 位，处于中间位置但下降 2 位；高校管理舆情版块的信息贡献率仅为 4.7%，轻微下滑；它的信息量是占第一位的大学生就业版块的 22%，明显下降。上述这些数据说明，与高校舆情领域的其他事项相比，由高校管理引发的舆情关注量和关注度在低位盘整中进一步下降。

**2. 数据分布与走向**

2017 年高校管理舆情信息的月分布图、季度分布图以及两年间的月分布与季度分布对比图如图 9-1 至图 9-4 所示。

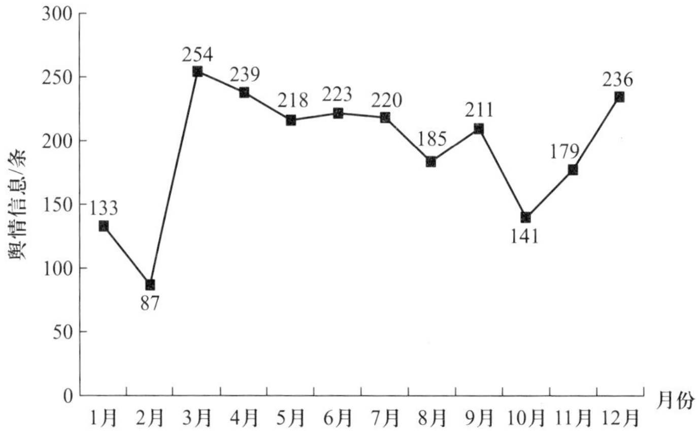


**图 9-1　2017 年高校管理舆情信息月分布图**

2017 年度高校管理舆情信息在月分布上，并不均衡，最高值出现在 3 月，为 254 条；最低值出现在 2 月，为 87 条。与 2016 年度高校管理舆情信息月分布相比，最高值有所上升，最低值有所下降（2016 年度最高值出现在 8 月，为 246 条；最低值出现在 2 月，为 94 条）。

从数据走向来看，2017 年高校管理版块的舆情从 1 月到 12 月，经历了低开高走、缓慢回落、小幅震荡、低点攀升的过程。其中，1 月份舆情热度较低，有 133 条信息，位居全年信息条数排行的第 11 位，仅高于 2 月

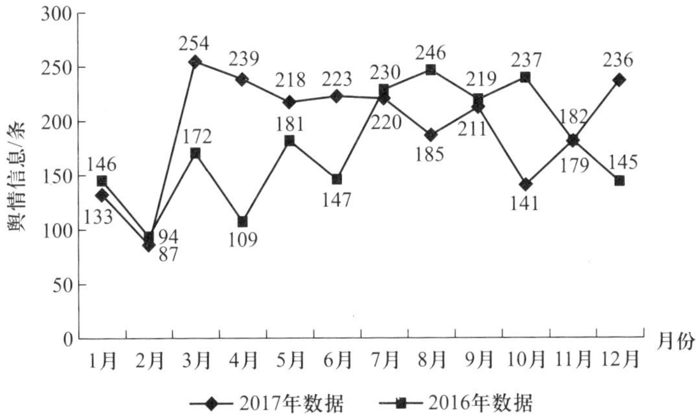


图 9-2　**2016** 年与 **2017** 年高校管理舆情信息月分布对比图

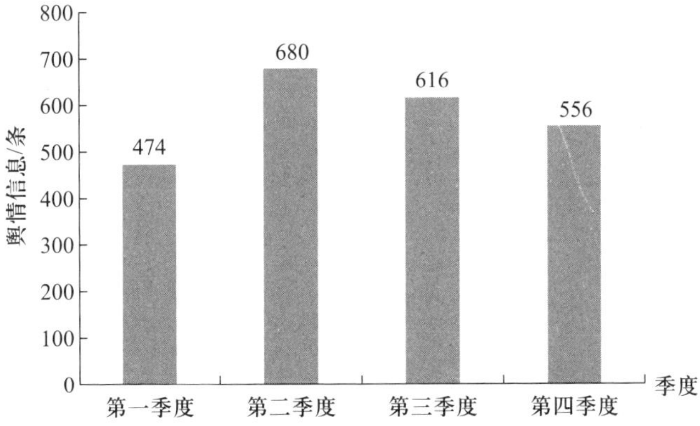


图 9-3　**2017** 年高校管理舆情信息季度分布图

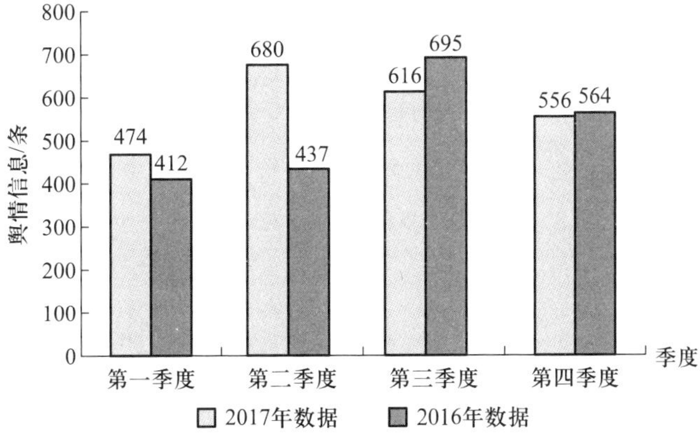


图 9-4　**2016** 年与 **2017** 年高校管理舆情信息季度分布对比图

(87 条);3 月份,舆情信息量直线上升,攀至全年最高量 254 条;4 月至 7 月四个月的舆情信息量渐趋回落,稳定在 220 条上下,在全年中处于高位持平状态;8 月以后,高校管理领域的舆情热度明显震荡,当月舆情信息量降至 185 条;9 月小幅回升至 211 条后迅速回落到 10 月的 141 条;全年最后两个月,高校管理领域的舆情信息量表现出后劲强劲态势,稳步上升。

与 2016 年度高校管理舆情信息月分布图的走向相比,2017 年度高校管理领域的舆情走向表现出的相同和相异之处分别如下。

相同之处:第一,年初,尤其是头两个月,高校管理领域的舆情信息量都较低,2 月份是热度低点,连续两年信息量都未过百。原因在于高校在这一阶段尚处于寒假期间,以及大众媒体的关注度转移。第二,高校管理领域的舆情信息量的最高值和最低值两年的数据比较接近,在 250 条和 90 条上下。第三,两年间都出现长达 4 个月的舆情信息量平稳释放阶段。

不同之处:第一,两年间高校管理舆情信息量走势完全不同。2016 年舆情信息量在上半年呈连续波动、快速上升,下半年则在波动中迅猛回落,而 2017 年年初就起伏较大,上半年较为平稳,接着迎来下半年震荡后的快速攀升。第二,舆情信息高峰落点不同。虽然两年都是单峰点,但分别落在 8 月份和 3 月份。第三,2017 年高校管理领域的舆情信息波峰波谷差 167 条,稍高于 2016 年的 152 条。

从 2017 年度高校管理舆情信息季度分布图中可以看出,高校管理领域舆情热度最高时段是第二季度(共有 680 条信息),最低时段为第一季度(共有 474 条信息)。第三、四季度的信息分别为 616 条、556 条。

与 2016 年度高校管理舆情信息季度分布相比,2017 年度呈现的新特点包括:第一,“最高值未及,最低值超过”,2017 年高校管理领域的舆情信息在季度分布上,最高值是二季度,但不及 2016 年三季度的最高值,而 2017 年最低值在一季度,数量较 2016 年有所提升;第二,尽管从月分布图上,两年中第四季度的走势全然相反,但在信息总量上,两年来却不相上下,进一步说明高校管理领域舆情在第四季度较为稳定;第三,从两年高校管理舆情信息季度分布对比图中可以看出,2017 年信息占有量最高的第二季度和第一季度间存在 206 条差量,比 2016 年最高最低两季度间的差值 283 条小。可见,相较上一年,2017 年高校管理领域的信息在时间分布上更趋缓和均匀。

## (二) 舆情类型分析

同 2016 年相似,2017 年度高校管理舆情信息的类型可以分为 8 大类,即制度与规章、后勤管理、人事管理、学生管理、科研管理、教学管理、发展规划和交流合作(图 9-5)。

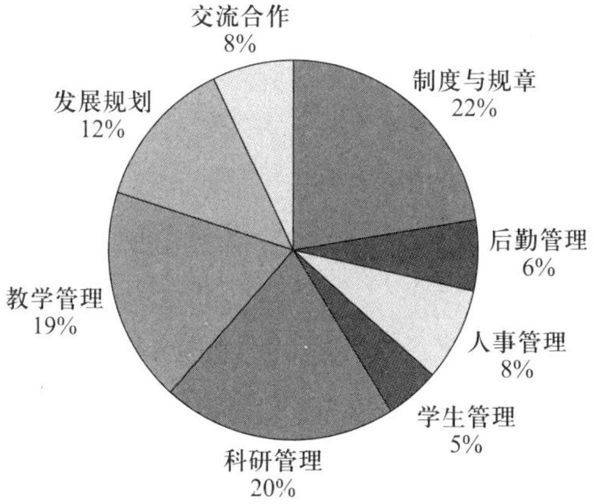


**图 9-5　2017 年高校管理舆情信息类型分布图**

两年对比下来,交流合作和发展规划占比不变,教学管理、制度与规章、后勤管理占比有所上升;科学管理、人事管理和学生管理占比小幅下降。制度与规章、教学管理、科研管理三者占比最高,已超六成。这说明高校管理工作中的传统事项是引发舆情关注的重要领域。

## (三) 舆情地域分布

研究中心的监测数据显示,2017 年度高校管理舆情信息在地域分布上覆盖到 34 个省级行政区(省、自治区、直辖市和特别行政区)(图 9-6)。相较于 2016 年,高校管理舆情信息的三甲依然是北京市、上海市、山东省,2017 年广东省代替江苏省成为第 4 位。浙江省、天津市和香港特别行政区的信息占有量也超过 100 条,位居前列。江苏省从第 4 位滑至第 8 位,居剩余所有信息量不足百条的省市之首。居地域分布图后四位的是海南省、澳门特别行政区、宁夏回族自治区和西藏自治区,其中宁夏和西藏的信息占有量不足 10 条。变化较大的是青海省,由 2016 年信息占有量最后一位前进四位,信息占有量突破两位数。

北京、上海、山东三地不仅依然保持高校管理舆情信息占有量的前三名,而且三地之间依然延续了 2016 年以来的信息占有量间的等比关系态势。北京、上海、山东的高校管理舆情信息占有量依次是后者的两倍左右。北京的信息占有量最高,2017 年度其高校管理舆情信息量为 612 条,与 2016 年的 565 条相比增加 8%。上海市和山东省的高校管理信息量相比 2016 年均有所上升,增幅分别为 29%、46%。从增速上看,未来几年,前三名之间的差距有望缩小。

在高校管理的信息占有量上,东部地区最多,为 1 722 条,环比增加 109 条;中部地区次之,为 407 条,增加 107 条;西部地区再次之,为 383 条,减少 36 条;东北地区最少,为 151 条,增加一倍有余,增幅最大。东部地区信息条数最多是因为该地区经济发达、教育资源丰富,又是政策发源地。在“双一流建设”“十三五”规划、合作办学、科研创新、对外交流、政策解读等方面,东部地区相较于其他地区有明显优势。

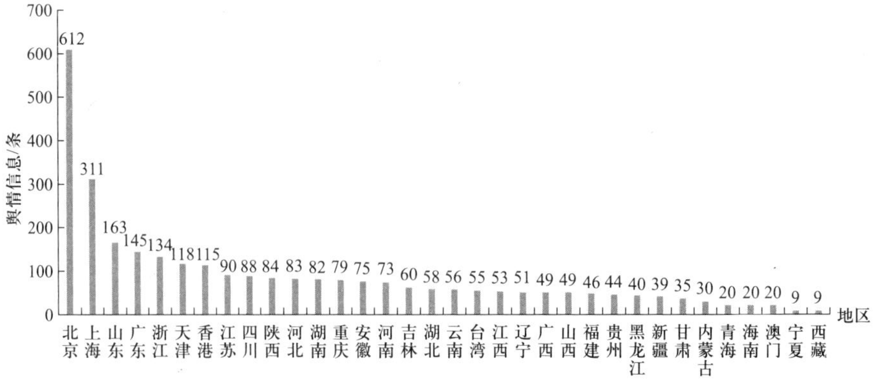


**图 9-6　2017 年高校管理舆情信息地域分布图**

## 二、高校管理热点事件分析

### (一) 热点事件一:清华大学将对每一位新生提出学会游泳的要求

#### 1. 舆情新闻报道

凝聚共识,扎实工作,开创新百年发展新格局

清华大学举行 2017 年全校教职工大会

(2017 年 3 月 17 日载于清华新闻网,21 个网页刊载相关新闻)

……会上,邱勇校长对大家关心的多个问题进行了回应,如:……针对如何进一步弘扬清华体育传统的问题,学校将增加大一新生课外锻炼时间,并对每一位新生提出学会游泳的要求等;针对校园生活方面的意见,学校将增加师生免费上网流量,实现清华网络学堂升级改造……[①]。

#### 2. 舆情进展分析

2017 年 3 月 17 日,清华新闻网刊登了题为《凝聚共识,扎实工作,开创新百年发展新格局　清华大学举行 2017 年全校教职工大会》的综合报道。其中,提出一项学校解决现存问题的措施,即将游泳与毕业绑定。19 日,澎湃新闻率先转载了清华新闻网的报道。标题却改为《清华大学校长:将对每一位新生提出学会游泳的要求》。随后,各大媒体纷纷转载该文。相关报道如表 9-1 所示。

表 9-1　清华大学将对每一位新生提出学会游泳的要求的相关报道(不完全统计)

| 序号 | 时间 | 来源 | 新闻标题 |
|---|---|---|---|
| 1 | 3 月 17 日 | 清华新闻网 | 凝聚共识,扎实工作,开创新百年发展新格局<br>清华大学举行 2017 年全校教职工大会 |
| 2 | 3 月 19 日 | 澎湃新闻 | 清华大学校长:将对每一位新生提出学会游泳的要求 |

① 李含,曲田. 凝聚共识,扎实工作,开创新百年发展新格局　清华大学举行 2017 年全校教职工大会[EB/OL]. 清华新闻网,2017-03-17.

续表

| 序号 | 时间 | 来源 | 新闻标题 |
|---|---|---|---|
| 3 | 3月27日 | 网易新闻 | 清华大学:2017级本科新生开始　不会游泳不能毕业 |
| 4 | 3月27日 | 搜狐新闻 | 清华大学重拾老校规:会游泳才能毕业,从2017级本科新生开始 |
| 5 | 3月28日 | 长城网 | 不会游泳就无法从清华毕业,多此一举? |
| 6 | 3月28日 | 腾讯网 | 不会游泳不能从清华毕业,算不算好校规? |
| 7 | 3月29日 | 财新网 | 会游泳才能毕业　如何看清华新规 |
| 8 | 3月29日 | 解放日报 | 清华本科生必修游泳课,不是刁难是福利 |
| 9 | 3月30日 | 人民网 | 人民网评:"会游泳才能毕业",请理解背后的良苦用心 |
| 10 | 3月31日 | 新华网 | 醒醒!清华毕业"硬杠杠"告诉你只顾埋头拼分不行了 |
| 11 | 4月10日 | 中青网 | 清华大学把游泳与毕业挂钩　多少高校敢于跟进? |
| 12 | 4月18日 | 界面新闻 | 从"不会游泳不能毕业",谈中国现代体育百年历程中的清华大学 |

新规引发的舆情迅速升温,在自媒体领域引起广泛争议。围绕新规出现的段子更是花样百出,比如"清华女永远不会问'我跟你妈同时落水你先救谁'的终极问题""旱鸭子们纷纷向北大投递转学申请"等。

时至3月下旬,来自传统媒体和商业媒体的评论性声音开始出现,成为引导舆论的重要力量。28日,长城网发布微评《不会游泳就无法从清华毕业,多此一举?》,将新规出台与部分决策者爱好挂钩。同日,腾讯网评论性文章《不会游泳不能从清华毕业,算不算好校规?》,指出清华将游泳视为必修课并与毕业绑定是大学设置课程的自主权和办学独立性的体现。《北京青年报》28日发文表示《清华大学把游泳作为必修课没啥不妥》。29日,财新网发表《会游泳才能毕业　如何看清华新规》,在承认新规引发争议的前提下,将报道基调转向大学体育教育的重要性、清华新规符合政策导向,同时指出学生的意见应该被听取。在各方观点不断碰撞的过程中,《解放日报》在29日发表《清华本科生必修游泳课,不是刁难是福利》一锤定音。不同于之前多家媒体貌似中立的平衡战术，《解放日报》旗帜鲜明地指出新规之所以被炒热，源于对事件断章取义的理解。文章深入指出，清华此举不仅符合法律规定，更有充分的理由，在实施上有切实的保障，是学生的一项福利。人民网 30 日发表带有劝慰性标题的文章《人民网评："会游泳才能毕业"，请理解背后的良苦用心》。

4 月中旬以后，舆情趋于平静，关注点也有变化。《中国青年报》的关注点偏向横向对比，10 日刊出的《清华大学把游泳与毕业挂钩　多少高校敢于跟进?》对有多少高校敢于效仿并跟进清华新规提出展望；界面新闻则回归历史，18 日发文《从"不会游泳不能毕业"，谈中国现代体育百年历程中的清华大学》。

**3. 舆情方向分析**

针对清华"不会游泳不能毕业"新规，与自媒体上广大网友娱乐化的调侃之声不同，来自专家或媒体的评论正面居多，间或伴有其他建言。

首先，来自媒体的释疑解惑。疑惑就是清华新规是否越权，是否合理。"有网友表示，打着'老校规'的幌子，清华就可以堂而皇之地把'旱鸭子'拒之门外吗?"[①]。也有网友表示，此举有强制之嫌，用力过猛。对此，多家媒体纷纷撰文释疑解惑。搜狐号"蒲公英微校园"指出，众多高校都对学生的游泳技能有一定的要求。"一方面是由于高校学子普遍缺乏体育锻炼。另一方面，游泳作为一项生存技能，系统教学可以让他们在危急时刻实现自救"[②]。腾讯评论则直抒胸臆，不仅在动机上充分理解清华此举，还援引政策文件给予支持。评论称，从动机来看，一来是为了改变学生体质、健康状况下滑趋势，二来是恢复校规。根据相关规定，"清华大学在引体向上、50 米跑等体育项目外增加游泳项目，属于职权范围之内行事"[③]。

其次，来自教育界良苦用心的自陈。王宗平（南京理工大学动商研究中心主任）认为，清华大学重新把游泳纳入对学生毕业资格的考核要

---

① 马小马．会游泳才能毕业，清华"越权"了吗?［EB/OL］．网易新闻，2017-03-28.

② 陈苑．不会游泳就不给毕业，清华大学这个规定没毛病！［EB/OL］．蒲公英微校园·搜狐号，2017-03-28.

③ 张德笔．不会游泳不能从清华毕业，算不算好校规?［EB/OL］．腾讯评论，2017-03-28.

求，其意义比学校开设游泳课更高[①]。周光礼（中国人民大学教育学院副院长）认为，“清华的培养目标是知识探究、能力建设、人格塑造，要求会游泳大概属于能力建设。”张端鸿（同济大学高等教育研究所讲师）认为，新规定的背后是对学生体质的关怀，而不是为了“卡学生”[②]。

最后，来自专家学者的建言与寄语。王宗平教授提出，清华新规对全国的高校都有借鉴意义，因为所谓的安全风险顾虑导致学校体育工作裹足不前得不偿失，希望清华大学此次对学生提出的游泳技能要求能辐射到更多的高校[③]。储朝晖（中国教育科学研究院研究员）则认为，因为涉及个人兴趣爱好的选择，让每个学生都学会游泳是有难度的。“还是要灵活，不必要以一个运动项目，做出单一的要求”[④]。

## （二）热点事件二：中国社会科学院大学今年起招收本科生

### 1. 舆情新闻报道

中国青年政治学院本科和部分研究生教育
划转至中国社会科学院大学
（2017 年 5 月 19 日载于“共青团中央”微信公众号，
1 130 个网页刊载相关新闻）

近日，中国社会科学院、共青团中央关于申请创办中国社会科学院大学相关事项的请示和关于成立中国社会科学院大学的论证报告得到教育部批准，创办中国社会科学院大学获批。以中国社会科学院研究生院为基础，整合中国青年政治学院本科教育及部分研究生教育资源创办中国社会科学院大学。中国青年政治学院不再举办本专科学历教育[⑤]。

### 2. 舆情进展分析

中国社会科学院大学的创办在过去两年间一直风声不断。它仿佛是

---

① 慈鑫．清华大学把游泳与毕业挂钩为何引发轰动[N]．中国青年报，2017-04-10(8)．

② 张兰太．会游泳才能毕业　如何看清华新规[EB/OL]．财新网，2017-03-29．

③ 慈鑫．清华大学把游泳与毕业挂钩为何引发轰动[N]．中国青年报，2017-04-10(8)．

④ 卢梦君，吴晔婷．清华规定“不会游泳不能毕业”：游泳课现火爆难抢[EB/OL]．澎湃新闻，2017-03-30．

⑤ 中国青年政治学院本科和部分研究生教育划转至中国社会科学院大学[EB/OL]．共青团中央·微信公众号，2017-05-19．

一个犹抱琵琶半遮面的大家闺秀，不断撩拨人们臆想猜测，直至 2017 年 5 月才“渐露真容”。因此，就中国社会科学院大学获批创办的舆情进展也表现出了独特之处。与一般舆情事件具有明显的发生期、扩散期和消退期不同，虽然 5 月才由官方渠道最终确认中国社会科学院获批创办，但围绕该核心议题的附属性议题始终活跃，将该事件的舆情发生期和扩散期放大延长了。

自 2016 年上半年起，中国社会科学院大学创办的重要附属议题之中国青年政治学院改革就已引发热议。对于当时就已经出现的中国青年政治学院有可能停办的风声，舆情观点集中在原因阐释、无奈与不解、利益相关方的权利诉求等。2016 年围绕中国青年政治学院改革的舆情可谓是整个事件舆情变化的前奏。

在中国青年政治学院改革话题渐趋平静的同时，2017 年 1 月，中国社会科学院大学的消息不断出现，预热了中国社会科学院大学获批创办的舆情。1 月 19 日，虎扑体育网最先曝出《重大消息：中国社会科学院将成立中国社会科学院大学，合并中国青年政治学院！》。随后，中国社会科学院大学成立的消息被多家媒体纷纷报道。虽然在这个阶段，各家媒体的报道并没有援引或说明官方信源，但言之凿凿，而且信息的全面性和真实性事后看来并无太大差池。可见，年初就已经出现一次中国社会科学院大学创办的舆情高潮。这个阶段的舆情特点既包括自上而下的“放气球”的谨慎和试探，也带有自下而上的不解、无奈和观望。

直到 5 月 19 日，官方媒体“共青团中央”公众号正式确认中国社会科学院大学获批创办。与前奏和第一波舆情高潮相比，在一锤定音后，围绕该事件的舆情相对平静。接着就曝出中国社会科学院大学 2017 年首招本科生的消息，媒体关注点紧随其后。5 月下旬到 6 月中旬，有关中国社会科学院大学获批创办并将招生的新闻在包括新浪、搜狐、网易、中国教育在线、《新京报》《解放日报》《北京晨报》、新华社、华禹教育网、凤凰网等媒体上均有刊载，但信息冗余度较大，视角局限在信息表层呈现上。其中，澎湃新闻的《中国社科院大学设 8 大学院，今年招 7 个专业 390 名本科生》一文是对整个事件最全面深入的报道。

对该事件舆情走向有影响的报道包括：《新京报》发表的《教育部回

应中青院本科和部分研究生教育划转社科院大学：做好衔接　确保创办工作平稳有序进行》（5 月 19 日）从管理角度，指出教育部对创办和衔接工作平稳进行的要求；360DOC 的《中国社会科学院大学成立，内含中国大学简史》（5 月 23 日）从大学创办深入谈及了中国大学的发展历程；财新网《中国青年政治学院本科易主　中国社会科学院大学今年良乡开课》（5 月 29 日），文章不仅将中国青年政治学院易主和中国社会科学院大学创办相结合，还综合融入了大量背景信息，如中青院的背景和社科院相关领导的访谈；凤凰快讯《中国社科院大学领导班子公布，今年将首招本科生》（6 月 6 日）报道了新大学领导班子的高规格，校长、副校长和党委书记分别由中国社科院的院长、副院长和党委书记兼任；华禹教育网《中国社会科学院大学：2017 年首次招收本科生——访中国社会科学院大学招生办闫雷》（6 月 16 日）详细阐述了中国社会科学院大学的招生计划。相关报道如表 9-2 所示。

**表 9-2　中国社会科学院大学今年起招收本科生的相关报道（不完全统计）**

| 序号 | 时间 | 来源 | 新闻标题 |
|---|---|---|---|
| 1 | 5 月 19 日 | “共青团中央”微信公众号 | 中国青年政治学院本科和部分研究生教育划转至中国社会科学院大学 |
| 2 | 5 月 19 日 | 新京报 | 教育部回应中青院本科和部分研究生教育划转社科院大学：做好衔接　确保创办工作平稳有序进行 |
| 3 | 5 月 20 日 | 澎湃新闻 | 中国社会科学院大学渐露真容，今年正式招收本科生 |
| 4 | 5 月 22 日 | 中国教育在线 | 中国社会科学院大学今年起招收本科生！ |
| 5 | 5 月 23 日 | 360DOC | 中国社会科学院大学成立，内含中国大学简史 |
| 6 | 5 月 24 日 | “勤月艺术”百家号 | 高三报考：你好，中国社会科学院大学再见，中国青年政治学院 |
| 7 | 5 月 29 日 | 财新网 | 中国青年政治学院本科易主　中国社会科学院大学今年良乡开课 |
| 8 | 6 月 4 日 | 新浪新闻 | 中国社会科学院大学今年在全国首招本科生 |

续表

| 序号 | 时间 | 来源 | 新闻标题 |
| --- | --- | --- | --- |
| 9 | 6 月 5 日 | 澎湃新闻 | 中国社科院大学设八大学院，今年先招 7 个专业 390 名本科生 |
| 10 | 6 月 6 日 | 凤凰快讯 | 中国社科院大学领导班子公布，今年将首招本科生 |
| 11 | 6 月 16 日 | 华禹教育网 | 中国社会科学院大学：2017 年首次招收本科生——访中国社会科学院大学招生办闫雷 |

### 3. 舆情方向分析

中国社会科学院大学获批创办享有天时地利人和优势。天时——该大学是壮大马克思主义理论阵地、繁荣发展中国特色哲学社会科学的重大历史机遇的产物；地利——除北京良乡本部以外，海滨城市青岛将开设中国社科院大学的另一个校区；人和——这所大学是在中国社会科学院和共青团中央联合申请下获批的。创办这样一所高规格大学必然会对我国的高等教育产生多方面的影响。对此，媒体、专家纷纷发表评论。

来自媒体对该事件的直接评论较少。凤凰网《中国社会科学院大学将在青岛建校区　到底有多厉害?》用“强强联手，未来可期”形容中国社会科学院大学[①]。《青岛早报》发表《好消息！中国社会科学院大学创建将在青岛建分校》，标题中的“好消息”让这一地方媒体的喜悦之情溢于言表。

来自专家的评论更多的是集中在这所新大学的管理机制与人才培养方式上。就颇受关注的“导师制”，中国教育科学研究院研究员储朝辉表示，实施导师制有助于增加师生间的交流接触和良性联络，弥合大学老师的责任链。张端鸿（同济大学高等教育研究所讲师）也指出，“目前，本科生学业导师制在不少研究型大学中推行了，然而在现实中，它的运行很容易流于形式”[②]。梁光盛（山东省实验中学高二年级级部副主任）表示，

① 中国社会科学院大学将在青岛建校区　到底有多厉害？[EB/OL]. 凤凰网，2017-05-21.

② 杨慧彩. 中国社科院大学将对本科生实行导师制　专家：应避免流于形式[EB/OL]. 界面，2017-06-09.

“本科生也有望享受‘研究生’式的培养模式，进行系统的学习，这属于整体教学与学生未来发展方向均有完善的培养体系”[①]。

## （三）热点事件三：高校思政课如何让学生抬头？光靠教科书远远不够

### 1. 舆情新闻报道

高校思政课如何“高精尖”？

（2017 年 12 月 14 日载于《中国青年报》，52 400 个网页刊载相关新闻）

2015 年 10 月，北京市确立了首批 13 个高等学校高精尖创新中心。创新中心汇集了未来芯片、未来网络、大数据、智能机器人、人脑保护等未来科技。其中，中国人民大学牵头的北京高校思想政治理论课高精尖创新中心是其中为数不多的文科类创新中心。两年过去了，通过搭建平台、收集资料、大数据分析等方式，中心不仅“诊断”北京乃至全国高校思政课的“抬头率”问题，还为思政课教师“对症下药”提供了理论与技术支持[②]。

### 2. 舆情进展分析

高校思政课质量提升话题自 2016 年年底全国高校思想政治工作会议召开以来，就一直维持一定的舆论热度。至 2017 年 12 月，在“高校思政课如何‘高精尖’”这一话题发酵之前，前期的舆情酝酿与铺垫相当充分。

12 月 14 日，《中国青年报》发表的《高校思政课如何“高精尖”?》引发了各类媒体的转载小高峰。主要有以下四类媒体：一管理机构官方平台：教育部官网、陕西省教育厅全文同题转载《中国青年报》这篇文章。二高教界与教育类媒体：学科网、中国教育和科研计算机网当天转载；中国社会科学网在 8 点 57 分同题转载；15 日，中国教育设备采购网也转载了该文；中国教育网相对滞后，18 日转载该文。三主流媒体：环球网、新华网、中国网、人民网分别在 7 点 47 分、7 点 50 分、8 点 03 分、9 点 32 分

① 中国社会科学院大学今年起招收本科生！［EB/OL］. 中国教育在线，2017-05-22.

② 叶雨婷. 高校思政课如何“高精尖”？［N］. 中国青年报，2017-12-14(3).

以《高校思政课如何让学生抬头？光靠教科书远远不够》为题转载；澎湃新闻 15 点 38 分转载，但将标题改为《"高精尖"技术破题高校思政课，用大数据解决"抬头率"问题》，突出大数据等技术的效用。四商业媒体：新浪教育在 8 点 13 分对标题做微调后转载；14 日当天，搜狐、网易等商业媒体也都进行了转载。相关报道如表 9-3 所示。

**表 9-3　高校思政课如何"高精尖"的相关报道（不完全统计）**

| 序号 | 时间 | 来源 | 新闻标题 |
|---|---|---|---|
| 1 | 12 月 14 日 | 中国青年报/中青在线 | 高校思政课如何"高精尖"？ |
| 2 | 12 月 14 日 | 环球网 | 高校思政课如何让学生抬头？光靠教科书远远不够 |
| 3 | 12 月 14 日 | 中国社会科学网/新浪教育 | 高校思政课如何"高精尖"？ |
| 4 | 12 月 14 日 | 澎湃新闻 | "高精尖"技术破题高校思政课，用大数据解决"抬头率"问题 |
| 5 | 12 月 15 日 | 中国教育设备采购网 | 高校思政课如何"高精尖"？ |
| 6 | 12 月 15 日 | 搜狐 | 依靠"高精尖"课堂提高课上"抬头率" |
| 7 | 12 月 15 日 | 东方网 | "八成多学生喜欢思政课"缘于创新求变 |
| 8 | 12 月 18 日 | 360DOC | 高校思政课如何"高精尖"？解决思政课的"抬头率"问题 |

### 3. 舆情方向分析

相对而言，各类媒体的转载行为较多，原创性评论文章较少。12 月 15 日，公众号"刘言扉语儿"发表文章《思政课改革势在必行，哪种模式终将"一统江湖"?》，结合具体案例对比了内容创新模式、课堂沙龙模式、混合教学模式等。其中混合教学模式正是网络技术驱动下的思政课变革。文章以清华大学的实践为例，阐述了慕课视频、微信互动、弹幕功能等在思政课教学中的应用①。

① 薛健姣．思政课改革势在必行，哪种模式终将"一统江湖"？［EB/OL］．刘言扉语儿・微信公众号，2017-12-15.

24日，北方网发表文章《高校思政课“用心”才能“入心”》，用具体案例来丰富对该议题的认识。文章以天津工业大学一线教师的教学实践为例，介绍了信息技术在思政课教学中的实际应用。该校教师聂丽琴介绍，“各种资料、布置作业任务、进行学习测验、点名管理，给学生发消息、答疑等等都可以上传至这款云端课手机APP……借助新媒体手段进行思政课教学已经成为普遍现象”[①]。

来自教育界的声音以支持和赞赏居多。吴付（中国人民大学党委副书记、纪委书记、北京高校思想政治理论课高精尖创新中心主任）表示，高校思政课之所以需要高精尖技术是因为它可以解决思政课存在的老问题。“多年来，在思政课建设方面重视不够、投入不足，造成思政课教师总体素质偏低是全国很多高校都存在的问题，个别高校甚至会让理工科毕业生教思政课，他们完全没有思政课专业基础”[②]。就利用信息技术解决学生上思政课时“抬头难”的问题，吴付认为老师需要有扎实广博的理论基础，而现代信息技术提供的平台资源有助于实现这一目标。王易教授（北京高校思想政治理论课高精尖创新中心副主任、中国人民大学马克思主义学院副院长）指出，北京高校思想政治理论课高精尖创新中心“借助大数据、云计算技术对全国高校思想政治理论课及相关活动进行数据收集与分析，在量化分析和感性描述的评估方式中，全面了解和掌握思想政治理论课教学情况”[③]。中心开发的系统都发挥了良好效用，如全国高校思想政治理论课网络集体备课平台、理论研究和文献支撑平台、听课记录系统等。

## 三、高校管理舆情应对策略分析

理论上说，高等院校和相关职能部门既是高校管理的政策制定者与执行者，也是高校管理舆情的第一责任人，更是高校形象塑造的建构者和

① 周志强．高校思政课“用心”才能“入心”[EB/OL]．北方网，2017-12-24.

② 叶雨婷．高校思政课如何“高精尖”？[N]．中国青年报，2017-12-14(3).

③ 叶雨婷．高校思政课如何“高精尖”？[N]．中国青年报，2017-12-14(3).

受益者。但事实上，高校舆情管理并非高校管理的传统内容。高校管理的传统事项包括学校的领导机制、管理机构、发展规划、教学与科研管理、思想政治管理、人事和财务管理等等。舆情管理是近年来随着互联网发展与社交化媒体普及之后给越来越多的组织和机构提出的新命题。可见，传统的高校管理是系统内部资源流动的调配。而舆情管理的特殊性在于，来自高教系统外的不同层次的舆论场域的反馈以难以符合高校意志的方式介入并影响高校管理工作的运行与效果。在高校摸索舆情管理这一特殊管理对象时，难免要走些弯路交些学费。从 2017 年高校管理领域的舆情应对状况来看，以下几个问题值得重视。

第一，信息释放和阐释的视角单一，姿态过高，不接地气。在越来越多的舆情事件中，高校都在扮演释放引发舆情关注的信息源的角色，尤其是在涉及高校正面宣传的事件中。对于这类正面积极的信息，它的第一轮释放往往会直接影响到其他媒介机构对信息的二次传播路径和阐释口径。如果原初信息量丰富，角度多样，在舆论场的交互碰撞的“化学反应”中将带来意想不到的收益。但从当前高校这方面的表现来看，其释放的信息存在视角单一、信息量单薄的问题。比如，在 2017 年热点事件“高校思政课运用高精尖技术解决‘抬头率’”报道中，具体典型、生动活泼的教学一线案例非常少；舆论引导主体局限在中观层面上的现代信息技术对思政课教改促进的大线条概述上；针对高校思政课创新需要高精尖技术话题缺乏多维度的辩证思考视角。这在一定程度上反映了高校在舆情管理上的主体意识欠缺，姿态过高，不接地气。

第二，不谙大众媒体价值评判规则和业务操作手法。舆论场域中，大众媒介是一支无法忽视的力量。它有着自己的价值评判规则和业务操作手法。通俗而言，大众媒介往往具有“聚焦镜”“放大镜”的效果。而其聚焦和放大的对象并不遵循高校的意愿，相反它执行独有的价值评判规则。以热点事件“清华大学将对每一位新生提出学会游泳的要求”为例，该信息最初由清华新闻网对外发布，但原文只是一篇全校职工大会的综合报道。从高校舆情管理的角度来看，舆情管理主体的当事方清华大学原本没有打算就该事大做文章。然而，内容完全相同的报道在经过媒体（澎湃等）转发后，焦点却从职工大会以及邱勇校长的内容丰富的讲话转向游泳与毕业绑定上。甚至，后来有媒体更甚一步，直接将新闻标题改为"不会游泳不能毕业""要毕业得会游泳""不会游泳无法从清华毕业！人才的必备技能？"等，耸动气息十足。在争取注意力资源的眼球经济形态下，媒体的"标题党"手法早已司空见惯。但它造成了不良的社会影响，一方面为自媒体场域的低俗化、娱乐化调侃风气输入话题，添柴加火，另一方面为公众理解一项合规的学校规定制造障碍，也为高校与社会系统其他部分的沟通制造阻力。

对于2017年高校管理舆情应对中暴露的问题，笔者认为，高校作为舆情管理主体，应切实加强自身的媒介素养。所谓"媒介素养"是指，"人们面对媒介各种信息时的选择能力、理解能力、质疑能力、评估能力、创造和生产能力以及思辨的反应能力"①。高校通过强化自身的媒介素养，不仅能够在物理层面上更好地与大众媒介机构展开有效合作，并尽快建立一支业务能力过硬的负责对外宣传和舆情管理的队伍，还能在理念上熟悉不同舆论场域的规律，进而加以利用。

（范松楠）

① 彭兰．社会化媒体时代的三种媒介素养及其关系[J]．上海师范大学学报（哲学社会科学版），2013，42(3)：52.

# 第10章　高校教师发展舆情分析报告

高校教师是高等教育的主要参与者，与其发展相关的议题研究是高等教育研究的重要部分。对于高校教师发展舆情进行深入分析，了解媒体与公众就教师发展方面所关心的热点话题，有助于把握教师专业化发展的舆论态势，为高等教育管理部门、高等院校提供建设意见。

2017年，中国传媒大学高教传播与舆情监测研究中心共监测到教师发展相关舆情信息2 816条，本报告在系统数据聚类分析的基础上，对2017年热点事件进行了跟踪分析，具体分析报告如下。

## 一、高校教师发展舆情概况

### （一）舆情时间分布

2017年1月1日至2017年12月31日，高校教师发展舆情的相关信息可参见图10-1、图10-2。与2016年的教师发展数据相比，全年数据有较大增加，同时发现，在连续两年的数据中，舆情高发月份为4月至5月、9月至10月；此外，上半年的教师发展相关舆情信息要低于下半年。因此，加强对舆情信息相对集中的时间段的监测和分析，可以提前做好舆情应对的准备。在全年的舆情信息中，月信息量超过250条的月份有8个，整体呈现舆情高发态势。9月份的信息量最大，达295条，其次为7月、5月和6月，均突破了270条。季度分布上，第一季度舆情信息数量明显较少，二、三、四季度整体态势较高。

### （二）舆情类型分布

2017年，涉及教师发展的高等教育舆情信息主要分为以下几种类

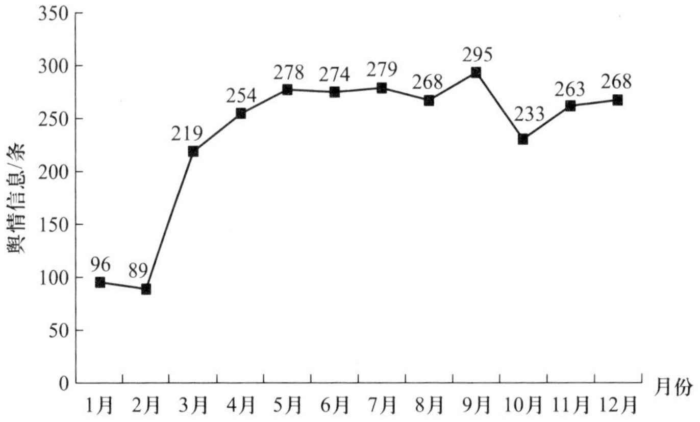


图 10-1　2017 年高校教师发展舆情信息月分布图

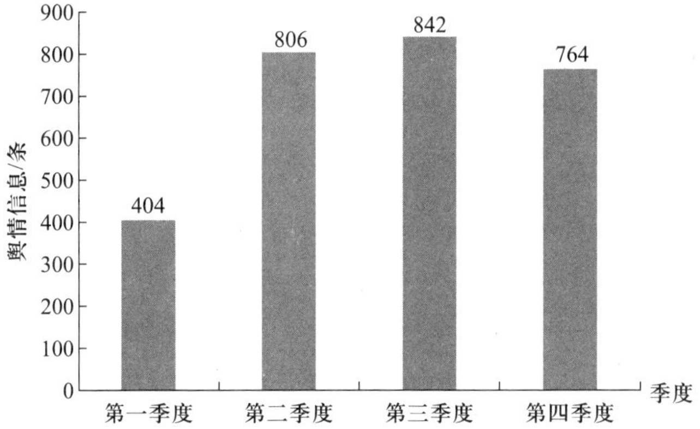


图 10-2　2017 年高校教师发展舆情信息季度分布图

型:教学科研、交流合作、制度政策、职称评定、高校辅导员、知名教师、师风师德及其他内容,如图 10-3 所示。

与高校教师发展相关的信息中,教学科研与交流合作方面占比最大,其中较为热门的事件有“清华举行长聘教授聘任仪式　系 106 年历史第一次”“人大教授郑保卫将任广西大学新闻传播学院院长”等;在政策方面,教育部公布《普通高等学校辅导员队伍建设规定》、印发《关于深化高等教育领域简政放权放管结合优化服务改革的若干意见》等均引发关注;职称评审方面,有关部委先后印发《关于深化职称制度改革的意见》《高校教师职称评审监管暂行办法》等,推动高校职称评审权下放;其他

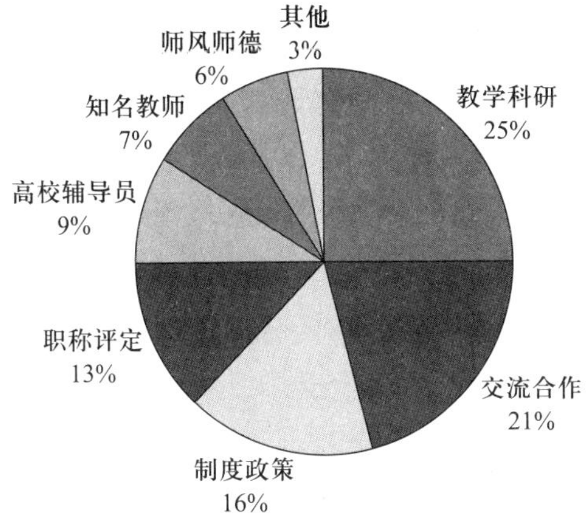


图 10-3　2017 年高校教师发展舆情信息类型分布图

方面如“清华大学教授颜宁受聘普林斯顿大学”“浙江大学 90 后博导杨树刷屏朋友圈”等事件,后文将对部分热点舆情事件进行深入分析。

## (三)舆情地域分布

从教师发展舆情事件地域分布情况(图 10-4)来看,2017 年本专题的舆情信息主要来自北京,其次是上海。教师发展的舆情信息不仅与地

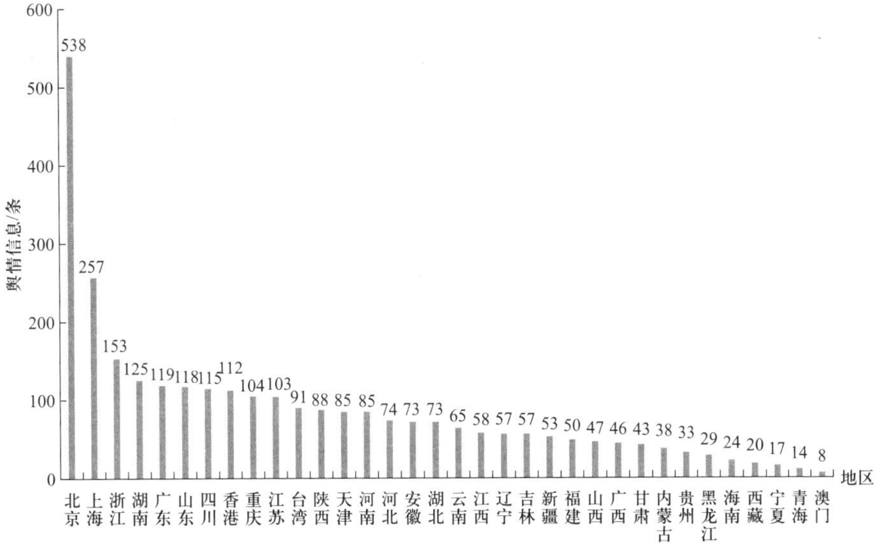


图 10-4　2017 年高校教师发展舆情信息地域分布图

域有着密切的关系，而且还与单个高校的话题性和知名度有紧密的联系。北京和上海两地不仅是政治、经济中心，媒体众多；而且为高校聚集地，社会传播影响力较大，因此教育信息密集。除了北京、上海两地以外，浙江、湖南、广东、山东等地也出现了不少涉及教师发展的舆情信息。

## 二、高校教师发展热点事件分析

### （一）热点事件一：科研论文非硬杠　浙江一高校破格选拔多名教授

#### 1. 舆情新闻报道

科研论文非硬杠　浙江一高校“破格”选拔多名“教授”

（2017 年 3 月 14 日载于中国新闻网，22 个网页刊载相关新闻）

2017 年 3 月，杭州电子科技大学“破格”选拔多名“教授”，在 2015 年之前，该校老师评职称需要同时满足“论文一定要达到核心期刊发表 2 篇以上”“拿到重大专项科研课题”等十多条要求。但从 2015 年开始，杭州电子科技大学出台了改革后的评聘方式的方案，科研和论文不再被作为评聘考核的硬指标，而且还增添了破格选拔机制，从而支持和引导勤勉教学的教师有时间去更多地研究新的教学方法和手段，在专业、课程和教材建设上不断发力①。

#### 2. 舆情进展分析

该事件于 2017 年 3 月 14 日由中国新闻网报道，受到关注；随后新浪新闻进行了转载，事件进入媒体视野；3 月 15 日，澎湃新闻、网易教育、新浪教育等媒体进行了广泛报道，开始引发讨论；3 月 16 日，《杭州日报》评论员就该事件发表评论《不以论文评职称，早该如此》，倡导高校建立多元化科研成果评价制度，完善职称评定标准，使高校创新活力得到激发；3 月 20 日，搜狐教育发表评论《科研论文不再是硬要求，高校陆续开启破格选拔

---

① 赵小燕，黄慧．科研论文非硬杠　浙江一高校“破格”选拔多名“教授”[EB/OL]．中国新闻网，2017-03-14.

教授机制》,提出高校职称改革势在必行。具体相关报道参见表 10-1。

**表 10-1　科研论文非硬杠　浙江一高校破格选拔多名教授的相关报道(不完全统计)**

| 序号 | 时间 | 来源 | 新闻标题 |
|---|---|---|---|
| 1 | 3 月 14 日 | 中国新闻网 | 科研论文非硬杠　浙江一高校“破格”选拔多名“教授” |
| 2 | 3 月 14 日 | 新浪新闻 | 科研论文非硬杠　浙江一高校“破格”选拔多名“教授” |
| 3 | 3 月 15 日 | 澎湃新闻 | 科研论文不再是硬性要求,浙江一高校“破格”选拔多名教授 |
| 4 | 3 月 15 日 | 网易教育 | 科研论文非硬杠　浙江一高校“破格”选拔多名“教授” |
| 5 | 3 月 16 日 | 杭州网 | 不以论文评职称,早该如此 |
| 6 | 3 月 20 日 | 搜狐教育 | 科研论文不再是硬要求,高校陆续开启破格选拔教授机制 |

**3. 舆情焦点分析**

该事件舆论关注的焦点主要集中在创新化的职称评定制度上,对于多样化的人才类型,选用合适的人才评定选拔规则,以不同标尺衡量不同类型的人才,为高校优秀人才的选拔开辟了新的通道。

以往高校的职称评定主要就是看发表的论文数量、发表的刊物级别等指标,这些因素自然是一个教师研究水平的体现,但唯论文晋升的评审制度,导致大学教师把大量精力都投入到了论文的写作和发表上,忽视教学、无法保证教学的质量和水平,在学生培养上失去重心。这样的人才评聘制度,不仅背离了人才选拔的初衷,还给大学教学带来了负面影响,脱离了教学的本意。

职称评定的目的本就是为了选拔和激励优秀学者,以期在教学和科研上获得更大进步。但对于不同类型的人才,采用不同的评聘标准,才能够给予最公允的考核,而不能单单只靠论文一把尺子。因此,杭州电子科技大学这一举措,顺应了多年来的改革呼声,成了舆论的关注重心。

**4. 舆情方向分析**

此次舆情事件最先由中国新闻网报道,随后引发了各大门户教育类频道的转载和评论,地方媒体杭州网也对该事件发表了评论文章,舆论聚焦点从而转到了高校近年来不断改进的破格选拔人才机制上。

评论员王俊勇在文章《不以论文评职称，早该如此》中认为，杭州电子科技大学的这一做法可谓不拘一格用人才，为人才的选拔晋升开辟了新的通道，在探索建立多元化的科研成果评价体系，完善人才认定选拔标准上，最大限度地激发了创新活力①。网民在对该事件的评论方面，主要表现出了对职称评审改革的支持声，认为现在的职称改革使得教师能够重新回到教学本位；但媒体和网民也表示了一定的担忧，称在评审自由度扩大的同时，高校也应注意确保整个评聘过程的公平、公正、公开，避免滋生腐败。

近年来，教育政策不断在职称制度方面进行改革，以往唯论文和项目来评定职称的制度体系被打破，高校在职称评审方面具有了更大的自主权。高校可以自主组织职称评审、自主评价和按岗聘用，一系列改革政策的实施和推进，使得职称评审越来越科学化、合理化。2016 年 1 月，河南大学“三不”讲师退休特聘副教授事件即引发了网民和媒体的大讨论，以口碑课堂著称、一心一意为学生授课的常萍老师在退休之际被学校副校长返聘为副教授，可以说是职称改革方面的早期尝试；而杭州电子科技大学“破格”选拔多名“教授”，则是在完善科研成果评价体系方面迈出了新的步伐。

## （二）热点事件二：清华大学教授颜宁受聘普林斯顿大学

### 1. 舆情新闻报道

清华大学教授颜宁受聘普林斯顿大学

（2017 年 5 月 7 日载于新华网，38 个网页刊载相关新闻）

2017 年 5 月 5 日，清华大学生命科学学院教授颜宁受聘普林斯顿大学的消息受到关注。消息最早由自媒体爆出，两日后，新华网记者从清华大学确认，颜宁已接受美国普林斯顿大学邀请，将于近期前往就任雪莉·蒂尔曼终身讲席教授职位。随后，该事件得到广泛传播，引发了网络热

① 王俊勇．不以论文评职称，早该如此[EB/OL]．杭州网，2017-03-16.

议，其中，颜宁缘何离开清华及科研人员流动等方面成为议论焦点。

颜宁，2007 年受聘为清华大学生命科学学院教授，在结构生物学领域取得世界级的科研成果。2009 年以来，颜宁作为通讯作者在《自然》《科学》《细胞》三大国际期刊上发表科研论文 17 篇。2016 年，颜宁入选《自然》杂志评选的十大“中国科学之星”[①]。

**2. 舆情进展分析**

清华大学教授颜宁受聘普林斯顿大学事件的舆情周期主要集中在 4 月末至 5 月中旬这段时间，舆情周期较长，主要可分为以下 4 个阶段。

第一阶段为自媒体传播阶段（4 月 27 日—5 月 7 日）。据资料显示，该事件的官方来源最早见于 4 月 27 日普林斯顿大学报纸，随后该消息主要在微博平台由海外留学生（@ 子陵在听歌）发出，随后微博媒体人郝建国、清华大学新闻学院副院长陈昌凤、普林斯顿大学社会学教授谢宇等进行了转载，产生了小范围的传播。第二阶段为主流媒体消息发布阶段（5 月 7 日—5 月 8 日）。凤凰资讯、新华网、《光明日报》及中青在线等媒体对该事件进行了报道和二次传播，引发了广泛的关注讨论。第三阶段为不实消息传播与辟谣解释阶段（5 月 8 日—5 月 9 日），类似名为《清华才女颜宁教授为何负气出走普林斯顿?》的文章引起颜宁在微博上三次解释说明，该文对颜宁 2014 年写的关于基金评审的一篇博文断章取义，引发了对国内外学术环境等问题的争议与讨论。第四阶段为理性讨论阶段（5 月 9 日—5 月 13 日）。光明网、《人民日报》率先发声，随后其他主流媒体均发出评论，对“海归”与“归海”的选择、爱国情怀的内涵、人才流动背后的深层次原因等进行了讨论。相关新闻报道参见表 10-2。

**表 10-2　清华大学教授颜宁受聘普林斯顿大学的相关报道（不完全统计）**

| 序号 | 时间 | 来源 | 新闻标题 |
| --- | --- | --- | --- |
| 1 | 5 月 5 日 | 今日头条 | 清华大学美女教授颜宁或离开清华，远走普林斯顿大学 |
| 2 | 5 月 8 日 | 光明日报 | 清华教授颜宁缘何接受普林斯顿终身讲席：怕故步自封而不自知 |

① 孙琪．清华大学教授颜宁受聘普林斯顿大学[EB/OL]．新华网，2017-05-07.

续表

| 序号 | 时间 | 来源 | 新闻标题 |
|---|---|---|---|
| 3 | 5月8日 | 中青在线 | 颜宁回应离开清华赴美任教一事:将推动清华与国外一流大学合作 |
| 4 | 5月9日 | 财新网 | 清华女教授颜宁跳槽风波:否认负气出走 |
| 5 | 5月9日 | 新京报快评 | 颜宁离开清华:未来“科技之星”何以被理解为“负气出走” |
| 6 | 5月9日 | 光明网 | 光明网评颜宁赴美任教授:个人职业生涯选择为何引发各方关注 |
| 7 | 5月9日 | 人民日报 | 颜宁跳槽普林斯顿是人才流失还是流动? |
| 8 | 5月10日 | 中青在线 | 颜宁不欠谁一个解释 |
| 9 | 5月13日 | 中国经济网 | 颜宁出国不爱国? 张捷:应多反思少扣帽子 |
| 10 | 5月25日 | 中青在线 | 中国科协常务副主席谈颜宁“海外任职”:科学家的流动是一个常态 |

**3. 舆情焦点分析**

清华大学教授颜宁受聘普林斯顿大学事件引起广泛报道与讨论,焦点主要集中在颜宁缘何离开清华,国内外科研环境的对比以及对科研人才“海归”与“归海”中爱国情怀的讨论。

事件初期,由于官方报道稍显滞后,有文章截取颜宁发表于2014年的博客旧文,猜测她因为科研项目基金评审不顺利而“负气出走”,引发了大家对国内外科研环境对比的大讨论。网友普遍认为,在学术氛围或者学术生态方面,中国高校与西方大学存在很大不同。中国高校存在大量非教学、非科研的活动,而且中国高校的行政化体制和不科学的科研评定机制,无形之中影响着科研人才的学术研究。而且,中国高校人才的流动成因向来复杂,涉及许多与学术无关的因素,相较于国外名校招揽人才主要看学术成果的现实,存在鲜明的反差。正因为我国的科研环境,科技项目评审与管理等制度的合理性问题,才使得舆论聚焦于颜宁出走的原因讨论上。

在该事件的讨论中,不乏涉及对科技人才归国与出国的讨论,其中“爱国问题”成为争议的焦点。在沸沸扬扬的网络舆论里,存在着一些狭隘的民族主义观念——“凡是华裔科学家回国都是爱国,凡是中国科学家去外国都是叛徒卖国贼”。人们在讨论中不乏对我国培养出来的高水平创新人才被挖走的遗憾,但颜宁的此番“归海”,正如十年前颜宁从普林斯顿返回清华一样,是极为正常的科研人才流动。

**4. 舆情方向分析**

在对颜宁受聘普林斯顿大学的评论分析中,更多的是对其侧面反映出的我国科研实力和人才培养的认可。北京交通大学教授王元丰认为,对于该事更应看到深层里我国科研水平的发展得到了国际机构的认可①。胡宇齐从人才流动角度,分析了我国近十年来的科研人才去向,认为应当对这种流动现象予以正视②。从社交媒体的热门评论上,也可以看到网友对该事件的态度,总体上理性看待该事的评论获得了更高的点赞。微博网友“@我是修行千年的板蓝根”评论道,“个人意愿我们无权干涉,认为这是个人的理性抉择,我们无权品头论足”;微博网友“@风马牛的草原”认为“颜教授的做法很可取,我们要是走不出去,何谈走回来?文化、技术、知识、学问都是需要不断交流、不断融合、不断吸收才能壮大的”。

颜宁受聘普林斯顿大学应当是一件十分值得庆贺的事,其就职的清华大学理应在官方消息发布后及时发声。但从该事件的舆情进展来看,在传播初期,由于学校官方迟迟未公示该消息,相关部门也未对该事做出及时说明,反倒是自媒体将信息散播开来,倒逼主流媒体向清华大学求证该消息的真实性,这反映出校方对该事社会影响力预判不足。

与此同时,也可以看到公众对该事所持心态的变化。受聘普林斯顿大学对颜宁本人来说是不错的发展机遇,于清华而言也证明中美两国顶尖大学的人才差距在逐步缩小,本来一件高兴的事情,却在事件曝光初产生了极端的民族主义倾向,认为颜宁不爱国,跳槽普林斯顿大学是一种人才流失,但在舆情后期,可以看到,理性分析的声音还是占据了主流,国际学术的正常交流和侧面分析我国科技发展的观点得到了绝对的认可。

---

① 王元丰. 对待“颜宁”,还须淡定[EB/OL]. 环球网评论,2017-05-10.

② 胡宇齐. 颜宁事件中的偏见与现实[N]. 北京日报,2017-05-12(3).

## （三）热点事件三："90后"美女博导刷屏朋友圈事件

### 1. 舆情新闻报道

人物丨90后博导来了！学霸+女神=学神！

（2017年8月23日载于中青在线，31个网页刊载相关新闻）

近期，浙江大学90后博导杨树刷屏朋友圈。杨树出生于1990年，16岁考入复旦大学微电子学专业，2014年博士毕业于香港科技大学，后荣获首批香港博士奖学金，并在国际顶级期刊及会议发表论文数十篇，研究成果被广泛引用。凭借这些学术上的耀人成绩，杨树入选第十二批"青年千人"计划、浙江大学"百人计划"，被聘为浙江大学电气工程学院教授、博导[1]。

### 2. 舆情进展分析

总体来看，"90后"博导刷屏朋友圈事件舆情传播周期较短，整体态势较为平稳，无明显转折节点。起初，该事件只在微信朋友圈小范围传播，8月23日，主流媒体介入开始对该事件进行报道，媒体的报道多集中于8月23日至25日三天，舆论高潮形成；媒体报道第二日，澎湃新闻率先发出第一篇评论性文章，随后其他媒体也展开了对这一事件的评述；在8月末—9月初的舆情尾声阶段，也有媒体对此进行了点评。相关新闻报道情况参见表10-3。

表10-3　"90后"博导刷屏朋友圈的相关报道（不完全统计）

| 序号 | 时间 | 来源 | 新闻标题 |
|---|---|---|---|
| 1 | 8月23日 | 中青在线 | 人物丨90后博导来了！学霸+女神=学神！ |
| 2 | 8月23日 | 新浪新闻 | 浙大迎首位90后美女博导　被称"学神"（图） |
| 3 | 8月24日 | 澎湃新闻 | 90后博导：科学不需要"论资排辈" |
| 4 | 8月24日 | 荆楚网 | 90后美女当浙大博导　简历堪与花容媲美 |
| 5 | 8月24日 | 凤凰网 | 90后美女学霸博导来啦！"每届垮掉的一代，终将成为中流砥柱" |

① 人物丨90后博导来了！学霸+女神=学神！［EB/OL］. 中青在线，2017-08-23.

续表

| 序号 | 时间 | 来源 | 新闻标题 |
|---|---|---|---|
| 6 | 8 月 25 日 | 网易 | 媒体评 90 后女博导刷屏:谁说大器必须晚成? |
| 7 | 8 月 25 日 | 光明网 | 90 后博导不奇怪,走红才奇怪 |
| 8 | 8 月 28 日 | 长江网 | “90 后”博导引热议　看青年人成才之路 |
| 9 | 8 月 31 日 | 中国经济网 | “90 后”博导的启示:唯才是举　大器不必晚成 |
| 10 | 9 月 6 日 | 民生周刊 | 90 后博导为什么被刷屏 |

**3. 舆情焦点分析**

“90 后”博导刷屏朋友圈事件,因“美女”“90 后”“青年千人计划”“博导”这几个词集中于杨树一个人身上,瞬间引发了极大的关注,事件的焦点也围绕“90 后”标签、唯才是举、美女学霸这几个关键词展开。

“90 后”过去被标签化为“不靠谱”“非主流”“叛逆”的一代,然而当“90 后”作为教授、博导开始步入学术舞台,不可避免地便会引起社会的讨论和关注,因为学术界相较于其他社会领域,一个新秀的出现更需要时间的积淀,也有更高的门槛。钱学森先生曾感叹,在中国想要突破论资排辈真难。“90 后”博导的出现,证明这一传统正被突破,后起之秀也能崭露头角,这同时也反映了当下开放的学术圈和学术氛围以及整个社会对下一代的认可。

杨树年仅 27 岁,便成为浙江大学的一名教授、博士生导师,着实让人惊讶和佩服。中国文化推崇长幼有序,假如杨树生活在以往按资排辈的时代,即便出类拔萃,也很难在这个年龄一跃成为博导。“青年千人计划”的推行以及高校对青年才俊的大力引进,使得“90 后”走向了学术前台,体现了高校对人才的尊重。在平时的印象里,博导往往是温文尔雅的长者形象,很难将其与“90 后”联系在一起,学霸通常木讷羞涩相貌平平,而“90 后”美女教授既有颜值又有才华,集美貌与成果于一身,年纪轻轻却在国际顶级期刊及会议发表数十篇论文,实如网友评论的“学神”般的存在。

**4. 舆情方向分析**

近年来,越来越多的学术新星走向前台。像证明西塔潘猜想的中南大学教授刘路、浙江大学特聘研究员陆盈盈以及同时入选“青千计划”的电子科技大学刘明侦、北京航空航天大学教授宫勇吉等等，皆因在各自的科研领域中取得卓越成就而被公众熟知。

“90后”博导刷屏朋友圈事件在媒体及社交平台上引发了广泛的关注和讨论。评论员曹承俊认为，对“90后”博导不能只有围观没有反思，在给予“90后”青年才俊掌声的同时，要学习他们身上的韧劲和干劲①。光明网评论提出，“90后”博导并不奇怪，但近日在网民中突然走红，值得深思。学术界像杨树这样的“90后”“准90后”教授博导为数不少，学术界年轻化的趋势逐渐明显，以后这种现象将成为常态②。在对该事件的认识与反思上，微博用户“@笙歌散尽故人去”评论：“不要刻意去羡慕旁人，她所经历的和吃的苦你无从知晓而或无法忍受，所以做自己最重要，别人的成功道路无法复制在你身上”。整体上，对“90后”博导刷屏朋友圈事件的评论理性且正向。

在刷屏和热议背后，一方面反映了公众对成功者的追慕和艳羡，另一方面反映了高校以及社会对人才的尊重。当同龄人仍惆怅于奋斗的迷茫和心酸时，这些“90后”新星已经开拓出自己的一片天地，不拼爹、不拼钱，靠自己的实力获得成功，这无异于树立了一个积极的榜样，激励着同龄人前进奋斗。另外，“90后”在学术评价体制下脱颖而出，反映了高校不论资历论能力、不论年龄论成就的品评态度，同时高校对青年人才的科研发展，也提供了堪比国外的研究资源和个人待遇，对他们的科研发展提供了强有力的支持。

在对“90后”博导围观的同时，也应当有反思。当前的科技发展日新月异，在“青年千人计划”制度的激励下，“90后”教授、博导现象的出现必将成为常态，作为代际划分标签之一的“90后”标签，媒体不应用来过度渲染其稀缺性。同时，媒体在报道他们的耀眼成绩时，更应报道他们背后付出的汗水和心血。

---

① 曹承俊. 对90后博导不能只有围观没有反思[EB/OL]. 合肥文明网,2017-08-25.

② 90后博导不奇怪,走红才奇怪[EB/OL]. 光明网,2017-08-25.

## （四）热点事件四：两部门印发《高校教师职称评审监管暂行办法》

### 1. 舆情新闻报道

两部门印发《高校教师职称评审监管暂行办法》

（2017 年 10 月 20 日载于教育部网站，7 个网页刊载相关新闻）

教育部、人社部不久前联合印发《高校教师职称评审监管暂行办法》（以下简称《暂行办法》），规定高校教师职称评审权直接下放至高校，并进一步规范了高校职称评审工作。《暂行办法》力求“短、实、新”，共五章、十七条，对文件适用的相关责任主体等进行了说明，明确权责同步下放；同时对评审工作、监管内容、监管方式、惩处措施方面进行了要求①。

### 2. 舆情进展分析

10 月 20 日《暂行办法》出台，部分教育行政部门及高校就在官网进行了公示；11 月 13 日，教育部有关部门负责人就《高校教师职称评审监管暂行办法》回答了记者提问，新华网、央广网等主流媒体对《暂行办法》进行了相关报道；11 月 15 日至 21 日，教育部门专家及《光明日报》等纷纷开展了对《暂行办法》的解读，阐释了此举对高等教育管理的变革意义；此后，《北京青年报》《光明日报》等又对职称自主评审权下放可能存在的问题进行了分析。具体相关报道参见表 10-4。

表 10-4　两部门印发《高校教师职称评审监管暂行办法》的相关报道（不完全统计）

| 序号 | 时间 | 来源 | 新闻标题 |
|---|---|---|---|
| 1 | 10 月 20 日 | 中华人民共和国教育部网站 | 两部门印发《高校教师职称评审监管暂行办法》 |
| 2 | 11 月 13 日 | 中华人民共和国教育部网站 | 教育部有关部门负责人就《高校教师职称评审监管暂行办法》答记者问 |
| 3 | 11 月 13 日 | 中华人民共和国教育部网站 | 加强高校教师职称评审监管　推进高等教育领域“放管服”改革 |

① 教育部　人力资源社会保障部关于印发《高校教师职称评审监管暂行办法》的通知[EB/OL]. 中华人民共和国教育部网站，2017-10-20.

续表

| 序号 | 时间 | 来源 | 新闻标题 |
|---|---|---|---|
| 4 | 11月15日 | 央广网 | 高校教师职称评审权下放至高校　各国职称评定政策一览 |
| 5 | 11月16日 | 经济日报 | 高校须用好职称评审自主权 |
| 6 | 11月16日 | 安徽省教育厅网站 | 坚持放管结合加强高校教师职称评审监管　进一步落实好高校办学自主权 |
| 7 | 11月21日 | 光明日报 | 评审权下放：高校教师评职称，监管如何跟上 |
| 8 | 11月30日 | 北京青年报 | 高校职称评审，规则比标准更重要 |
| 9 | 12月7日 | 科技日报 | 职称自主评审权下放背后有无奈　高校如何接得住？ |
| 10 | 12月22日 | 光明日报 | 职称评审权下放至高校　这个“权”怎么用 |

**3. 舆情焦点分析**

《高校教师职称评审监管暂行办法》的舆情焦点，主要集中于高校教师职称评审制度的进一步落实下放和对职称评审权下放可能导致的“刷职称”问题这两方面。评论普遍认为，《暂行办法》的实施，进一步向地方和高校放权，给高校松绑减负，使得高校拥有了更大的办学自主权，推动高等教育的改革发展。与此同时，《暂行办法》能否避免评审权下放后可能出现的问题和乱象，真正确保高校自主评审能够高效、透明、公平、合理地进行，也是关注和讨论的焦点。

**4. 舆情方向分析**

《高校教师职称评审监管暂行办法》的发布，对高校教师职称评审权下放后的监管工作做出了较为明确的部署。此前，有关部门先后印发《关于深化职称制度改革的意见》《关于深化高等教育领域简政放权放管结合优化服务改革的若干意见》，不断推动高校教师职称评审权下放至高校，由高校来自主组织职称评审、自主评价、按岗聘用。

关于《暂行办法》，凤凰网评论道，职称评审权下放有可能会出现“刷职称”问题，即有人到一所比较普通的学校评上教授职称后，再以该身份转到更好的学校当教授。由于各学校评价标准不一样，这还会牵扯到高校之间是否互相承认彼此职称的问题[①]。网民对《暂行办法》的出台大多持肯定态度，网民"@铁肩长征"认为这是深化高校教师考核评价制度改革，突出教育教学业绩，探索建立科研代表作评价机制、引导教师潜心教书育人、静心研究学术的正确举措[②]。网民"@李彦婷"评论道：在有效监督下，职称评审权下放至高校，真正给了高校"能者上、庸者下"的制度保障，给了优秀高校教师施展自己才华的机会，既体现了尊师重教的理念，又为祖国培养有用之人架起桥梁[③]。

因此从事件的讨论上可以看出，关于《暂行办法》的舆情仍主要聚焦于评审权下放后的监管配套措施方面。《暂行办法》虽然进一步落实了高等学校办学的自主权，推进了教育治理体系和能力的现代化建设，但对于那些尚不具有足够经验和完善的评审程序和办法的地方普通院校来说，仍需要一定时间的适应，以此来避免出现"刷职称"、职称泛滥的状况。

## 三、高校教师发展舆情应对策略

教育舆情的研究，需要总结舆情事件的传播规律，从而有效地应对舆情危机事件。通常，舆情热点事件经网络平台首次曝光之后，会受到媒体和公众的热切关注，在短时间之内被大量转发、网友热烈评论，迅速度过舆情潜伏期，进入舆情爆发期。在舆情爆发期，舆情主体主动澄清、媒体详细调查、公众获得事实之后，各种非理性的声音会迅速降低，爆发期也随之结束，进入为期较长的持续期与终止期。在后两个阶段，媒体评论、网友评论会断断续续出现，对事件进行相对理性的评判。据此，在教师发展舆情应对策略上，主要提出以下建议以供参考。

第一，充分重视社交媒体上的舆情信息。自媒体时代，人人都有麦克风，来自社交媒体上的相关讨论和信息源极易产生舆情信息，同时因为社

---

① 职称评审权下放高校　更需防止"刷职称"[EB/OL]. 中国产业经济信息网，2017-11-16.

② 职称评审权下放高校　更需防止"刷职称"[EB/OL]. 中国产业经济信息网，2017-11-16.

③ 职称评审权下放高校　更需防止"刷职称"[EB/OL]. 中国产业经济信息网，2017-11-16.

交媒体平台交流与传播的便利性，公众对热点事件的讨论并不会完全局限于媒体设置的议程框架中。颜宁受聘普林斯顿大学事件中，微博作为事件讨论的伊始，不断引发公众关注，并在微信平台上迅速传播，其中更出现了“颜宁负气出走清华”的声音，最终使得颜宁、清华官方、主流媒体等均出来澄清，不断扩大的事态才得以平息。因此，作为事件主体方，应密切关注社交媒体平台上的舆情信息，跟踪热门讨论，从而在舆情研判上获得更多先机。

第二，舆情应对要在第一时间发声。高校事件是社会持续关注的热点，教师舆情一旦发生便会成为舆论关注的焦点，在舆情事件发生的第一时间，若不主动积极发声，很容易产生谣言，产生的影响难以预料，因此及时的信息公开理应是高校应对舆情的明智之举。颜宁事件传播初期，官方迟迟未公示该信息，导致自媒体讨论倒逼主流媒体向清华大学求证，反映出高校欠缺对舆情事件感知的敏感度。面对质疑，事件主体方应该善于运用官方信息发布平台，就社会关注和讨论的热点第一时间给予回应，从而遏制失实信息的生成和蔓延。

（赵　浩）

# 第 11 章　大学生舆情分析报告

教育承载着个人、家庭乃至国家对未来的期许。随着受教育程度的整体提高,民众对高等教育发展状况的关注度亦呈持续上升态势。

了解大学生舆情是做好大学生工作的重要保证。为了进一步把握大学生舆情,提升学生管理工作的水平,中国传媒大学高教传播与舆情监测研究中心(以下简称"研究中心")对 2017 年 1 月 1 日至 12 月 31 日的大学生舆情信息进行了监测与收集,相关数据及代表性事件的分析如下。

## 一、大学生舆情概况

### (一) 舆情时间分布

2017 年,研究中心共监测到大学生相关信息 9 007 条,同比增长约 17%。大学生舆情数量在所有版块的舆情总量中占 18.3%,仅次于"大学生就业"版块,排名第二。在近 4 年的各版块舆情信息数据统计中,大学生舆情数量基本维持在前两名的位置,可见公众对大学生相关话题的关注度始终较高。2017 年大学生舆情数据的月分布图和季度分布图分别参见图 11-1、图 11-2。

观察 2017 年数据可知,从年初到年末,大学生舆情信息的走势经历了从低到高、再连续平稳下滑的过程。在度过了关注度最低的 2 月之后,3 月开学季的舆情走势迅速上升,2 月至 3 月舆情数量涨幅最大。大学生舆情信息数量 2 月为 276 条,6 月达到 1 163 条,舆情信息波峰波谷间相差 887 条,差距较大。2017 年的数据特征也延续了 2016 年所呈现的两极分化趋势。

1 月至 6 月的大学生舆情热度除了在 2 月下降外,基本保持上升态

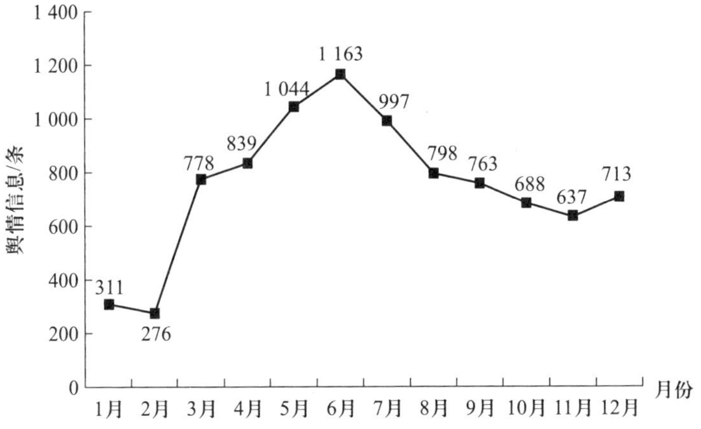


图 11-1　2017 年大学生舆情信息月分布图

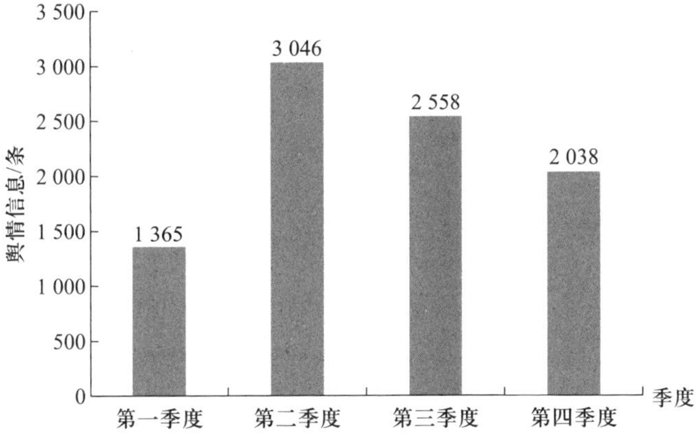


图 11-2　2017 年大学生舆情信息季度分布图

势。自 6 月之后热度开始下降，持续走低的舆情数量在 12 月出现了一次小规模的回升，可能是因为各大高校、地区主办的多类大学生竞赛集中在该月开展以及许多大学生竞赛成绩公布带动了媒体与公众小规模的关注和讨论。比如国际大学生程序设计竞赛赛程公布、哈尔滨工业大学斩获 ACM 国际大学生程序设计竞赛亚洲区域赛 4 枚金牌等。

2017 年大学生舆情月信息数量最高值与去年基本持平（2016 年最高值出现在 6 月份，共 1 175 条），但与 2015 年的 2 293 条相比，下降幅度比较大。月信息最低值较去年增加了 85 条（2016 年最低值出现在 2 月份，共 191 条）。从图 11-1 中可以发现，并没有出现井喷式增长或断崖式下跌，整体态势比较平稳，说明 2017 年在大学生舆情方面并没有出现“爆炸性”的热点问题。

2017 年大学生舆情每个季度信息的绝对数量较去年相比有所上升，最少的季度数据量也比去年增加了 285 条。季度数据量按从多到少排名依次是二、三、四、一，且第二三季度保持着遥遥领先于第一和第四季度的势头。1 月和 2 月的舆情信息数量最少，也使得第一季度舆情数量远少于其他季度。

对比 2017 年和 2016 年的数据分布图，会发现许多相似之处：第一，6 月为大学生舆情爆发的顶峰时段，全年的信息量走势以 6 月为节点，总体上呈现先升后降的特点。在 5 月至 7 月内，大学生舆情信息数量达到峰值。第二，2017 年 2 月份的舆情数量同 2016 年一样属全年最少。大学生舆情具有一定的时间规律，寒假时期舆情数量最少。第三，信息数量的季度分布仍然不均衡。二三季度舆情数量在近几年始终高于一、四季度的舆情数量，可见每年的高考季、高校开学季、毕业季仍然能够引领足够的话题量。

### （二）舆情类型分布

从舆情类型上看，2017 年大学生舆情信息主要分为 7 类，分别是“教育架构”“课外实践”“大学生就业”“大学生安全”“招生考试”“海外留学”和“日常生活”。舆情信息占比最多的类别同往年一样，仍然是“招生考试”（占 33%）和“教育架构”（占 31%）。主要的代表性事件有，浙江大学颁布《优秀网络文化成果认定实施办法（试行）》将点击量、阅读量较高的文章看作科研成果引发热议；“双一流”高校名单的颁布引起各高校师生的广泛讨论；思想政治教育走进大学生生活等。各舆情类型分布详见图 11-3。

2017 年舆情类型的主要变化集中于新增的“日常生活”一类，主要涉及大学生的特色校园生活和具有代表性的校园活动。由于新媒体的使用范围越来越广，各高校师生也愈加重视通过新媒体平台的使用来提高所在高校的话题度。比如登上微博热搜榜的清华大学规定“旱鸭子”不能毕业、西南民族大学毕业典礼上校长的“网红发言”等，这些看似与外界

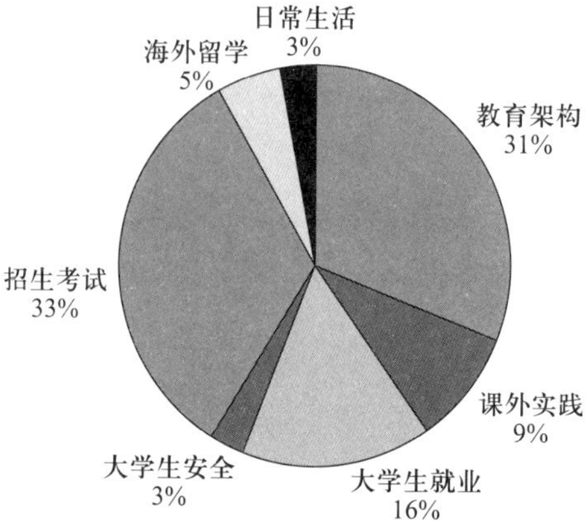


**图 11-3　2017 年大学生舆情类型分布图**

无关的话题常常能在新媒体上受到追捧和关注。

在大学生就业方面，许多城市纷纷出台优惠新政吸引毕业生在当地就业创业，比如武汉出台大学生毕业 3 年内无须买房可申请落户，西藏设立 20 亿元基金助大学生创业就业等。课外实践类别中，2017 年夏季曝出的沈阳城市建设学院大学生被强制实习事件，引起了民众的声讨和批判。

对大学生安全的关注点主要集中于高校教授性侵女大学生、校园暴力问题等。海外留学类别中主要有两个方向最易引起公众关注，一是各国留学政策的变动时刻牵引着学子和家庭的心；二是日本留学生江歌被害案在全社会引发对留学生安全的关注，国家和社会对于海内外大学生身心安全的重视程度与日俱增。

## （三）舆情地域分布

从 2017 年大学生舆情信息地域分布图（图 11-4）来看，北京、上海、浙江仍然居前三名，北京以绝对优势位列第一，其舆情信息数量达到了上海的两倍、浙江的三倍之多。但与 2016 年相比，北京和上海两地的数量差有缩小趋势。在信息数量排名前十的地区中，湖南、陕西代替了 2016 年的河南、天津跻身其中。

北京、上海等地由于政治、经济上的支持，占有更多、更好的教育资源，高校及研究机构的数量也比较多；北京更是我国的教育中心，所涉及

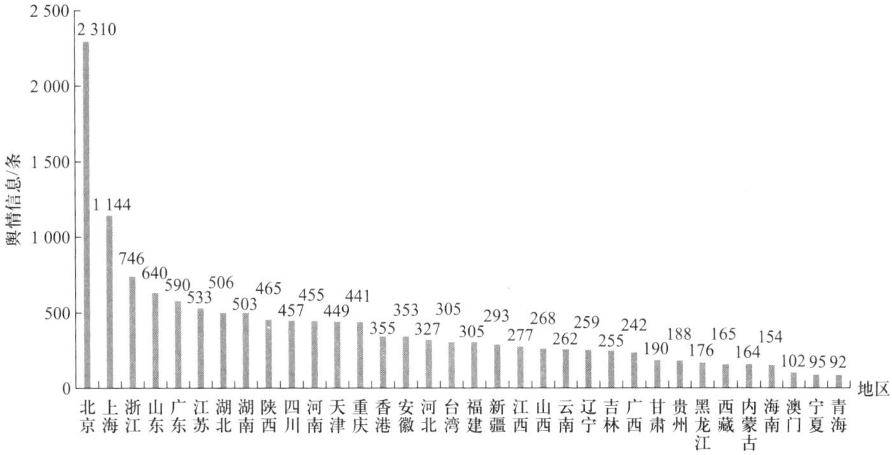


**图 11-4　2017 年大学生舆情信息地域分布图**

的教育类信息被曝光的可能性更大，引起的讨论也更加广泛。

相比之下，青海、宁夏、西藏等地的信息数量仍然较少，数量最少的地区为青海省，仅 92 条。但仍然比 2016 年多出 22 条，甚至比 2015 年多出 87 条。可见各地对大学生舆情信息的关注度都在不断增强。

## 二、大学生舆情热点事件分析

### （一）热点事件一：大学生过年在家被嫌弃

#### 1. 舆情新闻报道

大学生过年在家被嫌弃该怨谁

（2017 年 1 月 30 日载于《新京报》，23 个网页刊载相关新闻）

大学生在寒暑假回家后，经常在网上抱怨被父母"抱怨"。媒体的调查显示，大学生被家长"嫌弃"的原因比较一致，甚至同出一辙：作息时间紊乱、卧室环境脏乱、平时懒惰不做事。然而，当这样的现象成了父母的普遍抱怨时，大学生是否应该反思一下自身，这些存在的问题是否应当改正？

如今，更需要的是大学生做出一些包容和理解。在这个阶段，理应学会自我监督,学会对自己的生活负责①。

**2. 舆情进展分析**

《大学生过年在家被嫌弃该怨谁》这篇报道来源于《新京报》,是发表于2017年1月30日的评论文章。随后被洞察网、华龙网、新华网、环球网等网站以相同的题目转载。值得一提的是随后各大门户网站的转载,给网民提供了一个交流的平台,也刺激了舆论热潮的出现。在同一天,腾讯、网易和新浪都分别予以转载。截至2月3日,发布在腾讯网上的这篇文章收到了146条评论,其中得到最高点赞数的是一位大学生的配图评论,获得了116个赞与22条回复;在网易新闻上,这篇文章总共收到了483条评论,其中一位家长的评论得到了最多点赞,有154个赞;新浪也同样转载了这篇文章,但在其平台上讨论的网友似乎要少一些,一共有63人参与,17条评论。另外,环球网转载后,也显示有115人参与,16条跟帖。可以看到,门户网站仍是网友表达意见并进行相互之间观点碰撞的重要平台。相关报道如表11-1所示。

表11-1 大学生过年在家被嫌弃该怨谁的相关报道(不完全统计)

| 序号 | 时间 | 来源 | 新闻标题 |
| --- | --- | --- | --- |
| 1 | 1月29日 | 游迅网 | 可能回的是个"假家"!大学生放假回家普遍被"嫌弃" |
| 2 | 1月30日 | 新京报 | 大学生过年在家被嫌弃该怨谁 |
| 3 | 1月30日 | 网易 | 大学生放假回家被嫌弃怨不得别人 |
| 4 | 1月30日 | 中国新闻网 | 一天躺床20小时 南京某女大学生放假回家被嫌弃 |
| 5 | 1月30日 | "红叶"百家号 | 大学生春节在家被"嫌弃",网友:过了一个假年! |
| 6 | 2月1日 | 红网 | 春节期间大学生千万可别把过年被"嫌弃"当个性 |
| 7 | 2月5日 | 万家教育 | 大学生:我可能回了个假家 学生过年在家被嫌弃该怨谁? |

① 蒋理. 大学生过年在家被嫌弃该怨谁[N]. 新京报,2017-01-30(A02).

续表

| 序号 | 时间 | 来源 | 新闻标题 |
|---|---|---|---|
| 8 | 2 月 5 日 | 万家热线 | 大学生过年在家被嫌弃该怨谁 6 招教你如何在家跟父母愉悦相处 |
| 9 | 2 月 7 日 | 教头网 | 大学生过年回家被父母嫌弃 该如何看待这件事呢? |
| 10 | 2 月 9 日 | 安徽网 | 过年放假在家遭父母"嫌弃"彰显家庭教育短板 |

此次舆情传播主要是由以上媒体和门户网站转载并扩散,并且仅限于单纯的转载,并没有对该事件做出评论,也没有对《新京报》的原文进行扩展或深化。只有一个叫作"万家热线"的网站对于原文进行了扩充,改标题为《大学生过年在家被嫌弃该怨谁 6 招教你如何在家跟父母愉悦相处》,在文章中针对该现象提出了建议,从早睡早起、少看手机、多和父母说话等 6 个方面,建议大学生如何更好地与父母相处。

另外,在传统媒体方面,江苏公共新闻频道对该新闻进行了报道,爱奇艺与腾讯视频进行了转播,并分别获得了 6 567 和 3 577 次点击量。可以说,此次舆情事件经过各个媒体以文字新闻和视频新闻的形式传播之后,获得了广泛的关注,引起了舆论讨论热潮。

**3. 舆情方向分析**

《新京报》刊登学者蒋理的文章,受到多家媒体转载。文章指出,大学生自理能力的不足是家庭教育的缺失。中国的许多父母往往在孩子上大学前包办了孩子的一切事务,忘记了对独立人格和自理能力的培养。追根溯源,许多大学生被父母"嫌弃"的原因往往是父母造成的;但中国父母这一习惯难以短时间内彻底转变,因此更需要大学生本身有所觉悟①。《皖江晚报》的文章也表达了类似的观点②。

许多媒体借此机会对大学生提出建议,比如首先要和父母保持良好的关系。随着年龄的成长,子女陪伴父母的时间越来越少,更应该在父母

① 蒋理. 大学生过年在家被嫌弃该怨谁[N]. 新京报,2017-01-30(A02).

② 黄莹. 过年在家你是"假儿子"或"假女儿"吗? [N]. 皖江晚报,2017-02-07(7).

面前表现让人放心的样子。其次，应养成良好的生活习惯，比如早睡早起、少玩手机、有耐心等[①]。

观察网友评论，可以发现这次舆情事件民众的意见主要有以下三种。

一是站在家长的角度对大学生进行谴责。分析环球网等网站的评论区后发现，虽获得最高点赞数的评论观点各不相同，但很大一部分是站在家长的角度对文中提到的大学生的行为，甚至整个大学生群体提出了批评。环球网网友“黔中樵”留言称：“现在的所谓大学生，真的不敢恭维，太不讲卫生，太不讲究整洁，太不讲时间观念，整天与电脑或手机为伴，长辈如何认同啊？”从整个大学生群体说起，显示其对于当代大学生群体的不满情绪。认为大学生存在懒惰、素质差、没有责任心等缺点。

二是对大学生不做家务、晚睡晚起的原因提出了追问，评论显得更加理性。许多人认为当今教育体制和社会环境导致了这一结果，学校、教师和家长都应该负责。如搜狐网友“春光明媚 7521”表示：“这是一个整体的社会现象，不能怪怨任何一方，得社会承担起责任，从中学开始培养学生良好的生活方式和正确的思想品德。

三是大学生群体为自己发声。此次舆情事件中，面对各界的质疑甚至恶言，该事件的主角大学生没有沉默，为自己的行为做出了解释，也反驳了一些人们长久以来对大学生的“刻板印象”。比如新浪网友“倾城爱0820”评论称：“我们有自己的生活方式，你们只看到我们玩手机，却从没注意到我们的手机里有多少资料要学，并不是在家长面前做事儿才叫做事。”

现在的大学生，大多属于“独生子女”一代，从小就生活在养尊处优的环境中，父母和爷爷奶奶对其疼爱有加，相比其前辈，生活安稳且从未经历过大风大浪。进入大学接受良好的高等教育后，社会普遍对这一群体寄予很高的期望，认为家庭与社会对其投资了这么多，他们理应回馈家庭、回报社会。所以每当有不符合他们心理预期的有关大学生的负面文章一出，总是能吸引大批网友的关注、讨论，甚至表达不满情绪。

然而，如何正确引导舆论是需要重点考虑的问题。在媒体纷纷转发

---

① 大学生过年回家被父母嫌弃 该如何看待这件事呢？［EB/OL］. 教头网，2017-02-07.

相关文章后，并没有媒体对其进行进一步的深度报道。特别是在评论中出现与该现象描述相反的大学生群体自己的声音时，是否应该利用这些真实的舆论反馈对热点事件进行梳理和引导？网络传播的便捷使得信息的传播速度大大加快，如何防止一些带有片面情感色彩的信息快速传播进而煽动网民的情绪，以至于发生盲目从众与不良情绪蔓延，应该是舆情信息传播者与监测机构考虑的问题。

### （二）热点事件二：鼓励大学生缴纳公积金

#### 1. 舆情新闻报道

武汉成都等 5 省会城市探索住房公积金自愿缴存

农民工在校大学生也可参与

（2017 年 4 月 13 日载于新华网，22 个网页刊载相关新闻）

日前，武汉、长沙、合肥、南昌和成都五个省会城市的住房公积金管理中心在武汉召开联席会，五省会在公积金议题上达成统一意见，允许这五个城市中的自由职业者和在校大学生自愿缴存公积金。

五城市协定中指出，支持在校大学生缴存住房公积金，将积极制订相关政策，并完善大学生毕业后提取住房公积金支付房租的措施[①]。

#### 2. 舆情进展分析

4 月 13 日，新华网发表《武汉成都等 5 省会城市探索住房公积金自愿缴存　农民工在校大学生也可参与》一文，指出目前武汉等 5 城市计划批准大学生自愿缴纳公积金。在此之前，武汉市政府已于 3 月 24 日在官网发布《大学生在读期间可缴存公积金》，最早明确了这一政策支持。

之后，引起了多家媒体的关注与转发。几日内，人民网、《工人日报》《中国青年报》等纷纷发文对该政策进行报道和评价，媒体讨论的热度呈现不断上升的趋势。

以“大学生缴纳公积金”为关键词，搜索 3—4 月的新闻报道，可以发

① 李思远，徐海波．武汉成都等 5 省会城市探索住房公积金自愿缴存　农民工在校大学生也可参与[EB/OL]．新华网，2017-04-13.

现,新闻在一周之内的舆情热度达到高点。在 4 月 18 日前后,关于大学生缴纳公积金是好还是坏的舆情讨论达到了一个高潮。较有代表性的文章有:《工人日报》的《大学生可缴公积金,缴还是不缴?》、央广网《鼓励学生缴纳公积金是件好事吗?》、中国经济网《让大学生缴存公积金不如让房价回归理性》、人民网《大学生缴纳公积金是利好政策? 还是急于求成?》等。除了作为讨论热点的五城市之外,许多地方城市也对该政策进行了关注,一些地方新媒体也纷纷转发,进一步扩大了该事件的影响范围。可以说,该事件引起了媒体和民众的普遍关注,在传统网络和移动互联网上都有较高的舆情热度。

从 4 月消息发出至 5 月底,相关新闻不断出现。由于"住房公积金"议题影响范围的广泛性以及政策适用的地域性差异,不同城市的政策制定者和潜在购房者都对此保持着极高的关注度与敏感度。在引起各方媒体与网民的激烈争论之后,各地政策制定者却没有停止对该项举措的尝试。2017 年 10 月,广东出台相关政策"个人或能缴纳公积金并贷款,基数不低于最低工资标准",把灵活就业人员和个体工商户雇主及其雇员等人员也纳入自愿缴纳公积金的范围。虽然该政策没有提到大学生,但恰赶上"大学生自愿缴纳公积金"引发热烈讨论之际,因此受到了更多的关注,也反过来进一步引发民众的思考与讨论,使得有关公积金的舆论热潮持续时间更长。其他城市,如昆明在云南网则发表题为《国内五座省会城市试点"大学生和农民工自愿缴纳公积金"　昆明暂无试行打算》的文章,从当地房地产的实际情况出发,指出目前不会考虑实施该政策。而济南可以说是该政策的支持者,4 月 20 日出台《关于明确大学生及高层次人才住房公积金贷款政策的通知》,规定外籍户口本科生连续交 6 个月的公积金就可以申请贷款。地方政府采取的这些政策措施都使得该舆情事件的讨论热度居高不下。相关报道如表 11-2 所示。

**表 11-2　鼓励大学生缴纳公积金的相关报道(不完全统计)**

| 序号 | 时间 | 来源 | 新闻标题 |
| --- | --- | --- | --- |
| 1 | 4 月 13 日 | 新华网 | 武汉成都等 5 省会城市探索住房公积金自愿缴存,农民工在校大学生也可参与 |

续表

| 序号 | 时间 | 来源 | 新闻标题 |
|---|---|---|---|
| 2 | 4 月 15 日 | 搜狐网 | 在读大学生缴存公积金,需有前提 |
| 3 | 4 月 16 日 | 腾讯评论 | 鼓励大学生缴存住房公积金,值得推广吗? |
| 4 | 4 月 17 日 | 中国青年网 | "大学生可缴存公积金"太超前 |
| 5 | 4 月 17 日 | 央广网 | 大学生也可以缴公积金!合肥等这 5 市的同学有福了 |
| 6 | 4 月 18 日 | 工人日报 | 大学生可缴公积金,缴还是不缴? |
| 7 | 4 月 18 日 | 腾讯大渝网 | 大学生可以缴纳公积金了　但这两个弊端你考虑过没? |
| 8 | 4 月 18 日 | 安徽日报 | 大学生可缴公积金是有益尝试 |
| 9 | 4 月 18 日 | 央广网 | 【记者调查】鼓励学生缴纳公积金是件好事吗? |
| 10 | 4 月 18 日 | 中国经济网 | 让大学生缴存公积金不如让房价回归理性 |
| 11 | 4 月 19 日 | 人民网 | 大学生缴纳公积金是利好政策?还是急于求成? |
| 12 | 4 月 24 日 | 搜狐新闻 | 大学生可以缴纳住房公积金　是利还是弊? |
| 13 | 4 月 25 日 | 中国青年网 | 大学生可缴公积金:享受实惠还是变相啃老 |

### 3. 舆情方向分析

此次舆情热点事件引起了媒体的纷纷转载,在不同的媒体平台上,都能看到网民不同程度的参与和讨论。整体而言,对于该政策的态度以负面声音为主。也有部分网民和媒体表达了支持。负面声音主要集中于以下几方面。

第一,对公积金政策本身的合理性提出了质疑。公积金并不是年轻人买不买得起房的关键因素,而过高的房价才是主因。尽管政策的制定是出于好意,但并没有产生效果。有媒体从经济学的角度对该政策进行了剖析,认为这项政策体现了政策制定者经济学常识的缺乏。公积金是缴存者个人与用人单位按照 1∶1 的比例缴存,而在校大学生没有用人单位,其另一半公积金缴存额由谁来承担?并且个人缴纳公积金,政府财政部门就要补贴等额的缴费基数,这个钱到底谁来出也是一个亟待解决的问题[①]。

① 赵英梓,李雅坤. 大学生缴纳公积金是利好政策?还是急于求成?[EB/OL]. 人民网,2017-04-19.

第二，大学生群体没有固定收入，需要个人缴纳的公积金额度又由谁承担？如果要缴纳公积金则相当于把担子又加到了父母肩上。对于经济好的家庭来说也许是件好事，但是对于贫困家庭来说无疑加重了孩子的心理负担。腾讯网友“红袖添香”对此表示了担心，指出农村的孩子上大学本身需要贷款，如果身边的同学都在缴纳住房公积金的话，很有可能引起攀比、嫉妒等心理。

第三，由于大学生群体的不确定性，即大学生本身可能都不清楚自己未来的发展方向与定居的城市，那么将来很可能面临公积金在另一城市取不出来的情况，这么一来该政策就完全失去了功效[①]。

腾讯匿名网友提出建议，认为政府应在房价过高的一二线城市多建设公寓房和廉租房。这一方面可以稳定住房供给，另一方面也能够形成稳定的社会机制，让买不起房的大学毕业生有地方可以住。而之后这些房子又可以按照低于市场价格的优惠卖给住户，弥补政府的投资，政府又可以利用出售的钱去建设新的廉租房和公寓。

尽管反对和质疑的声音比较强，但并没有出现一边倒地抨击该政策的现象，仍能看到部分支持声音。

这些支持声音认为，“大学生缴存公积金”是一种多赢的善政[②]。一直以来住房公积金政策只对具有稳定单位和稳定收入的人群开放，而农民工和学生等群体完全没有机会享受该福利，扩大公积金的覆盖范围和收益群体可以有效地解决即将面临就业和结婚等现实需要的大学生的住房困难，缓解他们初入社会的压力。对于一些“政策助长啃老行为”的说法，一些媒体也提出了不同意见。比如，有媒体指出，应该换一种思维来看待“啃老”。如果这些“啃老”得来的资金用于购房，那么在几年内反而能够实现资产增值。并且，哪怕是成年子女买房也很难不靠父母资助，在读期间缴纳公积金只不过是将父母未来的负担前移而已[③]。

总体来说，“大学生自愿缴纳公积金”的政策虽然引发不小的争议，

---

① 赵英梓，李雅坤．大学生缴纳公积金是利好政策？还是急于求成？[EB/OL]．人民网，2017-04-19.

② 舒爱民．“大学生缴存公积金”是一种多赢善政[EB/OL]．东方网，2017-04-17.

③ 张德笔．鼓励大学生缴存住房公积金，值得推广吗？[EB/OL]．腾讯评论，2017-04-16.

但它不失为一项政府深化改革的尝试,其出发点还是为了更大限度上造福大学生并实现社会公平。媒体在报道时,应坚持正面宣传为主。在此次舆情事件中,值得肯定的是媒体并没有一边倒地批评该政策,能够从不同角度发出理性分析的声音,发挥了引导舆论的功能。

## (三) 热点事件三:沈阳城市建设学院被指强制学生参与实习

### 1. 舆情新闻报道

沈阳一高校强制学生到富士康实习:不去不给学位证

(2017 年 7 月 19 日载于未来网,55 个网页刊载相关新闻)

近日,沈阳城市建设学院的多名学生在网络平台上发声维权,称被学校强制到烟台富士康集团进行实习,“不实习不给毕业证”。实习期间,住宿、伙食条件恶劣,实习工作与专业不对口,引起学生普遍不满。与学校沟通无果后,学生自发在微博发起话题,在短时间登上微博热搜榜[①]。

### 2. 舆情进展分析

7 月 18 日,沈阳城市建设学院的学生通过微博,曝出了被强制参与实习的情况。随后,“解读辽宁”“沈阳最头条”“财经网”“Vista 看天下”等多个新浪微博大号以“大学生被强制实习”为话题,以“网曝沈阳城市建设学院学生被强制实习　不实习不准毕业”为标题发布微博,推动了事件大范围传播,引发高校网络舆情事件。

7 月 20 日,涉事学院在回应时称许多网络报道并不属实,学生所说的实习是一门叫作“专业实践”的集中实践教学课程,是校企合作的一个环节。回应还称,学校是出于保证质量的考虑才统一安排实习,学生是可以自主选择单位的,但学校有义务掌握学生的实习内容,对其进行考核与评定。这种虚假的网络信息给学校带来了比较恶劣的影响[②]。

7 月 20 日 23 时,辽宁省教育厅在其官方微博发布关于网曝“沈阳城

---

① 廖瑾. 沈阳一高校强制学生到富士康实习:不去不给学位证[EB/OL]. 未来网,2017-07-19.

② 邢婷,王晨. 被指强制学生实习　沈阳城建学院回应系专业实践课程[EB/OL]. 中青在线,2017-07-20.

市建设学院学生被强制到山东烟台富士康企业实习”有关情况的声明。声明称立即成立工作组赴烟台指导学生返程，并对沈阳城市建设学院组织的暑期教学实习活动进行调查。同时声明禁止省内其他高校在假期开展教学实习活动。

7 月 20 日，“高校强制学生到富士康实习”成为微博热搜榜第五名、教育领域榜单第一名。

7 月 21 日零时许，沈阳城市建设学院在官方微博发布关于网曝“沈阳城市建设学院学生被强制到山东烟台富士康企业实习”的情况声明，并向关注该事的公众表示了真诚的歉意。

根据人民网舆情监测室数据显示，截至 7 月 27 日晚上 6 时，有关“沈阳城市建设学院强制实习”的新闻有 1 763 篇，微博 651 条，微信 353 篇，论坛帖文 146 篇[①]。相关报道如表 11-3 所示。

**表 11-3　沈阳城市建设学院被指强制学生参与实习的相关报道（不完全统计）**

| 序号 | 时间 | 来源 | 新闻标题 |
|---|---|---|---|
| 1 | 7 月 19 日 | 未来网 | 不实习不准毕业？沈阳城市建设学院学生抗议“强制实习” |
| 2 | 7 月 20 日 | 中关村在线 | 强制大学生到富士康实习：不去毕不了业 |
| 3 | 7 月 21 日 | 新京报网 | 学生称被学校强制安排到富士康实习　辽宁省教育厅回应：立即叫停　规范办学 |
| 4 | 7 月 21 日 | 中国青年网 | 实习异化把大学生和包身工画上等号 |
| 5 | 7 月 21 日 | 澎湃新闻 | 辽宁官方叫停沈阳城建学院强制学生富士康实习，校方深夜致歉 |
| 6 | 7 月 25 日 | 人民网 | 大学生实习难，校企能“携手”解决吗？ |
| 7 | 7 月 25 日 | 和讯网 | 学校“强制实习”不能道歉就算完事 |
| 8 | 7 月 25 日 | 中青在线 | 强制去实习，拿学位证压我们，这种事儿你们学校干过吗 |
| 9 | 7 月 31 日 | 人民网 | 高校强制学生实习　专业实践岂可包办？ |

**3. 舆情方向分析**

整体而言，这次事件中民众和媒体的意见趋向一致，指责涉事高校滥

① 马丽丽．高校强制学生实习，专业事件岂可包办？[EB/OL]．人民网，2017-07-31.

用职权，近乎一边倒地支持学生维权。其中个别声音指责教育管理部门没有完善的监督体系对高校相应教学活动进行监督。许多媒体也专门对该事发表评论性文章。

7 月 21 日，红网发表《强制实习频仍，学校未免太专横》一文，表达了对类似事件层出不穷的愤懑。文中结尾提出："教育部门的长效监督机制在哪里？大学生实习的初衷是否还在？"这两个尖锐的问题值得教育部门、高校乃至学生深刻思考。别再让学校的权利凌驾于学生之上，把学生置于无力申诉的处境，更别忘记了教育要以人为本的宗旨[①]。

7 月 31 日，人民网舆情频道发表文章，根据人民网舆情监测数据梳理了此次舆情事件发酵和传播的过程，并对辽宁省教育厅和涉事高校给予了评价。其认为，辽宁省教育厅面对网民质疑能够迅速采取调查，并在官网发布通告，这一行动显示了教育厅对此次舆情事件的足够重视。然而，涉事高校的两次发声，第一次态度生硬，缺乏说服力，未能有效平息质疑。虽然随后深夜发布情况声明，表示了歉意，并对今后的工作进行了系统性规划，但并未给民众满意的答复。

在微博账号"头条新闻"的评论中，微博用户"烟台大小新闻"的留言获得了最高点赞量："这种情况很普遍，查校长腰包。"除此，很多网友要求调查校领导与涉事企业之间的利益关系。可以看出，尽管没有任何证据指向校领导贪污，但是伴随近年来的腐败案例和民众长久以来对"官"的不信任，这种"涉事官员必定贪污"已经成为网民先入为主的刻板印象。微博用户"旎凝"用留言表达了自己对教育问题的态度："教育的堕落是国家的耻辱"，该条评论收获 53 个赞，并有人回复"深表赞同"。

针对被强制实习问题如何解决，《人民日报》发文称"保护实习生的合法权益，让实习生不再是'学生工'，不仅需要增强源头治理，完善法律法规，明确细化教育主管部门的监管职责，更需要形成托底机制让实习生的利益诉求畅通表达"[②]。

学生选择了高校，就是选择了一份信任，高校在以锻炼学生为目的的

① 磊磊．强制实习频仍，学校未免太专横[EB/OL]．红网，2017-07-21.

② 盛玉雷．实习生不是廉价劳动力[N]．人民日报，2018-01-25(5).

基础上，必须看到自己的责任和义务，认清自己作为学生服务者和守护者的角色。

### （四）热点事件四：学生校外租房或常出入营业性网吧不能认定为贫困生

#### 1. 舆情新闻报道

陕教育厅规定：在外租房者不得纳入贫困生之列

（2017 年 8 月 29 日载于华商网，21 个网页刊载相关新闻）

近日，陕西省教育厅等部门联合制定并下发《陕西省高等学校家庭经济困难学生认定工作办法》，要求高校采用大数据分析、个别访谈等方法，及时发现那些理应被资助但未受助、不应享受国家资助但却受到资助的学生，纠正以往认定结果的偏差。其中还对贫困生的认定给予了多条标准。在衡量非贫困生的五条标准中，“在校外租房或经常出入营业性网吧”引起了广大网友的注意，并再一次引发了社会关于贫困生衡量标准的讨论[①]。

#### 2. 舆情进展分析

2017 年 8 月 29 日 15 点 49 分，陕西省教育厅在其官网发布《陕西省高等学校家庭经济困难学生认定工作办法》（以下简称《办法》）。当天 20 点 53 分，华商网发布新闻《陕西教育厅规定：在外租房者不得纳入贫困生之列》。新闻将《办法》中最引人关注的一条评定标准作为标题，起到了吸引眼球的效果。但文中仅对新出台的规定做了复述，并未发表任何评论性话语，再加上网站的受关注度不高，传播效果较弱，并未引起网民的广泛讨论。

8 月 30 日上午 10 点，“Vista 看天下”的新浪官方微博关注该新闻，首先发微博设置了议程。其后，中国日报、凤凰网视频、新浪新闻客户端等多方媒体也参与转发、评论，引起了网友关于“贫困生认定和补助发放是否公平公正”的热议，该《办法》一度短暂登上微博热搜榜。

---

① 赵瑞利．陕教育厅规定：在外租房者不得纳入贫困生之列[EB/OL]．华商网，2017-08-29.

随着讨论愈加激烈，很快，8 月 30 日晚，陕西省教育厅在其官方网站再次回应，指出，《办法》中民众关注度较高的第四项“在校外租房或经常出入营业性网吧”，指的是学生在没有正当理由申请的前提下，私自在校外租房居住，或者本可使用学校提供的网络学习设备，却常常在营业性网吧进行与学业无关的消费活动，具体认定标准由各高校根据实际情况确定①。

随后，该话题逐渐淡出公众视野。该《规定》不仅引起了群众的讨论，也被媒体和教育部所重视。在 9 月 6 日由教育部召开的第七场教育金秋系列新闻发布会上，有记者问到陕西省出台的“常去网吧的学生不能被认定为贫困生”标准是否合理，全国学生资助管理中心副主任涂义才回答称，在与陕西省教育厅核实后认为，这条规定只是认证贫困生的一个原则性意见，具体情况还要视各高校实际情况而定②。

相关报道如表 11-4 所示。

**表 11-4　学生校外租房或经常出入营业性网吧不能认定为贫困生的相关报道（不完全统计）**

| 序号 | 时间 | 来源 | 新闻标题 |
|---|---|---|---|
| 1 | 8 月 29 日 | 华商网 | 陕教育厅规定：在外租房者不得纳入贫困生之列 |
| 2 | 8 月 30 日 | “宇柏学笔”百家号 | 陕西省教育厅：大学生常去网吧不得认定为贫困生 |
| 3 | 8 月 30 日 | “中国经济网”百家号 | 大学生常去网吧不算贫困生？陕西新规让网友炸了！ |
| 4 | 8 月 30 日 | 浙江在线 | 经常去网吧、在外租房不得认定贫困生　高校如何“精准扶贫” |
| 5 | 8 月 31 日 | 腾讯大秦网 | 常去网吧不认定为贫困生　陕西省教育厅官方回应 |
| 6 | 8 月 31 日 | 东方网 | “常去网吧不得认定为贫困生”请别误读 |
| 7 | 9 月 1 日 | 新华社 | 陕西教育厅：这五种情况不能当“贫困生” |

① 陕西省教育厅有关负责人就高校贫困生认定办法答记者问[EB/OL]. 陕西省教育厅网站，2017-08-30.

② 焦以璇. 全国学生资助管理中心相关负责人：资助工作应体现人文关怀[N]. 中国教育报，2017-09-07(3).

续表

| 序号 | 时间 | 来源 | 新闻标题 |
|---|---|---|---|
| 8 | 9月1日 | 大洋网 | 贫困学生就该矮人一截? |
| 9 | 9月4日 | 大河网 | 租房泡网吧不得纳入贫困生 |
| 10 | 9月4日 | 中山日报 | 贫困生认定需要“制度温情” |

**3. 舆情方向分析**

在9月8日《湖南日报》一篇名为《贫困大学生也可以过得潇洒》的报道中,文章作者孟然结合近期案例,对贫困大学生补助问题提出了自己的看法。他举出了中国农业大学的例子,农大为贫困新生准备了三个大礼包——添翼计划、翱翔计划和文化之旅,从不同方面为贫困学生的个性化需求、追求个人理想提供了保障。而将陕西省出台的《办法》与之对比,认为《办法》显得过于落后和死板,给贫困学生做了不合适的定性,是观念不够先进的体现[①]。

在江西卫视“杂志天下”9月4日的节目中,对该规定提出了反对意见,并对该规定的可操作性提出了质疑。认为“经常去网吧”的“经常”是难以衡量的,以天数还是小时来计算?如何监视学生去网吧的频率呢?

并非所有文章都一边倒地对该规定提出质疑,比如在东方网评论频道的《“常去网吧不得认定为贫困生”请别误读》一文中,作者提出虽然许多的贫困生评定标准看似不合理,但如果对其不假思索地进行否定那便是对政策的误读。也许贫困学生无力购买电脑,但学校内部都有自己的机房,既可以查阅资料也可以观影娱乐。而网吧的环境是不适合学习的,几个小时的上网费用并不便宜,贫困生去网吧的刚性需求并不大[②]。该文作者还认为,贫困生由于家庭状况的原因,性格、心理方面会出现较多的障碍,因此更需要学校的精心呵护。这样的政策是为保护他们筑起的一道“防火墙”,是对他们积极的约束。人们应该看到政策背后的善意,在理解的基础上对其具体操作进行建议,而不是不假思索地否定和质疑[③]。

---

① 孟然．贫困大学生也可以过得潇洒[N]．湖南日报,2017-09-08(3).

② 王军荣．“常去网吧不得认定为贫困生”请别误读[EB/OL]．东方网,2017-08-31.

③ 王军荣．“常去网吧不得认定为贫困生”请别误读[EB/OL]．东方网,2017-08-31.

有人提出中国科学技术大学的“隐形资助”做法值得普遍借鉴：中科大在记录了学生家庭状况的基础上，通过大数据算法，对贫困学生实行隐形资助。比如，通过监测学生在食堂的消费，如每月食堂支出低于 200 元，则会悄悄地自动进行补助。通过家庭情况调查与大数据分析的双重保障，以技术手段进行查漏补缺，很大程度上弥补了人为评定的缺陷，平衡了学生自尊和经济窘迫的对立，保护了学生的隐私与尊严，获得了网友的广泛好评。

对于“什么是贫困生?”，人们往往会陷入思维定式，甚至认为贫困生就该有贫困生的样子。在 2016 年 11 月，微博上一篇名为《妈妈给我买了一双耐克的球鞋，学校就取消了我的贫困生助学金》的文章就曾引起舆论热议，仅“思想聚焦”微博账号内的相关文章阅读量就高达 900 万+。文中写道，经济拮据的母亲省吃俭用，在儿子生日时送上儿子生平第一双耐克球鞋，校方却因此取消了该生的资助资格①。

网友的讨论中不乏对社会现状的犀利讽刺，很多人称“助学金本来就是给关系硬的人啊”以及“学校里评选助学金的方法实在是恶心”等等，引起了大家共鸣。网络让人们看到了高校内助学金发放不当的尴尬，也昭示了教育公平的紧迫性。

10 月 20 日，教育部部长陈宝生在十九大会议发言中指出，今后教育发展的任务就是进一步促进教育均衡发展，解决好不平衡不充分的问题，满足人民日益增长的享受更公平更高质量教育的需求②。

## 三、大学生舆情应对策略

### （一）建立联动、及时的舆情监管与应急处理机制

新媒体环境下，舆情信息传播的途径与过去大相径庭。大学生群体

---

① 方不见．妈妈给我买了一双耐克的球鞋，学校就取消了我的贫困生助学金[EB/OL]．新浪微博，2016-11-03.

② 陈宝生．用新时代中国特色社会主义思想加快建设教育强国[EB/OL]．中华人民共和国教育部网站，2017-10-21.

对新媒体技术的适应性更强，对传播规律的掌握也更迅速。在他们利用微博、微信发声的过程中，“把关”环节基本已经失去效果。信息在网络空间飞速传播，舆论一点点酝酿，最终形成影响巨大的舆情事件，如2017年7月曝光的“沈阳城市建设学院被指强制学生参与实习”事件，最初就是由该校学生在微博上曝光的。

大学生舆情事件的爆发最终必然牵扯到公众对高校和高等教育领域的关注和态度。因此，在新媒体时代，教育管理部门应及时建立起从上到下的、具有联动性、即时性的监管机制与应急处理机制，抓紧更新技术手段和校园管理思维，为高校提供决策支持，争取在大学生负面舆情爆发前解决问题。

## （二）发挥媒体的权威作用，及时进行舆情引导

随着自媒体平台的使用越来越广泛，传统编辑、记者的把关功能已经大大弱化，民众可以利用互联网发布事实、发表看法。民众利用新媒体对高等教育热点事件表达意见是关注社会现实的表现。但很多时候，民意的表达是不理性、不完整的，如果不加控制必定会危及社会稳定。尽管媒体的把关功能弱化了，但是在众说纷纭的网络中媒体的声音更具权威性，所以在舆情事件爆发后媒体应发挥舆论引导功能，以免舆论被网络中的不理性声音带偏。

比如，陕西省贫困生评定标准惹争议事件中，许多网民质疑声明显，甚至一度将话题引到“关系户才能补助”“贫困生补助都是给有钱人”的方向。又如，当五省市出台“大学生可自愿缴存公积金”政策后，许多网站评论中被“政府变相圈钱”所占据，影响恶劣。

许多媒体平台仅仅把这些高教话题当作热点转发，却没有发挥舆论引导功能。媒体此时不应只关注现象，更应深度挖掘，把专家说法、现实案例等拿到台前说服民众。让大家看到，尽管不能尽如人意，但国家对保证高等教育公平、保障大学生权利的努力始终不曾懈怠。

## （三）提高高校管理者和决策者的媒介素养

大学生群体接受和运用新技术的能力日益增强。但是，高校管理者

和决策者往往年龄较大,尽管具有丰富的教育教学经验,但对新事物的接受能力不足,和学生相比难以适应新兴媒体的更迭速度,甚至忽视新媒体的影响力。拒绝对新兴平台的使用就会落后于网络流行的表达方式,错失应对负面舆论的第一时间。同时,对新兴平台功能认识不足必然导致对传播规律缺乏相应的了解,在舆情爆发时手足无措,难以应对。比如在沈阳城市建设学院强制学生实习的舆情事件爆发后,校方并没有诚恳道歉,仍然坚称自己给予了学生自主实习的权利,而统一实习是为了保证学生的实习质量。在学生已提供充分证据证明此次实习的强制性和恶劣性后,这样的言辞实在是难以让广大民众信服。

除此之外,尽管许多管理者已经认识到正确处理舆情事件的要点,比如在舆论爆发后及时正面回应,不逃避、不遮掩民众关心的焦点等,但是在实际情况中,仍然有不当的舆情应对行为。因此,若要更好地处理大学生舆情事件,提高高校管理者和决策者使用新媒体的技术能力与新时代的思维能力实乃当务之急。

(王思懿 骆 潇)

# 第12章 高校学科专业舆情分析报告

学科、专业常被同时提及，两者虽密切相关，但在内涵上是完全不同的主体。学科以知识系统为基础，由知识构成，基本内涵是一组相同或类似知识的集合体，偏重理论层面本身；而专业则更加侧重社会职业的实践领域，是一种涵盖实践教学在内的广义的课程组合和教学组织形式①。

学科与专业有着深厚的内在联系。一方面，学科是提高专业质量的坚强后盾，为专业的发展提供最前沿、最尖端的知识支撑；另一方面，专业则是检验、培养理论人才的社会实验室，使学科的知识力量能够真正地作用于实践，产生社会效益。学科与专业的最大不同，便在于发展目标上的本质差异，从上述两者的内在联系中，可窥探一二。就学科而言，更加注重培养学生发现知识、建构知识、创造知识成果的能力，如毕业论文、发明专利等学术成果；专业则着重考虑社会人才需求的变化，即各产业的人才稀缺程度，来培养相关高素质从业人员，像高精尖技术如人工智能专业人才等。

2010年，国务院学位委员会印发《学位授予和人才培养学科目录(2011年)》，正式确立我国高等教育学科专业划分为哲学、经济学、法学、教育学、文学等13个门类②，就此开启了我国学科专业系统化、标准化、统一化的发展阶段。然而，就目前学科专业的发展现状来看，仍然存在较大问题：长期以来，专业往往被认为等同于二级学科，与学科本身的概念相互混淆，造成学科间的设限明显，相互割裂，共享资源利用率较低，导致大量“专才”出现，而“全才”较为罕见。社会复合型人才供不应求，正是

---

① 钟秉林，李志河．试析本科院校学科建设与专业建设[J]．中国高等教育，2015(22)：19.

② 杨林，陈书全，韩科技．新常态下高等教育学科专业结构与产业结构优化的协调性分析[J]．教育发展研究，2015(21)：46.

学科专业界限太过分明而产生的社会效应。

"双一流"建设背景下，学科专业作为决定教育培养人才质量和数量的重要因素，其发展必须契合社会发展需求，适时调整、改造专业结构和相互关系，通过合理定位专业目标和优化专业结构、设置，持续强化学科专业间相互支撑的关系，提高创新能力和教育质量，使学科专业建设能够真正满足社会需求，促进社会稳步发展[①]。为了更加科学、量化地观察我国学科专业的发展动态，中国传媒大学高教传播与舆情监测研究中心（以下简称"研究中心"）收集了 2017 年 1 月 1 日—12 月 31 日的学科专业舆情版块的相关信息进行监测、分析。

## 一、高校学科专业舆情概况

### （一）舆情时间分布

#### 1. 数据数量

从绝对数量上看，2017 年，研究中心在学科专业舆情版块共监测到相关信息 2 789 条，平均每日监测信息 7.64 条。

横向对比，2017 年学科专业舆情版块共监测到 2 789 条信息，在 14 个专题版块排名第 7，与教师发展版块并列，占比 5.7%，约为信息量占第一位的就业版块的 1/4，处在中游位置。由此可以看出，学科专业在高等教育领域的关注度相对较低，并非社会、媒体热议的焦点。

纵向对比，2017 年学科专业舆情版块的信息量与 2016 年相比增加了 1 402 条，增量近一倍，占比增加 2.2%，这说明学科专业所引发的讨论热度正在快速增长，社会关注度也在显著提升。

#### 2. 数据分布与走向

2017 年学科专业舆情信息的月分布图和季度分布图可分别参见图 12-1、图 12-2。

月分布折线图反映了 2017 年学科专业版块的舆情变化波动明显。

---

① 郝文武．改造教育学：促进学科与专业相互给力[J]．北京师范大学学报，2013(4)：5.

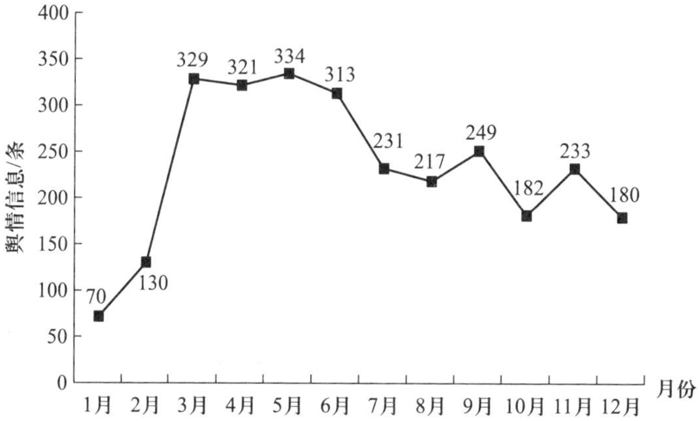


图 12-1　2017 年高校学科专业舆情信息月分布图

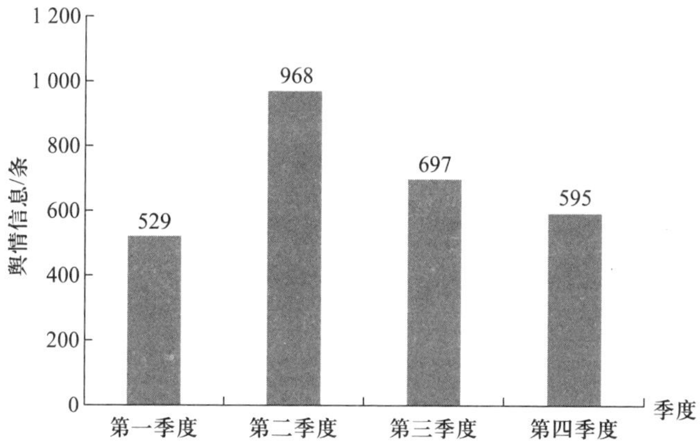


图 12-2　2017 年高校学科专业舆情信息季度分布图

最高值出现在 5 月，共有 334 条相关信息，这可能与北京高校实行大类招生的热点有关，而月分布最低值则在 1 月，只有 70 条信息。从月分布的基本走势来看，全年可划分为两个小高潮：第一个小高潮集中在 3 月至 6 月，舆情信息量普遍在 300 条以上，且波动不大；第二个小高潮则出现在下半年的 7 月到 12 月，在信息数量上虽较上半年的第一小高潮有所下降，但较稳定，保持在 200 条左右。

2017 年度学科专业舆情信息季度分布图显示，学科专业领域舆情热度最高时段是第二季度，共有 968 条相关信息；其次是第三季度，共有 697 条信息；再次是第四季度，共有 595 条信息；排名最后的则是第一季度的 529 条舆情信息。

## （二）舆情类型分析

从舆情类型上来看，2017 年度学科专业舆情信息主要涉及七大类，即“专业报考”“专业排行”“交流合作”“新增专业”“MBA、考研专业信息”“专业就业”“学科专业改革”（见图 12-3）。

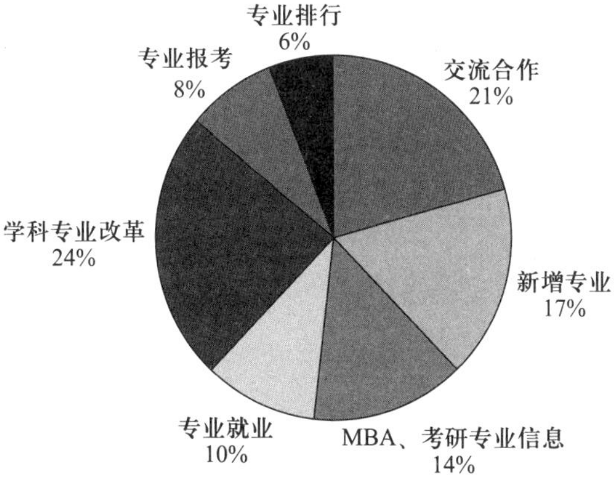


图 12-3　2017 年高校学科专业舆情信息类型分布图

在学科专业这 7 个分类中，“学科专业改革”及“交流合作”占比分列第一、第二，合计占 45%。“学科专业改革”占比较大与我国教育部正式确定世界一流学科重点建设高校名单有关，该名单对我国学科专业改革具有极高的战略意义。

“交流合作”占比位列第二，由此看来，高校间的学科专业经验交流将成为学科专业发展的新方向。梳理 2017 年关于高校间交流合作的相关舆情信息，可以发现，合作、沟通的范围已经逐渐延展至校企间，高校学科专业的建设已经开始思考社会契合度，同时，高校间、校企间关于完善学科专业的交流频率均在显著增加，这是本年度学科专业版块舆情发展的一大亮点。

## （三）舆情地域分布

从舆情地域分布图来看，2017 年度学科专业舆情信息覆盖我国 34

个省级行政区(省、自治区、直辖市和特别行政区)(见图 12-4)。与 2016 年相同,学科专业舆情信息总量前两位的依然是北京市、上海市。北京市(1 418 条)和上海市(739 条)信息量最大,北京市的信息占有量是上海市的近两倍,其后的浙江省、香港特别行政区、山东省、广东省、天津市等地区的信息数量则较北京、上海落差较大,但这些地区之间数据量差距不大。地域分布最后四位是青海省、甘肃省、西藏自治区、澳门特别行政区。整体而言,学科专业的地域舆情分布已经呈现五大梯队的分布态势:第一梯队舆情信息数量最大,包括北京市及上海市;第二梯队则以浙江省、香港特别行政区为代表,共 10 个地区,信息数量在 300 条左右;第三梯队以辽宁省、吉林省为代表,共 14 个地区,信息数量均在 100 ~ 200 条之间;第四梯队以黑龙江省、海南省为首,共包括 6 个地区,舆情信息分布在 60 ~ 100 条间;最后一个梯队包括西藏自治区和澳门特别行政区,信息数量分别为 21 条和 9 条。

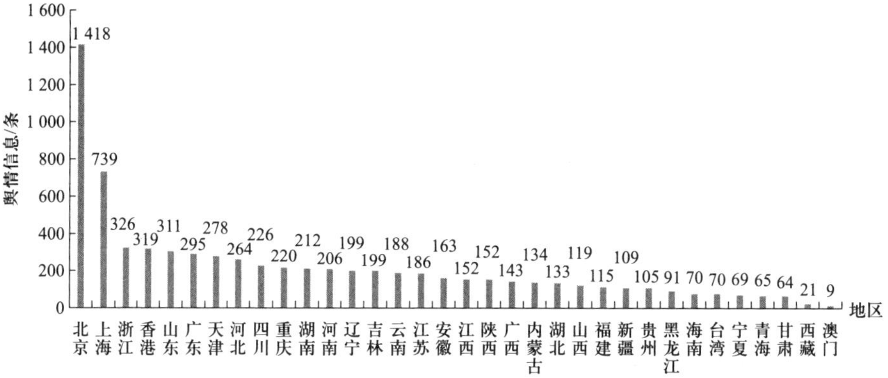


**图 12-4　2017 年高校学科专业舆情信息地域分布图**

与 2016 年相比,34 个地区的舆情信息量均有大幅上涨。以北京市为例,2016 年信息总量为 376 条,2017 年迅速增长至 1 418 条,增长率高达 277%,整体而言,各地区的信息量差距有增加的趋势。2016 年,北京市信息量大约为上海市的 1.85 倍,而今年两个地区的信息量差距已经扩大至近两倍。

与经济发达程度、教育资源的地区分布类似,学科专业的舆情信息量分布,同样呈现东部最多(4 201 条)、中部次之(1 543 条)、西部最少(974

条）的态势，这与教育政策如“双一流”等的辐射范围，各地区高校的质量差异等一系列因素有关。

## 二、高校学科专业热点事件分析

### （一）热点事件一：高校新增电子竞技专业

#### 1. 舆情新闻报道

“电竞专业”招生热　实火还是虚热

（2017 年 3 月 20 日载于《中国青年报》，1 480 个网页刊载相关新闻）

中国传媒大学“数字媒体艺术”专业（数字娱乐方向）今年首次招生，该专业旨在培养电竞游戏幕后策划及相关领域运营、制作人才，计划招生数为 20 人，报名人数却接近 900 人，其中男生占比 52%，女生占比 48%。报录比约为 44∶1，竞争十分激烈。电竞专业不仅在内蒙古、贵州、湖南等地的一些职业学院走俏，辐射范围已经延伸至全日制重点本科高校[①]。

#### 2. 舆情进展分析

关于高校开设电子竞技专业这一事件的舆情热度仍在升温。

该事件的第一个舆情高峰出现在 2016 年 9 月，教育部发布文件《关于做好 2017 年高等职业学校拟招生专业申报工作的通知》，正式将电子竞技作为专业纳入高校教学体系。关于该事件的舆论态度则呈现两极化，中国青年网文章《高校开设电竞专业未尝不可》指出，电子竞技的高速发展是可以预见的，但仍需社会传统观念的认可和接受，对于高校电子竞技专业的开设，不能只从字面意思去理解，更重要的是应关注其专业本身所代表的价值意义[②]。而游民星空网文章《电子竞技真的迎来了黄金时代？别想太多了》则持完全相反态度，认为高校电子竞技专业面临的问题太多，是很难解决的，公众对于“打游戏便是玩物丧志”的刻板印象太过深刻，电子竞技想要和传统的体育项目得到同等的地位，需要社会观

① 孙庆玲.“电竞专业”招生热　实火还是虚热[N]. 中国青年报，2017-03-20(9).

② 高校开设电竞专业未尝不可[EB/OL]. 网易新闻，2017-01-21.

念的不断更新,这是一个极为漫长的过程①。作者对高校电子竞技专业的未来发展持更谨慎观望的态度。

经历了第一个舆情小高潮后,关于高校开设电竞专业的社会讨论却并未就此中断。直至中国传媒大学南广学院及本部均宣布开设电子竞技相关专业,该事件迎来了第二次舆情高潮。电子竞技专业的开设从职业院校,到全日制本科高校,再到全日制重点本科高校迅速发展,成为舆情讨论的焦点。

时间进入 3 月,关于高校电子竞技专业这一事件的舆情热度并未减弱,但舆情走向开始发生变化,对开设电竞专业可行性的讨论大幅度减少,而高校电竞课程的内容和完善度成了新的关注点。《中国青年报》文章《“电竞专业”招生热　实火还是虚热》对开设电竞专业的高校进行了走访调查,对锡林郭勒职业学院、中国传媒大学等高校电竞课程的相关内容及培养方向进行了详细介绍,内容翔实且生动,理清了电竞专业的相关细节。搜狐教育文章《打游戏也能上大学？揭秘电竞专业背后的真相》则仅聚焦中国传媒大学及南广学院,对报录比、12 门专业课设置等客观内容进行了说明,对未来中国电子竞技的发展持观望态度②。

相关报道如表 12-1 所示。

**表 12-1　高校新增电子竞技专业的相关报道(不完全统计)**

| 序号 | 时间 | 来源 | 新闻标题 |
|---|---|---|---|
| 1 | 1 月 21 日 | 人民网 | 高校开电竞专业,游戏玩得好就能当学霸？真相是…… |
| 2 | 1 月 24 日 | 北京青年报 | 中国传媒大学试水电竞专业　声明不培养职业玩家 |
| 3 | 2 月 20 日 | 新浪游戏 | 电竞正式纳入 985、211 高校专业　学费不低 |
| 4 | 3 月 20 日 | 中国青年报 | “电竞专业”招生热　实火还是虚热 |
| 5 | 3 月 21 日 | 腾讯游戏 | 全国重点大学开电竞专业　不会游戏被同学鄙视？ |
| 6 | 4 月 4 日 | 体坛周刊 | 首家 211 高校开设电竞专业真会教你打游戏吗？ |

① 八云猫车．电子竞技真的迎来了黄金时代？别想太多了[EB/OL]．游民星空,2016-09-28.

② 佚名．打游戏也能上大学？揭秘电竞专业背后的真相[EB/OL]．赢鼎教育・搜狐号,2017-03-15.

续表

| 序号 | 时间 | 来源 | 新闻标题 |
| --- | --- | --- | --- |
| 7 | 6 月 6 日 | 南方都市报 | 大学设电竞专业，不是玩物丧志是拜金主义 |
| 8 | 7 月 10 日 | 腾讯游戏 | 中国高校电竞专业哪家强　高考填报你敢选电竞专业吗？ |

**3. 舆情方向分析**

本次事件的舆论焦点主要体现在两个方面。

首先，关于高校开设电子竞技专业可行性的争论成为最大焦点。据艾瑞咨询发布的电竞行业年度数据显示，2016 年我国电竞市场总规模达 400 亿元，用户数量达 1.7 亿人，中国已经成为全球最大的电子竞技市场，2016 年堪称“电子竞技元年”[①]。电子竞技产业的发展需要更多专业人才的加入，高校作为社会人才储备的主要机构责无旁贷，教育部关于开设电子竞技专业的文件也明确表达了支持电子竞技专业进入高校的态度。考虑到这些因素，高校电子竞技专业的开设的确顺应了高等教育开放性、多样化的发展趋势，迎合了当前社会的人才需求。

相较于乐观地迎接电子竞技专业这一新事物，对高校引入电子竞技专业的质疑声也不在少数。游民星空专栏尖锐地指出了高校引入电子竞技专业所面临的三大问题。首先，电子竞技和传统的体育竞技项目最大的不同便是高速的项目更迭，超高速的更新换代需要同样高速的高等教育跟上步伐，而这对于高等教育来说无疑是巨大的挑战；其次，2000 年才在中国出现的电子竞技行业，至此发展也不过十几年，致使市面上根本没有成体系的可以直接用于教学的教材，即便现编教材，也很难找到兼具理论知识及电竞实践经验的合格编写者。再次，高校电子竞技课程的设置内容能否真正契合当前社会电子竞技的发展需求，其适用程度仍旧是未知数[②]。除了对高校电子竞技专业如何教学这一担忧外，关于学费过高（中国传媒大学南广学院设置的艺术与科技专业电子竞技分析方向每年

① 疯度偏偏．全国重点大学开电竞专业，不会游戏被同学鄙视[EB/OL]．腾讯游戏，2017-03-21.

② 八云猫车．电子竞技真的迎来了黄金时代？别想太多了[EB/OL]．游民星空，2016-09-28.

学费为16 500元[①])、首批毕业学生极可能成为电子竞技教育实验的“小白鼠”等各种疑问也为高校开设电子竞技专业这一创新举动提供了更多的冷静思考。

除高校引入电子竞技专业可行性的讨论外,电子竞技专业的课程内容,则成为另一焦点。当年被诟病为“玩物丧志”的电子竞技,如今却“登堂入室”,进入大学课堂,社会各界不免有此疑问:“难道打游戏也能上大学?”诸多文章针对社会这一普遍质疑,在深入了解开设电子竞技专业的高校相关课程及培养方向后,及时向大众进行了科普。如《中国青年报》文章《“电竞专业”招生实火 or 虚热　或已处于集中爆发阶段》就指出,很多高校电子竞技专业更倾向于培养“幕后人才”,中国传媒大学数字媒体艺术专业的培养目标便倾向于培养游戏行业指导策划的核心人员,如游戏策划与运营人员[②]。因此,“打游戏就能上大学”的观点其实是对电子竞技专业的误解。

电子竞技强势进入高校课堂,对于我国高等教育的发展,是挑战,同时也是契机。

中国教育科学研究院研究员储朝晖认为,在教育部文件承认的前提下,高校拥有开设何种专业的决定权,学生也有选择心仪专业的自主权。但是开设新专业并不是头脑一热就可以决定的事情,高校应该做好前期调查,做足课程准备,真正为学生负责[③]。

21世纪教育研究院副院长熊丙奇则从高校专业性的角度给出了意见,他认为当前社会对于电子竞技的理解仍属片面,应该从专业性的角度去思考它真正的价值。中国传媒大学开设“电子竞技”专业,并不是单纯地培养会打游戏的学生,而公众一听到电子竞技,便会联想到久被诟病的“游戏”,这说明目前社会对电子竞技仍旧存在误解,正如人们对职业类院校的偏见一般[④]。无论职业教育或学术教育,应该不分贵贱,只要大力建设自己擅长的领域,高校均能大有作为。

---

① 电竞正式纳入985、211高校专业,学费竟然如此高[EB/OL]. 新浪网,2017-02-20.

② 孙庆玲.“电竞专业”招生热　实火还是虚热[N]. 中国青年报,2017-03-20(9).

③ 余清. 中国传媒大学开设电竞专业,打游戏也能科班出身[EB/OL]. 中国新闻网,2017-01-20.

④ 余清. 中国传媒大学开设电竞专业,打游戏也能科班出身[EB/OL]. 中国新闻网,2017-01-20.

## (二)热点事件二:高校实行大类招生

### 1. 舆情新闻报道

名校招生淡化专业细分

(2017年4月17日载于《北京日报》,79个网页刊载相关新闻)

清华大学宣布今年将打破院系和专业壁垒,推行"按大类进行人才培养管理"的方案,在全国范围内,按16个大类招收、培养本科生。继清华大学宣布所有本科专业开启大类招生后,中国人民大学、北京航空航天大学、北京科技大学、北京化工大学等多所高校都将推行大类招生①。

### 2. 舆情进展分析

关于大类招生的媒体文章从2004年便已出现,但数量不多,而清华大学全面实施大类招生一事是其成为热点事件的第一导火索。

关于高校大类招生的报道最早出现在2004年,也就是北大元培班成立的第三年,《光明日报》文章《北京大学为何坚持大类招生》指出,北京大学的元培班是大类招生的雏形,符合市场对人才的需求。众多高校纷纷效仿北大,开始推动大类招生工作,《光明日报》对此持谨慎态度,提醒各高校应根据自身情况实行大类招生,而不是一哄而上地盲目跟风②。

随着越来越多的高校开始涉足大类招生,关于大类招生的报道也在不断增多。2005年,《北京青年报》文章《北京高校招生比例约71% 部分高校按大类招生》就预测,大类招生可能会大范围铺开,成为高校招生发展的主要趋势③。

2009年,《新京报》文章《北京高校流行按大类招生 先进校门后分专业》关注北京高校高招咨询会,指出北大、清华、人大等部属院校,都纷纷实行了按大类招生的政策,按大类招生的学校正在逐渐增加,范围从部属院校扩至市属院校,专业也从理工类延展至文理全科④。

---

① 任敏. 名校招生淡化专业细分[N]. 北京日报,2017-04-17(6).

② 佚名. 北京大学为何坚持大类招生[EB/OL]. 华禹教育网,2004-06-10.

③ 王晓易. 北京高校招生比例约71%,部分高校按大类招生[EB/OL]. 网易,2005-04-27.

④ 沙璐. 北京高校流行按大类招生,先进校门后分专业[EB/OL]. 新京报,转引自学科网,2009-04-13.

2012 年《求学》杂志文章《高考专家揭秘高校招生之按“大类”招生》对正在普及的高校大类招生进行了解读，包括其概念和培养模式，是早期的一篇关于高校大类招生的科普报道。

清华大学于 2017 年 4 月宣布将本校全部本科专业按大类招生后，关于大类招生的文章数量迅速增加，讨论热度激增。东方头条文章《新高考背景下多所高校推大类招生——对考生的利与弊》从利弊两面综合评价了大类招生制度，在肯定大类招生拥有诸多优势、符合高校发展趋势的同时，也对其实施过程中可能会带来的问题进行了说明①。

新华社文章《大类招生、新设专业……北京高校今年招生亮点多》将大类招生作为 2017 年高考招生改革的一大亮点进行介绍，高校推动或实行大类招生，可看作高等教育大力实施改革的重要一步，这将成为未来高校招生的主流趋势②。

正北方网文章《注意啦！多所高校实现全部大类招生》对实施大类招生的高校包括北京大学、清华大学、中国人民大学的具体方案进行了梳理，并引用专家评论说明大类招生有望撬动高考改革、完善高考制度③。

相关报道如表 12-2 所示。

**表 12-2　高校实行大类招生的相关报道（不完全统计）**

| 序号 | 时间 | 来源 | 新闻标题 |
|---|---|---|---|
| 1 | 4 月 12 日 | 新京报 | 清华大学今年全面推行大类招生 |
| 2 | 4 月 16 日 | 北京日报 | 北京多所高校推行大类招生 |
| 3 | 4 月 18 日 | 东方头条 | 新高考背景下多所高校推大类招生——对考生的利与弊 |
| 4 | 4 月 21 日 | 新浪新闻 | 大类招生全解读：越来越多的高校实行大类招生 |
| 5 | 5 月 22 日 | 人民日报 | 解码高校招生：今年全国多所高校实现全部大类招生 |
| 6 | 5 月 23 日 | 新华社 | 2017 年北京高招三大亮点：大类招生、新设专业、综合选才 |

① 王凤国．新高考背景下多所高校推大类招生：对考生的利与弊[EB/OL]．东方头条，2017-04-18.

② 魏梦佳，孙琪．大类招生、新设专业……北京高校今年招生亮点多[EB/OL]．新华网，2017-05-23.

③ 萨其．注意啦！多所高校实现全部大类招生[EB/OL]．正北方网，2017-05-24.

续表

| 序号 | 时间 | 来源 | 新闻标题 |
| --- | --- | --- | --- |
| 7 | 5 月 24 日 | 网易新闻 | 今年多所高校实现全部大类招生 |
| 8 | 6 月 2 日 | 搜狐教育 | 高考倒计时,2017 年流行“大类招生”你知道吗?一文秒懂! |
| 9 | 6 月 3 日 | 搜狐教育 | 清华、南大、东大等高校今年实行“大类招生”,专家:大学不是培养“听话”的孩子…… |

综上,高校大类招生的舆情高峰主要集中在 4、5 月份,以《新京报》的事实报道为开端,其他媒体纷纷从学科专业的可能变化、专业填报,甚至是高等教育改革的更深层面,对该事件进行了较为全面的分析。

**3. 舆情方向分析**

高校招生作为高等教育得以实施的第一步,一直是高等教育领域的主要关注点,北京高校大举实施大类招生也引发了高教界专家的激烈讨论,学者的意见虽不尽相同,但基本态度却较为一致,均表示高校实施大类招生是高考改革的必然趋势,应该予以鼓励。

21 世纪教育研究院院长杨东平对高校大类招生持积极态度,认为这是高校人才培养模式改革的一次有益尝试。以前的专业设置太过细化,当然这也是为了计划经济的需要,但在市场经济条件下,知识加速更新,职业转换可能性很大,通识教育便尤为重要,通过大类招生,强化通识教育,培养学生成为复合型人才,提高其在劳动力市场的竞争力①。

北京航空航天大学高等教育研究所所长雷庆则从另一角度出发,提出了“大类招生适宜推而广之吗”的疑问。他认为大类招生还是要具体问题具体分析,不能一概而论,对于研究型、综合型大学,大部分学生的目标是读研深造,而大类培养的模式可以让学生接触更多的知识,拓宽了学生的选择范围,利于其未来学习;而对于学习方向十分明确,如技术类院校的学生,则应该更加侧重专门领域和行业的技能培训,大类招生并不能满足其需求,相反专业细分则更加契合②。

① 任敏. 名校招生淡化专业细分[N]. 北京日报,2017-04-17(6).

② 任敏. 名校招生淡化专业细分[N]. 北京日报,2017-04-17(6).

知名评论员练洪洋更为理性，他指出大类招生虽好，但也要将其置于高等教育改革的大背景下进行，与其他改革措施一道，并驾齐驱方能奏效。专业分流是高校大类招生必须要重点考虑的问题，要避免采取大类招生，等到学生分专业时，出现“喜热怕冷”，“热门”专业僧多粥少，冷门专业出现“一个人的毕业照”的现象①。

## （三）热点事件三：重庆工程学院开设“网红学院”

### 1. 舆情新闻报道

重庆一高校开设“网红学院”引争论

（2017年9月21日载于《北京青年报》，60个网页刊载相关新闻）

重庆工程学院将“网红”这一职业引入高校教育，开设“星运网红（行业）学院”（简称“网红学院”），并已开始选拔学员的工作。首批19名学员已经开始接受培训，培训内容包括直播技巧、拍摄短视频、个性塑造、形象设计等能够吸引粉丝关注的网络直播技巧。重庆工程学院作为拥有13 500多名学生的全日制普通本科高校，首尝将市场属性极强的“网红”作为教学内容引入高校，引发外界强烈关注②。

### 2. 舆情进展分析

重庆工程学院开设“网红学院”一事早在7月份便已有相关报道出现，腾讯大渝网文章《国内首个大学网红学院落户重庆，网红生产线开进大学》短小精悍，介绍了“网红学院”的培养目标和培养模式，却并未对网红学院的开设做更多评论，而搜狐教育文章《国内首个大学网红学院落户重庆　首次开进大学》则在报道“网红学院”正式筹建的事实基础上做了较为详尽的分析，从网红概念出发，以较为正面的态度评价重庆工程学院此举是一种创新，此时该事件尚未引起大规模讨论。

时间进入9月，重庆工程学院“网红学院”于9月20日正式开课，随即成为外界关注焦点，《北京青年报》文章《重庆一高校开设“网红学院”

---

① 练洪洋．期待大类招生撬动高校改革[EB/OL]．人民网，2017-05-22.

② 张雅，张夕，刘思佳．重庆一高校开设“网红学院”引争论[N]．北京青年报，2007-09-21(A11).

学习“直播技巧”等课程》将“网红课”课程表、招生细节等信息进行了详细梳理，并从企业、学校、专家、学生四个角度对该事件进行了全面分析，极具针对性，被新华社、华龙网、新浪网等多家媒体转载。

以《北京青年报》文章为节点，关于重庆工程学院开设“网红学院”的讨论就此展开，也许是新闻热度已经严重影响学校“网红学院”的办学，校方在第一时间出面澄清，百度百家号“时间新闻”文章《重庆高校开设“网红学院”遭质疑　校方：项目已暂停将作调整》专门为校方正名，称“网红学院”并非如外界所言是独立的学院，而是学生自愿参加的校企合作的非营利项目，目前校方决定暂停该项目，会出台更完善的调整方案[①]。

即便是校方的澄清，也无法阻挡诸多反对言论，微博文章《重庆工程学院开设“网红学院”，这种“大学”不要也罢！》直批“网红学院”拉低了国内高校的整体水平，并不符合大学教书育人的目标，这种大学不要也罢[②]。知乎帖子《如何评价重庆工程学院开设“网红学院”一事？》吸引众多知乎网友前来作答，网友“佳而有为”对于“网红学院”教学课程的科学性持严重怀疑态度，认为学校此举更像是在蹭热点[③]。

而百度百家号“北京晨报”文章《重庆工程学院开办“网红学院”》则从另一角度为本事件进行辩护，“网红学院”不是一个专业，也不是所谓的学院，它只是一个合作办学项目，是一种创新尝试。同时，“网红学院”面向营销专业，可以更好地利用互联网做营销，不失为一种良策[④]。

多方媒体的观点碰撞，引发如新浪微博、知乎等网友的热议，碎片式观点涌现，使该事件舆情热度逐渐发酵。相关报道如表 12-3 所示。

**表 12-3　重庆工程学院开设“网红学院”的相关报道（不完全统计）**

| 序号 | 时间 | 来源 | 新闻标题 |
|---|---|---|---|
| 1 | 7 月 6 日 | 腾讯网 | 国内首个大学网红学院落户重庆　网红生产线开进大学 |

① 李一凡．重庆高校开设网红学院遭质疑，校方：项目已暂停将作调整[EB/OL]．时间新闻 · 百家号，2017-09-22.

② 金樱树．重庆工程学院开设“网红学院”，这种“大学”不要也罢[EB/OL]．豆豆头条，2017-09-29.

③ 天下网商．如何评价重庆工程学院开设“网红学院”一事[EB/OL]．知乎，2017-09-21.

④ 伍齐．重庆工程学院开办“网红学院”[EB/OL]．北京晨报 · 百家号，2017-09-25.

续表

| 序号 | 时间 | 来源 | 新闻标题 |
| --- | --- | --- | --- |
| 2 | 7月6日 | 搜狐教育 | 国内首个大学网红学院落户重庆　首次开进大学 |
| 3 | 9月21日 | 北京青年报 | 重庆一高校开设“网红学院”引争论 |
| 4 | 9月21日 | 新浪新闻 | 重庆一高校开设“网红学院”学习直播技巧等课程 |
| 5 | 9月21日 | 南方网 | 高校开设“网红学院”，该不该叫停？ |
| 6 | 9月21日 | 中青在线 | 高校开“网红学院”！教你要礼物上热门，网友炸了…… |
| 7 | 9月22日 | 网易新闻 | 重庆工程学院设网红学院不低俗不丢人，别瞧不起 |
| 8 | 9月23日 | 人民网 | 重庆工程学院开设网红学院，网红经济究竟有多火？ |
| 9 | 11月5日 | 中国新闻网 | 重庆工程学院：网红学院是一种教学形式而非二级学院 |

**3. 舆情方向分析**

重庆工程学院开设的“网红学院”是否存在教育意义？

网红，全称“网络红人”，是指在现实或者网络生活中因为某个事件或者某个行为而被网民关注从而走红的人或长期持续输出专业知识而走红的人[①]。

作为近年来新兴的热词，“网红”成为越来越多年轻人追求的潮流象征。支持的评论认为，此次重庆工程学院与网红企业合作，基于网红经济所开展的“网红学院”并不是一个单独的专业或学院，只是合作项目，不失为一次高校与时俱进，迎合时代热潮的有益尝试，在一定程度上也能缓解高校学生的就业压力，具有一定的积极意义[②]。

关于此次事件虽然存在一些支持的声音，但更多的却是质疑高校开

① 小满花园．重庆高校开设网红学院，专家又有话说[EB/OL]．小满花园·百家号，2017-09-21.

② 练玉春．高校教育和商业培训界限不能模糊[N]．光明日报，2017-11-05(5).

设“网红学院”的反对意见。首先就网红教学的课程来讲，其本身并不存在专业的教学内容和学科内涵，与高校专业性、学术性相悖，不具有学科教育意义。

同时，“网红”虽然是时下的流行职业，但网络直播不乏无内涵的低俗内容，高校作为社会栋梁的重要人才培养基地，在网红领域的投入又会给社会带来哪些贡献？综合来看，社会意义也并不大。

高校应该致力于创造知识，引领社会发展潮流，而不是一味地跟风，什么火就做什么。“网红学院”的成立一定程度上是高校未考虑自身属性和社会责任的情况下盲目跟风的结果，就像前段时间的“网络文学”专业及“彩票研究”专业，无不反映了高校盲目追随社会潮流的不良现象，市场导向不应成为高校进行教学活动的主要参考点。

大学应该教什么？怎样教？这一根本性问题无疑是对高校学科专业建设的重要挑战。本次重庆工程学院开设“网红学院”，一定程度上可以理解为高校学科专业领域的新尝试，但这种尝试是否符合高校自身属性？开设这类专业又是否存在社会或教育意义？这类新式课程又该如何进行系统教学？这次事件所带来的高校课程改革问题值得每一个高教工作人员深入思考。

中国科学教育研究院研究员储朝晖对“网红学院”的设立持相对否定态度，认为是一种被动跟随潮流的行为，缺乏自主性。“网红”只是一个热词，本身并没有学科内涵，且对于如何培养“网红”，高校本身并没有严谨的系统教学方案和评估指标，这就极大地降低了教学的科学性[①]。

同时，储朝晖也指出，还是需要继续观察“网红学院”的发展态势，因为“网红”作为职业，本身就存在不稳定性，因此“网红学院”也相应地存在一些问题。对于“网红学院”，储朝晖希望学生应该保持基本的价值判断能力，并不是进了“网红学院”就能成为“网红”，应该树立正确的择业观和就业观[②]。

---

① 张雅，张夕，刘思佳．重庆一高校开设“网红学院”引争论[N]．北京青年报，2017-09-21(A11).

② 张雅，张夕，刘思佳．重庆一高校开设“网红学院”引争论[N]．北京青年报，2017-09-21(A11).

### （四）热点事件四：师范类专业实行统一认证

#### 1. 舆情新闻报道

教育部启动普通高等学校师范类专业认证工作

（2017 年 11 月 8 日载于中青在线，20 个网页刊载相关新闻）

2017 年 10 月 26 日，教育部正式印发《普通高等学校师范类专业认证实施办法（暂行）》，基于教师教育质量监测平台和大数据，建立国家统一认证工作体系。认证标准分为三个级别，覆盖中学教育、小学教育、学前教育三个专业[①]。

#### 2. 舆情进展分析

关于这次教育部发布《普通高等学校师范类专业认证实施办法（暂行）》（以下简称《办法》）一事，教育学界和媒体关注的焦点较为集中，即怎样建立师范类专业认证制度。

对此疑问，相关负责人也进行了明确的回答，统一的认证体系和明确的职责分工将是保障师范类专业认证工作顺利开展的关键点。

教育部在整个师范类专业认证体系中处于中心引导位置，负责制定完善师范类专业认证体系的统一标准和实施办法，而省级教育行政部门则主要负责落地的具体认证工作。由相关高校自愿提出认证申请，省级教育行政部门按照教育部的相关规定细则，对该地区的申请高校师范类专业进行第二级别认证。若申请高校属于中央部门，则由教育部高等教育教学评估中心完成第二级别认证，同时，该机构也承担着监测职责，以保证认证工作公平高效。在整个师范类高校认证过程中，统一标准下的权责分明是社会最关心的方案实施重点。

媒体关于此次师范类专业进行统一认证的决定普遍持积极乐观态度，相关报道大多聚焦教育部相关文件的重要内容的传播，如搜狐教育文章《重磅！高校师范类专业将实行统一认证》利用图解的方式，从师范类专业的认证标准和认证办法两个方面，对整个文件的主要内容进行了清

---

① 叶雨婷．教育部启动普通高等学校师范类专业认证工作［EB/OL］．中青在线，2017-11-08.

晰解读。随着媒体相关报道量的增多，舆情焦点从内容解读逐渐发展为文件颁布实施后的影响分析，文章《注意！师范专业将实行统一认证了，老师们该怎么做?》则重点关注教师群体，认为在师范类专业统一认证的前提下，教师也应该积极参与认证工作，并列举出教师参与认证体系的七大边际收益，认为教师拥有“洪荒之力”，是认证工作得以顺利开展的重要助力因素。总体而言，师范类进行统一认证事件的舆情走向大体由文件内容的简单解读和传播，逐渐深入到更高层次的影响分析上，舆情转向速度较快。相关报道如表12-4所示。

**表12-4　师范类专业实行统一认证的相关报道(不完全统计)**

| 序号 | 时间 | 来源 | 新闻标题 |
|---|---|---|---|
| 1 | 11月8日 | 中青在线 | 教育部启动普通高等学校师范类专业认证工作 |
| 2 | 11月8日 | 人民网 | 教育部:师范类专业实行三级监测认证 |
| 3 | 11月8日 | 光明日报 | 师范类专业将统一认证　事关中小学教师队伍未来 |
| 4 | 11月8日 | 新华网 | 普通高校师范类专业将实行三级监测认证 |
| 5 | 11月9日 | 搜狐教育 | 解读丨教育部将对高校师范类专业实行统一认证！这将如何影响师范类专业招生就业? |
| 6 | 11月10日 | 光明日报 | 师范类专业认证制度怎样建 |
| 7 | 11月12日 | 搜狐教育 | 注意！师范专业将实行统一认证了，老师们该怎么做? |
| 8 | 11月13日 | 搜狐教育 | 注意！师范专业将实行统一认证了！ |
| 9 | 11月14日 | 搜狐教育 | 师范类专业认证制度怎样建?来听听各方观点！ |
| 10 | 11月27日 | 光明教育 | 教育部启动普通高等学校师范专业认证工作 |

**3. 舆情方向分析**

对于极有可能改变师范类专业未来发展方向的教育部关键性文件，教育界学者也对此提出了许多建设性意见，普遍持积极态度。

华东师范大学柯政教授，将此次师范类专业的统一认证看作纠正以考代学弊端的有益契机。柯政教授认为，该统一认证体系为教学质量较高的师范类大学毕业生提供了极大便利，学生可以在学校完成三级认证的前提下，在毕业后直接拿到教师资格证，节省了个人考证的时间，这是教育部师范类专业认证体系的一大亮点。之所以是亮点，原因主要有两个:首先,这有助于教师重回教育的轨道。以前的教师选拔大多以通过考试为准,而不够重视在实践中更为宝贵的教学经验积累,具有较大的局限性,这次改革可以说是一次有力的纠偏。同时,这次师范类专业的统一认证并不是无视差异地千篇一律,而是根据每个学校的情况,分为可以自由申请评定的三级标准,更具适用性[①]。

北京师范大学洪成文教授则将这次《办法》的实施看作走向国际化的重要突破。无规矩不成方圆,此次师范类专业的统一认证,可以看作我国师范类专业不断国际化的前奏,有利于我国师范教育与国际院校对标。同时,在统一标准设定后,师范类专业的培养方向便有章可循,可有效减少低质量的高等教育相关机构对师范类人才培养质量的不利影响,是全面提升我国师范类专业整体水平的一次重要契机。同时,洪成文教授也表达了对师范类统一认证作用的担忧,“认证毕竟是共同认可的达标性标准,从底部推进质量提升,认证有作用,但从顶部拔高质量,却力不从心”[②]。

在统一认证体系下,如何保持师范专业人才的个性化培养,也是一个值得思考的问题。

## 三、高校学科专业舆情应对策略分析

2017 年学科专业的热点事件多与新增专业、学科专业改革有关,经历适应变化的阵痛,加之新媒体平台的异军突起,必然引发该版块舆论场的强力碰撞。观察学科专业领域整年的媒体报道信息,新闻数量较往年确有增加,但报道仍存在不足之处。

### (一) 事实引导得当,有效减少了因信息不足所引发的公众臆想

从 2017 年学科专业的媒体新闻报道来看,可以发现,媒体科普类的

---

① 师范类专业认证制度怎样建?来听听各方观点![EB/OL].光明微教育·搜狐号,2017-11-14.

② 师范类专业认证制度怎样建?来听听各方观点![EB/OL].光明微教育·搜狐号,2017-11-14.

事实性文章数量处于增加态势，当某一热点出现时，在陈述事件事实的同时，如果能够附加事件背后蕴藏的专业知识，进一步客观地勾勒热点原貌，可以迅速帮助公众更深入地认知热点细节。

本年度的大类招生事件，以清华大学宣布将本科所有专业全部按大类招生为导火索，迅速成为舆情热点，此时距离高考已不到两个月，高校招生方面的大变化必然牵动着家长和考生的神经。而此时媒体适时发声，对大类招生的相关细节、其对报考的影响以及采取大类招生高校的具体实施方案进行梳理说明，减少了家长和考生的报考疑虑和心理负担，对于抑制谣言散播、营造健康的舆论场意义重大。

### （二）高校缺乏对新媒体舆论的引导

重庆工程学院开设“网红学院”事件的导火索是《北京青年报》的一篇名为《重庆一高校开设“网红学院”学习“直播技巧”等课程》的文章，文中曝光了学校招生细节、“网红课”课程表及专家权威评论等诸多内容。久被诟病的“网红”职业居然以“学院”的形式进入高校，必然会成为社会热点，激起了知乎、微博、百度百家号等新媒体平台网友的强烈声讨，出现如“这种大学，不要也罢”等态度强硬的个人言论，新媒体碎片化的舆论场与官方媒体相互碰撞，舆论压力直指相关高校，迫使高校做出回应，但仍然无法改变社会对重庆工程学院开设“网红学院”的负面舆论。

这次事件深刻地反映出，目前我国高校的舆情前期引导并不到位，没有事先考虑到这一事件可能引发的社会舆论影响，而是直到权威媒体报道相关课程、培养目标等细节，并迅速引发其他媒体，尤其是知乎、微博等新媒体及社会公众的不满后，高校才对此做出回应，早已错过舆情危机管理的最佳时机。

舆情的传播有三个基本要素：信源、信道和信宿①。在新媒体爆发的时代，高校应更新对信道含义的理解，将知乎、微博、豆瓣、百度百家号、微信订阅号等新媒体平台纳入信道体系中。新媒体平台为高校与社会公众沟通、发布官方信息等行为提供媒介便利，但其快速传播、信息量呈指数

① 程现昆．浅析高校舆情危机管理的短板及其提升策略［J］．新闻研究导刊，2017（21）：32.

增长的传播特点，进一步加大高校舆情危机处理的难度。这就要求高校舆情监测的相关工作者了解新媒体平台的传播规律，并在逐渐融入新媒体环境的基础上，适时引导网友舆论。高校应重视官方微信公众号、微博等新媒体平台的运营，并能够在危机事件舆论萌芽时，及时关注、引导新媒体平台的舆论走向，减少负面影响。

## （三）媒体报道深度不够，还停留在舒适的“新闻场”

本年度关于学科专业的相关热点，媒体的关注并不太积极。以师范类专业实行统一认证为例，大部分媒体只是聚焦表层的文件内容及事实报道，蜻蜓点水并不深入，相对深入的文章也只是机械地收集整理高等教育领域专家的基本观点，仅有搜狐教育的几个自媒体账号涉及师范类专业招生、就业的问题。

就目前而言，大多数媒体仍旧停留在舒适的“新闻场”内，报道角度单一，甚至仅靠转载他人原创言论支撑报道，很少深入热点相关高校进行走访调查。媒体的固有思维若不结合高校实践的诸多细节，会造成媒体报道仅停留在现象表面，深度不够。因此，在互联网新环境下，提高受众媒介素养虽是一大重点，但对媒体人的新闻职业理想、专业精神的培养仍旧是不变的主题。将职业理想激发的情感贯穿在新闻实践中，延伸媒体人在新领域转型中的价值，才能构建更加客观和谐的舆论环境，对于高校舆情的危机处理也将大有裨益。

（李欣荣）

# 第13章　高等教育质量评估舆情分析报告

2017年7月10日,教育部发布的《2016年全国教育事业发展统计公报》中显示,2016年我国各类高等教育在学总规模已达3 699万人,高等教育毛入学率达42.7%。一般来说,毛入学率在15%以下,高等教育处于精英教育阶段;15%~50%为高等教育大众化阶段;50%以上为高等教育普及化阶段。根据2017年的数据,中国高等教育已经接近普及化阶段。步入高等教育大众化阶段后,公众对高等教育的期望与要求发生较大转变,关注焦点不仅停留在高等教育机会层面,高等教育的过程与结果等质量层面问题更会引发公众的关注与热议。

进入新时代,中国高等教育面临的主要矛盾,转变为人民日益增长的对公平优质高等教育的需求与其发展不均衡不充分之间的矛盾。高等教育对国家经济社会发展的作用,已经从基础支撑转变为支撑引领并重,成为可持续发展的最大红利和牵引动力。要求高等教育坚持"四个全面、四个服务、四个回归",以教育公平和提高教育质量为着力点,推动高等教育供给结构从总量扩张向优化布局转变,为中华民族伟大复兴提供智力支持和人才保障。要实现由教育大国向教育强国迈进的高等教育目标,质量评估是保障。中国传媒大学高教传播与舆情监测研究中心(以下简称"研究中心")监测的数据显示,2017年1月1日—12月31日全年高等教育相关信息共49 226条,其中高等教育质量评估专题相关信息共1 227条,占全部高等教育信息的2.5%,较2016年的2.4%略有提高。

## 一、高等教育质量评估舆情概况

2017年高等教育质量评估信息1 227条,占全年数据的2.5%,在研究中心高等教育舆情14个专题中位居中下游,仅排在第11位,如图13-1

所示。

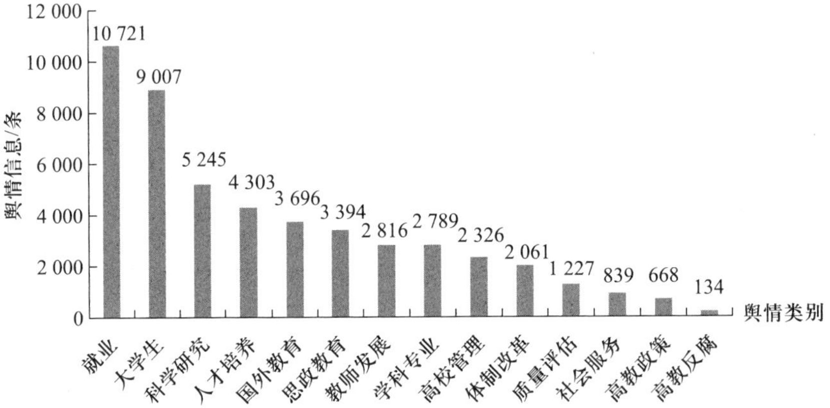


**图 13-1　2017 年高等教育各专题舆情数量**

但是，从近 4 年的高等教育质量评估专题舆情数量的纵向来看，2016 年和 2017 年质量评估相关舆情信息数量较前两年有大幅度提升，如图 13-2 所示。

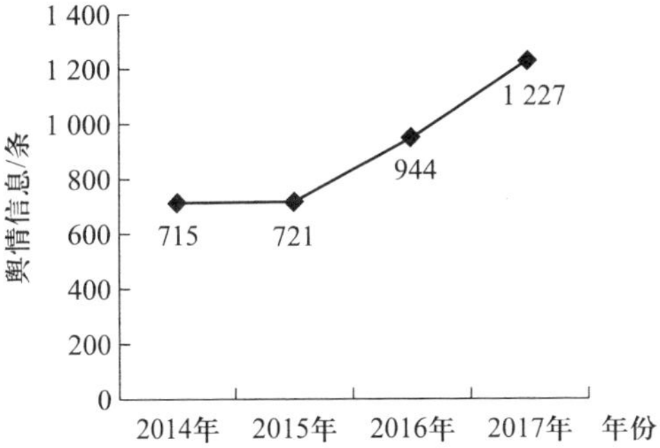


**图 13-2　2014—2017 年高等教育质量评估舆情信息数量走势**

可以看出，近几年来，高等教育质量和质量评估的媒体关注度不断提高，特别是 2016 年以来，随着教育部对高等教育质量的持续关注以及质量评估工作在全国范围内的开展，媒体对于高等教育质量和质量评估的报道量也大幅提高。

## （一）舆情时间分布

如图 13-3 所示，从月度时间分布来看，2017 年全年有两个舆情信息最低点，一个为 2 月，另一个为 8 月，这两个时间一般为寒暑假。假期时高教质量评估类新闻报道量较少。两个高点为 6 月和 12 月，均为学期期末。从图 13-4 中可更为清晰地看出单个学期高教质量评估类舆情的走势特点。

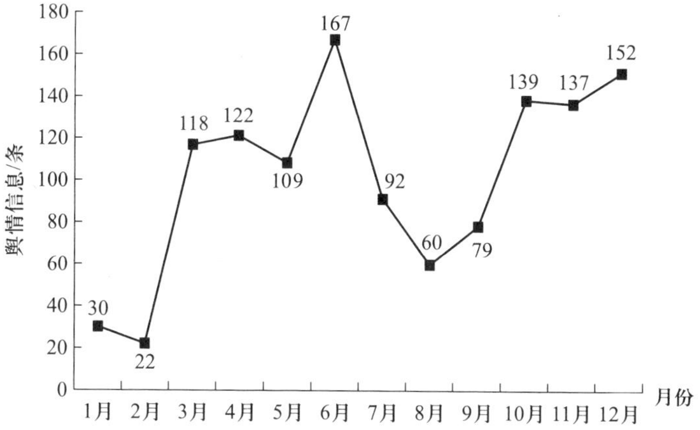


**图 13-3　2017 年高等教育质量评估舆情信息月分布图**

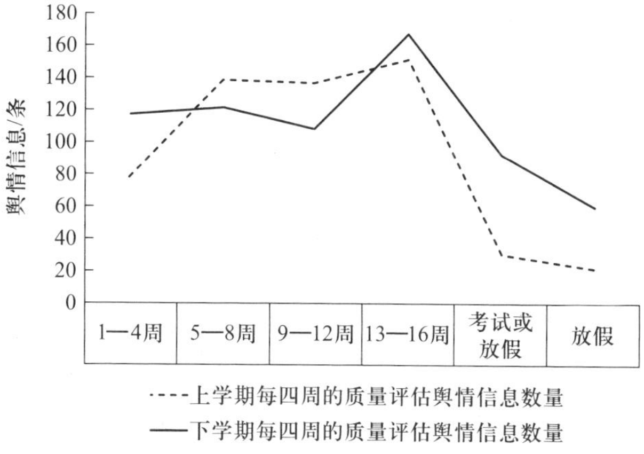


**图 13-4　以四周为单位的高等教育质量评估舆情信息数量走势**

由图 13-4 可以看出，开学舆情起点高低略有不同，但走势基本一致，每学期的 13—16 周均为本学期的舆情高点，而放假期间均为质量评估类舆情的最低点。

图 13-5 以季度为单位，也可以清楚看出，两个舆情高峰分别为第二、第四季度。

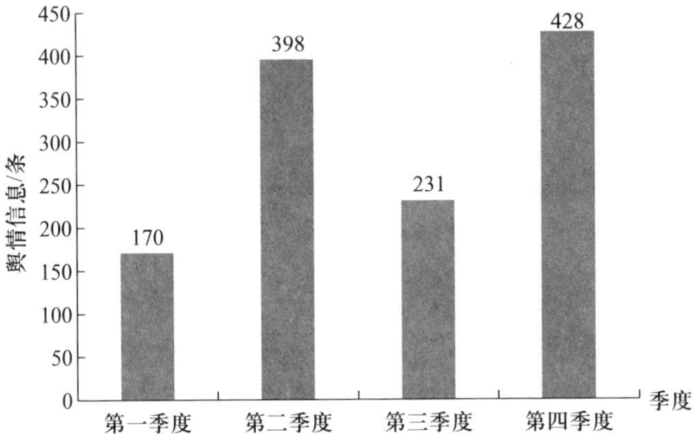


**图 13-5　2017 年高等教育质量评估舆情信息季度分布图**

从整年情况看，高等教育质量评估专题舆情时间分布的“双峰波浪型”走势线在研究中心近 4 年的监测结果上，也可以看到清晰的一致性（图 13-6）。

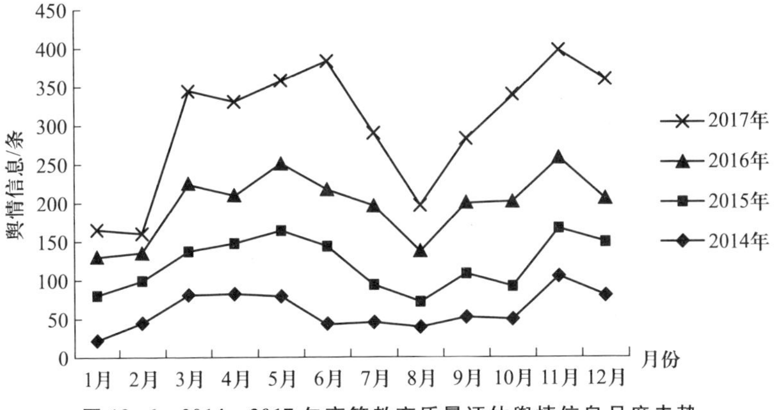


**图 13-6　2014—2017 年高等教育质量评估舆情信息月度走势**

表 13-1 为研究中心近 4 年的高等教育质量评估月度监测数据，从图 13-6中可以看到近 4 年来质量评估专题数据走势曲线基本一致，即月度舆情信息数量走势呈“双峰波浪形”，波峰一般在每年两个学期期末，而波谷则为寒暑假。两个波峰相比，全年舆情最高峰在 11 月的概率最大，全年最低谷则出现在 1 月的概率更大。由图 13-6 也可以看出，随着质量评估类信息量的逐年上升，其波浪起伏度也在不断增加。

**表 13-1　2014—2017 年高等教育质量评估舆情信息月度数量统计(单位:条)**

| | 1 月 | 2 月 | 3 月 | 4 月 | 5 月 | 6 月 | 7 月 | 8 月 | 9 月 | 10 月 | 11 月 | 12 月 |
|---|---|---|---|---|---|---|---|---|---|---|---|---|
| 2014 年 | 23 | 44 | 82 | 83 | 78 | 43 | 44 | 37 | 50 | 49 | 103 | 79 |
| 2015 年 | 59 | 54 | 55 | 63 | 85 | 98 | 48 | 33 | 56 | 41 | 63 | 66 |
| 2016 年 | 53 | 39 | 90 | 65 | 88 | 77 | 106 | 66 | 94 | 111 | 93 | 62 |
| 2017 年 | 30 | 22 | 118 | 122 | 109 | 167 | 92 | 60 | 79 | 139 | 137 | 152 |

## （二）舆情类型分布

2017 年,高等教育质量评估舆情信息从内容类型上分,大致包括专业认证、“双一流”建设与教育质量、质量评估与学科评估、国际化及国际认证、质量监测与质量保障体系建设、就业质量、思政课质量、教师教学能力、国外高校教育质量等,其中专业认证是近两年来的新话题,而思政课质量则是 2017 年的新类型,各类比例如图 13-7 所示。

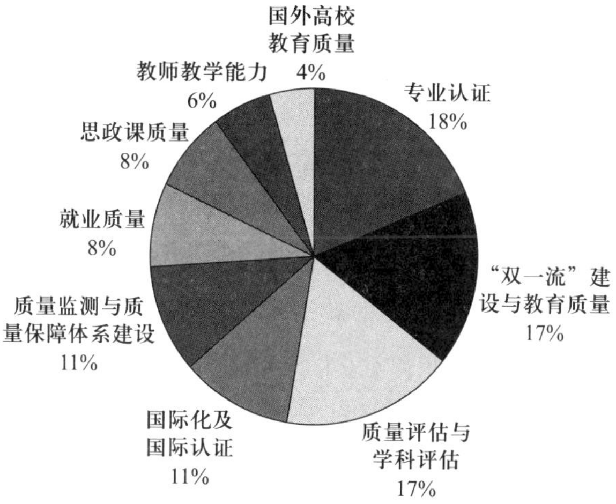


**图 13-7　2017 年高等教育质量评估舆情信息类型分布图**

2017 年,专业认证、“双一流”建设与教育质量、质量评估与学科评估三个方面的内容占比较多,质量监测与质量保障体系建设相关内容占比虽然不在前三位,但相比前三年同类型数据所占比例有一定提高。

同时,高教质量评估相关信息依据信息主体类型划分,可分为全国类信息、区域类信息和高校类信息三类。全国类信息内容主要面向全国高校的质量评估领域,如“教育部:把研究生教育发展重点引导到提高质量上”“教育部将公布高校本科专业类教学质量国标”;区域类信息指主要面向某一省市等个别区域的质量评估类新闻,如“福建省教育评估研究中心发布《福建省普通高等院校发展潜力监测报告》”“山东省全力打好思政课质量攻坚战”;而高校类信息指内容为某一所具体高校的质量评估,如“西安交大入选首批 MEM 专业学位与 IPMP 资质认证合作单位”。各类占比如图 13-8 所示。

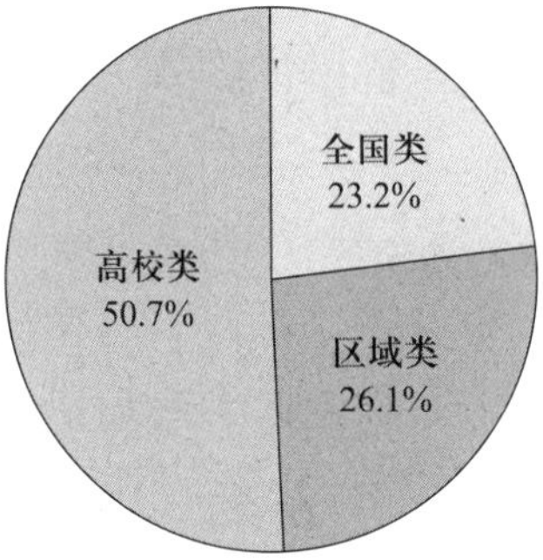


**图 13-8　2017 年高等教育质量评估舆情信息主体类型占比**

数据显示,高校类信息最多,区域类其次,全国类再次之。从内容类型与信息主体类型两种数据的交叉分析来看,全国类新闻多为政策出台或领导讲话、重要会议、重要精神的传达,多涉及“双一流”建设与学科评估、思政课教育等内容;区域类信息多为教育质量的考察、评估、区域高等教育质量报告;而高校类信息则多与专业认证和“双一流”建设相关。可以看出,在高等教育领域,专业认证、质量监测、质量评估等全方位质量保障体系日益得到各级管理部门和高校的重视,我国高校教育质量规范化、标准化建设以及质量保障体系的日常化、系统化向更高水平迈进。

更进一步分析,在整体高教质量评估的相关信息中,具体到本科或研究生教育教学质量的相关信息高达 42% 以上,其中本科教育质量相关信息占 15% ,而研究生教育质量相关信息占 27% 以上。表明媒体对高教质量评估的关注偏重于教育过程,特别是较高层次的研究生教育质量。

另外,从普通高等教育与职业教育的分类来看,目前质量评估专题舆情信息多集中在普通高等教育领域,如图 13-9 所示。

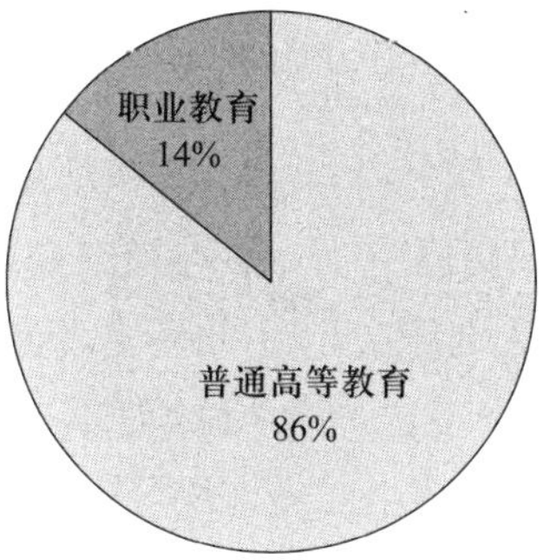


图 13-9　2017 年高等教育质量评估舆情信息普通高教与职业教育分类比例

## （三）舆情地域分布

舆情地域分布方面，研究中心主要针对 2017 年全国 34 个省级行政区（省、自治区、直辖市和特别行政区）高教舆情信息进行数据监测，并得到相应数据。与 2016 年相同，高等教育质量舆情信息数量排名前三的依然是北京、上海、浙江，后三名依然是澳门、青海、西藏，总体排行数据如图 13-10 所示。

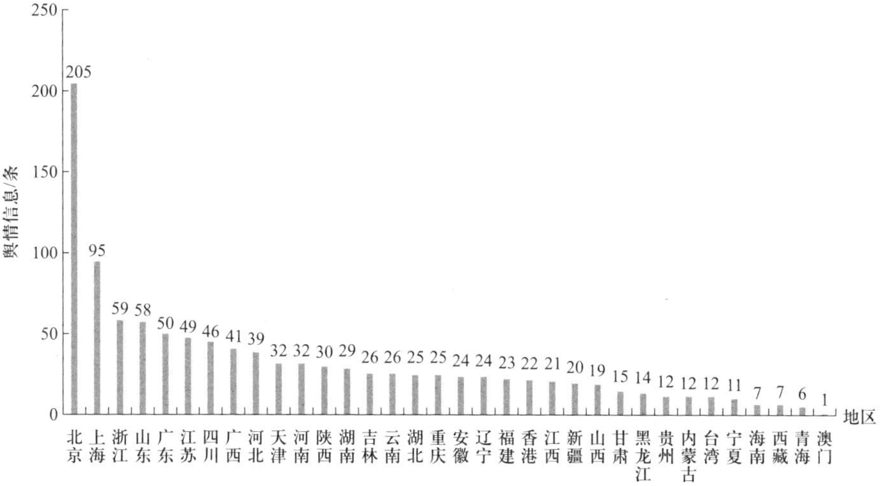


图 13-10　2017 年高等教育质量评估舆情信息地域分布图

2017 年，北京地区高等教育质量评估类舆情信息继续领跑全国其他省级区域，数量是第二名上海的两倍之多，该现象，除因为北京市高校数量占绝对优势外，与北京政治中心的地位也有密切关系。质量评估专题中教育部政策、重要会议及重要讲话的相关新闻绝大多数来源于北京地区。从质量评估专题的舆情内容来看，全国性舆情占 23%，区域性舆情占 26%，而具体高校类舆情占 51%，据研究中心监测数据显示，全国性舆情一半以上事件发生地为北京。

而对比前三年数据，北京地区占整体质量评估舆情比例呈逐年下降趋势（图 13-11）。可以看出，非北京高校在质量评估领域的新闻报道量和媒体关注度在不断提高，除与近两年来全国性的高等院校审核评估直接相关外，从一个侧面反映非北京地区和非北京高校对高教质量评估的重视程度有所提高，实际举措不断加大，对我国高等教育质量整体提高与高等教育区域均衡发展是利好信息。

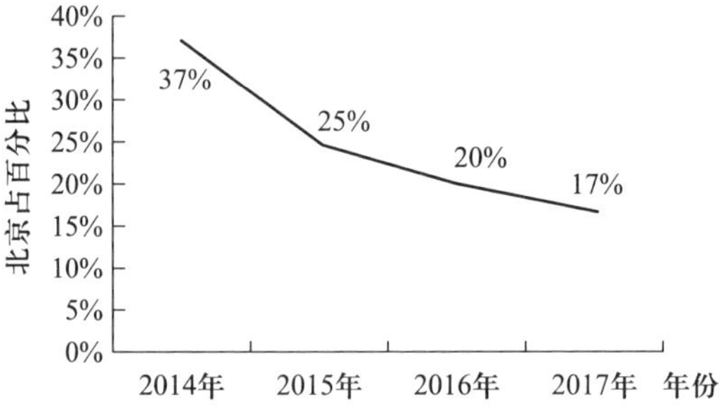


**图 13-11　2014—2017 年北京地区高等教育质量评估舆情信息占比走势**

按地区分布来看，华北地区数量最多，其次为华东、华南，东北和西北地区高教质量评估类信息数量最少，如图 13-12 所示。

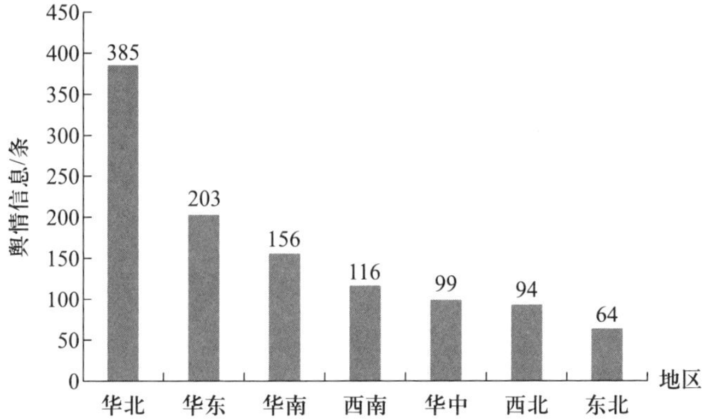


**图 13-12　2017 年高等教育质量评估舆情信息数量大区分布**

## 二、高等教育质量评估舆情热点事件分析

### （一）热点事件一："中国最好大学排名"引争议

#### 1. 舆情新闻报道

2017 中国最好大学 500 强出炉：清华、北大、浙大列前三

（2017 年 2 月 28 日载于"中国大学教育"搜狐号，186 个网页刊载相关新闻）

2017"中国最好大学排名"于 2 月 27 日正式发布，排名展示了中国综合实力最强的 500 所大学，清华大学、北京大学、浙江大学位列前三，上海交通大学、复旦大学、中国科学技术大学、南京大学、华中科技大学、中山大学、哈尔滨工业大学依次排在 4～10 名。地方高校中表现最好的是苏州大学（28 名）、首都医科大学（42 名）、福州大学（44 名）和上海大学（50 名）。2017 年，中国最好大学排名在人才培养、科学研究、服务社会三个维度之外，首次增加国际化的评价维度，引入留学生比例指标。此次排名调整了综合排名的门槛要求，所有本科招生规模在 100 名以上且发表论文数量在 100 篇以上的大学都被纳入排名。一批学科特色鲜明的学校得以在综合排名上崭露头角①。

#### 2. 舆情焦点

该事件经媒体转载后，引起广泛关注，更是在大学生群体中引起了强烈反响。大家关注的焦点主要集中在三点上：为何有些知名高校排名靠后甚至落榜？此次排名评判标准是否科学？如何看待各类高校排行榜？

例如中国人民大学仅排第 28 名，与苏州大学排名相同，西南政法大学、北京外国语大学、中国青年政治学院等名校竟然未进入 500 强榜单，让人深感意外。另外一些老牌 211 院校竟然排在一些普通一本甚至二本院校后面，也让网友疑惑。

继而就引发了关于此次排名是否科学的讨论。据了解，"中国最好大

① 2017 中国最好大学 500 强出炉：清华、北大、浙大列前三[EB/OL]. 中国大学教育 · 搜狐号，2017-02-28.

学排名的评价体系使用的都是最能体现大学办学水平的关键指标，例如新生高考成绩、毕业生就业率、论文数量与质量、成果转化收入等，因此排名结果能够客观地反映大学的竞争性地位"[①]。指标所占比例如图 13-13 所示。

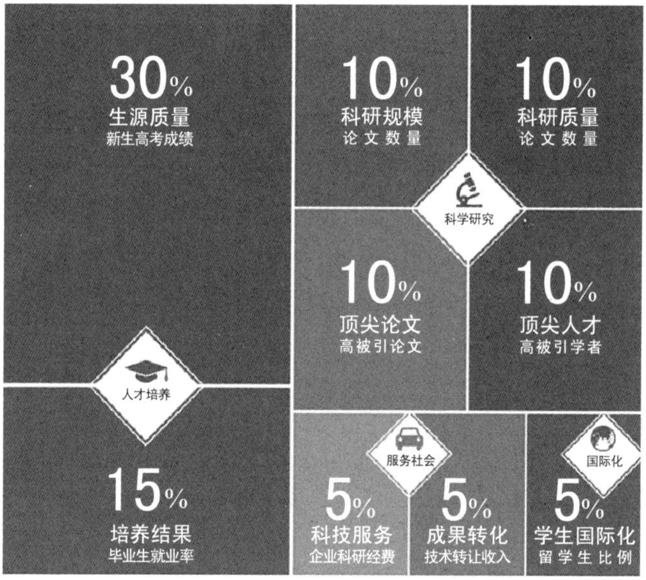


**图 13-13　中国最好大学排名指标体系**

但是仔细查看评判标准，发现"生源质量（新生高考成绩）"和"培养结果（毕业生就业率）"两项所占比例相加达到了 45%，引发大家质疑，学校好坏难道主要看重这两点吗？两者比例是否合适？最终，事件引发了对大学评判标准的深入思考。3 月 5 日，习近平总书记参加全国人大上海代表团全团审议时，听取了复旦大学校长、全国人大代表许宁生关于高校"双一流"建设的发言。许宁生回忆称，"习近平讲到，大学更重要的是底蕴，不要太过在意那些国内外的大学排行榜，不能用干巴巴的指标评定人民心目中的好大学"[②]。学者也认为高校好坏不能只看排行榜，更要看

① 2017 中国最好大学排名发布[EB/OL]. 软科网，2017-02-27.

② 任波. 习近平：不要太在意排行榜，一流大学终究要看底蕴和声誉[EB/OL]. 财新网，2017-03-06.

“含金量”和文化底蕴等。

如何看待这些排行榜，是否对高校有参考价值，也是争议焦点之一。有人建议应理性看待该排行榜，正视有些地方高校已经崛起的事实，但也有人认为不能照搬、硬搬国外的排行榜对国内高校进行评价，对于形形色色的排行榜，看看就好，“大学不应让排行榜牵着鼻子走。他排他的名次，我沉下心办好我的学校，这才是大学办学的应有态度”①。

**3. 舆情进展分析**

该新闻最早由上海软科教育信息咨询有限公司在其旗下网站“最好大学网”于 2 月 27 日公布，随后引起了大量媒体转载，并在微博引发了网友争议。

2 月 27 日当天相关新闻报道数量即达到峰值，共 114 条，经历了 4 天的报道热潮后，3 月 2 日新闻报道数量陡降。这一阶段的报道主要是新闻事实为主，评论较少。3 月 2 日后，出现一些针对该事件的评论文章。3 月 5 日，习近平参加上海代表团审议时，全国人大代表许宁生与他谈起了当时热门的“高校排名”。习近平回应称不要太在意排行榜，一流大学终究要看底蕴和声誉。习总书记的这一回应引起了媒体关注，3 月 6 日，相关报道又达到一个小高峰。此后相关报道逐渐减少，该事件淡出公众视野。相关报道如表 13-2 所示。

**表 13-2　中国最好大学排名的相关报道（不完全统计）**

| 序号 | 时间 | 来源 | 新闻标题 |
|---|---|---|---|
| 1 | 2 月 27 日 | 最好大学网 | 2017 中国最好大学排名 |
| 2 | 2 月 27 日 | 搜狐网 | 2017 中国最好大学排名出炉！ |
| 3 | 2 月 27 日 | 网易 | 2017 中国最好大学 500 强出炉：清华、北大、浙大列前三 |
| 4 | 2 月 28 日 | 科学网 | 2017 中国最好大学排名发布 |
| 5 | 3 月 3 日 | 中国教育报 | 大学太看重排行榜就输了 |
| 6 | 3 月 6 日 | 中国青年网 | 习近平回应复旦校长：不要太在意排行榜，一流大学终究要看底蕴和声誉 |

① 王钟的．[两会快评]好大学的标准不是排行榜而是好口碑[EB/OL]．中青在线，2017-03-06.

续表

| 序号 | 时间 | 来源 | 新闻标题 |
| --- | --- | --- | --- |
| 7 | 3月6日 | 中青在线 | 【两会快评】好大学的标准不是排行榜而是好口碑 |
| 8 | 3月7日 | 中国网 | 习近平:大学要看底蕴,别太在意排行 |

事件相关微信公众号文章数量在2月28日达到最大值,共123条,3月5日之后,数量降至个位数,相关舆情进入衰退期。相关微博数量在2月27日当天即达到峰值,共有37条,3月1日达到第二个小高峰,之后数量走低。

**4. 舆情方向分析**

在最好大学网发布的《2017中国最好大学排名发布》的文章中,上海交通大学高等教育研究院院长刘念才教授表示,该排名公布了排名的原始数据,使得排名完全透明,也提高了排名结果的参考价值,值得称赞[①]。

知名媒体评论员刘天放分析了地方中小院校排名靠后的原因。在他看来,缺乏资金注入和科研基础等问题,是造成许多中小院校无缘大学排名前百位的重要原因之一。刘天放同时提出,目前大学排行的评判标准还有很多缺陷,如过于看重大学硬件的评估,即便软件评估方面,也更强调科研,但忽略了教学等重要指标以及教授数量、博士点、项目论文数量等[②]。刘天放还提出,如今的大学排名还要增加更多的"含金量":"大学不能仅注重科研,强调科研没错,但还要在教学上有成绩,更要在对学生的关怀、人文素养的提升、社会责任的担当等方面都要有所引领"[③]。

媒体评论员王钟3月3日在《中国教育报》发表文章《大学太看重排行榜就输了》,文章指出中国高校排行榜是舶来品,没有一份排名得到完全的承认,很多高校都有过在不同排行榜单上排名起伏的经历。他指出,

① 2017中国最好大学排名发布[EB/OL]. 最好大学网,2017-02-27.

② 刘天放. 大学排名看数据还要看"含金量"[EB/OL]. 荆楚网,2017-03-01.

③ 刘天放. 大学排名看数据还要看"含金量"[EB/OL]. 荆楚网,2017-03-01.

不仅不能过于看重排行榜,还要认清排行榜的局限。因为重理工科成绩、轻人文社科表现以及重研究而轻教学,这都是许多排行榜的通病[①]。他还指出,"对于中国的大学何时实现排名的实质性突破,曾有人提出一个看似简单的标准:是否能吸引公认的世界一流大学学者全职工作,特别是处于学术黄金年龄的中青年学者"[②]。王钟在 3 月 6 日发表的文章《好大学的标准不是排行榜而是好口碑》中明确指出"一所大学好不好,老百姓心目中自然有杆秤,……大学不应让排行榜牵着鼻子走。他排他的名次,我沉下心办好我的学校,这才是大学办学的应有态度"[③]。

3 月 5 日下午,习近平总书记在上海参加审议时,复旦大学校长许宁生代表表示,建设中国的一流大学,要有中国自己主导的目标体系,不能被现有的评价体系局限住[④]。这一看法也得到了习近平总书记的赞同,"总书记也讲到,大学更重要的是底蕴,不要太过在意那些国内外的大学排行榜,不能用干巴巴的指标评定人民心目中的好大学"[⑤]。

值得注意的是,此次舆情事件中除了复旦大学校长及媒体评论员等人发表公开评论外,大量教育界专家并未及时发声,来自学界业界的观点不够充分。

网友的观点主要是以调侃批评为主,偶有肯定认可。这些评论还带有浓烈的地域色彩和强烈维护自己母校的情感成分。

很多母校排名不理想的网友纷纷在网上表达自己"炸裂"般的愤怒,网友"夫帅"在"南瓜学堂"微信公众号留言:"我堂堂人大,居然都不如苏州大学了?"网友中不乏质疑排名标准不够客观公正的。因评价标准中高考成绩占 30%,就业率占 15%,两者所占比重过高,因此有网友吐槽道:"干脆直接叫 2017 中国生源最好大学排名得了。"

众声喧哗中也有网友的理性思考,如中青在线网友"sunny":"我觉

---

① 王钟的．大学太看重排行榜就输了[N]．中国教育报,2017-03-03(2).

② 王钟的．大学太看重排行榜就输了[N]．中国教育报,2017-03-03(2).

③ 王钟的．[两会快评]好大学的标准不是排行榜而是好口碑[EB/OL]．中青在线,2017-03-06.

④ 朱珉迕．习近平回应复旦校长:不要太在意排行榜,一流大学终究要看底蕴和声誉[EB/OL]．解放网,2017-03-06.

⑤ 朱珉迕．习近平回应复旦校长:不要太在意排行榜,一流大学终究要看底蕴和声誉[EB/OL]．解放网,2017-03-06.

得有一定的道理，只不过衡量标准不一样了，而且有些大学确实崛起了，有些确实没落了。”

**5. 舆情点评**

中国高校排行榜名目繁多、五花八门，但是每次排行榜一出就会有人欢喜有人忧，排名靠前的学校及学生雀跃不已，排名不甚理想的则质疑榜单不够科学公正。此次“中国最好大学排名”事件也大致相似，引起了较多争议。

从传播周期来看，此次事件舆情持续时间较短，在一周内相关报道集中爆发，一周后习总书记回应复旦大学校长建议时称“不能用干巴巴的指标评定人民心目中的好大学”，随后关于该事的争议基本落下帷幕。

从传播渠道来看，此次事件首先曝光于上海软科公司旗下的网站——最好大学网，且该通稿引起大量媒体转载，但媒体没有及时采访高等教育领域的专家，缺少来自专家学者的专业点评，传统媒体深入解读的功能未得到发挥。反而是在微信公众号和微博上引发了热议。

而微博上的网友评论又有着强烈的情绪色彩，甚至有些还有“地图炮”似的地域高校攻击言论，整体看来，感性的情绪宣泄多于理性思考，而一些传统媒体的官方微博也没有发挥引导作用，很多官微媒体在发微博时将问题抛给网友“中国最好大学排名公布，你怎么看?”，引发网友大量回复，但是缺乏对该事件的深度分析及舆论引导。

## （二）热点事件二：华中科技大学“本科不努力，毕业成专科”新规引发热议

**1. 舆情新闻报道**

华中科大本科生学分不达标将转专科

（2017年7月29日载于人民网，150个网页刊载相关新闻）

近日，华中科技大学发布了一份文件称，从下学期开始，普通本科生学分不达标或者因为其他原因不能坚持正常学习的，可以申请转入专科学习。达到专科毕业要求后，按专科毕业。华中科技大学一名负责教务的老师表示，本科生转专科是在退学之外为学分不能达标的学生提供的

"人性化选择"①。

**2. 事件焦点**

该事件经媒体转载后,引发大量关注与议论。大家关注的焦点主要集中在一点上:"本科转专科"制度是好是坏?并由此展开了多方热议。

肯定"本科转专科"制度的一方主要从两方面提出了论证:该制度有北大、清华等高校先例在前,且严格遵守教育部相关规定,有充分的政策支持和案例借鉴基础;另一方面,该制度是对学生人文关怀的体现,改变了过去简单管理的状态,是一次积极的教育改革尝试。

质疑乃至否定"本科转专科"制度的一方,则提出了多方面的疑虑和担忧:首先,"本科转专科"制度体现了对专科的鄙视,且将加重这一点;其次,高校对不合要求的学生强制实行"本科转专科"是否合情、合理、合法;最后,"本科转专科"措施的有效性有待商榷。只有专科教育的相关配套措施跟上,"本科转专科"才能真正培养出优秀的专科人才,做到符合教育宗旨和教育规律。

**3. 舆情进展分析**

该新规一经出台就引起了各界人士讨论,"本科不努力,毕业变专科"一度登顶微博热搜榜,"学业救济"也成了讨论热点。

7 月 28 日,《中国青年报》微信公众号发布文章《吓坏学渣!本科不努力,毕业成专科!高校还有这操作》,对该事进行报道。该文被人民网等多家新闻网站转载。

7 月 29 日,华中科技大学在官方微信和微博做出了回应,表明华中科技大学实行的"本降专"学业新规有来自国家政策、其他高校先例和教育部门三方面的支持。

7 月 29 日,中国新闻网首发《华中科大回应"本科不努力毕业成专科":体现人文关怀》对事件进行报道,引起了更大范围内的讨论。

7 月 29 日,光明网评论员发表了《"本科不努力,毕业成专科"也是改

① 屈畅. 华中科大本科生学分不达标将转专科[EB/OL]. 人民网,2017-07-29.

革探路》一文，对华中科技大学的做法表示了肯定，并特别指出，一切与教育规律、建设现代大学诉求相契合的改革尝试，都应该得到鼓励。

7月31日，《钱江晚报》以《“毕业成专科”背后的鄙视链》为题，对华中科技大学的做法提出了质疑。作者李勤余表示，“华中科大的初衷虽值得肯定，可有意无意之间也为鄙视链的形成添了一把火”①。

7月31日，金羊网-新快报进一步对华中科技大学规定提出了质疑，质疑该新规是否合理、是否有法律依据以及如何出炉。

华中科技大学“本科转专科”事件，自消息发出后，被《人民日报》、人民网、中国新闻网、搜狐网、新浪教育、凤凰网、今日头条、和讯网、闽南网等多家媒体报道与转载，光明网、金羊网等网站也发表了文章阐明观点，相关报道如表13-3所示。

**表13-3　华中科技大学“本科不努力，毕业成专科”新规的相关报道（不完全统计）**

| 序号 | 时间 | 来源 | 新闻标题 |
|---|---|---|---|
| 1 | 7月28日 | “武汉校园”微博 | 近日华中科技大学通过了《华中科技大学普通本科生转专科管理办法（试行）》 |
| 2 | 7月28日 | 重庆晨报上游新闻 | 吓坏学渣！本科不努力毕业成专科　高校还有这操作… |
| 3 | 7月29日 | 央视网 | 华中科大回应“本科不努力毕业成专科”：体现人文关怀 |
| 4 | 7月29日 | 光明网 | “本科不努力，毕业成专科”也是改革探路 |
| 5 | 7月29日 | 网易新闻 | 华中科技大学新政：本科生未达学业要求者可转专科 |
| 6 | 7月29日 | 腾讯新闻 | 华中科大学业新规：本科生学分不达标将转专科 |
| 7 | 7月29日 | 新浪新闻 | 华中科技大学发文：本科生学分不达标将转专科 |
| 8 | 7月31日 | 金羊网-新快报 | “本科不努力，毕业成专科”合不合理？ |
| 9 | 7月31日 | 《钱江晚报》 | “毕业成专科”背后的鄙视链 |
| 10 | 7月31日 | 新京报网 | “本科转专科”早有先例　北大清华等高校怎么规定的？ |

① 李勤余．“毕业成专科”背后的鄙视链[N]，钱江晚报，2017-07-31(A0016).

**4. 舆情方向分析**

专家与媒体评论的观点主要集中在几个方面。

第一,“本科转专科”式的创新做法难能可贵,有利于提高教育质量,值得肯定。面对网上对该事件褒贬不一的评论,光明网评论员首先亮出观点,提出这种创新做法是难能可贵的,且在其路径和模式成熟后,能够为其他高校乃至更多领域改革提供良性样本[①]。武汉大学社会学家周运清教授也表示,“本科转专科”更好地维护了学生的权益。他结合近年来各大高校屡屡发生的学生延迟毕业或退学的情况,指出当学生面临延迟毕业与濒临退学时,“本科转专科”则提供了另一条出路,相对于简单粗暴的退学,“本科转专科”更加宽严相济、张弛有度,开辟了一个合理的缓冲地带[②]。

第二,“本科转专科”是对专科的鄙视。李勤余提出,“所谓‘本科不努力,毕业成专科’,归根结底还是在提醒我们,如果不能达到本科的要求,就有降到专科的危险。于是乎,本科与专科,高下立判。至于该措施的效果能有几何,也是值得怀疑的”[③]。

第三,高校是否有权力对名正言顺考上本科的学生进行降级处理?“本科转专科”规定的出台是否有合理依据,包括法律依据、政策依据以及群众意见。

第四,“本科转专科”容易成为对学生的变相放水。这类观点对“本科转专科”是否符合专科教育的培养宗旨提出了质疑。毕竟,转到专科的学生是否真正达到专科人才的毕业标准,还有待商榷。既然华中科技大学推出了如此规定,那么,相关的配套措施也应跟上。“对于有意愿转入专科学习的学生,应该遵循专科教育的培养规律,对这些学生有针对性地进行一些实用性、技术性教育,真正培养一些‘能用为度,实用为本’的专科人才……如果真能这样做,‘本科转专科’的意义可能就不仅仅是作为一项学业救济,而是拓宽高校培养多元化路径的有益探索”[④]。

---

① 光明网评论员.“本科不努力,毕业成专科”也是改革探路[EB/OL]. 光明网,2017-07-29.

② 张翀.“本科不努力,毕业成专科”残酷吗[EB/OL]. 人民网,2017-08-04.

③ 李勤余.“毕业成专科”背后的鄙视链[N]. 钱江晚报,2017-07-31(A0016).

④ 王天定. 别让“本科转专科”成“变相放水”[EB/OL]. 新华网,2017-08-02.

网友的评论有褒有贬，大多都认真思考了“本科转专科”制度对自身乃至对中国教育的影响和意义。

一部分网友认为，该制度的不合理性在于忽视了学生考上名牌大学的艰辛，并对此表达了强烈的愤怒。对此，有网友表示，一般学生不会挂太多科目，这项“本科转专科”制度只针对极个别学生。

还有网友从中国“严进宽出”的本科教育现状出发，提出这样的大学教育需要改革，如微博网友“ZJL-Carrie0319”提出该制度可“打破本科混日子人的美梦”，因此“本科转专科”制度正是一项有效的改革措施。更多的网友也指出，这项制度非常人性化，它为无法毕业的学生提供了一条退路，如微博网友“与_友失散的陈皮”表示：“本科转专科实际上是给那些挂科太多学分修不够拿不了本科毕业证的学生一个退路，本科毕业证拿不了还可以拿专科毕业证。如果没有这个政策，那些挂科挂很多的学生是会被直接退学的，没有学位证和毕业证，等于大学白读了”。

**5. 舆情点评**

宏观来看，高等教育系统应当架构起四通八达的求学“立交桥”，降低高校“一刀切”淘汰制度对学子的消极影响。而此次的华中科技大学“本科转专科”也做出了一个很好的尝试，符合教育部新修订的《普通高等学校学生管理规定》，更具人性化。其实，类似规定在国内高校（北大、清华等）已有过先例，因此，在成熟的管理制度和政策规章条件下，这无疑是一次积极有益的探索，将促进教育领域的良好改革与进步。

当然，由于改革还处在初级阶段，目前规定的实施与效果也存在着隐患。近几年来国内的基本情况是本科教育占据了大量资源，挤压了专科教育发展空间。而“本科转专科”的规定通过学业预警的方式，力图刺激学生学习的内在动机，激励其顺利完成学业，并尽量取得优异成绩。但专科教育的配套设施与制度难以得到健全保障，由此也可能导致对学生学业资源的剥夺。若能以此次改革为契机，反思我国高等教育发展战略，探讨优化多层次高等教育格局的措施，其意义则可远超某一学校某一政策的范围。

此次“华中科技大学‘本科转专科’制度惹热议”事件体现了全国人民对高等教育的热切关注，各方媒体与网友的广泛发声，是对该制度的多角度思考，更将推动该制度的完善和中国教育格局的提升。

## （三）热点事件三：高教系列质量报告出炉

### 1. 舆情新闻报道

权威发布！最新版高等教育质量“国家报告”出炉

（2017年10月16日载于人民网，222 000个网页刊载相关新闻）

教育部高等教育教学评估中心今天授权人民网正式发布最新版中国高等教育系列质量报告。这是继2016年首次发布以来，我国第二次发布高等教育系列质量报告。其中，《中国本科教育质量报告》和《中国民办本科教育质量报告》均为首次发布。

此次发布的系列质量报告，由教育部高等教育教学评估中心会同厦门大学、北京航空航天大学等专家团队联合研制，包括本科教育、工程教育、新建本科和民办本科共4本专题报告，主题鲜明，各有侧重。报告中称我国本科教育“体量”世界最大，质量稳步提升；工程教育主动“转型升级”，跻身世界舞台；新建本科院校：在转向“应用型大学”的道路上行进；民办本科教育成为我国高等教育的重要组成部分[①]。

### 2. 事件焦点

最新版中国高等教育系列质量报告出台后，国内多家知名媒体报道转载了该报告。此次事件的焦点较为集中，媒体均对中国高等教育系列质量报告的公布持肯定意见，并对首次发布的《中国本科教育质量报告》和《中国民办本科教育质量报告》做了剖析与讨论。

### 3. 舆情进展分析

早在人民网正式发布消息之前，《中国教育报》发文介绍了这一系列质量报告。此后，该消息引起了国内多家媒体的转载与分析。

10月14日，《中国教育报》指出，从系列质量报告对中国高等教育质量的系统展示和剖析中可以发现，中国高等教育对国家经济社会发展的作用，已经从基础支撑转变为支撑引领并重，成为可持续发展的最大红利

① 孙竞．权威发布！最新版高等教育质量“国家报告”出炉[EB/OL]．人民网，2017-10-16.

和牵引动力，逐步成为实现中华民族伟大复兴的重要发动机①。

10 月 16 日，人民网在教育部授权下，发文《权威发布！最新版高等教育质量“国家报告”出炉》，并同步发表 4 篇文章《〈中国本科教育质量报告〉解读：我们离一流本科还有多远？》《〈中国工程教育质量报告〉解读：面对中国制造 2025，工程教育准备好了吗？》《〈中国新建本科院校质量报告〉解读：新建院校走新路，应用型发展结硕果》《〈中国民办本科教育质量报告〉解读：民办本科教育质量有了首份“体检报告书”》，梳理与总结了中国现阶段教育概况，深入剖析了 4 本专题报告。人民网的相关报道被中国教育网等多家网站转载，该事件在更大范围内引发讨论。

10 月 16 日，闽南网对该事进行报道，肯定了此次系列质量报告的发布。认为报告积极回应了社会各界对中国高等教育，特别是本科教育质量的关切，将为政府决策、高校改革、社会监督提供权威的专业化参考。

10 月 18 日，《科教新报》等媒体陆续对该事件进行了报道。

“最新高教系列质量报告出炉”事件，被人民网、《中国教育报》、中国教育在线、中华网、中国青年网等多家媒体报道，对此次事件，媒体均持积极肯定态度。相关报道如表 13-4 所示。

**表 13-4　高教系列质量报告出炉的相关报道（不完全统计）**

| 序号 | 时间 | 来源 | 新闻标题 |
|---|---|---|---|
| 1 | 10 月 14 日 | 中国教育报 | 最新版中国高等教育系列质量报告出炉——以高教质量拉动经济社会发展引擎 |
| 2 | 10 月 16 日 | 人民网 | 权威发布！最新版高等教育质量“国家报告”出炉 |
| 3 | 10 月 16 日 | 闽南网 | 权威发布！2017 最新版高等教育质量“国家报告”出炉 |
| 4 | 10 月 16 日 | 人民网 | 民办本科教育质量有了首份“体检报告书”——《中国民办本科教育质量报告》解读 |
| 5 | 10 月 17 日 | 中国教育在线 | 首份本科教育国家报告出炉：“体量”世界最大 |
| 6 | 10 月 17 日 | 中国青年网 | 献礼十九大　最新版中国高等教育系列质量报告出炉 |

① 柴葳．最新版中国高等教育系列质量报告出炉：以高教质量拉动经济社会发展引擎［EB/OL］．中国教育新闻网，2017-10-14.

续表

| 序号 | 时间 | 来源 | 新闻标题 |
| --- | --- | --- | --- |
| 7 | 10 月 18 日 | 新浪教育 | 最新版高等教育质量“国家报告”出炉 |
| 8 | 10 月 18 日 | 新东方网 | 教育部:中国高等教育系列质量报告公布 |
| 9 | 10 月 23 日 | 北京晚报 | 高等教育质量报告出炉　我国本科教育“体量”世界最大 |

**4. 舆情方向分析**

此次事件的相关媒体评论主要集中于人民网对 4 本专题报告的解读文章中。

《〈中国本科教育质量报告〉解读:我们离一流本科还有多远?》一文,用数据展示了 2005—2015 年十年间我国本科教育在规模和结构上的变化,指出“本科院校数量持续增加,高等教育层次结构向高位平移;本科教育在学规模平稳发展,教育公平进程加速;本科毕业生人数稳步增长,人力资源供给充足;本科专业结构日趋优化,经济社会适应性向好”①的现状;同时根据报告内容,从多方面盘点了我国本科教育教学条件,对创新创业教育、教育质量保障体系的建立与完善,如何建设世界水平的一流本科教育,均提出了思考与展望。

《〈中国工程教育质量报告〉解读:面对中国制造 2025,工程教育准备好了吗?》一文,盘点了“十二五”时期中国的教育成绩,提出“十三五”时期,中国工程教育需要以更加的自信与自省、开放与包容、责任与担当,主动对接 2025 产业发展目标和国家战略人才需求。

《〈中国新建本科院校质量报告〉解读:新建院校走新路,应用型发展结硕果》高度赞扬与肯定了新建本科院校发展与壮大现象,进一步优化了我国高等教育的结构,为我国建成世界上规模最大的高等教育体系,推进高等教育大众化进程做出了不可磨灭的巨大贡献。同时,也改变了我国高等教育的生态。文章表示,新建本科院校的发展与壮大,创新了中国和世界高等教育“发展模式”,“中国新大学运动”是世界高等教育发展史上的奇迹②。

① 孙竞,熊旭. 我们离一流本科还有多远?:《中国本科教育质量报告》解读[EB/OL]. 人民网,2017-10-16.

② 孙竞,熊旭. 新建院校走新路,应用型发展结硕果:《中国新建本科院校质量报告》解读[EB/OL]. 人民网,2017-10-16.

《〈中国民办本科教育质量报告〉解读:民办本科教育质量有了首份"体检报告书"》指出,《中国民办本科教育质量报告》出炉,清晰、全面、客观地呈现了民办本科教育发展的成就与不足[①]。

**5. 舆情点评**

党的十八大以来,以习近平同志为核心的党中央坚持教育优先发展战略,把提高教育质量作为教育改革发展的核心任务,推动我国教育总体水平迈入世界中上行列。在此背景下,如何为高等教育发展方向提供指导、全面提高高等教育水平,成为亟待解决的问题。

在此之际,教育部发布了中国高等教育系列质量报告,其中首次发布的《中国本科教育质量报告》和《中国民办本科教育质量报告》尤为重要。"十三五"规划中,提出了要提高教育质量,在此背景下,系列质量报告的出台,则充分运用了大数据理念,具有来源透明、全面客观、国际可比性等特点,为落实"十三五"规划、提高高等教育质量提供了方向,这对中国高等教育发展和改革,对世界高等教育发展和改革来讲,都具有重要乃至开创性意义。

众多主流媒体的紧密关注、争相报道体现了人民对提高教育水平的殷切希望,对高校系列质量报告出台的积极肯定。相关文章对四本报告的深入解读,普及了教育部高等教育教学评估中心的相关研究成果,这对正确认识我国当前背景下的高等教育现状具有重大作用。过去,中国高等教育的作用是"全面支撑";当前、未来,中国高等教育更要转变为"率先引领""以教育现代化支撑国家现代化",成为中国持续发展、从大国到强国的重要引擎!

## 三、高等教育质量评估舆情特点分析及应对策略

纵观2017年高教质量评估舆情特点,有以下两点发现。

第一,首曝媒体以网络为主,社交媒体表现突出。"2017中国最好大

---

① 孙竞,熊旭. 民办本科教育质量有了首份"体检报告书"——《中国民办本科教育质量报告》解读[EB/OL]. 人民网,2017-10-16.

学排名发布”“华中科技大学出台‘本科转专科’制度”“最新高教系列质量报告出炉”等事件，其首发平台均为网络，微博、微信朋友圈等是高等教育舆情事件的重要首发平台之一。对相关舆情事件进行报道的多种媒体类型中，包括了具有新闻采编权的网站（如光明网）、传统媒体的网络版（如新京报网）、门户网站（如凤凰网）以及社交媒体等，其中微信、微博等社交媒体已经成为大众收发信息的重要平台，两者成为重要的言论聚合场地，并推动着舆情事件的进一步发展。

第二，话语权去中心化。华中科技大学本科生学分不达标将转专科等事件，都是通过自媒体爆料，然后迅速引发网友和媒体关注，进而引发舆论热潮。这体现了新媒体语境下，话语权从权威媒体分散到了自媒体乃至个人。在新媒体蓬勃发展的今天，庞杂的个体成为信息发布的主体，引发了高教舆论环境的整体变化：传统媒体失去了绝对发言权，草根话语权逐渐扩大，在特定情境下甚至会导致舆情危机；高教舆情的生成和传播过程更加多变，其控制与管理更加复杂和艰难。“2017 中国最好大学排名发布”事件扩散后，网络上一度掀起了大学之间互踩互嘲之风，某些具有激烈情绪的网友甚至过度贬低、侮辱相关大学，发表低俗言论，造成不良社会影响。一方面这与事件争议性有关，另一方面，自媒体场域的低俗化、娱乐化调侃风气也助长了此类不良信息的传播；同时，这也暴露了高校在高教舆情中往往只扮演信息发布者的缺陷，反映了高校在舆情管理上主体意识的欠缺。

针对 2017 年高教质量评估舆情的发展特点与管理应对缺陷，笔者认为，针对高教质量评估类舆情信息，应从以下几个方面进行合理引导与舆情应对。

首先，面对公众对高教质量要求和关注的不断提高，高教管理部门以及高校应积极主动发布质量评估类信息动态。各相关部门应加大高教质量领域的新闻发布数量，及时发布重大事件的相关正面新闻，满足公众对高教质量评估相关信息的获取需求，有效营造健康、和谐的高教质量舆论环境。面对有争议的重要事件，充分考虑公众对高教质量的合理要求，积极征求专家、学者对相关事件的专业意见，明确表达针对舆情事件的正确立场，及时应对，有效引导。

其次，充分发挥当前新媒体、自媒体平台的传播优势，积极发挥学生社团组织自媒体的重大作用，对重要舆情事件进行策划传播或策划应对。新媒体、自媒体，特别是学生社团自己的新媒体平台，因关注视角更接地气，语言风格轻松灵活，版面图片活泼有趣，在学生和社会公众群体中更能引发关注与转载传播。应充分发挥新媒体平台在新时代的传播优势，面对重大高教质量舆情事件主动对接新媒体平台，及时进行有效的信息传播与舆情引导。

最后，高校应探索建立常态化的教学过程日常监测与结果评估发布体系，通过舆论监督促进高教质量评估常态化，进而提高高等教育质量，切实发挥舆情监督的重要作用。近年来，随着对高等教育工作质量要求的不断提升，从管理部门到高校均在摸索建立高等教育质量保障与评估体系，现已取得较大进展，很多高校已经建立较为完善的质量保障与评估体系，在此基础上形成很多的日常教学与质量保障的经验、成就与亮点。高校与教育主管部门可加大宣传报道力度，通过报告发布、经验总结、案例推广等多种方式，丰富高教质量评估舆情内容，引导高教质量评估舆情方向，为提高高等教育质量、促进高等教育的内涵式发展贡献力量。

（赵　莹）

# 第14章　高校人才培养舆情分析报告

人才培养即通过对人的教育、培训，培养出具有专门知识和技能，能够对社会发展和人类进步做出贡献的人。高校作为人才培养的主体，人才培养的质量和水平便成为评价高校教学质量的重要标准，也成为支撑高校持续发展的内在动力和核心。近年来，我国高等教育招生规模不断扩大，在教学质量、教学水平上也有所提高，但人才培养中的一些问题也逐渐显现。为了解决这些问题，党和国家提出了建立“本科教学水平评估标准”以及“推行本科人才培养质量国家标准”等一系列改革措施，各高校也努力尝试创新人才培养模式，主动适应社会经济发展的新要求，把培养知识、技能、素质三位一体的综合素质人才作为目标，以期提高我国高等教育人才培养的质量和水平，推进我国高等教育实现由“外延式扩张”向“内涵式发展”①。

中国传媒大学高教传播与舆情监测研究中心 CUCHEPOMS 监测系统 2017 年共监测到高校人才培养舆情信息 4 303 条。本报告在系统数据聚类分析的基础上，通过探析人才培养的舆情内容、特点、热点事件等，为人才培养改革提供更多参考。

## 一、高校人才培养舆情概况

### （一）舆情时间分布

根据 CUCHEPOMS 监测系统的数据，2017 年高校人才培养的舆情信息共 4 303 条（图 14-1 和图 14-2），与 2016 年的人才培养数据相比，可

① 董志峰．与实务部门联盟：普通高校人才培养模式的改革路径[J]．当代教育科学，2018(1)：71.

以发现2017年舆情信息量大幅上升,共计多出了897条,但与2016年舆情事件数量随着月份的推移不断增加相比,2017年舆情数量除前两个月较少外,其余月份舆情数量较为稳定,均在400条左右。

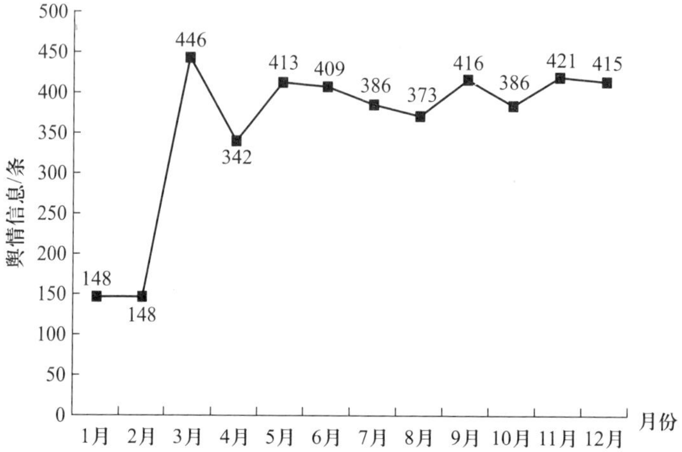


图 14-1　2017年高校人才培养舆情信息月分布图

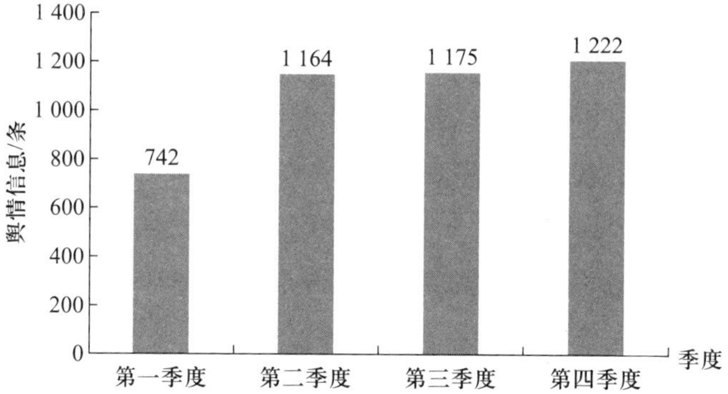


图 14-2　2017年高校人才培养舆情信息季度分布图

与2016年相同,2017年的5月、6月和9月都是全年舆情事件数量较多的月份,在接下来的几个月中舆情数量虽然也保持在较高的水平但都有不同程度的下降。5月、6月是毕业生就业和论文答辩的阶段,9月则是新生入学及各高校推行教育改革新措施的阶段,也是一个教学周期的开端。6月,浙江、上海高考改革试点落地;9月,教育部、财政部联合印发了《关于公布世界一流大学和一流学科建设高校及建设学科名单的通知》,国内共计 137 所高校入围了“双一流”名单。同时面对近年来频发的学生心理、生活等方面的问题,教育部出台了新的《普通高等学校辅导员队伍建设规定》以加强辅导员队伍的建设。一方面在毕业季等特殊阶段容易爆发一直隐藏的人才培养方面的问题,另一方面,教育乃国民关注之焦点,教育上任何新的改革,都会引发公众及媒体的关注与评论。因此,应加强对毕业季和开学季这两个舆情集中爆发期的关注,做好监控分析与应对策略预设。

不同于往年,2017 年人才培养的舆情数量在 3 月便达到了年度最大值。3 月份,十多所北京高校启动了各自的自主招生工作,同时,《博士硕士学位授权审核办法》《关于支持和鼓励事业单位专业技术人员创新创业的指导意见》等重磅教育改革新举措的推行,引发了大量的社会讨论,也使舆情信息数量达到 2017 年最高 446 条。

从季度来看,与 2016 年相同,2017 年全年的人才舆情信息从第一季度到第四季度,信息量呈递增趋势,除第一季度外,后三个季度的舆情数量均保持在较高水平。

### (二) 舆情类型分析

2017 年高校人才培养舆情信息主要有课程体系、课堂教学、实践教学、创新教育、国际交流、分类培养、创业教育、实践平台 8 个类型(相关统计如图 14-3 所示)。其中,课堂教学、课程体系、国际交流、实践教学仍然是关注热点。

与 2016 年相比,课程体系建设所占比重仍然最大。为推进建设一流大学和一流学科,培养社会发展需要的创新创业人才,许多高校对目前的课程体系进行了优化建设,例如北京大学启动“30+6+2”学科建设项目布局,天津大学则开始推行一流本科 2030 行动计划。各高校力求通过课程体系、学科建设的优化,以期实现建设“一流大学和一流学科”的目标。同时,在 2017 年 2 月教育部提出要培养面向未来的融合交叉类“新工科”人才,深化工科的教育教学改革,并制定了长远的工科人才培养方案。

此外,实践教学所占比重较 2016 年上升幅度最大。为提高高校毕业生就业水平以及丰富人才类型,越来越多的高校更加重视应用型人才的培养,积极引入实践教学的新形式。比如为响应国家加强高校思想政治建设工作,中南林业科技大学创新思政课教学,将实践融入思政课堂,获得了较好的教学效果;河南农业大学建立了思政课实践教学基地;河南理工大学则以演讲竞赛的形式进行大学生思政课教学。总之,实践教学作为一种更灵活、有效的教学形式被越来越多的高校采纳,课堂效果也因此不断提升。

最后,创业教育所占的比重也有一定的增加。2017 年国家对创新创业人才更加重视,而各高校对学生创业教育的支持也不断增加,鼓励毕业生自主创业。

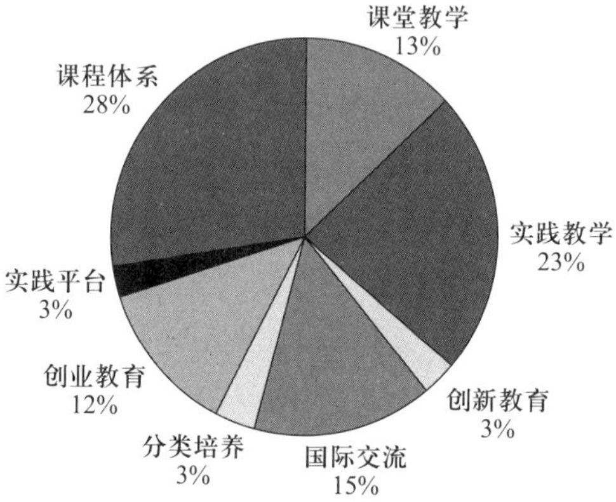


**图 14-3　2017 年高校人才培养舆情信息类型分布**

### (三) 舆情地域分布

2017 年高校人才培养舆情数量在地域分布上(相关统计如图 14-4 所示),北京依旧是第一,领先全国平均水平;上海虽居全国第二,但数量仅为北京的二分之一。北京聚集了国家中央机关和众多高校,更有北大、清华等多所在学科领域领先全国的院校,是教育教学改革的最先践行者,教育信息丰富;上海在教育资源、对外教育交流方面也是处于全国领先水平,因此,北京、上海依旧是教育舆情的焦点地区。浙江、山东、广东等教育大省也是社会关注的重点地区。整体来说相较西部,东部省份教育水平比较发达,因此在教育舆情关注度上普遍高于西部省份。

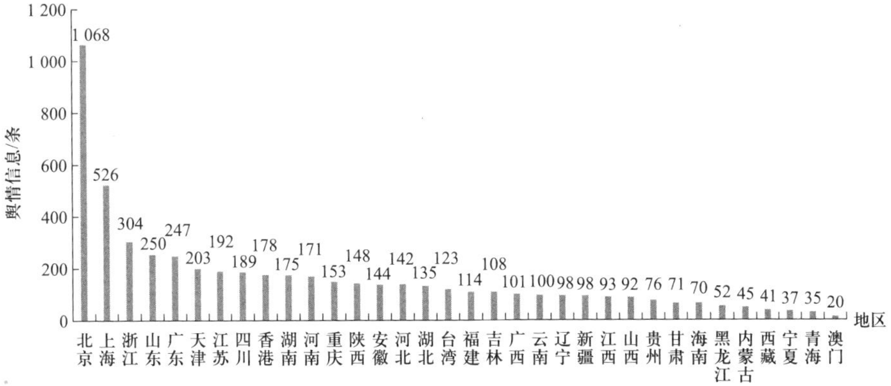


**图 14-4　2017 年高校人才培养舆情信息地域分布**

## 二、高校人才培养舆情热点事件分析

### （一）热点事件一:高校自主招生政策调整

#### 1. 舆情新闻报道

高校自主招生简章来了,北大清华最高可降至一本线

（2017 年 3 月 21 日载于人民网,302 个网页刊载相关新闻）

3 月 17 日,北京大学、清华大学等 10 多所高校启动了各自的自主招生报名工作,考试由各高校单独组织,以选拔符合各高校需要的拔尖创新人才。虽然今年北京各高等院校计划招生数与去年持平,但像北大清华等高校的优惠幅度较往年有了大幅提高,新增 50 分的优惠档,表现优异的给予 60 分、50 分、40 分、30 分、20 分五档分数优惠,最高优惠可享受一本线录取①。

#### 2. 舆情进展分析

进入 3 月,教育部“阳光高考平台”陆续公布了全国高校 2017 年自主招生简章,截至 17 日上午,18 所在京高校已公布各自招生方案。最先对

① 林露. 高校自主招生简章来了,北大清华最高可降至一本线[EB/OL]. 人民网,2017-03-21.

其进行报道的是《北京青年报》和新华网，然后《山西晚报》和《三湘都市报》分别于17日和18日发表了题为《北大清华等多所在京高校启动自主招生》的新闻，该新闻更多的具有通知公告性质，主要内容为考试科目、考试时间、考试内容以及招生新政等，并未引起公众大范围的关注。

该事件真正获得公众更多关注是在人民网·教育频道于3月21日发表了题为《高校自主招生简章来了，北大清华最高可降至一本线》的新闻后，其重点突出了自主招生政策的变化，包括招生人数、考试科目、优惠分数档次等多方面的变化以及梳理了各高校招生时间，提醒考生要提前确定取舍。该新闻一经发布，就获得了大量关注和转发，参考消息网最先于当日17点06分对其进行了全文转载，22日齐鲁网和中国网分别于14点和16点对其进行了全文转载，一方面由于转载媒体较多且多具全国影响力，另一方面自主招生工作的真正启动也让更多的人了解并参与话题的讨论中。

23日，中国新闻网发表题为《高校自主招生陆续启动，拿名校"入场券"需要啥?》的新闻，介绍了不同高校各具特色的招生方案，突出了不同高校的办学特色以及学校自主性的增加，当日央视网和《中国青年报》分别对其进行了全文转载，后者更是获得了101个网页转载，关于该事件的舆情讨论达到顶峰。24日，中国教育网发表了题为《高校招生权下移，有利于推进大学综合改革》的评论，对该事件的讨论进入深度点评阶段，认为自主招生缩短了考生和专业选择之间的距离，有利于高校对专业人才的选拔，有利于大学解决综合改革中的一些难题。

总之，对该事件最初的报道多是对招生政策内容的叙述，后续报道多是对政策的解读、评价。相关报道如表14-1所示。

**表14-1　高校自主招生政策调整的相关报道(不完全统计)**

| 序号 | 时间 | 来源 | 新闻标题 |
|---|---|---|---|
| 1 | 3月11日 | 北京青年报 | 清华自主招生最高可降至一本线录取 |
| 2 | 3月11日 | 新华网 | 清华自主招生对象分三类　最高可降至一本线录取 |
| 3 | 3月17日 | 山西晚报 | 北大清华等多所在京高校启动自主招生 |
| 4 | 3月18日 | 三湘都市报 | 北大清华等多所在京高校启动自主招生 |

续表

| 序号 | 时间 | 来源 | 新闻标题 |
| --- | --- | --- | --- |
| 5 | 3 月 18 日 | 广州日报 | 北大清华启动自主招生 |
| 6 | 3 月 18 日 | 红网 | 北大发布自主招生简章　考生最高可获降至一本线录取机会 |
| 7 | 3 月 21 日 | 人民网 · 教育频道 | 77 高校发布自主招生简章:考核时间有重合,考生需提前取舍 |
| 8 | 3 月 22 日 | 中国青年网 | 高校自主招生简章来了　北大清华最高可降至一本线 |
| 9 | 3 月 24 日 | 中国教育网 | 高校招生权下移,有利于推进大学综合改革 |
| 10 | 3 月 27 日 | 大河报 | 2017 高校自主招生启动　一本线就有机会上清华北大 |
| 11 | 3 月 31 日 | 三峡宜昌网 | 高校自主招生季来袭　过一本线或能上清华北大 |
| 12 | 3 月 31 日 | 楚天快报 | 2017 年各高校自主招生要求出炉:考生过一本线就有机会上清华北大 |

**3. 舆情方向分析**

自主招生的目的是选拔在某方面能力出众的学生,利用高校自主权,结合本校特色自主选拔优秀学生。自主招生自实施以来,便话题不断,每年 3 月自主招生工作开始以及相关政策的调整,都会引发一定的舆情热议。关于自主招生是否能够真正做到公开透明、选拔出优秀的人才弥补应试教育的不足以及背后的教育公平、招生管理、高校腐败等问题,已经成为高校招生中“老生常谈”的议题。

大部分媒体及网友认为,自主招生考试缩短了考生和专业选择之间的距离,有利于考生了解学校特色以及增加专业自主选择的机会,自主招生对象本身就是在学术、专业上有一技之长和特殊兴趣的学生,在学术方面,实力决定层次,认为只要有“一技之长”降分录取也无可厚非。同时自主招生对学校本身来说,也使各学校突出各专业特色,是现代大学管理的有益探索①。

① 马得清. 高校招生权下移,有利于推进大学综合改革[EB/OL]. 中国教育新闻网,2017-03-24.

同时由于选拔方式、选拔标准等因素的制约，社会大众及媒体对自主招生是否公正、公平以及能否选拔真正优秀的人才还存在诸多质疑。首先重点大学自主招生的“马太效应”无形中扩大了目前高考中存在的社会阶层带来的升学差距，认为就目前而言，凭高考分数入大学还是最公平合理的，分数面前人人平等的概率更大，更能减少一些腐败现象的滋生；其次从目前的功能和作用看，自主招生意在选拔优秀的特殊人才，但其效果相当有限，并未解决“唯分数论”的升学现状和升学压力①。

## （二）热点事件二：故宫联手高校、中职培养“故宫匠人”

### 1. 舆情新闻报道

故宫和北京高校、中职联手培养文物修复匠人

（2017 年 5 月 4 日载于央广网，18 个网页刊载相关新闻）

文物修复工作量大，而文物修复师人才稀缺，是当前文物修复这一行当现存的问题，也是许多“冷门”行当目前的困扰。早在 2015 年，故宫便与北京国际职业教育学校（国职）合作，开设了文物修复与保护专业，由故宫修复专家作为主要教学队伍，但培养的学生受到学历的限制，并不能真正实现“进宫修宝”。为此，2017 年北京联合大学、北京国际职业教育学校和故宫博物院进行合作，开设文物保护与修复专业高端技术技能人才贯通培养试验项目，按照“3+2+2”的培养模式，以培养具有本科学历的文物修复人才，尝试解决“冷门”专业的人才空缺问题②。

### 2. 舆情进展分析

该舆情事件有着集中爆发、快速消退的特点。由于涉及的培养学校、用人单位和招生范围仅仅划定在北京地区，因此该事件具有很强的区域性。最开始由北京的地方媒体《北京日报》于 5 月 3 日对该事件进行了题为《高校中职联手培养“故宫匠人”》的报道，主要是对这种新模式产生的背景、培养方式等进行了一定的说明，但由于北京作为首都在教育方面的

① 张亚群．高校自主招生改革：动因、问题与对策[J]．北京大学教育评论，2010，(2)：37-39.

② 张子雨．故宫和北京高校、中职联手培养文物修复匠人[EB/OL]．央广网，2017-05-04.

导向,加之此前纪录片《我在故宫修文物》的播出引起的社会巨大反响增加了人们对于文物修复师的认识,在一定程度上提高了人们对于该舆情事件的兴趣和关注。此后网易新闻、中国网、人民网等具有全国影响力的网站分别对其进行了转载,新湖南新闻、《大连日报》、闽南网等地方媒体也对其进行了原文转载,推动该舆情事件于 5 月 3 日当日达到舆情关注的顶峰。央广网于 5 月 4 日发表了题为《故宫和北京高校、中职联手培养"故宫匠人"》的新闻,对目前文物修复师培养的紧迫性和人才的稀缺性进行了更加详细的说明,并对新锦成教育集团副总裁张景岫、故宫博物院院长单霁翔等有关专家进行了采访,详细说明了培养的具体方式以及培养优势,并对目前这种方式可能存在的问题,比如学历、通识教育、学生个人成长等问题给予了专业角度的解答。同日,《北京青年报》发表题为《故宫联手高校中职培养"故宫匠人"》的报道,更多地从背景角度即目前行业人才青黄不接、2015 年推出的培养模式面临的学历问题等方面探讨这种新培养模式的突破之处,对该事件进行了进一步的补充说明。

相关报道如表 14-2 所示。

**表 14-2　故宫联手高校、中职培养"故宫匠人"的相关报道(不完全统计)**

| 序号 | 时间 | 来源 | 新闻标题 |
|---|---|---|---|
| 1 | 5 月 3 日 | 北京日报 | 高校中职联手培养"故宫匠人" |
| 2 | 5 月 3 日 | 网易新闻 | 文物修复师稀缺　高校中职联手培养"故宫匠人" |
| 3 | 5 月 3 日 | 环球网 | 北京高校中职联手培养"故宫匠人" |
| 4 | 5 月 3 日 | 新湖南新闻客户端 | 北京招 30 名初中生学做"故宫匠人"　学成将获本科学历 |
| 5 | 5 月 4 日 | 央广网 | 故宫和北京高校、中职联手　培养文物修复匠人 |
| 6 | 5 月 4 日 | 北京青年报 | 故宫联手高校中职培养"故宫匠人" |
| 7 | 5 月 4 日 | 网易新闻 | 北京招 30 名初中生　欲将其培养成"故宫匠人" |
| 8 | 5 月 5 日 | 网易新闻 | 故宫联手高校中职培养"故宫匠人" |
| 9 | 5 月 5 日 | 中国网 | 文物修复师稀缺　高校中职联手培养"故宫匠人" |
| 10 | 5 月 5 日 | 大连日报 | 文物修复师稀缺　高校中职联手培养"故宫匠人" |

### 3. 舆情方向分析

长期以来,在市场因素的影响下,许多高校面向社会需要不断调整人才培养计划和培养目标,在向社会输送了大量人才的同时,许多“冷门专业”也受到忽视,冷门专业优质生源减少,“冷门”专业的学生培养面临着青黄不接、社会认可度低等问题。在这种情况下,高校、中职联手培养“故宫匠人”无疑是一种对冷门专业人才培养方式的新探索。对此,绝大多数媒体和公众对这种培养方式给予肯定,认为通过校企结合、订单培养的新方式,有助于把像文物修复这种对专业要求相当强的岗位与学校的教育培养结合在一起,实现更好的人才培养以及就业①。

同时在该事件中,只限招收北京籍学生的规定也成了大众讨论的话题。招生、就业中的户籍限制问题一直是大众敏感的话题,而对该规定大部分网友理解其存在的合理性,从其就业的经济成本考量,认为这种户口限制反而更符合现实需要,真正有利于冷门专业、工匠人才的培养,有其存在的合理性。有少数反对者认为,这一规定无疑是另一种地域歧视和地方保护政策,认为北京故宫收藏的文物艺术品,应该是全体中国人共同的财富,所以作为传承故宫文化的匠人,没有道理限制户籍。

也有网友把关注点聚焦在“联手”培养的人才最终获得的学历问题上,认为技能的提高和真才实学大于学历的取得。总之,对于该舆情事件,更多网友关注的是该事件细节及现实问题,大部分网友持积极态度。

## (三)热点事件三:大学生“回炉”读职校

### 1. 舆情新闻报道

大学生为何要“回炉”读职校

(2017年7月18日载于《济南日报》,42个网页刊载相关新闻)

“本科生满街跑,技术工无处找”成为近年来就业市场上的一种现状,一方面企业找不到合适的人才,另一方面大批本科学历的学生找不到工作,造成了“就业缺口”,由此大学生到职校“回炉”现象逐年增多。据

① 张子雨.故宫和北京高校、中职联手培养文物修复匠人[EB/OL].央广网,2017-05-04.

报道,在安徽、山东、湖北等省份,大学生“回炉”读职业学校已不是个别现象。“回炉”的学生更偏重于数控加工技术、电气自动化、汽修保养、机械工程等实操的专业,甚至不少职业学院专门开设了“大学生班”,不少大学生纷纷选择“回炉”才能找到合适的工作①。

**2. 舆情进展分析**

大学生“回炉”读职校一事并非突然出现,每到毕业季就会出现这样的新闻,但由于数量较少并未形成舆情事件的爆发。而随着近年来大学生到职校“回炉”现象逐年增多,舆情数量于 7 月积累到了一定的爆发点,使该事件舆情关注度得到大幅增加,并最终成为社会热点话题。

由于该事件并非突然出现而是长期存在的教育问题,对该事件的讨论也不同于以往对事件本身的阐述,而是更多的讨论现象背后的社会本质问题。最开始是由《新京报》于 7 月 17 日就该事件发表了评论《大学生职校“回炉”,别只看到“炒作”》,认为该现象背后凸显大学生就业难的结构性矛盾。该新闻一经发表,便得到了网易、新浪新闻等网站的转载,得到了社会的关注并引起更多媒体对于该事件的讨论,而不同的媒体也从不同的角度进行了阐述,澎湃新闻于 17 日发表《“回炉”读职校:大学该反思什么?》,更多地从目前大学教育的缺失方面思考该事件,而华夏经纬网则发表《大学生回炉读职校？大学:这黑锅我不背!》,表达了相反的意见,认为大学不应该承担更多的责任。

同时由于该事件本身时效性并不明显,因此对该事件的讨论具有持续性,一直延续到 8 月。相关报道如表 14-3 所示。

**表 14-3　大学生“回炉”读职校的相关报道(不完全统计)**

| 序号 | 时间 | 来源 | 新闻标题 |
|---|---|---|---|
| 1 | 7 月 17 日 | 新京报 | 大学生职校“回炉”,别只看到“炒作” |
| 2 | 7 月 17 日 | 新华网 | 大学生“回炉”技校,学“颠勺”学修车 |
| 3 | 7 月 17 日 | 澎湃新闻 | “回炉”读职校:大学该反思什么? |
| 4 | 7 月 18 日 | 济南日报 | 大学生为何要“回炉”读职校? |

① 项向荣. 大学生为何要“回炉”读职校?[N]. 济南日报,2017-07-18(2).

续表

| 序号 | 时间 | 来源 | 新闻标题 |
|---|---|---|---|
| 5 | 7月19日 | 农民日报 | 大学生"回炉"职校的启示 |
| 6 | 7月20日 | 大连日报 | 大学生"回炉"读职校"　多么痛的领悟" |
| 7 | 7月24日 | 楚天都市报 | 大学生读职校不必过多解读 |
| 8 | 7月25日 | 红网 | 大学毕业读职校,是"回炉"还是"深造"? |
| 9 | 7月25日 | 华夏经纬网 | 大学生回炉读职校? 大学:这黑锅我不背! |
| 10 | 7月28日 | 南方都市报 | 大学生到职校"回炉"说明什么 |
| 11 | 8月12日 | 扬子晚报 | 弯道超车还是改弦易辙? 大学生"回炉"技校,学"颠勺"学修车 |
| 12 | 8月16日 | 中国红河网 | 大学生"回炉"读职校　不必大惊小怪 |
| 13 | 8月28日 | 教育思想网 | 熊丙奇:大学毕业生"回炉"技校,是本科学得太差还是技工吃香? |

**3. 舆情方向分析**

如今部分本科院校人才培养质量不达标,却盲目追求人才的培养数量,导致部分学生毕业时需要去职业院校重新学习专门技能。对于该事件,社会的关注点更集中在现实问题上:造成这种现象究竟是学校和教育体制的问题还是个人因素,而这种现象是否存在以偏概全的问题。

部分观点从微观的角度出发,质疑就业不好不应由学校"背锅",而是学生个人原因。认为学生的个人成长关键是自我的努力而非学校、体制等。虽然目前中国的教育体系相较西方仍有差距,但该现象也并非对中国教育方向的否定,中国的高校教育方向没有问题。问题在于如何正确引导年轻人才去祖国需要的地方。而从整个宏观社会的角度出发,虽然个人、学校在相关问题上都难辞其咎,但总归是社会取向问题,认为国家应加强对职业学校的重视,提高其地位,才能得到社会大众的认可,从根本上提高职业教育的地位,改变大众的认识偏差。

大学生"回炉"现象是一个值得深思的问题,不仅与我国教育管理目前存在的问题相关,也与长期以来形成的社会偏见有关,学者熊丙奇就表示,目前发生的"回炉"现象,大多发生在本应进行职业教育的大学毕业生身上,这不是正常的现象,如果大学本身是实行职业教育的学校,学校培养学生的职业技能,可学生毕业后还要去技校"回炉",那是有严重的问题的[①]。大学生如果不能满足职业需要,重新回到职业院校学习也无可厚非,但当这种现象成为一种普遍行为,就要思考其背后的教育管理体系上存在的问题了[②]。而只有当高等院校回归教育本位,根据学校自身特色优势结合社会需要,有方向有目标地培养专业人才,才有可能改变这一现象[③]。

## (四) 热点事件四:硕士毕业要求发表论文

### 1. 舆情新闻报道

严格要求? 任务下移? 硕士毕业要求发表论文为哪般?

(2017 年 12 月 7 日载于新华网,20 个网页刊载相关新闻)

临近毕业季,在面对就业压力的同时,部分高校的一些在读硕士生反映,学校要求硕士毕业前在专业学术期刊甚至核心期刊上发表论文,成为他们毕业前的另一重压力,而这一项要求并非高校个例,究竟这种规定是出于对学生的严格要求还是导师任务的下移,引发社会讨论[④]。

### 2. 舆情进展分析

该事件舆情进展呈现集中爆发、迅速消退的特点。

硕士在学期间是否应将发表论文作为毕业硬性要求,关注该话题的人群聚集在硕士研究生中,范围较窄。12 月 7 日,新华网发表题为《严格要求? 任务下移? 硕士毕业要求发表论文为哪般?》的文章,以硕士生的发论文困扰为切入点对该现象进行了讨论,使该事件得到大众的关注,并迅速被网易新闻、中国网、新蓝网等各大新闻网站转发,获得了大量的阅读和关注,达到了该事件舆情关注度的巅峰,使原本只在"小范围"讨论

① 熊丙奇. 教育文化:"学历社会"大学生"回炉"技校现象会长期存在[EB/OL]. 搜狐网,2017-08-28.

② 王婷. 解析当代大学生"回炉"现象[J]. 现代教育科学,2009(11):78.

③ 项向荣. 大学生"回炉"读职校,不得已而为之[EB/OL]. 新华网,2017-07-17.

④ 杨稳玺. 严格要求? 任务下移? 硕士毕业要求发表论文为哪般? [EB/OL]. 新华网,2017-12-07.

的事件走入大众视野，获得更多人的关注。

此后该事件舆情迅速消退，舆情数量逐渐趋于平稳，但同时在内容上的讨论则趋于专业，更多的是专家学者对该事件的评论，如《经济日报》于 12 月 11 日发表题为《王迪：高校论文要求不宜“一刀切”》的文章，《济南日报》于 12 月 8 日发表题为《“强制论文发表”的规定早该废止了》的文章，各学者均从不同角度对该事件进行了点评，提出了专业性的意见。

相关报道如表 14–4 所示。

**表 14–4　硕士毕业要求发表论文的相关报道（不完全统计）**

| 序号 | 时间 | 来源 | 新闻标题 |
|---|---|---|---|
| 1 | 12 月 7 日 | 新华网 | 严格要求？任务下移？硕士毕业要求发表论文为哪般？ |
| 2 | 12 月 8 日 | 新华每日电讯 | 部分高校：不发表论文不能硕士毕业 |
| 3 | 12 月 8 日 | 新华网 | 部分高校不发论文不能硕士毕业　论文要求愁煞部分硕士毕业生 |
| 4 | 12 月 8 日 | 济南日报 | “强制论文发表”的规定早该废止了 |
| 5 | 12 月 11 日 | 经济日报 | 王迪：高校论文要求不宜“一刀切” |
| 6 | 12 月 11 日 | 中国青年网 | 严格要求？硕士毕业要求发表论文为哪般 |
| 7 | 12 月 12 日 | 中国教育报 | 何必硬性要求硕士发论文 |

### 3. 舆情方向分析

事实上，关于硕士生毕业是否必须发表论文的讨论早已有之，早在 2006 年，中国人民大学等 7 所大学就取消了“研究生毕业必须发表论文”的硬指标。关于该舆情事件，部分观点认为该规定有其存在的必要性，特别是在当下中国的高等教育环境下，要求发表文章，亦无不可，硕士生学术水平理应达到发表文章的层次。问题在于，各大学要求硕士生毕业发表论文，此举完全是出于排名的需要，认为想要真正为学术而发表论文便不应该对发表平台做出限制，才能真正达到“学术自由”。

部分观点认为“论文硬性要求”毫无必要，发表论文并不能与学生真实的学术水平等价，同时该要求可能会助长学术期刊的腐败。天津大学研究生院张立迁认为，硕士生不同于博士生，公开发表一篇高水平学术论文可为博士生就业添彩，而要求硕士生发表论文，一般而言，论文的学术价值、含金量非但不够高，反倒繁荣了“货币化”发表市场和“代写代发”中介业务，给硕士生带来一定的经济负担①。北京大学社会学系教师王迪则认为高校要求硕士研究生毕业前在专业学术期刊乃至核心期刊上发表论文应有所区分，学术型和专业型硕士生的教育目标和培养方式不同，应有所侧重有所区分，灵活处理论文发表要求，而非“硬性要求”，使学术型和专业型硕士各自发挥其特色和优势，才能真正提高教育的质量②。

## 三、高校人才培养舆情应对策略

人才培养一直是舆论关注的焦点，如何借助媒体引导舆情走向，做好舆情应对，笔者认为有以下几个方面值得注意。

### （一）加强对特殊时间段的舆情监测

每年的开学季和毕业季都是教育舆情事件集中爆发的时期，学术造假、抄袭等负面事件频频出现，由此引发人才培养方面的问题，导致舆情事件爆发。另一方面，教育乃国民关注之焦点，有关教育、毕业的议题很容易引发公众及媒体的关注与评论。因此要注意把握不同教学周期舆情事件爆发规律，加强对特定时间段的舆情监控，提前做好舆情预警方案。

### （二）收集分析数据，建立舆情预警机制

尽可能地进行教育舆情事件相关数据的收集，提前建立舆情预警机制。做到对历史舆情事件进行周期性总结，总结不同类型舆情事件的起因和背景，将不同舆情事件进行横向、纵向的分析和对比，根据其发展特点总结可能诱发的原因以及发展趋势，总结其解决过程中的经验，尤其对于突发事件，根据事件实践中的解决方案，结合专家、学者的专业意见，制定出完整科学的舆情预警机制，为今后突发事件的舆情应对提供借鉴。同时借助现代信息技术，形成预警机制模型，及时关注教育舆情的新变

---

① 张立迁．何必硬性要求硕士发论文[N]．中国教育报，2017-12-12(2)．

② 部分高校不发论文不能硕士毕业：期刊论文要求为哪般[N]．山西晚报，2017-12-08(9)．

化，必要时进行预警与应对。

### （三）舆情信息的及时公开

信息的及时公开也是应对舆情事件的有效途径。移动媒体时代，信息传输速度增快的同时也意味着舆情事件的反应速度要相应加快，从最开始的“黄金24小时”到现在的“黄金4小时”；另一方面从社会公众的心理层面出发，社会对教育主体的期待也会随着事件的推移而发生变化，从最开始的积极态度到得不到有效回应的消极态度，仅仅需要几个小时，同时官方主体的不作为，也刺激了小道消息、虚假消息的滋生，导致失去舆情引导的最佳时机。因此当舆情事件发生时，只有积极应对，主动进行信息公开，主动对师生热切关注的问题进行回复，满足公众对信息的需求才能掌握主动权，引导事件向着预期可控的方向发展。

（韩嫣然）

# 第15章 高校科学研究舆情分析报告

现代大学是随着文艺复兴时期的欧洲南部经济贸易的快速发展和城市化进程的推进,社会对拥有专业能力人才的需求大大增加而逐步产生的。大学逐渐被赋予具有科学研究功能是在19世纪初的德国。当时的德国刚刚结束普法战争,急需通过科技将破败的城市从战后的阴影中拯救出来,因此,以洪堡为代表的教育家着手强调科学研究是大学的重要功能。而后,世界知名大学例如英国的牛津大学等,都开始将同样的理念——"人是目的"——融入学校的管理中。该理念源于德国著名哲学家康德,可理解为将发明技术和科学研究作为现代大学教育的重要功能,及时对教学进行知识补充与更新,以实现人才培养的最终目的。"技术发明和科学研究是大学的重要功能,但这一功能不能脱离人才培养而独立存在"[①]。

为了更好地建设社会主义大学,培养社会主义建设接班人,对高校科学研究领域相关舆情的监测工作成为高等教育管理工作中的必要环节。对当前各大高校的科研情况动向的了解,能够帮助政策制定者、政策执行者更妥善地制定与实施相关法规条例,推动高校科研进步,增强科研能力,提高产学研转化率,同时培养更多科研人员以及更好地实现大学社会服务的功能——普及科学知识。

## 一、高校科学研究舆情概况

### (一)舆情时间分布

#### 1. 统计数量

2017年,中国传媒大学高教传播与舆情监测研究中心(以下简称"研

① 张陈,崔延强. 现代大学的基本功能[EB/OL]. 人民网,2010-12-31.

究中心”）通过 CUCHEPOMS 系统一共监测到 49 226 条信息，在科学研究版块共监测到相关信息 5 245 条，日平均监测信息为 14. 37 条。

横向对比，2017 年科学研究领域舆情信息监测量仅低于大学生就业（10 721 条）、大学生（9 007 条）两大板块，高于人才培养（4 303 条）、国外教育（3 696 条）、思政教育（3 394 条）、教师发展（2 816 条）、学科专业（2 789 条）、高校管理（2 326 条）、体制改革（2 061 条）、质量评估（1 227 条）、社会服务（839 条）、高教政策（668 条）、高教反腐（134 条）等版块。在 14 个版块中，科学研究版块的信息监测量位于第三名，科学研究舆情信息在全年信息总量中占 10. 7%，可见作为中国现代大学四大职能之一的科学研究有着较高的关注度。

纵向比较，2017 年科学研究领域舆情信息监测量与 2016 年相比增加了 814 条，在 2017 年全部信息中的占比略低于 2016 年（11. 3%）。

**2. 数据分布与走向**

2017 年度科学研究领域舆情信息的月分布图和季度分布图参见图 15-1、图 15-2。

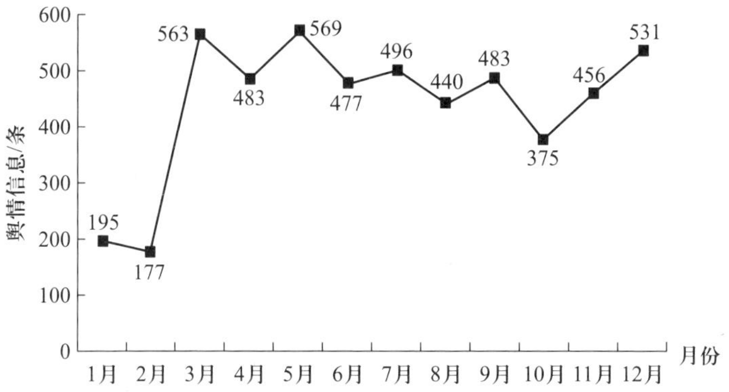


**图 15-1　2017 年高校科学研究舆情信息月分布图**

2017 年度科学研究领域舆情信息在月度分布上，波动较大，3 月与 5 月信息量极为接近，为当年的最高值，分别为 563 条、569 条；最低值出现在寒假的 2 月份，仅有 177 条。2016 年科学研究领域舆情信息量月分布最高值出现在 9 月，为 522 条；最低值出现在 2 月，为 144 条（参见《中国高等教育舆情报告（2017）》第 301 页）。两年的月度信息最高值与最低

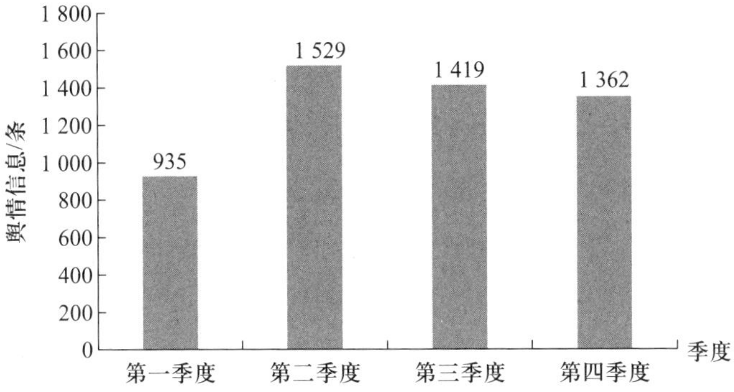


**图 15-2　2017 年高校科学研究舆情信息季度分布图**

值相差不大。

从数据统计结果走势来看,2017 年科学研究领域的舆情信息从 1 月到 12 月,经历了明显的涨跌过程,最低值与最高值相差将近 400 条。其中,1 月与 2 月舆情信息量较为低落,仅有 195 条、177 条;3 月份以翻了 3 倍的速度快速增长,几乎接近全年最高水平,达到了 563 条;进入 4 月(483 条),舆情信息出现回落,但也只是小幅下跌,并未改变整体上涨的趋势,远高于 1 月与 2 月;5 月为全年舆情信息量峰值(569 条);10 月舆情信息量少于 400 条(375 条),位于全年舆情信息量排名倒数第三,6 月、7 月、8 月、9 月、11 月的舆情信息量虽略有波动,但整体而言稳定在 470 条左右;10 月数量下降之后,11 月(456 条)、12 月(531 条)出现舆情数量持续增长,且增长比率极为接近。

与 2016 年度科学研究领域舆情信息月分布图的发展趋势相对比,2017 年度科学研究领域舆情信息的统计数据表现了以下相似之处与相异之处。

相似之处:第一,两年整体情况均是春季与冬季波动明显,出现明显低谷;夏季与秋季略有波动,但均保持较高的信息量。第二,两年中舆情信息量的最低值均出现在 2 月,均低于 200 条。2 月份高校放寒假,也是全国人民欢度传统节日——春节的时间段,无论是媒体聚焦,还是受众关注都被特定时期的其他事件转移。第三,2016 年科学研究领域的舆情信息波峰波谷差为 376 条,2017 年该领域的舆情信息波峰波谷差为 392 条,两者相差不大。

相异之处:第一,与 2016 年除去 4 月的上半年信息量均不高不同,2017 年从 3 月开始就稳定于较高的信息量,直到 10 月;第二,两年虽均有连续增长月份,但 2016 年连续增长区间为年中(6 月到 9 月),2017 年连续增长区间为年末(10 月到 12 月);第三,2016 年信息量相对稳定的区间在 7 月到 10 月,2017 年信息量相对稳定的区间在 3 月到 9 月,远长于 2016 年;第四,2016 年的信息量峰值出现在 9 月,而 2017 年的信息量峰值出现在 5 月。

从 2017 年度科学研究领域的舆情信息季度分布图中可以看出,科学研究领域舆情信息热度最高时段是第二季度(总共为 1 529 条信息),第三季度与第四季度相差不多,分别以 1 419 条、1 362 条紧随其后,而唯一没有超过千条的是第一季度(935 条)。

与 2016 年度科学研究领域舆情信息季度分布相比,2017 年度有着以下新特点:第一,全年四个季度的信息量均有可观的增长,其中第二季度与第三季度的变化最为明显;第二,信息量密集季度由 2016 年的第三季度变为了 2017 年的第二季度;第三,与 2016 年对比,2017 年除第一季度外,其他三个季度的舆情信息量相差不大,成稳定下降趋势;第四,2016 年度最高的第三季度和最低的第一季度之间信息量差值为 745 条,2017 年度最高的第二季度和最低的第一季度之间信息量差值为 584 条。一定程度上可以说明,2016 年的信息爆发时间比 2017 年要更为集中。

### (二)舆情类型分析

2017 年度科学研究舆情信息可以分为 7 类:科研服务、科研工作者、科研单位、科研资助、科研领域(人文社科与自然科学)、学术道德、科研发展。但为了更好地分析涉及科学研究的具体事件,将科研领域再次分为“人文社科”与“自然科学”(图 15-3)。

其中,科研发展、科研服务两类信息占比较高,两者合计超过了 2017 年度高校科研舆情信息总量的二分之一,科研服务数量最多(1 455 条)。

此外,“科研领域”中的“人文社科”与“自然科学”两类舆情信息数量分别为 387 条与 103 条,“人文社科”类舆情远多于“自然科学”类,几近 4 倍。这说明,人文社科类的研究在媒体中的曝光率以及在公众

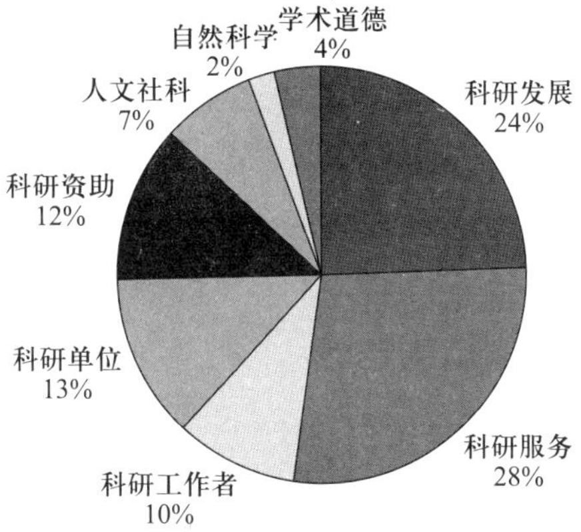


**图 15-3　2017 年高校科学研究舆情信息类型分布图**

中的讨论度较高，自然科学专业领域的学者在对科学的普及方面做得还不够。

### （三）舆情地域分布

2017 年度科学研究领域舆情信息共涉及 34 个省级行政区（省、自治区、直辖市和特别行政区）（见图 15-4）。对比 2016 年度数据，科学研究领域舆情信息量位列前三名的依然是北京市、上海市、浙江省。北京市与上海市以绝对优势领跑其他地区。特别是北京市的信息量几乎与上海市、浙江省、广东省加起来的总量持平。2016 年度地域分布后 6 位的是内蒙古自治区、山西省、西藏自治区、宁夏回族自治区、青海省、澳门特别行政区，2017 年度地域分布后 6 位的是西藏自治区、海南省、内蒙古自治区、青海省、宁夏回族自治区、澳门特别行政区。2017 年山西省信息量有明显增长，由 2016 年的倒数第 5 名，上升至第 19 名，同样增长量较大的还有黑龙江省，而海南省信息量略有下跌，由 2016 年的倒数第 9 名下跌至倒数第 5 名。

2016 年北京市信息量是上海市的两倍有余，是第三名浙江省的 4 倍，而 2017 年三者之间的差距缩小。2016 年度信息量达到三位数的省级行政区仅北京市、上海市，2017 年信息量超过百条的省级行政区有 25 个。两年中澳门特别行政区均为信息量最低地区，2016 年仅为个位数（8 条），时至 2017 年实现了两位数的突破（30 条）。经济相对发达的东部地区在信息量上有着绝对优势，特别是北京市、江浙沪、天津市、广东省等地。一方面是这些地方高校云集，科研产出高；另一方面这些地区的媒体关注度也高。

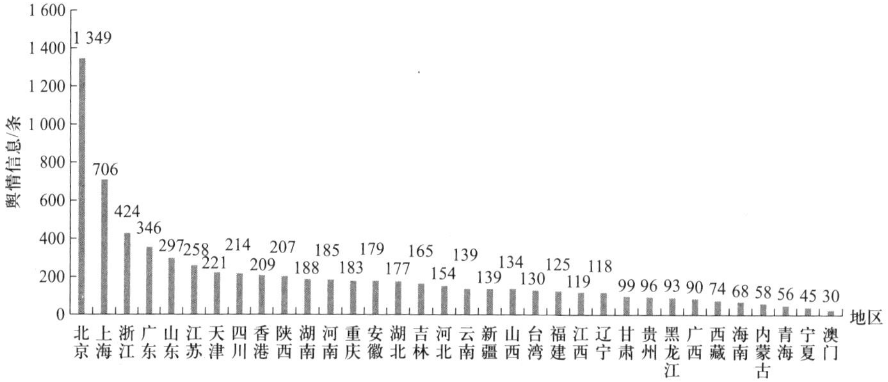


**图 15-4　2017 年高校科学研究舆情信息地域分布图**

## 二、高校科学研究热点事件分析

### （一）热点事件一：科研经费放权

#### 1. 舆情新闻报道

让科研人员不再为杂事琐事分心劳神

（2017 年 3 月 5 日载于中国教育新闻网，357 个网页刊载相关新闻）

2017 年 3 月 5 日，李克强总理在做政府工作报告时说，要切实落实高校和科研院所自主权，落实股权、期权和分红等激励政策，落实科研经费和项目管理制度改革，让科研人员不再为杂事琐事分心劳神。要深化人才发展体制改革，实施更加有效的人才引进政策，广聚天下英才，充分激发科研人员积极性，定能成就创新大业[①]。

① 赵秀红，刘博智．让科研人员不再为杂事琐事分心劳神［EB/OL］．中国教育新闻网，2017-03-05.

**2. 舆情进展分析**

早在 2016 年 8 月 1 日，财政部、科技部、教育部、发展改革委四部门负责人就《关于进一步完善中央财政科研项目资金管理等政策的若干意见》答记者问时就提到，要求项目主管部门在 2016 年年底前为预算编制、评审、财务验收等出台实施细则。2017 年 3 月 5 日，在十二届全国人大五次会议上，国务院总理李克强在政府工作报告中提出“推进全面创新改革试验，切实落实高校和科研院所自主权，落实股权期权和分红等激励政策，落实科研经费和项目管理制度改革，让科研人员不再为杂事琐事分心劳神”①。3 月 6 日发表在央广网的《让科研人员不再为杂事琐事分心劳神，首先要改革科研经费管理制度》提出“科研经费应该更多的是一种目标导向，或者结果导向的一种管理制度”②。

3 月 11 日，人民网发表《万钢：科研经费管理要在“服务上做加法、检查上做减法”》，全国政协副主席、科技部部长万钢就“如何改善科研经费管理，更好地激发科研人员积极性”做了详细解读，新浪财经、网易新闻、《中国教育报》均予以转载。3 月 26 日发表在中央纪委监察部网站的《中科院：重点解决作风建设、科研经费管理使用等问题》强调必须重点关注作风建设、科研经费管理使用和基本建设方面的问题，切实采取有效措施加以解决。

4 月 17 日，山东省在泰山学院召开全省教育系统厅属预算单位财务工作研讨会，讨论“从‘放管服’入手，切实做好科研经费管理”等议题。

相关报道如表 15-1 所示。

**表 15-1　科研经费放权的相关报道（不完全统计）**

| 序号 | 时间 | 来源 | 新闻标题 |
|---|---|---|---|
| 1 | 3 月 5 日 | 央广网 | 让科研人员不再为杂事琐事分心劳神，首先要改革科研经费管理制度 |
| 2 | 3 月 11 日 | 人民网 | 万钢：科研经费管理要在“服务上做加法、检查上做减法” |

① 赵秀红，刘博智．让科研人员不再为杂事琐事分心劳神[EB/OL]．中国教育新闻网，2017-03-05.

② 张天蔚．[央广两会快评]让科研人员不再为杂事琐事分心劳神　首先要改革科研经费管理制度[EB/OL]．央广网，2017-03-06.

续表

| 序号 | 时间 | 来源 | 新闻标题 |
|---|---|---|---|
| 3 | 3月11日 | 新浪财经 | 万钢:科研经费管理要在“服务上做加法、检查上做减法” |
| 4 | 3月11日 | 中青在线 | 万钢谈科研人员“减负”:在服务上做加法,在检查上做减法 |
| 5 | 3月11日 | 中国教育新闻网 | 万钢:“在服务上做加法,在检查上做减法” |
| 6 | 3月22日 | 中国高校之窗 | 武汉理工大学科研经费管理政策及公务卡实施宣传培训会召开 |
| 7 | 3月26日 | 中央纪委监察部网站 | 中科院:重点解决作风建设、科研经费管理使用等问题 |
| 8 | 3月31日 | 中国高校之窗 | 湖北文理学院横向科研经费管理模式发生重大变化 |
| 9 | 4月5日 | 中国高校之窗 | 大连理工大学召开科研项目和经费管理办法宣讲会 |
| 10 | 4月25日 | 中国高校之窗 | 安徽工业大学召开2017年国家自科基金抽查审计布置暨科研经费规范管理与师德师风专项治理推进会 |

**3. 舆情方向分析**

每当项目报销时,绝大多数科研人员就会因项目经费的名目过多而头痛不已,特别是每一项都要求事无巨细地罗列各项费用比例、用途以及使用时间。科研经费放权改革措施出台意味着科研人员即将告别贴发票、填报销单、撰写各种经费使用说明,然后望着劳务报酬数字叹气等等这些“忧伤”的经历。

科研经费放权这一改革措施得到众多科研工作者的肯定。全国政协委员、同济大学校长钟志华在两会小组讨论会场上说“我们正在制定一个改革方案,可以让有影响力的学术带头人自主决定技术路线和经费使用,3月13日即将上报国家有关部委”①。

中国科学院高能物理研究所所长、中国科学院院士王贻芳针对该意见的落实发表了自己的观点,“今年的政府工作报告提出,完善对基础研

① 张晔. 高校学术带头人将有科研项目“自治权”![EB/OL]. 人民网,2017-03-06.

究和原创性研究的长期稳定支持机制,还提到要切实落实高校和科研院所自主权、落实科研经费和项目管理制度改革。这些表述说到了我们科研人员的心坎里"[①]。她认为,科研经费管理要把经费分为两部分,一部分是用于基础性研究和原创性研究长期稳定支持,在不取消竞争性科研经费的同时,应将竞争性经费与稳定性经费挂钩。

网友的关注分为三种:第一种对政策本身的提问,例如"检查做减法是什么意思?";第二种认为政策提得很好,但是执行情况不如意,更重要的是如何执行顶层设计;第三种为科研人员"打抱不平",质疑为何明星挣得比科研人员多。这些表达反映了网友多样化的思考,一定程度展现了公民参政议政的积极性与理性。

## (二)热点事件二:天津大学技术团队高科技骗局

### 1. 舆情新闻报道

一场发人深省的高科技骗局:学术造假 技术骗人

(2017年6月27日载于《中国青年报》,465个网页刊载相关新闻)

事件主角是河北邯郸某家公司的负责人王增良,事情最早起源于2012年,由他出资与天津大学技术持有人张卫江教授等合作生产硼同位素产品。据称,前后几年时间共投入2.6亿元人民币。但是在2016年,他获知此次项目实际是张卫江教授通过学术造假才获得项目结项,继而向外宣布已经拥有成熟能投入生产的技术,从而获取高额的企业投资回报。由此,他开始了维权的奔波。截至今日,事件仍无定论[②]。

### 2. 舆情进展分析

对该事件给予全面报道的当属媒体央广新闻、中青在线和界面。媒体对该事的报道角度有三种。

第一种角度,审判天津大学:中国青年报·中青在线于6月27日5:37发表标题为《一场发人深省的高科技骗局》的调查类新闻,获得4条

① 王贻芳. 应允许科研院所提留稳定性科研经费[EB/OL]. 光明网,2017-03-09.

② 刘万永. 一场发人深省的高科技骗局:学术造假 技术骗人[N]. 中国青年报,2017-06-27(4).

评论。《中国青年报》官方微博通过政务直通车于 9:00 将该文再次刊出，共获得 101 次转发，91 条评论，88 个点赞。网易新闻以更有噱头的标题《商人投资 2.6 亿元被骗　天津大学技术团队学术造假》进行转发，此后绝大多数网站转发均以此为题。

网易该条报道采用噱头明显的题目吸引了大量的关注（共 241 805 人参与，4 982 条评论），在事情尚未有定论之前，预先对天津大学技术团队做出了“媒介审判”。

第二种角度，相对客观陈述：一篇为央广网于 6 月 28 日 7:00 发表的题为《天津大学回应技术团队被指学术造假：正在走法律程序》的文章；一篇为上海新媒体界面于 6 月 29 日 14:57 发表的标题为《天津大学技术团队造假致商人投资 2.6 亿被骗？回应：将尊重仲裁结果》的综述性报道。

第三种角度，蹭热点做普法：7 月 1 日 8:09 在法律法规网发表标题为《技术团队造假致商人投 2.6 亿被骗，造假行为应负什么法律责任？》的文章，以该事件为话题（俗称“蹭热点”）普及法律知识。

相关报道如表 15-2 所示。

**表 15-2　天津大学技术团队高科技骗局的相关报道（不完全统计）**

| 序号 | 时间 | 来源 | 新闻标题 |
|---|---|---|---|
| 1 | 6 月 27 日 | 中国青年报·中青在线 | 一场发人深省的高科技骗局：学术造假技术骗人 |
| 2 | 6 月 27 日 | 人民网 | 一场发人深省的高科技骗局：学术造假技术骗人 |
| 3 | 6 月 27 日 | 新华网 | 一场发人深省的高科技骗局：学术造假技术骗人 |
| 4 | 6 月 27 日 | 网易新闻 | 商人投资 2.6 亿元被骗　天津大学技术团队学术造假 |
| 5 | 6 月 27 日 | 中国新闻网 | 商人投资 2.6 亿元被骗　天津大学技术团队学术造假 |
| 6 | 6 月 27 日 | 每日经济新闻 | 商人投资 2.6 亿元被骗　天津大学技术团队学术造假 |
| 7 | 6 月 27 日 | 新民周刊 | 商人投资 2.6 亿元被骗　天津大学技术团队学术造假 |

续表

| 序号 | 时间 | 来源 | 新闻标题 |
| --- | --- | --- | --- |
| 8 | 6 月 28 日 | 央广网 | 天津大学回应技术团队被指学术造假：正在走法律程序 |
| 9 | 6 月 28 日 | 新浪教育 | 天津大学回应技术团队被指学术造假：正在走法律程序 |

**3. 舆情方向分析**

近几年来横向科研受到极大关注，学界一直有取消“横向课题”（从企业、社会机构处获得经费的课题）、“纵向课题”（从政府部门——包括政府背景的基金获得经费的课题）区别的呼吁，认为“双轨制”管理，是直接导致经费管理混乱的根本原因。这次事件同时涉及“纵向课题”与“横向课题”的问题，爆发时间为高考填报志愿前期，社会各界人士对大学相关新闻尤为关注的时间段，在网易新闻采用具有明显倾向性标题后，受到社会民众的广泛关注不足为奇。但是从该事件的媒体报道来看，媒体不仅未给予充分、全面、客观的呈现，反而通过具有很强暗示性的文本做出了不合时宜、有违职业道德的“媒介审判”。

一方面，媒体报道中的企业主是一个因为信任天津大学被“骗”的“无辜形象”，但是所有报道均未提供有力的证据，证明企业主有无投资前调研、是否确有资金投资、如何投资等基础信息。此外，投资就意味着风险，正常投资失败也是有可能的。另一方面，媒体报道中的天津大学处于失语状态，在天津大学党委宣传部回复相关案件在走法律程序后，媒体并没有让案件在法律途径中合理发展，而是采取了倾向性的标题归责天津大学。网易新闻运用标题的能力一定程度上让事件成了“有爆点”的热门话题。

从网友对该事件的关注与留言的倾向性上来看，可以分为以下几类：第一，用以偏概全的方式问责天津大学，并推及整个国家的学术科研圈、甚至社会大环境的诚信问题；第二，认为事件中公司的行为存在问题；第三，以怀疑的态度评价、关注整个事件的起因、发展以及媒体立场；第四，以理性的态度留言评价等待法律判决。

从新闻伦理的角度来说，该事件媒体在其中扮演了“审判者”的角色，违反新闻报道规范。媒体只有挖掘、陈述事实的权力，并没有评价、做判断、做裁决的权力。但是从标题来看，大部分报道采用“造假”“被骗”等字眼描述事件，带有强烈的价值判断。

就整个事件而言，央广网与界面两大媒体报道相对客观。这与两大媒体的背景有关系，央广网是中央人民广播电台主办的，界面是上海报业集团联手弘毅投资、奇虎360等一起创办的。而另一个让事件受到广泛关注的媒体是网易新闻，典型的商业运营媒介机构，以获取较高的点击率、浏览量为目的，它对该事件的标题做了更改，使其成了热点。

而网民的评论与态度，在不同平台上有不同的表现。在网易新闻中的评论多是问责天津大学、问责体制、问责国家，呈现以该事件为出口，恶意攻击社会的情绪。然而，值得关注的是，在微博中，网民的评论较为理性。其中一些观点可以说是一针见血，能够通过对新闻报道的文本分析，找出报道的逻辑漏洞用以佐证对报道的质疑。

## （三）热点事件三：袁隆平①水稻亲本去镉技术获突破

### 1. 舆情新闻报道

水稻亲本去镉技术获突破

（2017年9月25日载于《农民日报》，2 750个网页刊载相关新闻）

9月，在2017年国家水稻新品种与新技术展示现场观摩会（简称“双新会”）上，作为中国工程院院士、“杂交水稻之父”的袁隆平宣布了他们团队关于水稻育种的一项新技术突破——能够“敲掉”原本亲本中具有的“含镉或者吸镉的基因”，如此处理之后，亲本干净的水稻，种子自然也就干净了。

近年来，由于国家推行农业供给侧结构性改革，对农作物绿色程度的要求与关注提升到了前所未有的高度。此项技术对我国部分土壤污染严重地区，避免污染源代际传播，特别是扭转部分农作物重金属含量超标趋

① 袁隆平，中国杂交水稻育种专家，被誉为“世界杂交水稻之父”，2017年7月担任青岛海水稻学院首席教授。

势具有重大意义[①]。

**2. 舆情进展分析**

《农民日报》2017 年 9 月 25 日第 5 版刊登题为《水稻亲本去镉技术获突破》文章，是此次事件的首发平台。随后中国财经网、中国网、华龙网、中国农业网、观察者网对该篇文章进行全文转发。新浪科技、西部网、凤凰网以《袁隆平宣布重大成果：水稻亲本去镉技术获突破》为题转发。之后，中国教育、网易、澎湃新闻转发，题目为《袁隆平：水稻亲本去镉技术获突破》。随后陆续被和讯、中关村在线、福州新闻网、中金在线、福州新闻网、石家庄传媒网、中国科技网等多家媒体平台转发。相关报道如表 15-3 所示。

**表 15-3　袁隆平水稻亲本去镉技术的相关报道(不完全统计)**

| 序号 | 时间 | 来源 | 新闻标题 |
|---|---|---|---|
| 1 | 9 月 25 日 | 农民日报 | 水稻亲本去镉技术获突破 |
| 2 | 9 月 25 日 | 中国网 | 水稻亲本去镉技术获突破 |
| 3 | 9 月 25 日 | 华龙网 | 水稻亲本去镉技术获突破 |
| 4 | 9 月 25 日 | 中国财经网 | 水稻亲本去镉技术获突破 |
| 5 | 9 月 26 日 | 观察者网 | 水稻亲本去镉技术获突破 |
| 6 | 9 月 27 日 | 新浪科技 | 袁隆平宣布重大成果：水稻亲本去镉技术获突破 |
| 7 | 9 月 27 日 | 西部网 | 袁隆平宣布重大成果：水稻亲本去镉技术获突破 |
| 8 | 9 月 27 日 | 凤凰网科技 | 袁隆平宣布重大成果：水稻亲本去镉技术获突破 |
| 9 | 9 月 27 日 | 中国教育 | 袁隆平：水稻亲本去镉技术获突破 |
| 10 | 9 月 28 日 | 网易科技 | 袁隆平：水稻亲本去镉技术获突破 |
| 11 | 9 月 28 日 | 澎湃新闻 | 袁隆平：水稻亲本去镉技术获突破 |
| 12 | 9 月 30 日 | 中国科技网 | 袁隆平：水稻亲本去镉技术获突破 |

首发于《湖南日报》，由凤凰网科技频道转发的《袁隆平宣布重大成果：水稻亲本去镉技术获突破》一文指出，“近年来，伴随着农业供给侧结构性改革对绿色种业提出的新要求，农作物的纯净度越发受到关注，特别是在许多土壤污染较重的地区，如何避免污染元素在作物中的代际传播，

① 段欢欢．水稻亲本去镉技术获突破[N]．农民日报，2017-9-25(5)．

是育种家必须考虑的问题。此项镉元素剔除技术将扭转我国部分农作物重金属含量超标的趋势"①。

10月8日上午明星鹿晗在其微博公布女朋友消息,随即登上热搜榜第一名,之后微博客户端崩溃,各大媒体争相报道,朋友圈争相围观。

10月13日,知乎出现提问《如何看待鹿晗公布恋情导致新浪微博瘫痪,而袁隆平公布「水稻去镉」新成果却鲜受中国网民关注?》,总共获得评论57条,回答577个,其中"@巴甫洛夫很忙"的回答获得31 119次赞同,746条评论;"@知乎用户"的回答获得2 954次赞同,199条评论;"@甘棠"的回答获得666次赞同,41条评论。

至此,袁隆平事件从科学研究领域扩散到了受众更广的社会舆论场。

**3. 舆情方向分析**

从《如何看待鹿晗公布恋情导致新浪微博瘫痪,而袁隆平公布"水稻去镉"新成果却鲜受中国网民关注?》等相似的网帖以及微博信息来看,网友对此次事件的评论可以分为以下三大类。

第一大类,围绕"袁隆平"个人展开讨论。在该类别中,根据网友的留言,观点可分为积极评级与消极评价。积极评价,例如知乎网友"@匿名用户"等认为袁老著作等身,几十年如一日战斗在科研第一线,值得晚辈学习②。消极评价中则有人以小人之心度君子之腹,将袁隆平私生活曝光在镁光灯下。

第二大类,围绕"去镉"为代表的科研成果(包括"海水稻")进行讨论。在该类别中,根据网友的留言,观点可分为积极评价和消极评价。积极评价,例如知乎网友认为该技术具有重大战略价值。消极评价,例如网易网友"@英才不恨天"等极少网友以"抵制转基因"的言论,表达对"去镉"水稻的不满情绪。

第三大类,围绕"袁隆平与水稻"的社会影响力进行讨论。这类讨论跳出惯性思维,抛开事件本身所涉及的元素,从更宏观的角度对比当前社

---

① 袁隆平宣布重大成果:水稻亲本去镉技术获突破[EB/OL]. 凤凰网科技,2017-09-27.

② 如何看待鹿晗公布恋情导致新浪微博瘫痪,而袁隆平公布"水稻去镉"新成果却鲜受中国网民关注?[EB/OL]. 知乎,2017-10-13.

会其他热点，一定程度上展现了公民责任感，大致可以分为两类。一类探求事实真相，关心荣誉属于谁及杂交水稻去向，例如，知乎网友关于“杂交水稻的科研成果所带来的荣誉不应该只属于袁隆平一个人”的讨论，知乎网友关于“杂交水稻到底去哪里的”问答。另一类关注舆论场导向。例如，新浪网友认为当前媒体报道过于关注娱乐类信息，媒体对科学研究类报道不够积极。

## 三、高校科学研究舆情应对策略

科学研究的舆情作为一种民意的网络体现，是民众（更准确应称为“网友”）对涉及科学研究相关议题的各个方面或直接或间接的反应。对比研究中心从 2014 年到 2017 年的高校科学研究领域的舆情监测统计，可以看出在网络中一项热点事件从发酵到爆发直至消退，期间的时间极短。一方面由于新的消息不断被生产，另一方面也因为民众（也可称之为“看客”）缺乏理性共识，围观的意义更多是消磨时间而非解决问题[①]。这些特性致使留给政府、高等院校解决、处理相应舆情事件的时间更为短暂。因此，在容易产生舆情发酵的事件、领域等方面集中投入，防患于未然，在舆情爆发前及时应对，变得尤为重要。

首先，高校舆情管理可以借助更先进的技术与更专业的机构。信息化时代，要充分运用现代信息技术、要善于利用大数据分析、善于借助专业的舆情研究机构。以研究中心为例，通过 CUCHEPOMS 系统，研究中心将一条条分散于网络各个角落的舆情信息收集分类整理，并对舆情事件做出具体分析判断，对涉及的专业领域做出整体性、综合性研究。将单个事件放置于全年大数据中进行对比分析，能够帮助机构建立更为宏观的概念体系，特别是研究中心信息收集与研判工作从 2014 年就已经开始，对科学研究领域的网络舆情爆发特性有着丰富的材料与经验支撑，足以从站位更高的角度为政府和高等院校提供政策建议与支持。

其次，高等院校需要培养具有专业基础知识的对外宣传人员，特别是

① 姜胜洪．网络舆情热点的形成与发展、现状及舆论引导［J］．理论月刊，2008（4）：34-36.

从事科学研究领域报道的专业人员。以本年度热点事件“天津大学技术团队高科技骗局事件”为例，可以充分看出媒体报道的倾向性对引导民众的情绪走向具有巨大影响。科学研究领域，特别是前沿自然科学，涉及复杂的专业背景知识，人文社科出身的记者在这方面缺乏学术训练，会导致因理解偏差而出现沟通鸿沟，加深学术界与社会民众之间的沟通障碍，如果高校对外宣传人员具备一定的科学专业素养，则能及时回应媒体质疑。

最后，科研团队除了配备对外发声的专业人员，还应增强科学普及等社会性服务工作。高等院校的“科学研究”除了培养在校学生，还有“服务社会”的责任与义务。同时，从本年度热点事件“天津大学技术团队高科技骗局事件”“袁隆平水稻亲本去镉技术事件”可以看出，不仅是民众，甚至报道科学研究领域新闻的专业记者也缺乏相应的科学知识，无法担当有准确判断、正确认识的意见领袖。在涉及国计民生、民众利益相关领域的科学团队中，应配备相应的科普人员，用大众喜闻乐见的形式进行知识的普及与传播。例如，清华大学化工系博士生毕啸天①在这方面就做得极具代表性，值得学习借鉴。

（黄　维）

① 毕啸天：男，1993 年出生，清华大学化工系博士生，自诩“一个爱开脑洞的科学段子手”。2017 年春节期间，他的名为《微信红包先抢和后抢差距居然这么大》的网帖走红网络，获得了“10 万+”的点击量，数以千计网友点赞。

# 第16章　高校社会服务舆情分析报告

随着社会实践的不断发展和人们对高等教育理论认识的不断深化，对高等学校的功能描述也在不断丰富和完善。从目前来看，较为权威和完整的描述包括人才培养、科学研究、社会服务、文化传承创新4个方面。社会服务长期以来一直是高校功能描述中必不可少的重要组成部分。对高校社会服务功能的关注和研究，始终是高等教育理论研究和实践工作中的重要切入点。

教育与社会历来密不可分，教育的产生既源自于人的发展的需求，也来自于社会发展的需要。服务社会，是教育与生俱来的本质属性，高等教育亦是如此。中国高等教育发展历程完美印证了这一理论。从京师大学堂的创办开始，“经世致用”的理念贯穿了中国高等教育发展的百余年历史。同时，伴随着高等教育服务社会属性的逐步显现，社会需要对高等教育发展的约束和指向作用也日益明确，高等教育的人才培养、学科设置和发展受到经济社会发展的明显影响。

在发展过程中，高校为社会服务属性的实现主要是通过教学、科研和直接为社会服务来完成的。对于这种服务属性，从社会的角度看就是高等教育要培养社会所需要的高素质人才，提供经济社会发展所需要的高水平科技成果，为社会提供技术咨询、成果转化和人力资源开发等全方位的服务。对这些要素的观察和分析，能够使人们对高校社会服务的功能有一个现实的整体的认识，而对这些要素不断变化所引起的社会舆情的分析判断，则使得人们能够对高校社会服务舆情有一个整体的认知，能够增强人们在舆情研判中的科学性和主动性。中国传媒大学高教传播与舆情监测研究中心（以下简称“研究中心”）对自2017年1月1日至12月31日的高校社会服务舆情事件进行了监测和分析。

# 一、高校社会服务舆情概况

## （一）舆情时间分布

2017 年，研究中心在高校社会服务舆情方面共监测到相关信息 839 条，日平均监测信息 2.30 条。与本年度其他专题（体制改革、高教政策、高校管理、教师发展、大学生、学科专业、质量评估、人才培养、科学研究、大学生就业、高教反腐、国外教育、思政教育等）相比，数量相对较少，占全年各专题总数（49 226 条）的 1.7%，排在倒数第三位，仅高于“高教政策”（668 条）和“高教反腐”（134 条），仅相当于“大学生就业”信息量（10 721 条）的 7.8%。与往年相比，2017 年高校社会服务舆情信息比 2016 年减少了 24 条，略有下降。从近几年来看，已经连续三年呈下降趋势（2016 年 863 条，2015 年 909 条），但降幅不大，相对稳定。

2017 年高校社会服务舆情信息在月分布上起伏较大（图 16－1），最高值出现在 8 月，为 99 条；最低值出现在 1 月，为 35 条。从数据走向来看，2017 年高校社会服务方面的舆情信息从 1 月到 12 月，经历了一个波折中缓慢上升的过程。其中，1 月舆情热度最低，2 月与 1 月基本持平，仅 36 条；到 3 月大幅跃升，比之前翻了一番，达到 71 条，；4、5、6 月缓慢下降，7、8、9 月再次跃升，达到全年的数量高点；后再次缓慢下降，至 11 月仅为 67 条，12 月成为全年中的第三次跃升，达到 85 条。

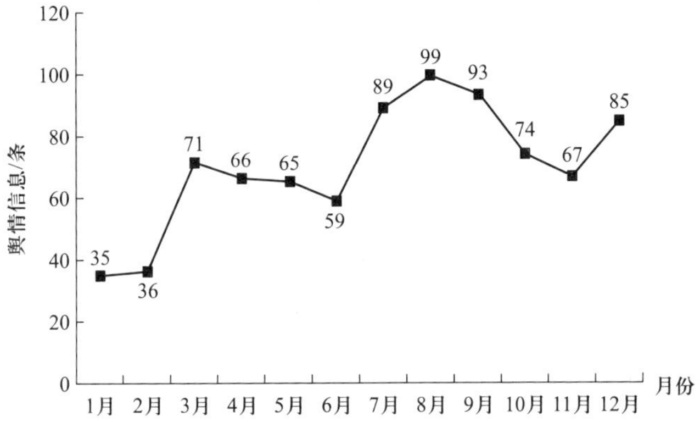


**图 16－1　2017 年高校社会服务舆情信息月分布图**

从图 16-2 可见,高校社会服务舆情信息在第一季度数量最少,仅有 142 条。第二季度有所增长,达到 190 条。第三季度较为集中,数量最多,达到 281 条,基本相当于第一季度的两倍。第四季度处于相对高位,为 226 条。

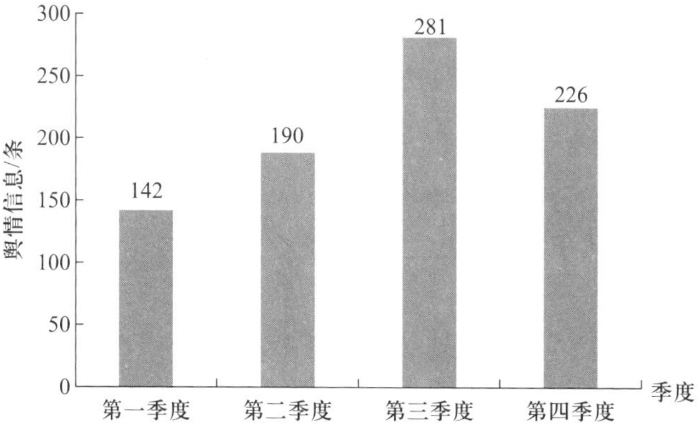


**图 16-2　2017 年高校社会服务舆情信息季度分布图**

## (二) 舆情类型分布

从舆情类型上来看,2017 年高校社会服务舆情信息主要涉及 7 大类,即机构创建、活动与成果通报、科技创新/协同创新、志愿活动、多方合作、建言献策、服务区域/城市/社区(图 16-3)。

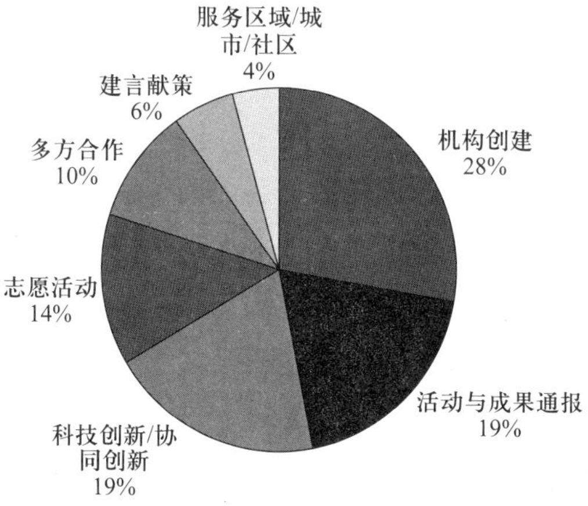


**图 16-3　2017 年高校社会服务舆情信息类型分布图**

由图 16-3 可以看出,机构创建类新闻在本年度社会服务舆情中占比最高,为 28%。这类信息主要涉及各类研究中心、研究院的成立,是高等学校主动参与社会服务的起步和开端。如此高的占比反映了高校发挥社会服务功能的积极性与自觉性。活动与成果通报类、科技创新/协同创新类信息占比紧随其后,占比均为 19%。与往年相比,科技创新类信息总量明显增多,超过志愿活动类(主要为支教、支农)信息数量,说明高校依托人才优势、技术创新优势发挥社会服务功能的潜力正不断被挖掘。此外,多方合作、建言献策以及服务社区类新闻仍然受到媒体关注,是高校发挥社会服务功能的重要渠道。

## (三)舆情地域分布

在舆情地域分布方面,从图 16-4 来看,各省数量差距很大,北京最多,达到 149 条,比第二名上海还多出一倍。上海有 73 条,排在第二位。北京和上海之后,浙江、天津、山东等依次排列,但数量基本维持三四十条,与第一、二名相差较大。体现了各省在高校社会服务方面差异较大。排名后三位的是内蒙古自治区、宁夏回族自治区和澳门特别行政区,其中澳门特别行政区最少,仅有 2 条。

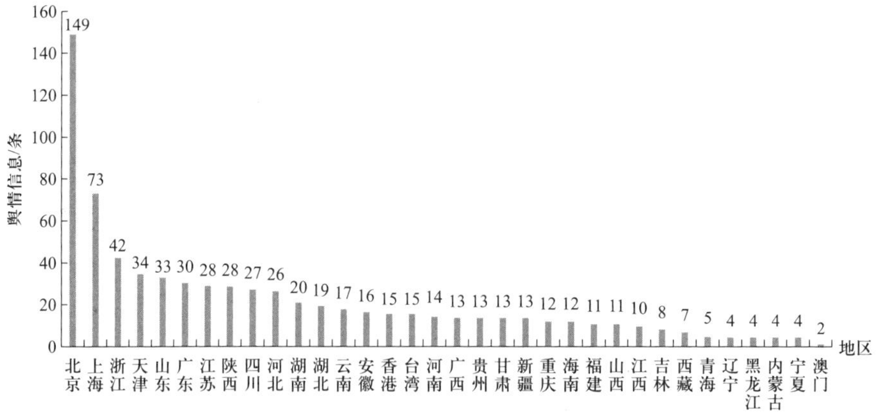


图 16-4　2017 年高校社会服务舆情信息地域分布图

## 二、高校社会服务热点事件分析

### （一）热点事件一：高校对接雄安新区建设

#### 1. 舆情新闻报道

外媒：估计顶尖大学将作为样板首批迁入

（2017 年 4 月 3 日载于中华网，713 个网页刊载相关新闻）

2017 年 4 月 1 日，中共中央、国务院印发通知，决定设立河北雄安新区。雄安新区成立的消息公布后，中国网友们最关心的“八卦”之一是哪些机构将从北京迁出？《联合早报》认为，由于和浦东、深圳相比，雄安新区少了水运和充足的淡水供应，几乎不可能大规模发展工业，也很难想象金融企业向新区转移，教育、科研、非金融类商业机构最可能搬出北京，估计顶尖大学将作为样板首批迁入雄安新区①。

#### 2. 舆情焦点

作为北京非首都功能疏解的集中承载地，雄安新区是否会大量承接在京高校随即成为坊间热议的话题。随着北京大学、北京师范大学、北京理工大学等多所在京高校主动对接雄安新区建设的报道出现，关于高校如何履行社会服务功能、更好对接雄安新区建设的讨论也迅速升温。高校对接雄安新区建设事件中，较为集中的舆论焦点主要有两个：一是哪些高校会“疏解”至雄安，二是高校在雄安新区建设过程中将发挥怎样的作用。目前所见，关于高校对接雄安新区建设的新闻报道也多围绕以上两个主题展开。

#### 3. 舆情进展分析

“高校对接雄安新区建设”事件的舆情发展主要分为两个阶段。

第一阶段，哪些高校迁入雄安引热议。

“谁会先搬？你去吗？”雄安新区成立的消息公布后，网友最先关心的话题是哪些机构将从北京迁入雄安新区。

① 外媒：估计顶尖大学将作为样板首批迁入[EB/OL]. 中华网，2017-04-03.

4月1日当天，观察者网就发布了评论文章《马平：雄安新区设立，会出现河北清华大学吗？》，认为雄安新区几乎不可能大规模发展工业，也很难想象金融企业向雄安新区转移，估计大学将是首先被疏解的对象。该文还猜测清华大学可能会成为第一个迁入雄安新区的样板单位①。该观点成为此后相当长一段时期内的讨论热点。

4月3日，未来网发布题为《外媒：估计顶尖大学将作为样板首批迁入雄安新区》的文章。该文从雄安新区建设的要义、哪些机构将离开北京迁往新区、新区开发与房价控制等维度对包括《联合早报》《金融时报》《印度快报》、美联社、路透社在内的多家外国媒体的观点进行了较为全面的梳理。文中同样提到，雄安新区几乎不可能大规模发展工业，因此教育、科研、非金融类商业机构最可能搬出北京，估计顶尖大学将作为样板首批迁入雄安新区②。

4月13日，人民网"求真"栏目就"清华迁入雄安"进行澄清，称先后联系了清华大学党委宣传部新闻中心和航天航空学院，得到"没有相关的消息""应该是谣言，别再互相乱传了"的回复③。然而，对于清华大学的"语焉不详"，也有网友给出解读：这等于告诉所有关心这件事的人，是否搬迁不是清华大学说了算，只是没有接到硬性通知而已。

5月6日下午，清华大学校长邱勇在讲话中提到，长期以来，清华一直秉承"本科招生规模适度，不在异地办本科教育"的原则④，为"清华迁入雄安新区"的讨论画上了句号。

第二阶段，对接雄安新区，高校社会服务功能如何发挥受关注。

4月23日，微信公众号"秦朔朋友圈"发文《看平津高校西迁史，思雄安高校来源》。文章回顾了西南联大的建校历史，在高度肯定其人才培养取得辉煌成就的同时，认为西迁让中国高等教育蒙受了难以估量的损失，"可以说，如果没有抗战西迁，中国高等教育取得的成就完全可能超

---

① 马平．雄安新区设立，会出现河北清华大学吗？[EB/OL]．观察者网，2017-04-01.

② 外媒：估计顶尖大学将作为样板首批迁入雄安新区[EB/OL]．未来网，2017-04-03.

③ 金晨，潘纯熙．清华大学将迁入雄安新区？校方：我们没有相关的消息[EB/OL]．人民网，2017-04-13.

④ 徐静．清华大学举行本科教学工作审核评估动员会[EB/OL]．清华新闻网，2017-05-08.

过西南联大”。但文章同时指出:“教育部门在行政体系中,一直是弱势群体,在中国,比较容易搬迁的也是高校”“说到底,大学和历史一样,都不应该是小姑娘,你想怎么打扮就怎么打扮”“少折腾,应该成为中国高等教育发展的共识”[①]。

5月8日,北京师范大学党委书记、校长一行赶赴河北商谈服务雄安新区建设事宜;5月11日,北京大学与河北省达成共识,将在雄安新区建设一流医学中心、培训中心、PPP中心,并部署优质教育资源。国内两所重点高校的公开表态再次掀起高校对接雄安新区建设的热烈讨论。第三方教育数据咨询与评估机构麦可思,在其微信平台上发表文章《北大要在雄安新区搞大事情了! 高校到底该为地方贡献多少?》,回顾梳理了美国大学“将学校绩效与地方经济贡献相联系”这一思想的历史渊源与发展,介绍了美国研究型大学每年都会定期发布一项经济影响报告。最后,文章针对我国高校发展实际提出两点建议:一是大学应重视自身对地区经济的影响与贡献;二是从概念上丰富大学社会服务职能的内涵[②]。

相关报道如表16-1所示。

**表16-1　高校对接雄安新区建设的相关报道(不完全统计)**

| 序号 | 时间 | 来源 | 新闻标题 |
|---|---|---|---|
| 1 | 4月1日 | 观察者网 | 马平:雄安新区设立,会出现河北清华大学吗? |
| 2 | 4月3日 | 中华网 | 外媒:估计顶尖大学将作为样板首批迁入雄安新区 |
| 3 | 4月4日 | 新浪财经 | 雄安将吸引央企和大学迁址? 专家:短则三年长则十年 |
| 4 | 4月13日 | 人民网 | 清华大学将迁入雄安新区? 校方:我们没有相关的消息 |
| 5 | 4月22日 | 北青网 | 中国传媒大学成立雄安新区发展研究院 |
| 6 | 4月24日 | 科学网 | 钱学森论坛:院士专家共商雄安创新发展 |
| 7 | 5月12日 | 河北日报 | 我省与北京大学就雄安新区规划建设对接座谈 |
| 8 | 5月13日 | 北京青年报 | 北大将在雄安建医学中心　还有哪些高校布局雄安? |

① 梁云风. 看平津高校西迁史,思雄安高校来源[EB/OL]. 秦朔朋友圈·微信公众号,2017-04-23.

② 北大要在雄安新区搞大事情了! 高校到底该为地方贡献多少? [EB/OL]. 麦可思研究·微信公众号,2017-05-12.

续表

| 序号 | 时间 | 来源 | 新闻标题 |
|---|---|---|---|
| 9 | 5月13日 | 新华网 | 看高校布局雄安:北大将在雄安新区建医学中心 |
| 10 | 5月19日 | 北京日报 | 高校可以在雄安建设中大有作为 |
| 11 | 5月31日 | 长江网 | 清华大学将迁入雄安? 需谨慎考虑 |
| 12 | 5月31日 | 新华网 | 高校智库专家为雄安新区建设与京津冀协同发展建言献策 |

**4. 舆情方向分析**

面对高校对接雄安新区建设这一舆情热点,不少专家学者也都纷纷发声,表达意见,提出建议。

第一,先确定产业布局再引进大学。针对“雄安新区如何布局大学”这一问题,多位学者建议,应在明晰雄安发展定位和产业布局的基础上考虑,否则可能有悖教育规律。澎湃新闻采访了教育方面的两位专家。21世纪教育研究院副院长熊丙奇称,“高校迁移涉及多个方面的问题,比如老师、学生愿不愿意,一些大城市城郊也有大学城,但是因为缺乏相应配套,给老师教学、学生学习生活带来困难,这不是把大学搬到那里去就能解决的”①。中国人民大学教育学院教授程方平称,“教育资源的转移不光是楼盖起来就行,教学条件、生活环境都需要考虑。举个简单的例子,北京生活成本高、空气污染严重,雄安能否把这两个问题解决了呢? 如果单纯依靠行政部门的‘命令’,说迁就迁,那不成拉郎配了”②。专家提醒,未来应注意大学迁入雄安过程中“跨地办学”“连根拔起”等可能引发的“伤筋动骨”。中国传媒大学雄安新区发展研究院院长范周指出,“高校智库对于雄安新区的建设一定要发挥自己应有的作用,而雄安新区的智库中一定要有文化研究者的介入。如何整合好现有的历史文化资源、非遗传承、人文风情,能够让雄安的老百姓通过新区建设在文化上真正拥有获得感? 如何充分激活这里的文化积淀,并建设完善的、能够符合未来城

① 分析:北京高校科研院所是否会大量迁往雄安新区? [EB/OL]. 大学问网·搜狐号,2017-04-05.

② 分析:北京高校科研院所是否会大量迁往雄安新区? [EB/OL]. 大学问网·搜狐号,2017-04-05.

市发展的基础设施等都是智库未来要思考的问题"①。

第二，着重发挥高校在创新创业方面的引领作用。有专家指出，大学对地区发展影响甚巨，但不应仅局限于疏解非首都功能的层面。京津冀协同发展专家咨询委员会副组长、中国工程院院士邬贺铨在公开发言中指出，"我们希望雄安第一步是承接北京非首都功能，长远来看它能够创新创业良好发展"②。北京社会建设研究会会长尹志刚指出，"雄安新区建立的高校，要和当地的科技产业实现融合，即实现产学研一体化，同时一些大学可以实现聚集，不同的大学可以资源共享。大学和科技企业结合，实现研发和产业结合，但是具体的制造厂址，未必选在雄安，可以在全国各地落地"③。

第三，高校迁入不能只调存量不做增量。雄安新区高校建设，未来是调存量还是做增量？针对该问题，上海交通大学经济学院教授陆铭认为，"从目前公开的雄安新区规划来看，北京未来要将雄安作为调节存量的手段，一部分在北京的大学会迁出到雄安。然而，大举动迁高校又可能引发系列问题。雄安的好，可能是以某些大学的衰落和北京下降为代价的，所以最后究竟是蛋糕做大了，还是在增进的过程中蛋糕变小了，这是我们要讨论的问题。"他认为，"相比较调存量，做增量是更好的办法"④。《北京商报》亦发文呼应，"存量改革往往牵一发动全身，增量改革则有可能曲线救国。我们的改革开放采取的就是渐进式增量改革，把蛋糕做大，用增量来稀释存量，从而解决蛋糕的分配问题。雄安新区的大学转移，存量肯定会进行调整，但更重要的是做增量"⑤。

围绕该事件，不少网友也通过发文或留言等形式表达意见。初步梳理，网友观点大致可分为以下几类。

---

① 全记录！雄安新区到底什么模样？经管学部百人团队带你一探究竟！[EB/OL]. 中国传媒大学·搜狐号，2017-06-10.

② 陈少远，吴迪，蔡家欣. 什么大学迁入雄安　专家建议不能只重调存量[EB/OL]. 财新网，2017-04-08.

③ 定军，郑晓彬. 北京高校医院加快向郊区疏解　未来或重点对接雄安新区产业需求[EB/OL]. 全景网，2017-04-13.

④ 陈少远，吴迪，蔡家欣. 什么大学迁入雄安　专家建议不能只重调存量[EB/OL]. 财新网，2017-04-08.

⑤ 韩哲. 高校迁入雄安：好戏应在后头[N]. 北京商报，2017-04-10(2).

第一,“行政主导”类。认为高校对接雄安新区建设是国家行政力量主导,高校没有选择权。4 月 2 日,网友“水知寒”在观察者网《马平:雄安新区设立,会出现河北清华大学吗?》文后留言,“‘千年大计’一喊出来,管你什么企业学校医院,让你搬你就得搬,不要扯什么历史文化。至于哪些搬哪些不搬,上面说了算”①。

第二,“乐观期待”类。即对在京高校对接雄安新区建设持乐观态度,期待红利。如账号“回车巷 18 号”6 月 8 日的微博发言,“千年大计,雄安新区,我想知道,那么多北京高校会不会在雄安设分校,这样,俺们苦逼河北人高考会不会有点优势?”。

第三,“消极质疑”类。认为高等学校对接雄安新区建设的表态不过是行政压力下的无奈之举,真正实施起来可能是会打折扣的。网友“bighands7237”在微博上评论,“您把心放肚里吧,北大在雄安连个分校都不是,也就是培训班啥的,至于医学中心也不过是个医学部罢了,北京大学医学部也不会过去。这明显就是北大也沾沾雄安的光”。微博网友“放逐青春随时光一起流浪”直言,“都是为了应付上级的压力,谁愿意离开北京啊”“其实就是不搬又碍于上面的面子,干脆过去先圈点地皮再说”。

**5. 舆情点评**

雄安新区的设立如一声惊雷,与深圳特区、浦东新区比肩的定位赚足了眼球,“千年大计”“国家大事”的字眼更是瞬间吸引了无数关注,引发了舆论热议。同时,教育是民生大计,优质高等教育资源的流动与分配同样备受社会瞩目。两个“重量级”关注点的叠加毫无疑问地催生出轰动的舆论效应。

从该事件的舆论主体来说,主流媒体和社会舆论都参与其中,主流媒体扮演了权威消息发布者的角色,而社会舆论则为民意表达提供了广阔的空间。其中,微信自媒体平台表现抢眼,“学术桥”“秦朔朋友圈”等微信公众号对该事件持续关注,多次发表原创文章,阅读量及转发量都有不俗表现。

高校对接雄安新区建设是使命所在,但具体哪些高校去对接、以何种

① 马平. 雄安新区设立,会出现河北清华大学吗? [EB/OL]. 观察者网,2017-04-01.

方式对接(整体搬迁还是建分校抑或纯粹提供智库咨询),由于涉及多方利益,必然要经历一个长期的论证过程,这期间社会舆论的反应和期待起到了重要的风向标作用。从这一意义上来讲,广泛的舆论关注和充分的民意表达恰恰是一种社会进步的表现。

### (二)热点事件二:《中国普通高校创新能力监测报告2016》发布

#### 1. 舆情新闻报道

科技部、教育部首次发布《中国普通高校创新能力监测报告2016》

(2017年10月9日载于中国科技网,663个网页刊载相关新闻)

2017年10月9日,科技部召开《中国普通高校创新能力监测报告2016》新闻发布会。发布会上,科技部创新发展司司长许倞、教育部科技司司长雷朝滋介绍了相关情况,并回答了记者提问。《中国普通高校创新能力监测报告2016》(以下简称《监测报告》)首次对全国近2 000所普通高校的创新能力进行了总体评估监测。《监测报告》显示,中国高校近十年的创新能力在投入、规模、成果转化等方面都迈上了新台阶,在国家政策的引导和推动下,我国普通高校由规模扩张转向内涵发展,科技创新综合实力快速提高[①]。

#### 2. 舆情焦点

早在2015年,《国家创新蓝皮书:中国创新发展报告(2015))》即已指出,我国创新能力进入快速发展阶段[②]。伴随《中国区域创新能力监测报告2015》《国家农业科技园区创新能力评价报告2015》《中国企业创新能力评价报告2016》等系列报告的陆续发布,高校作为集聚高水平人才与科研环境的创新主体,其创新能力一直备受关注。此次监测报告的制定与发布,对高校这一创新主体的创新能力进行了摸底,以科学的指标体系和扎实的调研数据向公众全方位立体化展示了高校的创新能力,旨在

① 于会莹. 科技部、教育部首次发布《中国普通高校创新能力监测报告2016》[EB/OL]. 中国科技网,2017-10-09.

② 陈郁.《中国创新发展报告(2015)》发布　我国创新能力进入快速发展阶段[EB/OL]. 中国经济网,2015-12-15.

通过数据客观反映近年来我国高校科技创新发展状况以及在国家创新体系中发挥的作用。高校在国家创新体系中的定位、贡献及评价指标等，无疑成为舆论关注的焦点。

**3. 舆情进展分析**

10月9日，新华网首先以《中国普通高校创新能力监测报告2016出炉：我国高校R&D人员全时当量为35.5万人年》为题对《监测报告》的发布进行了消息快递，随后，中国社会科学网、央广网、中国新闻网等媒体于当天报道了该新闻事件。其后几天，《人民日报》《光明日报》《经济参考报》《南方日报》等媒体陆续进行报道、转载，形成了一个较为集中的新闻信息传播小高潮，之后舆情热度日渐趋冷，到10月16日后，有关该条信息的新闻报道几乎难觅影踪。相关报道如表16-2所示。

**表16-2　《中国普通高校创新能力监测报告2016》发布的相关报道(不完全统计)**

| 序号 | 时间 | 来源 | 新闻标题 |
|---|---|---|---|
| 1 | 10月9日 | 新华网 | 中国普通高校创新能力监测报告2016出炉：我国高校R&D人员全时当量为35.5万人年 |
| 2 | 10月9日 | 中国社会科学网 | 《中国普通高校创新能力监测报告2016》出炉：我国高校R&D人员全时当量为35.5万人年 |
| 3 | 10月9日 | 央广网 | 报告显示：全国普通高校科技创新工作显现强劲活力 |
| 4 | 10月9日 | 中国新闻网 | 中国首次集中调查普通高校创新能力 |
| 5 | 10月10日 | 光明日报 | 普通高校科技创新综合实力快速提高 |
| 6 | 10月10日 | 人民日报 | 高校创新能力监测报告发布 |
| 7 | 10月10日 | 中国社会科学网 | 专家解读《中国普通高校创新能力监测报告2016》 |
| 8 | 10月10日 | 科技日报 | 报告显示：十年间中国高校创新实力快速提高 |
| 9 | 10月11日 | 网易新闻 | 报告：高校创新实力提高　科技成果交易额超20亿 |
| 10 | 10月12日 | 搜狐网 | 我国首次发布普通高校创新能力监测报告 |

“科技创新既是高校提高人才培养质量的关键，自身发展的主要动力和源泉，也是提高教师队伍整体素质和学术水平的主要手段”①。作为

① 教育部科技部关于进一步加强地方高等学校科技创新工作的若干意见[EB/OL]. 科技部网站，2016-08-17.

人才第一资源和科学技术第一生产力的重要结合点，高校承担着在基础研究和前沿技术领域取得原创性突破、提升国家原始创新能力、服务国家经济社会发展的重要使命。《监测报告》发布后，短期内引发了媒体的集体关注与报道。随着新闻热度减退，有关该条信息的传播活动也逐渐降温，直至传播周期结束。

该份关于高校创新能力的监测报告虽属首次发布，但针对其他监测主体的创新能力评估与监测报告此前已陆续向社会公布。此外，高校虽广受社会公众关注，但关于高校创新能力的评估与监测具有相当的专业性，难以引发大面积的公众讨论。

**4. 舆情方向分析**

"不唯数据，少做排名，更加注重科技创新质量和实际贡献"，或许是这一务实的初衷保证了此次监测报告的高标准与高质量①。专家解读认为，此次监测报告的意义主要体现在以下几方面。

调查结果为诊断高校科技创新发展工作提供重要依据。这次创新能力监测不同于以往的国家科技统计，更关注高校与科技、经济的联系趋势和发展，在设计指标上有所侧重。教育部科技司司长雷朝滋认为，此次调查统计无论在指标设计还是调查方法上均有所创新，调查结果可以为高校科技创新提供重要参考价值②。

报告多角度全方位分析高校在国家创新体系中的地位。科技部创新发展司司长许倞认为，这次针对普通高校的创新能力调查监测多角度体现了高校在国家创新体系中的中坚地位。雷朝滋提到，《监测报告》显示，高校以全国9.4%的研发人员，7%的研发经费，发表了全国80%以上的SCI论文，牵头承担了80%以上的国家自然科学基金项目和国家重大研发计划，支撑着164万名硕士研究生和34万名博士研究生的培养③。

高校办学和人才培养模式发生深刻变化。雷朝滋介绍，《监测报告》统计数据显示，结合建设世界一流大学、一流学科和创新型国家提出的新

① 杨舒. 专家解读《中国普通高校创新能力监测报告2016》[N]. 光明日报，2017-10-10(9).

② 杨舒. 专家解读《中国普通高校创新能力监测报告2016》[N]. 光明日报，2017-10-10(9).

③ 杨舒. 专家解读《中国普通高校创新能力监测报告2016》[N]. 光明日报，2017-10-10(9).

要求，高校的办学模式和人才培养模式正在发生深刻变化。以产学研建设方面的调查结果为例，校企合作的方式正趋向多样化，高校与企业共建博士后流动站、共建研发机构、联合承担科研项目、联合申请发明专利、建立校内实习实训基地等日益普遍，且合作深度不断拓展。高校科技创新有力地带动了创新创业人才培养，对支撑高等教育和科技事业的可持续发展也发挥了重要作用①。

《监测报告》发布后，观察者网官方微博以“中国高校研发人员全时当量为35.5万人年，世界第一”为题发布相关消息，引发部分网友关注与评论。有网友对《监测报告》中提及的统计数据持盲目否定批判态度，但更多网友对《监测报告》的制定及相关统计数据持积极肯定的态度。网友“逝川”认为，“有数量再求质量，需要时间，慢慢来”。微博网友“别动我够砸”在评论区留言：“先求数量，再求质量，稳步发展，不急不躁，没有底子就慢慢积累，做学问没有捷径，不能一蹴而就。中国人口基数大，社会环境稳定，合适的教育就会产生不可小觑的科研力量。”该留言理性、客观，又饱含期待，获该条博文下最多点赞数，为82个。

**5. 舆情点评**

《监测报告》发布后，快速获得媒体关注与报道，几天内相关新闻报道达到近500篇②。然而，就传播效果而言，远未达到“入脑入心”的程度。要加强该类新闻事件的传播效果，以下传播策略与技巧应予以重视。

一是丰富报道内容，突破“通稿一统天下”的局面。《监测报告》是继《中国企业创新能力评价报告》《国家高新区创新能力评价报告》《国家农业科技园区创新能力评价报告》《国家可持续发展实验区创新能力评价报告》等报告之后的又一国家创新调查统计成果，是对高校作为创新主体进行的创新能力检阅。

从目前的新闻报道来看，报道内容大同小异，大多采用“通稿”形式，聚焦于《监测报告》中的部分统计结果与评价，罕见立体鲜活的新闻内容。从传播效果来看，这类富含正面信息，同时话题热度不高的教育舆情

---

① 杨舒．专家解读《中国普通高校创新能力监测报告2016》[N]．光明日报，2017-10-10(9)．

② 该数据为百度“新闻搜索”截至2017年10月29日的统计结果。

报道，如果一味“表情严肃”“正襟危坐”，很容易造成刻板印象，陷入自说自话的尴尬境地。“新闻传播要取得良好的效果，就必须尊重、适应广大受众的需求。这里很重要的一条就是要讲究趣味性，或者说传播的内容包括形式，要能使受众动情生趣”①。以这次《监测报告》新闻发布的渠道来看，官方新闻门户网站一马当先，在公共信息传播方面“使命担当”。与商业类传媒及自媒体相较，传统媒体掌握更多的行政资源，要充分利用好这一资源优势，使报道内容更加丰富多元。对于《监测报告》的发布，不仅要有背景交代、统计结果及意义剖析，更可以抓住某个点深挖下去，以案例的形式向公众披露数据采集及加工过程，以叙事化的语言拉近与社会公众的距离，于无形中增强统计结果的科学性与可信度。

二是创新报道形式，贴近互联网时代信息消费习惯。《监测报告》涉及大量数据统计信息，如高校 R&D 人员及经费数、重点实验室数、科研项目及论文发表数、获奖数等，目前以文字为主的报道形式无法在纵、横维度的对比上直观反映高校创新能力监测结果，传播效果差强人意，还有一定的提升空间。一般来说，对于富含较多数据的新闻内容报道，图文并茂比单纯的数据罗列更能引发受众关注，也更容易加深受众的印象。基于此，一方面，对相关统计数据予以可视化处理，融合图解、数读元素，强化呈现效果；另一方面，在报道形式上可以再大胆一些，如增加二维码元素，用更加生动、活泼的语言和形式来表达新闻内容，贴近互联网时代的信息消费习惯。

### （三）热点事件三：国务院办公厅印发《关于深化产教融合的若干意见》

#### 1. 舆情新闻报道

国务院办公厅印发《关于深化产教融合的若干意见》

（2017 年 12 月 19 日载于新华网，77 个网页刊载相关新闻）

日前，国务院办公厅印发《关于深化产教融合的若干意见》（以下简称《意见》）。《意见》明确了同步规划产教融合与经济社会发展，促进高

① 李佳．略论传播效果与传播对象[J]．传媒，2014(20)：28.

等教育融入国家创新体系和新型城镇化建设，建立紧密对接产业链、创新链的学科专业体系，健全需求导向的人才培养结构调整机制等内容。提出鼓励企业依法参与举办职业教育、高等教育，坚持准入条件透明化、审批范围最小化。要求推进将工匠精神培育融入基础教育。强调要强化行业协调指导，规范发展市场服务组织，打造信息服务平台，健全社会第三方评价，促进产教供需双向对接①。

**2. 舆情焦点**

《意见》将产教融合上升为国家教育改革和人才资源开发的基本制度安排，引发社会各方尤其是专家学者的关注、热议。人才培养与产业需求“两张皮”问题能否顺利破解？如何推动产教融合走向深入？《意见》对深化高等教育体制改革将产生怎样的影响？“企业办大学”到底能否实现、如何实现？这些疑问成为《意见》发布后各高等学校、职业院校、行业企业及社会公众关心、关注的焦点。

**3. 舆情进展分析**

《意见》于12月19日最先由中央人民政府网公开发布，随后相关新闻报道数量不断攀升，网页新闻数及微信公众号文章数均在12月20日达到最高值，微博数量在21日达到峰值，随后关注度渐趋下降。

2018年1月31日，教育部正式发布《2018年工作要点》(以下简称《工作要点》)并印发各级各地教育行政主管部门。《工作要点》中第31条明确提及：“深化产教融合、校企合作，贯彻落实《国务院办公厅关于深化产教融合的若干意见》，印发职业学校校企合作促进办法，推动有条件的行业企业举办职业院校”②，再次引发高教及职教领域有关产教融合的热议，并于2月7日在微信上形成第二个传播峰值。

同样于1月31日发布的《中共中央　国务院关于全面深化新时代教师队伍建设改革的意见》中再次明确要求提高职业院校教师质量，建设高素质双师型教师队伍：“加强职业技术师范院校建设，支持高水平学校

① 国务院办公厅印发《关于深化产教融合的若干意见》[EB/OL]. 新华网，2017-12-19.

② 教育部关于印发《教育部2018年工作要点》[EB/OL]. 中华人民共和国教育部网站，2018-02-01.

和大中型企业共建双师型教师培养培训基地，建立高等学校、行业企业联合培养双师型教师的机制。切实推进职业院校教师定期到企业实践，不断提升实践教学能力。建立企业经营管理者、技术能手与职业院校管理者、骨干教师相互兼职制度”①。这一要求与深化产教融合、校企合作互为表里，相互勾连，一定程度上延长了《意见》发布的长尾效应。

相关报道如表 16-3 所示。

**表 16-3　国务院办公厅印发《关于深化产教融合的若干意见》的相关报道（不完全统计）**

| 序号 | 时间 | 来源 | 新闻标题 |
|---|---|---|---|
| 1 | 12 月 19 日 | 中华人民共和国中央人民政府网 | 国务院办公厅印发《关于深化产教融合的若干意见》 |
| 2 | 12 月 19 日 | 国家发展改革委员会网站 | 国家发展改革委有关负责人就《关于深化产教融合的若干意见》答记者问 |
| 3 | 12 月 19 日 | 凤凰网 | 国务院发布《关于深化产教融合的若干意见》 |
| 4 | 12 月 20 日 | 中国政府网 | 动图\|学习的、育人的、招聘的，通通必看！一份文件怎样破“两张皮” |
| 5 | 12 月 20 日 | 光明日报 | 破解产教深度融合的瓶颈 |
| 6 | 12 月 20 日 | 光明日报 | 产教融合进入 2.0 时代 |
| 7 | 12 月 21 日 | 腾讯教育 | 国办印发深化产教融合意见“企业办大学”开闸 |
| 8 | 12 月 26 日 | 光明日报 | 深化产教融合《意见》的五大亮点 |
| 9 | 12 月 27 日 | 人民网 | 专家学者热议《国务院办公厅关于深化产教融合的若干意见》 |
| 10 | 1 月 4 日 | 中国经济时报 | 深化产教融合助力人才供需平衡 |
| 11 | 1 月 23 日 | 中国职业技术教育网 | 周为、王扬南、谢维和谈《深化产教融合的若干意见》 |
| 12 | 1 月 29 日 | 中国青年报 | 深化产教融合的文件释放了什么信号 |

如图 16-5 所示，关于《意见》发布的相关新闻数量在媒体报道后几天内迅速降低，热度下降。相较而言，微信公众号文章保持了较为平稳的

① 中共中央国务院关于全面深化新时代教师队伍建设改革的意见[EB/OL]. 中华人民共和国中央人民政府网，2018-01-31.

高传播量，且持续时间较长，在2月份网页新闻及微博报道热度渐趋冰点之时还出现了全网第二次传播峰值，值得关注与思考。

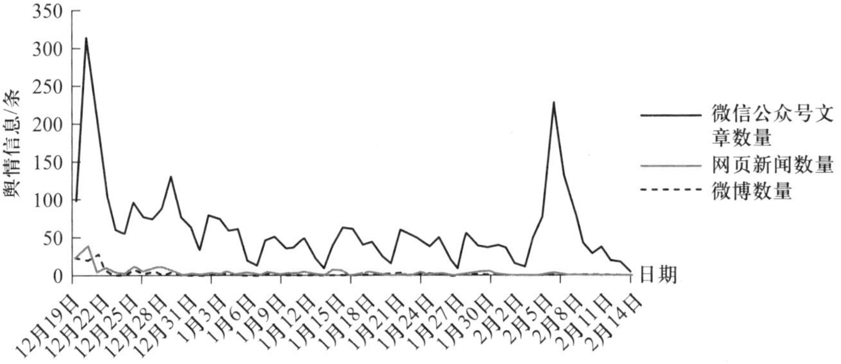


**图16-5　《关于深化产教融合的若干意见》相关报道趋势图**

**4. 舆情方向分析**

《意见》强调教育与产业发展和社会需求紧密结合，获得专家学者的一致认同。全国工程专业学位研究生教育指导委员会副主任委员、中国科学技术大学原副校长张淑林教授认为，《意见》"是国家贯彻落实十九大报告精神的又一重要举措，特别对我国今后一个时期工程研究生教育的改革发展方面具有重要指导意义"①；西安电子科技大学研究生院常务副院长姬红兵教授认为，《意见》中提到的产教融合应该是整个高等教育与产业和科技结合的一揽子鼓励性的政策，在这样一个政策框架下，"要突破原来工程硕士与企业结合这样较低水平的合作基础，而以重大问题的解决、产业升级发展以及经济社会发展重大问题作为切入点，思考高等教育如何应对、如何嵌入、如何做出贡献"②；全国工程专业学位研究生教育指导委员会委员、河海大学原副校长朱跃龙教授认为，《意见》"全面回答了高等教育应该'培养什么样的人，如何培养人'，是统筹推进高等教育综合改革的纲领性方针"③。

清华大学校务委员会副主任、原副校长谢维和在系统梳理、比较了自

① 专家学者热议《国务院办公厅关于深化产教融合的若干意见》[EB/OL]. 新浪网，2017-12-27.
② 专家学者热议《国务院办公厅关于深化产教融合的若干意见》[EB/OL]. 新浪网，2017-12-27.
③ 专家学者热议《国务院办公厅关于深化产教融合的若干意见》[EB/OL]. 新浪网，2017-12-27.

2002年以来国务院在推进职业教育改革和发展方面相关文件中的具体措辞和要求后,总结指出:"新的政策文件中的'产教融合'已经从过去的政府主导的'产教融合',转变为政府推动的'产教融合'。这是两种不同形态的产教融合,反映了职业教育治理体系的变化"①。

关于如何落实《意见》,中国教育科学研究院研究员孙诚在接受采访时表示,"产教融合成功的很重要的一点是,政府一定要做好顶层设计,要有很好的制度性创新、政策保障、经费支持等"②。北京大学教育学院教育管理与政策系/教育经济研究所教授郭建如也持类似观点,认为现有体制对校企合作中的利益分配有诸多限制,极大影响了各方的参与积极性。"要想使政府、企业、学校、行业、社会协同参与的育人体系有效运行,就必须解决相关方的利益关切,做到合作共赢,这也是《意见》着力的部分"③。

《意见》要求将工匠精神融入基础教育,同时大力支持应用型本科和行业特色类高校建设,提高应用型人才培养比重。这一重视实践能力的育人理念得到部分网友的积极回应。微博网友"定义域BTY"留言,"干得好!现在有些高校老师除了教书啥都不会,初高中老师这样还行,大学特别是应用型大学老师对自己所教的知识的理解只局限于书本,这样的老师教出的学生怎么进企业?"微博网友"咔机咔机"评论"实践出真知",为《意见》点赞。"好消息,值得鼓励支持下""这个一定要支持"等正向留言评论显示了网友对《意见》"提高高等学校招收有工作实践经历人员比例"政策的由衷认同。也有个别网友认为鼓励企业依法参与举办职业教育、高等教育是某种程度的"倒退",如微博网友"疯和尚"微博留言:"折腾回去了!"

**5. 舆情点评**

国务院办公厅在早前发布的《关于深化教育体制机制改革的意见》中即明确指出:"要改进产教融合、校企合作的办学模式。健全行业企业参与办学的体制机制和支持政策,支持行业企业参与人才培养全过程,促

---

① 周为,王扬南,谢维和谈《深化产教融合的若干意见》[EB/OL]. 中国高等职业教育网,2018-01-23.

② 孙诚. 产教融合如何落地生根[EB/OL]. 现代职业教育网·搜狐号,2018-02-07.

③ 郭建如. 深化产教融合,推动教育与经济社会协调发展[N]. 光明日报,2017-12-26(15).

进职业教育与经济社会需求对接。”[①]上述文件对产教融合、校企合作办学模式的提及和重视，一定程度上为此次《意见》的发布做了预热，“产教融合”这一概念某种程度上成为“高频词汇”“高热词汇”，短时间内即引发较高关注度。

长期以来，高校人才培养与行业企业发展之间缺乏有效衔接，企业需求不能及时转化为人才培养改革的动力，“两张皮”现象严重。随着当前职业环境、创新趋势与社会发展的加速，高校毕业生就业难的问题愈发凸显。推进产教融合、深化校企合作逐渐获得社会各方的一致认可，成为破解高等教育“沉疴痼疾”的良方。在这一社会背景下，《意见》的出台应该说迎合了各方期待，坚定了改革路径，对全面提升教育质量、推进经济转型具有重大意义。

产教融合本身的寓意是产业为主体，学校尤其是高等学校、职业院校发挥自身优势，支撑产业发展。然而长期以来，产教融合一直是“剃头挑子一头热”，学校方面积极探索，但行业、企业界回响寥寥，热情不高。此次发文从国务院层面号召行业、企业界参与产教融合，并明确出台相关配套政策，可见国家推动产教融合的决心之大。

从《意见》发布及后续传播效果来看，应该说较之以往自上而下、生硬刻板的行政发文有了较大改善，不仅更加关注传播效果，在传播策略上也下了不少功夫。如《意见》在12月19日正式发布后，国家发展改革委网站当天就发布了题为《国家发改委有关负责人就〈关于深化产教融合的若干意见〉答记者问》的新闻报道，对《意见》发布的相关背景做了详细阐述；紧接着12月20日，与《意见》相关的解读类文章《走向产教融合的大道》《破解产教融合的瓶颈》《产教融合进入2.0时代》迅速在《光明日报》刊发，文章标题及网络链接也随之出现在中央人民政府网《国务院办公厅关于深化产教融合的若干意见》页面右侧，供读者延伸阅读，如图16-6所示；同日在中国政府网挂出的针对《意见》的图解（标题为《动图/学习的、育人的、招聘的，通通必看！一份文件怎样破“两张皮”》）也以其生动

① 中共中央办公厅　国务院办公厅印发《关于深化教育体制机制改革的意见》[EB/OL]. 中华人民共和国中央人民政府官网，2017-09-24.

活泼、简洁明了、"接地气"的文案风格快速获得关注并广泛传播；12 月 26 日，《光明日报》再次刊登两篇解读类文章《深化产教融合〈意见〉的五大亮点》与《深化产教融合，推动教育与经济社会协调发展》，趁热打铁推动《意见》进一步传播。应该说，在此次《意见》发布的传播策略方面，主导者对时、度、效的把握值得肯定。

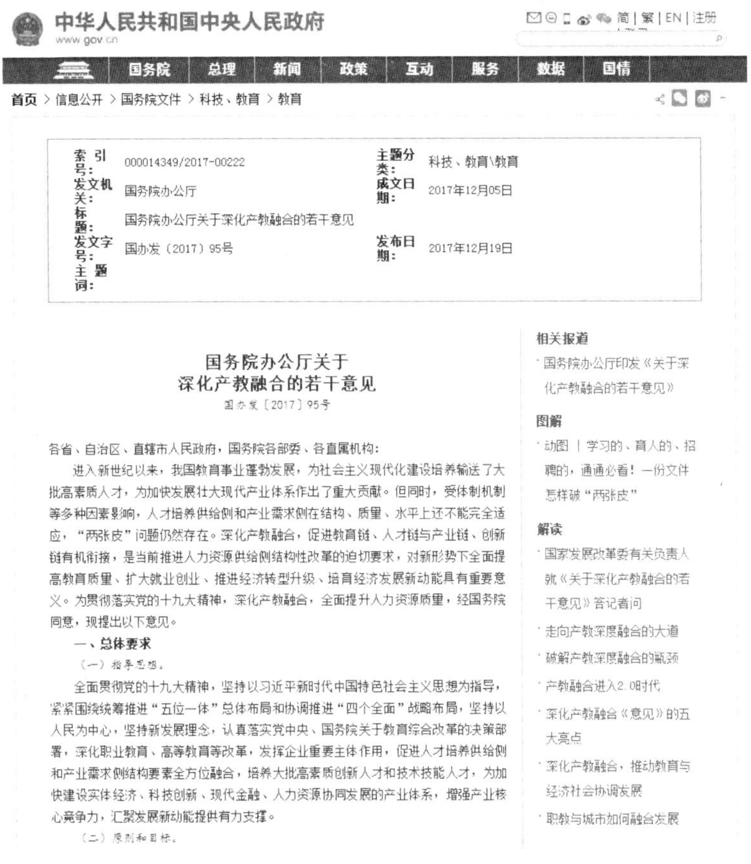
中华人民共和国中央人民政府
www.gov.cn
简 | 繁 | EN | 注册
国务院　总理　新闻　政策　互动　服务　数据　国情
首页 > 信息公开 > 国务院文件 > 科技、教育 > 教育

| | | | |
|---|---|---|---|
| 索引号： | 000014349/2017-00222 | 主题分类： | 科技、教育\教育 |
| 发文机关： | 国务院办公厅 | 成文日期： | 2017年12月05日 |
| 标题： | 国务院办公厅关于深化产教融合的若干意见 | | |
| 发文字号： | 国办发〔2017〕95号 | 发布日期： | 2017年12月19日 |
| 主题词： | | | |

国务院办公厅关于
深化产教融合的若干意见
国办发〔2017〕95号

各省、自治区、直辖市人民政府，国务院各部委、各直属机构：

进入新世纪以来，我国教育事业蓬勃发展，为社会主义现代化建设培养输送了大批高素质人才，为加快发展壮大现代产业体系作出了重大贡献。但同时，受体制机制等多种因素影响，人才培养供给侧和产业需求侧在结构、质量、水平上还不能完全适应，"两张皮"问题仍然存在。深化产教融合，促进教育链、人才链与产业链、创新链有机衔接，是当前推进人力资源供给侧结构性改革的迫切要求，对新形势下全面提高教育质量、扩大就业创业、推进经济转型升级、培育经济发展新动能具有重要意义。为贯彻落实党的十九大精神，深化产教融合，全面提升人力资源质量，经国务院同意，现提出以下意见。

一、总体要求

（一）指导思想。

全面贯彻党的十九大精神，坚持以习近平新时代中国特色社会主义思想为指导，紧紧围绕统筹推进"五位一体"总体布局和协调推进"四个全面"战略布局，坚持以人民为中心，坚持新发展理念，认真落实党中央、国务院关于教育综合改革的决策部署，深化职业教育、高等教育等改革，发挥企业重要主体作用，促进人才培养供给侧和产业需求侧结构要素全方位融合，培养大批高素质创新人才和技术技能人才，为加快建设实体经济、科技创新、现代金融、人力资源协同发展的产业体系，增强产业核心竞争力，汇聚发展新动能提供有力支撑。

（二）原则和目标。

相关报道
· 国务院办公厅印发《关于深化产教融合的若干意见》

图解
· 动图 | 学习的、育人的、招聘的，通通必看！一份文件怎样破"两张皮"

解读
· 国家发展改革委有关负责人就《关于深化产教融合的若干意见》答记者问
· 走向产教深度融合的大道
· 破解产教深度融合的瓶颈
· 产教融合进入2.0时代
· 深化产教融合《意见》的五大亮点
· 深化产教融合，推动教育与经济社会协调发展
· 职教与城市如何融合发展

图 16-6　中央人民政府网《意见》发布网页截图

从传播内容看，此次《意见》发布后，快速、及时地发布了相关解读类文章，从不同角度对《意见》的发布及《意见》内容进行解读和阐述，拉近了与不同受众的距离，缩短了以往红头文件的传递、学习、讨论周期，较为成功地引发公众讨论与热议，使得《意见》及其指导精神逐渐入眼、入脑、入心，取得了较好的传播效果。如《光明日报》评论文章《走向产教融合

的大道》，重点介绍了北京航空航天大学及西北大学“引企入教”“引企入研”的经验，对黑龙江工程学院、上海石化工业学校、云南大学、枣庄学院、温州大学的校企合作背景及合作方式也做了言简意赅的点评，这些生动的案例无疑有助于“产教融合”这一概念的学习消化和落实，为高等学校及职业院校拓展思路提供参考；《产教融合进入2.0时代》回顾了产教融合发展初期存在的不足与掣肘所在，同时对新时期产教融合的深入推进做出展望，其作者系北京华晟经世信息技术有限公司董事长张勇，这是来自企业、行业方面的重要发声，对动员企业、行业积极参与产教融合、校企合作无疑有重要的示范带头作用。

总而言之，来自专家学者的多方评述解读和配套的图解、案例将“高大上”的政策文件变得亲切、亲近、可借鉴、可执行，在高教、职教领域和企业、行业中均收到了良好反响。可以预见，今后伴随产教融合各项创新实践工作的落实，与此有关的新闻报道还会持续出现。深入推进产教融合作为一项长期性、战略性任务有助于高校更好地发挥社会服务功能，支撑社会经济发展，对《意见》精神的宣传和落实仍会持续进行。

## 三、高校社会服务舆情应对策略分析

“高校社会服务不仅关注高校如何为社会提供需要的智力资源，而且是高校教学、科研和社会链接能力的结构性重构，从中既可以了解到高等教育内部的运转情况，又可以探查到内外的整体协同机制和程度”①。基于此，高校社会服务功能的发挥无疑是一个系统工程，需要高校、政府、行业、企业等社会各要素的协同共进。从本年度高校社会服务专题的几个热点事件来看，当前高校社会服务舆情有以下几个特点。

第一，无论是主流媒体还是社会媒体，对高校社会服务功能都有很高的关注度。教育问题向来备受关注，鉴于高等教育的民生属性，高校参与社会服务的行为、能力及相关报道也天然地带有“吸眼球”的特征。高校

① 王坦．把脉高校社会服务能力助推高等教育内涵发展：《山东高校社会服务能力研究》评介[J]．山东社会科学，2016(8)：封底．

社会服务的功能发挥及义务履行始终是舆论关注焦点，年初“高校助力雄安新区建设”这一事件即为典型例证。公众关注、热议教育资源调整分配的背后，是对高等教育服务社会发展这一应尽义务的深切共识。

第二，报道形式多样，既有传统纸媒，也有很多微博、微信等自媒体参与其中。数字化时代，伴随传播技术的革新和传播渠道的增多，以微博、微信为代表的新媒体凭借优质的内容生产和快速便捷的传播渠道，逐渐分化了传统的受众市场。相应地，舆情热点事件的追踪和分析场域也渐次向新媒体领域腾挪。以本年度几个高等教育社会服务热点事件为例，微信公众号的报道量均远高于网页新闻数量和微博报道量，凸显了微信公众号在信息传递、舆论引导方面的独特优势。

鉴于上述舆情传播特点，高校社会服务舆情应对要从以下几方面有所加强。

一是发挥主流媒体的权威解答功能，及时发布相关消息。对社会公众关注、热议的问题及时、有效地予以回应，可以有效应对舆情，引导舆论。高校社会服务功能的发挥往往是协商互动式的，不单单涉及高校自身，且多与社会公共利益挂钩。在这种背景下，发挥主流媒体的权威报道、解答功能，不仅能有效快速地发布消息，更能防止、阻止潜在谣言的发生和传播，达到“以正视听”“激浊扬清”“一锤定音”的效果。

二是注重发挥专家学者的深度探讨和解疑释惑作用。高校社会服务热点事件往往具有站位高、着眼远、专业性与科学性兼备的特点，面向专业背景、知识层次不一的社会公众，往往需要配合专家学者的深入分析和解读。以《关于深化产教融合的若干意见》的发布为例，来自高教、职教及产业行业相关专家的点评有效深化了公众对《意见》的认识，为《意见》的后期实施营造了良好的社会氛围，凝聚了社会共识。

三是加强对新媒体舆论导向的引领。鉴于微信公众号在信息传播及延长事件关注度方面的抢眼表现，应进一步总结其传播规律，把握其传播特点，以求更好地发挥其舆论导向的引领作用。

（王　楠）

# 第 17 章 大学生就业舆情分析报告

在世界范围内，高校毕业生就业问题都是一个难题。就业是每个大学生在步入社会时都要考虑的问题，但其背后体现着诸多深层次的问题。对于每一位大学生来说，择业与就业都是其人生道路中的一大抉择；对于高校、政府部门来说，就业率、择业满意度反映了高校综合实力水平和社会稳定情况。当前，社会转型过程中诸多矛盾凸显，解决毕业生就业难的问题已经成为政府和高校、学生群体共同面对的重大课题，同样，在高等教育舆情研究领域，大学生就业专题的舆情关注度也一直稳居前列，有必要对其进行重点研究。中国传媒大学高教传播与舆情监测研究中心（以下简称“研究中心”）对 2017 年全年的大学生就业舆情信息进行了监测。具体分析报告如下。

## 一、大学生就业舆情概况

### （一）舆情时间分布

#### 1. 数据数量

2017 年，研究中心在大学生就业舆情版块共监测到 10 721 条信息，日均监测信息 29.37 条。

从横向对比来看，2017 年大学生就业专题舆情数量仍居高等教育领域全部专题的数量首位，占数据总量的 21.8%，已经连续两年在 14 个专题中排名首位，连续 4 年处于专题数据量前两位。2017 年，就业专题、大学生专题以及科学研究专题占专题数据总量的前三位，但具体数据量相差很大，就业专题数据量为 10 721 条，而排名第三位的科学研究专题数据量仅有 5 245 条，由此可见 2017 年就业专题舆情之热，新闻报道数量之多。

从纵向对比来看，2017 年大学生就业版块的信息量与 2016 年相比增加了 2 677 条，环比增长 33%。无论是与往年的同一专题数量相比，还是与同年的其他专题相比，大学生就业专题的舆情信息量都有显著提高，且总量位于前列。

**2. 数据分布与走向**

从 2017 年大学生就业舆情信息月分布图（图 17-1）中可以看出，舆情的爆发时段主要是从 3 月到 7 月，峰值为 3 月份和 7 月份，分别为 1 184 条和 1 178 条，整体来看，全年度最低点在 1 月份，仅有 381 条，此后逐渐走高至 3 月份达到第一个峰值。1 月、2 月份正值寒假，企业也正处于节假日周转过程中，此时招聘尚未开始，招聘机会较少，因而相关舆情数量较少。而 3 月份企业陆续开始春季招聘，大学生就业专题的舆情热度随之也一直居高不下，尤其是 3 月至 7 月，各月数量均在 1 000 条以上。2017 年 9 月份开始的下半学期，大学生就业舆情信息数量相对于其他专题也较高，且从 10 月开始信息量处于不断攀升阶段，此时，新一届的学生开始进入秋招，相关报道和讨论量开始逐步攀升。

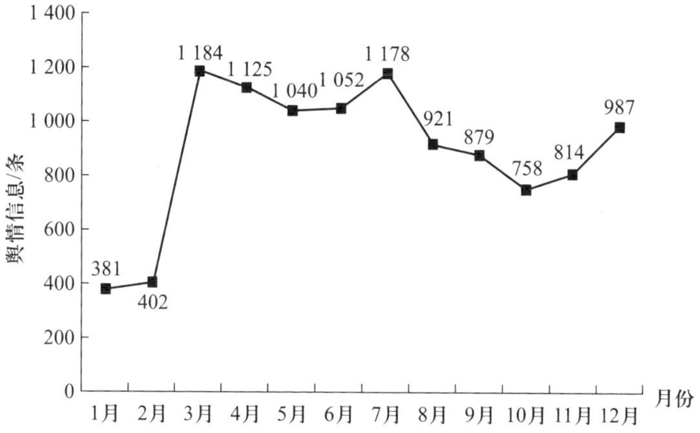


**图 17-1　2017 年大学生就业舆情信息月分布图**

从舆情季度分布情况（图 17-2）来看，2017 年大学生就业专题舆情信息热度最高的季度是第二季度（共 3 217 条信息），综合来看，第二季度和第三季度的舆情信息总量都较大（第三季度为 2 978 条）。其次为第四季度，为 2 559 条，第一季度舆情信息量最少，为 1 967 条。

2017 年，大学生就业专题舆情信息时段分布呈现了一些新特点。首先，舆情月度变化趋势更为明显集中，爆发阶段主要集中在 3 月至 7 月，而 2016 年则集中于 7 月至 10 月；其次，大学生就业专题的各个季度信息绝对数量都有所上升；第三，大学生就业信息季度最大值与最小值的绝对数量差额有所上升。最后，从历年季度分布来看，大学生就业专题舆情每年的季度分布较为规律，均为二、三、四季度较高，峰值集中在二季度和三季度。

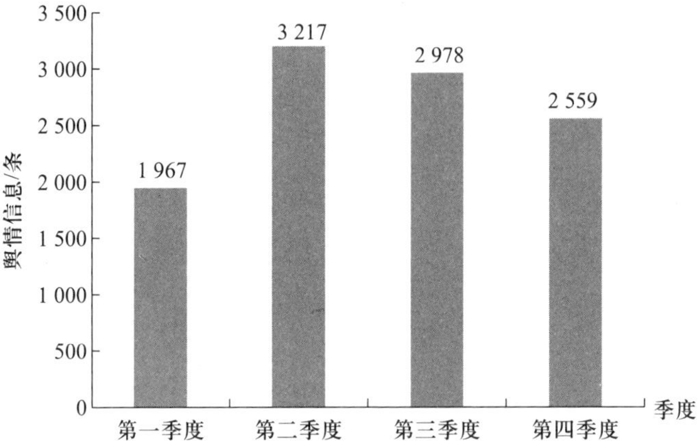


**图 17-2　2017 年大学生就业舆情信息季度分布图**

### （二）舆情类型分布

从舆情类型（图 17-3）上来看，2017 年度大学生就业专题舆情信息主要分为 8 类：就业率、创新创业、就业政策、就业报告、择业观、专业就业、慢就业、就业歧视。整体来看，2017 年就业率、创新创业以及就业政策三类信息占比较高，其中就业率占比 42%，在全部舆情信息类型中占比最高，是公众关注较高的话题，其媒体关注度也相对更高。在舆情信息类型中，就业政策的占比也较高，相比往年较为突出，2016 年就业政策信息类型仅占 8%，2017 年则攀升至 18%，这与 2017 年密集推出的就业类政策有关。2017 年，二线城市抢人大战成为媒体和公众场域中的热门话题。7 月份，成都抛出的“蓉漂”计划，推行“先落户后就业”，具有全日制大学本科及以上学历的年轻人才以及在同一用人单位工作两年及以上的技能人才，均可申请办理落户手续。南京则为外地高校毕业生提供了面试补贴，符合相应条件的外地来宁高校毕业生，可申请一次性面试补贴，标准为每人 1 000 元。武汉市也公布了涵盖安居落户、促进就业、支持创业、高效服务等领域的 9 项政策措施，支持大学生留武汉创业就业，确保实现“5 年留住 100 万大学生”的目标①。二线城市密集推出人才吸引计划、补贴政策，既为应届毕业生缓解了就业压力、拓宽了就业渠道，也为一线城市的人口疏散、二线城市经济发展做出了贡献。

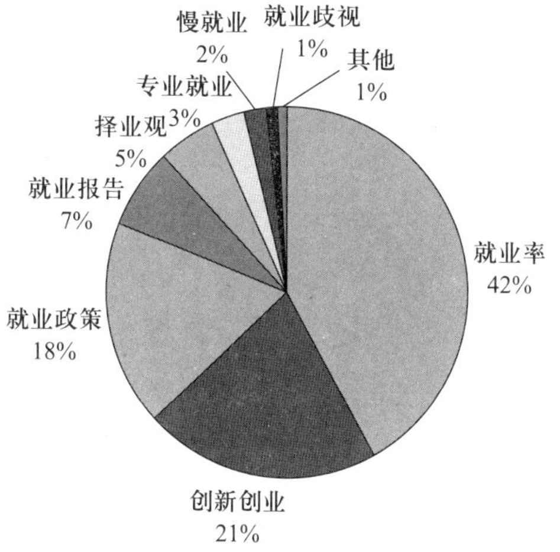


**图 17-3　2017 年大学生就业舆情信息类型分布图**

2017 年，创新创业类舆情信息占比下降，就业报告类信息占比也有所下降。专业就业、慢就业、就业歧视等相对规模较小的舆情信息类型则仍旧保持较低关注度，由于相应新闻信息数量较少，受众讨论和二次传播的机会也更低。

## （三）舆情地域分布

从舆情地域分布（图 17-4）角度来看，2017 年大学生就业专题舆情信息主要集中在北京、上海等东部地区。北京舆情信息量最多，主要是由

① 凌芹莉．今年 820 万毕业生创新高：大学生就业创业可获补贴［EB/OL］．中国新闻网，2018-03-19.

于北京经济环境发展较好，企业聚集、优质企业较多，职业发展环境十分优越。同理，东部地区的经济发展也要优于中西部地区，就业机会多，媒体关注和公众关注较多。

北京、上海、浙江、广东和山东占据2017年大学生就业舆情信息地域分布排行的前五名，与2016年相比并无变化。具体来看，浙江、广东和山东的舆情绝对数量都有所提升。东部地区的数据总量相对西部、中部、东北地区最多，东部资源丰富、经济发达且大中型城市数量多，是吸引高校应届毕业生就业的主要地区。

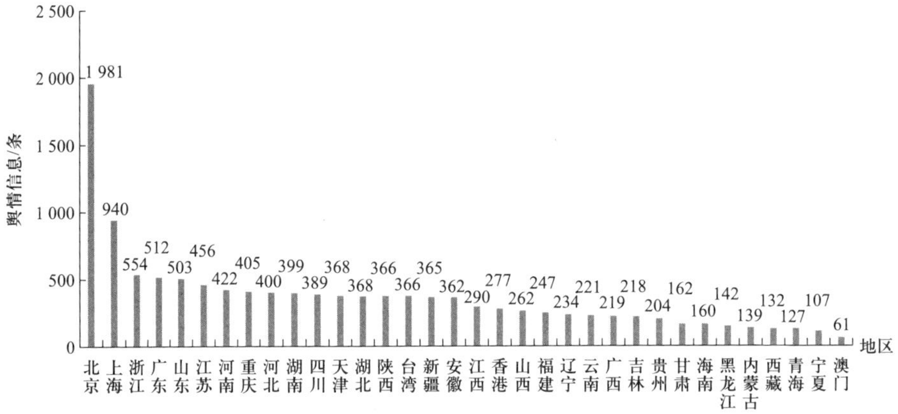


**图 17-4　2017年大学生就业舆情信息地域分布图**

## 二、大学生就业热点事件分析

### （一）热点事件一："大学生新规"保障休学创业：创业可算学分

#### 1. 舆情新闻报道

"大学生新规"保障休学创业：创业可算学分

（2017年2月17日载于《新京报》，12 400个网页刊载相关新闻）

2017年2月4日，教育部部长陈宝生签署教育部第41号令，公布了最新修订的《普通高等学校学生管理规定》，为想要创业的在校大学生提供了制度保障。

在创新创业方面，此规定提出了很多鼓励性措施，包括新生可以申请保留入学资格开展创新创业实践，入学后也可以申请休学开展创业；对于休学创业的学生，可以单独规定最长学习年限，并简化休学批准程序。此外，参加创新创业等活动以及发表论文、获得专利授权等与专业学习、学业要求相关的经历、成果，可以折算为学分，计入学业成绩[①]。

**2. 舆情进展分析**

2 月 16 日，教育部在其官方网站公布了《普通高等学校学生管理规定》（以下简称《规定》），教育部作为信息发布者首先进行了议程的设置。2 月 16 日，教育部在其官方网站的新闻专栏版块发布了多条对新修订的《规定》的专家解读。中国政法大学副校长、教授马怀德就在教育部官方网站发表文章《新〈普通高等学校学生管理规定〉新在哪里》。文章要求高校对学生创业进行更加深入的指导服务，同时支持与鼓励高校作为创新创业培养责任主体。北京大学法学院教授、博士生导师湛中乐对教育部新《规定》中的亮点与进步也进行了解读。湛中乐教授认为新修订的《规定》是对多年来教育法治理论发展和实践经验结果的总结，也反映了我国近年来在教育法治理念上的进步。教育部对《规定》组织了热点解读和舆论引导，并且通过其官方微信公众平台“微言教育”在新媒体平台进行了二次传播。

在教育部的舆论引导过后，多家媒体对该《规定》进行了集中报道。以《新京报》为首的主流纸质媒体，在事件发生的第二天，即 2 月 17 日，在 A11 版发表《“大学生新规”保障休学创业：创业可算学分》的新闻，同时在《新京报》官方网站推出同样新闻。新闻以新规两大看点和一篇专家解读为主要内容，其专家解读即来自教育部官网新闻中国政法大学副校长、教授马怀德所做的《新〈普通高等学校学生管理规定〉新在哪里》。该新闻在《新京报》官网一经推出便被各大网站转发，成为当日高等教育舆情热点新闻，在全网共获得相关转载 755 次。有关此事件的相关报道参见表 17-1。

---

① 沙璐．“大学生新规”保障休学创业：创业可算学分［N］．新京报，2017-02-17（A11）．

表 17-1 “大学生新规”保障休学创业的相关报道(不完全统计)

| 序号 | 时间 | 来源 | 新闻标题 |
|---|---|---|---|
| 1 | 2月17日 | 腾讯教育 | “大学生新规”保障休学创业:创业可算学分 |
| 2 | 2月17日 | 网易新闻 | “大学生新规”保障休学创业:创业可算学分 |
| 3 | 2月17日 | 凤凰网 | “大学生新规”保障休学创业:创业可算学分 |
| 4 | 2月17日 | 网易新闻 | “大学生新规”保障休学创业:创业可算学分 |
| 5 | 2月17日 | 中国日报网 | “大学生新规”保障休学创业:创业可算学分 |
| 6 | 2月17日 | 新京报微博 | “大学生新规”保障休学创业:创业可算学分 |
| 7 | 2月21日 | 上海法治报 | 允许大学生休学创业 应避免“两头不落好” |
| 8 | 3月8日 | 中国江苏网 | 休学创业可折算学分,南京多所高校已实施 |
| 9 | 3月14日 | 中国教育报 | 高校“双创”弄潮儿向涛头立 |

### 3. 舆情方向分析

在教育部制定并发布大学生休学创业政策后,除了用于引导舆论的自家信源,还有众多网友作为传播者在社交媒体对新闻进行二次传播,另外还有许多独立媒体人在门户网站或自媒体渠道发布评论文章,对政策可行性和影响进行再探讨。

众多网友在微博舆论场中对媒体的相关报道进行了回应,如《新京报》官方微博在2月17日8时8分转发了当日出版的《新京报》A11版的《“大学生新规”保障休学创业:创业可算学分》的报道。网友在其微博下方回应却相对偏激,如网友“手指船长”评论道:“一看全部都坑人。简直痴心妄想:当一个学生开始创业时,他很快就会发现他一个人做不了这么多事情,需要招员工。然后发现比他们有工作经验的不愿给他管,然后应届毕业生也不愿意跟他打工,宁愿创业。”此时舆情信息大面积爆发,信息从官方发布层面进入民间讨论层面,在民众讨论中,大面积的负面信息与消极解读占领了民间舆论场,这一定程度上体现了民众对国家相关政策的困惑,同时,民众多是从标题来衡量政策的得失,并结合身边的特例,对政策进行负面解读。

除了来自网友的负面评价,还有许多媒体发表评论文章,对该政策进行探讨。自2月21日起,舆情发展开始进入高潮阶段,这一阶段的声音更多为对政策的质疑和发问,与大多数民众的态度恰好一致,因此在某种程度上强化了广大民众声音。《上海法治报》在2月21日的B06版就发表评论《允许大学生休学创业　应避免“两头不落好”》，表明了对新版《规定》的担忧，称大学生创业也许会让高校和创业学生“两头不落好”。“创新创业的大学生有热情但缺乏相关的经验、资金和人脉，是否应该先学习相关专业知识、就业积累行业经验，再进行相关创业筹备，加入创新创业者队伍，才最理智和实际呢？”①作者认为创业项目对大学生来说风险太高，且年轻人既然已经进入高校学习，就应当先把基础的学业完成。同时认为休学创业和大学生创业指导的配套政策和设施尚不够完善，因而高校和大学生主体不该盲从和操之过急，而要结合自身现状，做出适合自己的选择。

## （二）热点事件二：前途首次超越“钱途”，成“95 后”大学生择业“第一标准”

### 1. 舆情新闻报道

前途首次超越“钱途”，成“95 后”大学生择业“第一标准”

（2017 年 5 月 30 日载于《江南晚报》，2 160 个网页刊载相关新闻）

2017 年 5 月，国内领先的职业发展平台智联招聘发布了《2017 年大学生求职指南》，从求职认知、求职行为、求职结果等方面调研应届毕业生的“求职力”，解读了“95 后”这一职场新生力量的就业观、择业观的变化。结果显示，毕业和就业似乎不再泾渭分明，“95 后”群体具有更强的自我意识，个人成长也首次超越待遇，成为大学生心目中理想工作最重要的标准②。

### 2. 舆情进展分析

2017 年 4 月 23 日，《现代快报》率先在招聘会上对江苏南京的“95 后”群体进行了小范围的走访调查，发现“95 后”求职不重钱，更重视发展。文章《调查：“95 后”求职不重钱更重发展　拒加班不想太累》发出

① 贾志勇．允许大学生休学创业　应避免“两头不落好”[N]．上海法治报，2017-02-21(B06)．

② 蔡佳．前途首次超越“钱途”，成“95 后”大学生择业“第一标准”[N]．江南晚报，2017-05-30(A03)．

后，在微博中引起了小范围对“95 后”求职择业观念的讨论。该文章下网友的热门评论也显示，大部分“95 后”的择业观符合新闻报道中的调查结果，大部分“95 后”群体并没把薪资待遇放在第一位，部分学生甚至说没有要求，在择业上，发展空间与行业潜力成为更吸引“95 后”就业的因素。2017 年 5 月 24 日，智联招聘发布了其调研报告《2017 年大学生求职指南》，当日《重庆商报》以题目《毕业季：看看这份〈2017 年大学生求职指南〉能否帮助你》对报告的发布进行了报道。此时报道多为概括介绍该调研报告，并没有重点探析报告中数据背后显现的问题。此时，舆情开始进入高发阶段，媒体开始进行较大规模的转载和扩散。

5 月 24 日，《宁波日报》以《“95 后”求职——“个人成长”重要性首超“薪酬待遇”》为题报道“95 后”群体对理想工作的新标准，发现年轻就业群体在择业中越来越关注个人成长成才的因素。同时 24 日、25 日两日内，该新闻即被宁波网、网易、凤凰网、北京时间、东方头条等多家媒体转载，成为当日高等教育领域热点新闻。记者采访了宁波市一家技工院校汽修专业的毕业生小苏，他放弃了一家知名汽车制造企业开出的月薪超 5 000 元的 offer，而选择了一家起薪相对较低的维修企业。“在生产线的一个岗位上，能学到的东西太有限。而从客户接待到一线修理都要接触的岗位，能让我了解行业内的更多情况”①。其对于就业择业的看法和实际做法都印证了新一代的毕业生越来越重视工作给自身带来的成长与帮助，而不仅仅局限于薪酬待遇和工作内容。文章最后，记者也引用了智联招聘《2017 年大学生求职指南》中的数据，以佐证其观点。

5 月 30 日，《江南晚报》也针对智联招聘发布的《2017 年大学生求职指南》做了无锡当地的毕业生就业观念采访报道。文章以较大篇幅报道了智联招聘的整体调查结果，重点突出了个人成长的重要性超越待遇，成为毕业生选择理想工作时的重要标准。6 月 19 日，界面新闻针对“95 后”的求职需求变化，报道了优兴咨询（Universum）在收集国内 110 所重点高校的 8 万名学生对企业态度的调查数据后，发现职业晋升机会和工

① 周琼，陈芳铭．任社．95 后求职新气象：“个人成长”比“薪酬待遇”更看重［EB/OL］．浙江新闻网，2017-05-25．

作环境是中国学生在就业择业中的首要考量因素。“对未来职业生涯的良好支撑”是他们在选择未来雇主时最看重的因素，其次是“有创造性、活力的工作环境”及“专业的培训和发展”。“95 后”毕业生更看重“团队协作”以及“企业社会责任”。在界面新闻对“95 后”群体的调查访问结果中，也印证了“95 后”更加注重个人发展和前途。该新闻被众多媒体转载，但网友已经不再关注“95 后”的求职意向变化，转而关注外企吸引力不及本土公司的问题。此时舆情开始逐渐平息，整体关注度降低。

相关报道如表 17-2 所示。

**表 17-2　前途首次超越“钱途”，成“95 后”大学生择业“第一标准”的相关报道（不完全统计）**

| 序号 | 时间 | 来源 | 新闻标题 |
|---|---|---|---|
| 1 | 4 月 23 日 | 现代快报 | 调查：“95 后”求职不重钱更重发展　拒加班不想太累 |
| 2 | 5 月 24 日 | 重庆商报 | 毕业季：看看这份《2017 年大学生求职指南》能否帮助你 |
| 3 | 5 月 24 日 | 宁波日报 | “95 后”求职——“个人成长”重要性首超“薪酬待遇” |
| 4 | 5 月 24 日 | 网易财经 | “95 后”求职：“个人成长”重要性首超“薪酬待遇” |
| 5 | 5 月 24 日 | 凤凰网 | “95 后”求职：“个人成长”重要性首超“薪酬待遇” |
| 6 | 5 月 30 日 | 江南晚报 | 前途首次超越“钱途”，成“95 后”大学生择业“第一标准” |
| 7 | 6 月 19 日 | 界面新闻 | 外企吸引力比不过本土公司　“95 后”的求职需求变化很大 |

**3. 舆情方向分析**

针对“95 后”群体的新型择业观念，在舆情发展后期的媒体评论阶段，大多数专家对“95 后”的新观念表示理解与赞同，并分析了观念背后的深层原因。中国药科大学就业指导中心的刘胜利老师认为，这些年“90 后”“95 后”毕业生在面临毕业时的确表现出很多新趋势，毕业生在求职时的期望值变化就很显著。“我们学校通过调研发现，‘95 后’和‘80 后’毕业生不同。‘95 后’更加务实，他们最看重的是自己未来的发展空间、能不能通过这份工作实现自身价值，其次才是薪酬和工作地域等因素”①。

① 邱骅悦．95 后择业“寻找真我”95 后就业元年，注重个人感受追求自我幸福成为潮流[N]．现代快报，2017-02-19(F4)．

这次关于“95 后”毕业生就业观念的舆情事件，所引发的争议并不多，网友也多持赞同、认可态度。同样，专家学者对于该择业观念的变化也持赞同态度，并认为其出现在当下的社会整体环境中，是有根据和相对合理的。“95 后”新型就业择业观念的大量报道和传播会发挥较强的舆论引导作用，也会给更多求职的应届毕业生做出示范，引导其做出适合个人长远发展的求职选择，这对于刚刚踏入社会的大学生，是一种及时和有益的舆论导向。在该类型舆情事件中，若需加强对受众的指向与引导，可以引用调查数据，并辅之以具体的毕业生就业择业案例，对大学生、学生家长和整个社会进行舆论引导。

## （三）热点事件三：二线城市打响“抢人大战”，高校毕业生城市选择日趋多元化

### 1. 舆情新闻报道

成都正式发布人才优先发展战略行动计划

（2017 年 7 月 19 日载于四川新闻网，48 个网页刊载相关新闻）

7 月 19 日，《成都实施人才优先发展战略行动计划》正式发布。最宽松的落户政策开始施行——具有普通全日制大学本科及以上学历的青年人才，年龄在 45 周岁以下，可凭毕业证到成都办理落户。成都甚至设置了 22 个 7 天以内免费入住的青年人才驿站，帮助人才度过“最艰难”的求职期。伸出橄榄枝的不止成都一座城市。武汉、南京、宁波、长沙都纷纷出台就业扶持政策，2017 年，二线城市铆足了劲头从“城市病”多发的“北上广”等一线城市挖人①。

### 2. 舆情进展分析

2017 年 7 月 19 日 14 时 51 分，四川新闻网发表题为《成都正式发布人才优先发展战略行动计划》（以下简称《计划》）的新闻，报道了成都市政府新闻办召开的“成都实施人才优先发展战略行动计划”新闻发布会，并附录了《计划》全文。2017 年 7 月 27 日，《中国青年报》“中青评论”栏

① 李春雨．成都正式发布人才优先发展战略行动计划[EB/OL]．四川新闻网，2017-07-19.

目便发表评论《二线城市人才战略要着眼于长期、整体人才资源变化》对二线城市集中出台政策的现象做出评价引导，提出人才战略要着眼于长期的、整体性的人才资源变化，要打造更具有针对性和全方位的人才战略。关于二线城市的“抢人”政策大战自此开始被媒体关注与讨论，舆情也随即蔓延开来。其后，《南华早报》、中国财经观察网、中国经营网以及人民网等多家媒体都先后报道了二线城市接连发布的“抢人”政策。关于“二线城市人才战略”的新闻报道数量开始稳步上升。

2017 年 8 月 21 日，《科技日报》针对二线城市出台的众多政策做了题为《高校毕业生就业　二线城市吸引力显现》的报道，该报道引起众多媒体转发，如人民网、新华网、环球网、新浪广东站、中国山东网、广西新闻网等等。同时，网友们也在微博、微信等平台上对该话题进行了集中讨论，舆情自此进入爆发阶段。8 月 29 日 23 点 05 分，“新浪厦门”在微博上开启了话题“二线城市上演抢人大战”并发起了微博投票“你愿意留在二线城市就业吗？”。该话题共引发 153 万阅读量，共 3 956 人参与投票，2 317 名（58.6%）网友选择了“愿意”，350 名（8.8%）网友选择“不愿意”，还有 1 289 名（32.6%）网友选择了“看情况”。截至 9 月 27 日，该条微博共获得 1 257 次转发，2 030 条评论，205 个网友点赞。该话题与网民个人工作生活息息相关，其在社交网络中的火爆足以说明网友对“二线城市抢人大战”话题的极大关注。在微信端，微信公众号“功夫财经”在 8 月 31 日推送了一篇名为《二线城市的抢人大战白热化，你会到谁的碗里去？》的文章，文章从“逃离一线城市”的背景出发，探讨当前人口流动轨迹的规律，并分析对比了各二线城市发布的政策优劣，阅读量突破 3 万次；8 月 31 日，《南方周末》微信公众号推送了题为《有钱有房有户口，二线城市的抢人大战》的报道，对二线城市集中推出人才新政，做出了经济学、社会学等领域的深入探究分析，在文章最后，作者从三个毕业生的求职工作经历入手，并采访了几位专家学者，得出了企业吸引力更强于城市的结论，这也说明城市的人才引入政策应综合全面，只有整体经济发展起来，才可能“引得凤凰栖”。此后，二线城市的人才政策成为社交网络中极受关注的话题，腾讯财经的微信公众号“财看见”于 8 月 31 日发布了《二线城市上演抢人大战，你会选择哪个城市？》的微信推送文章，各二线城市的地方微信公众号也纷纷转发宣传各地福利政策。但部分文章也对政策的效果提出质疑,如无锡地方公众号"锡城绘"推送的文章《二线城市抢人大战:你会在哪里安家?无锡留得住人才吗?》,各方对此话题的讨论层出不穷。

2017年9月19日,《工人日报》发表文章《二线城市"抢人"容易留人难》,对政策的落实与公众反应进行了跟踪报道。文章指出,二线城市虽然发布了很多针对人才的落户与补贴的政策,但是政策实施的效果不尽人意,一方面企业的录取效率较为低下,毕业生无法长时间等待录取结果,这与大城市的企业工作效率相差较大,外来人才难以适应;另一方面,相对于大城市的求职应聘,中小城市的人情社会因素更加复杂,许多外来人才也难以接受此种情形[①]。最终,政策的吸引力仍弱于企业整体实力的吸引力,互联网、传媒、金融行业的人才难以寻觅到合适的工作平台和岗位,会再次"回流"到一线城市。舆情发展至此已渐渐步入尾声。

相关报道如表17-3所示。

**表17-3　二线城市打响"抢人大战"的相关报道(不完全统计)**

| 序号 | 时间 | 来源 | 新闻标题 |
|---|---|---|---|
| 1 | 7月19日 | 四川新闻网 | 成都正式发布人才优先发展战略行动计划 |
| 2 | 7月19日 | 华龙网 | 成都正式发布人才优先发展战略行动计划 |
| 3 | 7月19日 | 成都市发展和改革委员会官网 | 《成都实施人才优先发展战略行动计划》正式发布 |
| 4 | 7月19日 | 创头条 | 《成都实施人才优先发展战略行动计划》正式发布 |
| 5 | 7月19日 | 中国网 | 成都实施人才优先发展战略行动计划　提出12条具体措施 |
| 6 | 7月27日 | 中国青年报 | 二线城市人才战略要着眼于长期、整体人才资源变化 |
| 7 | 8月21日 | 科技日报 | 高校毕业生就业　二线城市吸引力显现 |
| 8 | 8月21日 | 人民网 | 高校毕业生就业　二线城市吸引力显现 |
| 9 | 9月19日 | 工人日报 | 二线城市"抢人"容易留人难 |

① 赵剑影. 二线城市"抢人"容易留人难[N]. 工人日报,2017-09-19(8).

### 3. 舆情方向分析

对于不同的高校毕业生来说，影响其选择就业择业城市的因素各不相同。智联招聘 CEO 郭盛在受访中提出："对于高端人才来说，房子和薪酬并不是留住他们的关键要素。企业的吸引力远远大于城市提供的优惠政策"①。从问题的根源来看，二线城市只有将本土企业做大做强，配合相应的落户租房以及后续的医疗、子女入学的教育政策，才可能吸引并留住更多优秀人才。从专家学者的角度看，当下的政策"抢人"大战只是短时间的吸引策略，若要留住人才，必须不断优化社会软环境，增强产业基础，要把梧桐树栽好，才能吸引更多凤凰来。

在这次舆情事件中，由于涉及的议题与普通民众生活息息相关，因此网友参加讨论较多，网友大多对政策表示赞同支持，同时希望更多的城市加入其中，积极出台政策吸引人才。网友称："在二线城市工作挺好的，压力小，生活节奏慢，干吗非往北上广挤？"

但是也有一大部分网友对二线城市的政策提出质疑，主要是政策的整体性较差，仅仅对人才落户和租房提供了保障，更多根源性的问题没有得到解决。例如新浪微博中的热门评论："没有产业不能提供工作机会未必能留住人才"。这条评论受到网友的赞同，点赞数量较高。对二线城市来说，在经济快速发展的同时，如何促进城市整体实力提升，保障求职者可以公平公正地参与职场竞争，打造更多知名企业，提高城市吸引力，才是城市管理者更需要关注的。

## 三、大学生就业舆情应对策略分析

大学生就业在高等教育领域相关的舆情监测中一直是数量最大、受众关注度最高的专题版块，在近年来高校应届毕业生数量逐年增加、就业环境愈加艰难的情况下，如何应对相关舆情事件、建立合理的就业舆情预警机制成为政府部门、高校等主体极为关注的重点话题。

第一，正本清源，从事件涉及主体自身寻找解决"就业难"途径。在高等教育日益大众化的背景下，高校应届毕业生势必会不断增加，就业形

---

① 赵剑影．二线城市"抢人"容易留人难[N]．工人日报，2017-09-19(8)．

势也会日益严峻，在此背景下，政府主管部门和高校自身应积极寻求新的方式方法，一方面合理调整专业，提升特色专业人才培养质量，最终保障高校毕业生的核心竞争力；另一方面则要积极开设就业择业指导课程，加强指导员对就业择业相关问题的解决能力，强化高校、政府部门的就业指导能力和政策引导水平。

第二，传统媒体应增强自身的舆论引导能力，引导毕业生正视就业困境，而非着力渲染焦虑情绪。同时，应针对毕业生就业群体的年轻特征，拓展新媒体等多种传播方式，增强传播效果。在高校毕业生逐年累积、高等教育大众化的过程中，大学生的身份已经不再像20世纪那样耀眼，互联网中的一些负面舆情使社会对大学生的就业质量、生存状况充满了焦虑和悲观情绪。各媒体都应努力把握好自身的话语权力，尽力营造有利于大学生就业的积极正面舆论，而非怀疑大学毕业生的个人能力、观念抱负等等，多些办法，少些质疑，为大学毕业生顺利就业保驾护航。

第三，根据热点事件的舆情发展规律，舆情相关的责任主体必须建立舆情预警机制，提升舆情应对能力，及时快速地回应舆情发展中遇到的问题症结。因就业相关舆情事件多为负面，为避免引起更大的负面效应，必须提高舆情反馈与应对速度，针对网络上的热点舆情事件，应第一时间把相关情况、网友观点和相应趋势记录下来，持续跟踪观察，开展阶段性的分析研判，保证实时掌握最新动态。同时必须加快建立网络新闻发言人制度，提升舆情应对与引导能力。与传统的新闻回馈制度相比，网络新闻发言人的传播速度更快，传播形式更为创新，对话地位上也更为平等，更适用于当下新型的传播模式。

第四，把握好网络空间中的相关专家群体的立场。在社交媒体中，诸多网络认证的大V以及活跃的职业群体在民间舆论场中占据重要位置，例如高等院校专家教授、媒体人、律师，他们在民间舆论场中扮演着重要角色。今后在相关政策和信息发布或澄清时，信息传播主体一定要利用活跃专家群体的力量，尽早在新媒体渠道发布信息，抢占社交渠道的话语权，联动自身官方微博或微信账号，利用相关责任主体的影响力，尽量提升社交媒体等新媒体渠道的传播声量。

（李　晟）

# 第18章　高校思想政治教育舆情分析报告

思想政治教育是社会或社会群体用一定的思想观念、政治观点、道德规范，对其成员施加有目的、有计划、有组织的影响，使他们形成符合一定社会所要求的思想品德的社会实践活动。思想政治教育是不以人的意志为转移的客观产生和存在的社会实践活动，是通过改造主观世界来改造客观世界的特殊的社会实践活动。高校思想政治教育是高校实现立德树人根本任务的最重要、最基本的途径，是关系高校人才培养质量和发展水平的最根本、最关键的要素。习近平总书记强调，"高校思想政治工作关系高校培养什么样的人、如何培养人以及为谁培养人这个根本问题。要坚持把立德树人作为中心环节，把思想政治工作贯穿教育教学全过程，实现全程育人、全方位育人，努力开创我国高等教育事业发展新局面"①。

在当今经济全球化、社会信息化、体制市场化和文化多元化的大背景下，各种价值观念和文化思潮大量涌入，冲击着高校学生的思想。社会的经济成分、生活方式、就业选择、利益诉求、价值选择的多样化也必然导致人们思想活动的差异性加大，不同区域之间、阶层之间、代际之间的认识差异也会明显增加，统一思想、形成社会共识的难度加大。从总体上看，当代大学生能够正确认识并坚持正确的价值观，但由于改革开放过程中西方各种社会文化和社会思潮以及经济全球化、政治多元性的影响，人们原有的价值观受到了冲击与挑战，大学生中也出现了各种不同类型的价值观，其思想呈现了相对性和多样性的特点。

社会发展和大学生思想活动的新变化给新时期高校思想政治教育编

① 张烁，鞠鹏．习近平在全国高校思想政治工作会议上强调　把思想政治工作贯穿教育教学全过程　开创我国高等教育事业发展新局面[N]．人民日报，2016-12-09(1)．

织出新的时代图景，也提出了新的历史课题。必须认真审视和研判新时期大学生思想政治教育所发生的深刻变化和本质特征，把握大学生思想活动发展的新动向和新特征，就需要加强对思想政治教育舆情的综合分析。思想政治教育舆情分析要充分认识到当前面临的新境遇，认真分析社会环境变化对大学生思想、行为产生的深刻影响，大学生思想活动的新变化及其呈现的新特点等。朝着这样的目标，中国传媒大学高教传播与舆情监测研究中心（以下简称“研究中心”）对自2017年1月1日至12月31日的高校思想政治教育舆情进行了监测，并对监测结果进行了深入分析。

## 一、高校思想政治教育舆情概况

### （一）舆情时间分布

2017年，研究中心在高校思想政治教育方面共监测到相关舆情信息3 394条，日平均监测信息9.30条。从横向来看，高校思想政治教育方面的舆情信息占信息总数的6.9%，排在第6位，相对较多。从纵向来看，2017年高校思想政治教育舆情信息量比2016年增加了1 876条，增幅高达124%。高校思想政治教育舆情信息数量的快速增长，体现了党和国家对高校思想政治教育的高度重视和全社会对高校思想政治教育的普遍关注。

2017年高校思想政治教育舆情信息的月分布参见图18-1。2017年度高校思想政治教育舆情信息在月分布上起伏较大，最高值出现在4月份，为424条；最低值出现在2月份，为68条。从数据走向来看，2017年高校思想政治教育方面的舆情信息从1月到12月，经历了一个快速上升，缓慢下滑，然后再度上升的过程。其中，1月份舆情热度较低，有109条信息，位居全年信息条数的第11位，仅高于2月份（68条）；2月份舆情热度降到最低点，只有68条；而从3月份开始快速拉升，一跃而至400条以上；4月份达到年度最高点，有424条；5月份热度基本未减，有417条；6月、7月舆情热度下滑较快，且减量越来越大，最终在8月份降至仅有

166 条，达到下半年最低点；随后，舆情热度再度逐步攀升，9 月份、10 月份、11 月份均维持在 250 多条；12 月份再度上扬，达到 341 条。

从图 18-2 可见，高校思想政治教育舆情信息在第一季度数量最少，仅有 590 条。第二季度较为集中，数量最多，达到 1 222 条，是第一季度的两倍多。第三、第四季度相对均衡，分别为 727 条、855 条。

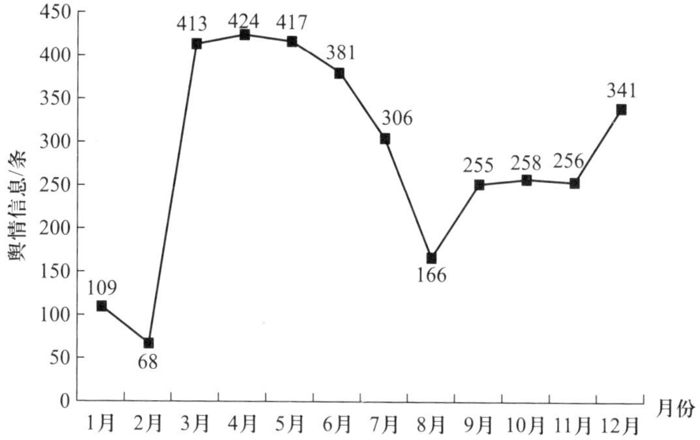


图 18-1　2017 年高校思想政治教育舆情信息月分布图

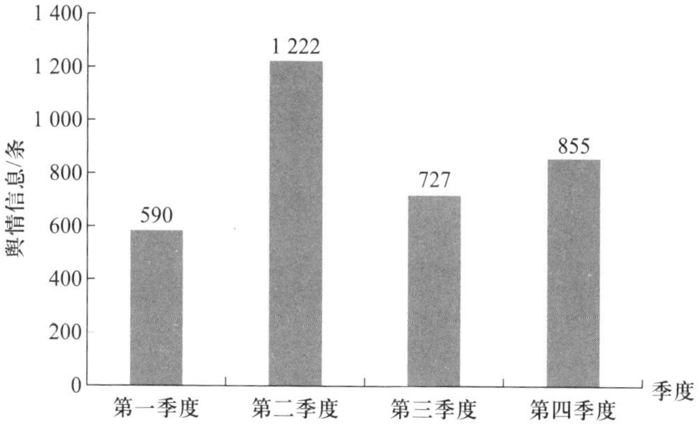


图 18-2　2017 年高校思想政治教育舆情信息季度分布图

## （二）舆情类型分析

从舆情类型来看，2017 年高校思想政治教育舆情信息主要涉及高校党建、思政理论研究、思政课教学、心理健康教育、马克思主义学院建设、一线工作和研究生思政 7 个类别，如图 18–3 所示。

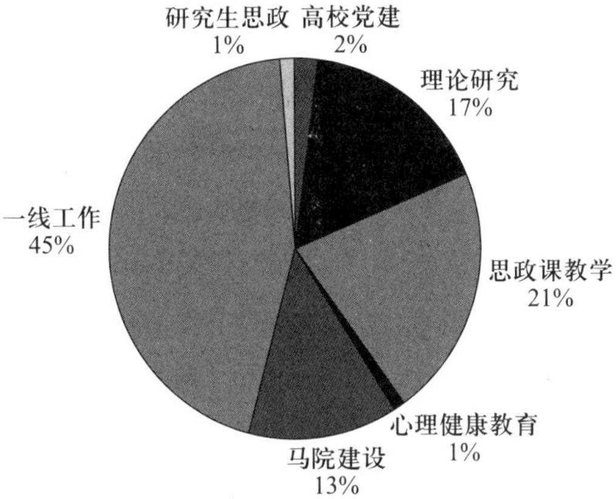


**图 18–3　2017 年高校思想政治教育舆情信息类型分布图**

其中，各高校开展思想政治教育工作的舆情信息数量最多，占了年度思想政治教育舆情信息总数的 45%。这是与思想政治教育工作的科学性和多样性要求相符合的。思想政治教育说到底是做人的工作，人所处的环境千差万别，人自身的性格千差万别，就决定了思想政治教育不能千篇一律，必须因人而异。同时，高校作为开展思想政治教育的组织者和实施者，也有不同的地域特色、文化传统和工作模式，所以开展思想政治教育的方式方法也应丰富多彩。围绕各高校开展思想政治教育工作的探索、成效和经验的舆情信息最多，恰恰体现了基层的经验最鲜活、也最富有创新性。学科的发展、工作的推进，往往需要从基层、从一线汲取创新的养分。正如习近平总书记强调的，“做好高校思想政治工作，要因事而化、因时而进、因势而新。要遵循思想政治工作规律，遵循教书育人规律，遵循学生成长规律，不断提高工作能力和水平”①。

此外，舆情信息数量相对较多的是思政课教学和关乎学科发展的理论研究、马克思主义学院建设。思政课教学作为思想政治教育的主渠道，越来越受到国家和教育主管部门的重视。教育部将 2017 年定为高校思政课教学质量年，更是让思政课教学受到了全社会的广泛关注，形成了长

① 张烁，鞠鹏．习近平在全国高校思想政治工作会议上强调　把思想政治工作贯穿教育教学全过程　开创我国高等教育事业发展新局面[N]．人民日报，2016-12-09(1)．

时间的舆情热点。而理论研究和马克思主义学院建设相关舆情信息的数量较多,则体现了思想政治教育学科的发展正逐渐受到重视。学科的发展是工作科学化发展的基石。基石打牢了,发展才能更高远。这也体现了相关部门对思想政治教育发展的长远规划以及思想政治教育工作的强大后劲。

## （三）舆情地域分布

在舆情地域分布方面,2017 年度高校思想政治教育舆情信息共涉及 34 个省级行政区(省、自治区、直辖市和特别行政区)(图 18-4)。总体来看,各省数量差距很大,北京、上海、山东、陕西等高校相对比较集中的省份明显高于海南、宁夏、西藏等高校数量较少的省份。北京由于高校数量最多,又是教育主管部门所在地,是教育政策的制定地,所以舆情信息数量也最多,为 455 条,占全国总数的 13.4%,遥遥领先其他省份。上海 153 条,仍然排在第二位。第三位仍然是山东省,为 150 条。数量排名前三的省份与往年相同。排名后三位的是西藏自治区、香港特别行政区和澳门特别行政区,其中澳门特别行政区最少,仅为 2 条。

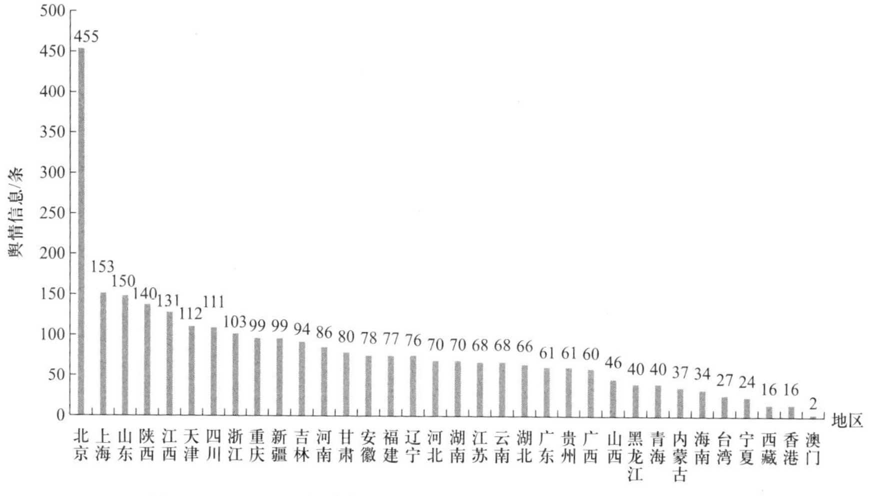


**图 18-4　2017 年高校思想政治教育舆情信息地域分布图**

## 二、高校思想政治教育热点事件分析

### （一）热点事件一："80后"集美大学老师穿龙袍上课成网红

#### 1. 舆情新闻报道

申报课题还获批经费 80后集大老师穿龙袍上课成网红

（2017年3月8日载于厦门网，21个网页刊载相关新闻）

为了提高课堂抬头率，集美大学思政课教师董立功萌生了一个想法：可以以道光皇帝的自述，展现其从出生到当皇帝以及怎么对待林则徐、看待鸦片战争的一系列内心活动，即从小处切入，讲述鸦片战争的大历史。3月7日，董立功穿着平常的衣服走进教室，学生们一如既往地呈懒洋洋状，而当他宣布自己的设想，并第一次穿上龙袍、戴上皇冠，学生们的眼睛一下亮了，整整一堂课都没人玩手机，董立功收获了任教以来难得的掌声①。

#### 2. 事件焦点分析

思政课作为高校思想政治教育的主渠道，事关培养什么样的人、如何培养人以及为谁培养人这个根本问题，其重要性不言而喻。但由于课程内容理论色彩较浓，离学生生活实际较远，思政课与专业课相比，往往处于边缘化的状态。为了解决思政课到课率、抬头率、满意度不高等问题，很多思政课教师想方设法开展课程内容和授课形式的创新。"龙袍加身"上思政课，无疑就是在授课形式上进行的一种创新，目的是吸引课堂学生的注意。

尽管媒体对该事件报道很多，网友留言评论也很多，但归根到底是在讨论两个问题：一是"龙袍加身"上思政课是否值得鼓励，是弊大于利，还是利大于弊？这里面关系到学生对这种做法的具体反应，课堂具体效果以及这种行为是否具有可持续性、可推广性等一系列问题。二是面对思

---

① 林桂桢．申报课题还获批经费 80后集大老师穿龙袍上课成网红[EB/OL]．厦门网，2017-03-08.

政课花样百出的创新,究竟该如何看待? 创新是形式更重要,还是内容为王? 思政课建设的着力点和未来方向到底在哪里?

**3. 舆情进展分析**

该事先在教育界引发热议,继而在全社会引起不小的反响。

3 月 8 日,《厦门日报》记者专访董立功老师,撰文《申报课题还获批经费　80 后集大老师穿龙袍上课成网红》,该文随后被多家网站转载。

3 月 8 日,长江网网评员郭黎磊《"龙袍加身"的老师创新不仅在形式更在内容》,对董立功老师的思政课上法给予充分的肯定。

3 月 9 日,澎湃新闻对该事进行报道,在更大范围内引发争论。

3 月 9 日,中国教育新闻网蒲公英评论特约评论员范军以《别把"龙袍加身"当作思政课创新的标配》为题,提出"'龙袍加身'确实很吸睛,但这种鲜明的扮演是无法掩饰创意的粗糙和随意的,要要几个浅陋的学生尚可,大部分学生恐怕不会苟同",指出这样的做法有"哗众取宠之嫌"。

同日,中国青年网评论频道发文《"龙袍加身"教学是一次有益的探索》。

3 月 12 日胡欣红评论员在蒲公英评论上撰写《"龙袍加身"上思政课,咋就成了哗众取宠?》一文,抨击了"龙袍加身上思政课是哗众取宠"的观点。

3 月 13 日,《北京晚报》发评论文章称:批评董老师哗众取宠、就为了跟手机抢学生的人,似乎过于就事论事。

3 月 17 日,蒲公英评论员李兴旺从"公民教育"角度,发文称:"现代公民教育应该跟一切渲染特权意识、等级观念、奴化思维等旧思想的'情结'说'不'"。龙袍加身上思政,实则是"落后的思想观念'阴魂不散'"[①]。

同日,蒲公英评论员许兴亮指出:"从现代教育理念来审视,'龙袍加身'上思政课,是情境教育的尝试""这种教学改革的尝试体现了现代教育理念,何谈哗众取宠? 至于说'龙袍加身'上思政课,有违公民教育精

① 李兴旺. 讨论该不该"龙袍加身",要从公民教育说起[EB/OL]. 蒲公英评论网,2017-03-17.

神,更是无稽之谈”[1]。

“龙袍加身”上思政课事件,被《北京晚报》、中国网、网易新闻、央广网、东方网、未来网、中金网等多家媒体进行转载。同时在蒲公英评论引起热议,引发了几轮正反观点的争论,《北京晚报》、长江网、中国青年网等媒体也发评论文章表明观点。相关报道如表 18–1 所示。

**表 18–1　“80 后”集美大学思政课教师穿龙袍上课的相关报道(不完全统计)**

| 序号 | 时间 | 来源 | 新闻标题 |
|---|---|---|---|
| 1 | 3 月 8 日 | 厦门网 | 申报课题还获批经费　80 后集大老师穿龙袍上课成网红 |
| 2 | 3 月 8 日 | 长江网 | “龙袍加身”的老师创新不仅在形式更在内容 |
| 3 | 3 月 9 日 | 澎湃新闻 | 穿龙袍上课的历史教师:不让学生打瞌睡是个难题 |
| 4 | 3 月 9 日 | 中国青年网 | “龙袍加身”教学是一次有益的探索 |
| 5 | 3 月 10 日 | 中国教育新闻网 | “龙袍加身”上思政课,有哗众取宠之嫌 |
| 6 | 3 月 12 日 | 中国教育新闻网 | “龙袍加身”上思政课,咋就成了哗众取宠? |
| 7 | 3 月 13 日 | 北京晚报 | “龙袍加身”还要责任上心 |
| 8 | 3 月 17 日 | 中国教育新闻网 | 讨论该不该“龙袍加身”,要从公民教育说起 |
| 9 | 3 月 17 日 | 中国教育新闻网 | “龙袍加身”上思政课,看点在哪里? |

**4. 舆情方向分析**

专家与媒体评论的观点主要集中在四个方面。

第一,“龙袍加身”上思政课,是思政教育的有益创新。面对“哗众取宠”的批评,胡欣红评论员在蒲公英评论上撰写《“龙袍加身”上思政课,咋就成了哗众取宠?》,抨击“龙袍加身上思政课是哗众取宠”的观点。胡欣红认为:“董老师的‘龙袍加身’绝非哗众取宠,而是一种‘走心’之举。就鸦片战争这一课而言,以道光皇帝自白切入,可谓契机契理,实现了内容与形式的有机融合,深得历史教学之真谛。进而言之,中外史家通过对历史人物的心理分析来研究历史早已有之,并在此基础上形成心理学与历史学相结合的心理史学。作为历史学科的一个分支,它侧重于对历史人物的内心世界进行剖析(包括动机、性格、情感、个人的独特经历等),

---

① 许兴亮.“龙袍加身”上思政课,看点在哪里?[EB/OL]. 蒲公英评论网,2017-03-17.

尽可能还原‘有血有肉’的历史本真，使人们对历史的理解更加丰富深刻”①。

3 月 8 日，长江网网评员郭黎磊在《“龙袍加身”的老师创新不仅在形式更在内容》一文中评论道：“董老师没有像其他多数老师一样‘顺其自然’‘见怪不怪’，而是想尽各种办法改变现状：通过问卷形式调查了五六百个学生，结果排在第一位的是‘看视频’，于是他投其所好，结合每节课的内容，播放相关主题的电影；以道光皇帝的自述，展现其从出生到当皇帝以及怎么对待林则徐、看待鸦片战争的一系列内心活动，即从小处切入，讲述鸦片战争的大历史。”②

3 月 9 日，中国青年网评论频道发文《“龙袍加身”教学是一次有益的探索》充分肯定该教学方式：“互联网时代，老师也不妨将教学方式变一变，不要再以那种老标准来要求现在的学生，更不能几十年如一日的照本宣科，否则不仅吸引不了学生的兴趣，更会让学生在课堂上对手机产生依赖。”③

第二，“龙袍加身”上思政课是现代教育“情境教学”的一种。3 月 17 日，许兴亮评论员撰文评论：“从现代教育理念来审视，‘龙袍加身’上思政课，是情境教育的尝试。80 后老师董立功是想通过这种情境教学，激发学生浓厚的学习兴趣，激励学生自觉自主地学习，掌握有关鸦片战争的知识，从而改变长期以来思政课枯燥无味、‘一潭死水’的现状。迅速走红，就表明这种教学已经引起学生的情感共鸣，取得了一定的教学功效。这种教学改革的尝试体现了现代教育理念，何谈哗众取宠？至于说‘龙袍加身’上思政课，有违公民教育精神，更是无稽之谈。”④

3 月 13 日，《北京晚报》发评论文章称：“批评董老师哗众取宠、就为了跟手机抢学生的人，似乎过于就事论事了。能让人全程专心听讲，除了吸引眼球的三板斧，能够继续抓住学生心的必须是扎实的学识、精湛的口才。此前，董老师那些不成功的 QQ 群和微博，实际上为他积累了经验，

① 胡欣红．“龙袍加身”上思政课，咋就成了哗众取宠？［EB/OL］．蒲公英评论网，2017-03-12．
② 郭黎磊．“龙袍加身”的老师创新不仅在形式更在内容［EB/OL］．长江网，2017-03-08．
③ 谢晓刚．“龙袍加身”教学是一次有益的探索［EB/OL］．中国青年网，2017-03-09．
④ 许兴亮．“龙袍加身”上思政课，看点在哪里？［EB/OL］．蒲公英评论网，2017-03-17．

了解到了学生的好恶，所以才可以有的放矢，通过‘学术情景剧’的方式来切入”[①]。

第三，“龙袍加身上思政课”实属哗众取宠，形式大于内容。3月9日，中国教育新闻网蒲公英评论特约评论员范军以《别把“龙袍加身”当作思政课创新的标配》为题，撰写评论文章指出：“‘龙袍加身’确实很吸睛，但这种鲜明的扮演是无法掩饰创意的粗糙和随意的，要要几个浅陋的学生尚可，大部分学生恐怕不会苟同。同样，教育工作者也会对这种创新充满担忧：今日‘龙袍加身’，明天呢？因为，我们从‘龙袍加身’上根本看不到思政课的课程内涵与教学形式的有机融合，它也不可能保持恒久的吸引力和感染力，说其是哗众取宠并不为过”[②]。

第四，“龙袍加身上思政课”是“落后思想的阴魂不散”，应保持必要的敏感。3月17日，李兴旺评论员从“公民教育”角度出发，发文称：“现代公民教育应该跟一切渲染特权意识、等级观念、奴化思维等旧思想的‘情结’说‘不’，即使教学古代历史，也应该跳出历史看历史，如果教学者将自己置身于古代皇帝的位置，想想那将会传达出一种怎样的历史‘情结’呢？‘龙袍加身’上课之所以惹起漫天风雨，或许与‘龙袍’和‘思政课’两个敏感词密切相关。在落后的思想观念‘阴魂不散’面前，保持这样的敏感还是很有必要的，而且不仅仅是思政课，所有的课堂都应该保持这样的敏感”[③]。

**5. 舆情点评**

习近平总书记强调：“高校思想政治工作关系高校培养什么样的人、如何培养人以及为谁培养人这个根本问题。要坚持把立德树人作为中心环节，把思想政治工作贯穿教育教学全过程，实现全程育人、全方位育人，努力开创我国高等教育事业发展新局面。”[④]如何上好思政课，如何让思政课接地气、得到学生的喜爱与认可，成为广大思政教师的重要课题。

---

① 张丽．“龙袍加身”还要责任上心[N]．北京晚报，2017-03-13(26)．

② 范军．“龙袍加身”上思政课，有哗众取宠之嫌[EB/OL]．中国教育新闻网，2017-03-10．

③ 李兴旺．讨论该不该“龙袍加身”，要从公民教育说起[EB/OL]．中国教育新闻网，2017-03-17．

④ 张烁，鞠鹏．习近平在全国高校思想政治工作会议上强调　把思想政治工作贯穿教育教学全过程　开创我国高等教育事业发展新局面[N]．人民日报，2016-12-09(1)．

“龙袍加身”上思政课，正是思政课教师为上好思政课，为将学生从手机里“争夺”过来的创新举措，董立功老师“龙袍加身”，自扮“道光帝”，以“自述”的方式将“鸦片战争”那一段历史身临其境地向学生展示，事实证明，代入式的“情境教学”效果明显，整堂课没有学生玩手机，相信也会给学生留下深刻的印象。对于该事件，开始的舆论以正面肯定为主，如《厦门日报》对董立功老师的采访，长江网网评员郭黎磊的文章《“龙袍加身”的老师创新不仅在形式更在内容》等。但是也有专家认为这种做法是形式大于内容的“哗众取宠”，这样的观点过于主观。《厦门日报》记者对董立功老师做的采访中显示，董老师一直以来都在为如何上好貌似“枯燥”的思政课绞尽脑汁，通过调查问卷，得知“视频”的“形象化”内容更能够吸引当前学生的注意，因此萌生了用戏剧表演的方式吸引学生注意力，进而向学生讲述历史的方式。为此，董老师还专门申报相关课题，与领导进行了专门请示与研究。同时，由课本语言转化为道光“自述”，也要经过语言和文本的再加工，是费时、费事、费脑的创造性工作。可见，“龙袍加身”上思政课，并非拍脑门的“哗众取宠”，董老师为此付出的精力要比传统的教学方式更多。基于此，“哗众取宠”的观点是经不起推敲的，也遭到了诸多专家和媒体的抨击。

也有专家从“公民教育”角度，提出“龙袍加身”是落后思想的阴魂不散，该观点一经抛出，即有专家、媒体从现代教育理念的“情境教学”角度进行辩争，认为“龙袍加身”只是一种“情境教学”代入方式，而非对封建皇权的难舍“情结”。

董立功老师“龙袍加身”上思政课事件，正是在这样的抨击和争论中，让大家从多个角度进行反复思索。真理不辩不明，虽然褒贬不一，但正是通过论证，在此过程中使得董老师的做法被更多人认可，被更多人理解和接受。也正因为如此，事件后期的评论多为对董老师上课方式的肯定。同时，该事件曝光之初舆论就以正面观点为主的原因还在于《厦门日报》对董立功老师的专访，找出了“龙袍加身”上思政课背后发生的故事：董老师一直以来对思政课的探索尝试、从学生实际情况出发的问卷调查、专门申报课题、学生的正面评价、课堂无人玩手机的积极效果以及未来董老师对思政课的上课计划等等。这些深入的采访报道，让大众了解表面事件背后的背景和更为丰富的事实，这些都对正确认识“龙袍加身”上思政课事件发挥了重要作用。

通过“龙袍加身”上思政课这一舆情事件可以看出，基于事实的全面深入的采访报道是非常重要的舆情引导手段，同时，基于科学态度的深度评论文章也是将事件舆情引向理性和客观的有效方式。

## （二）热点事件二：教育部将2017年定为高校思政课教学质量年

### 1. 舆情新闻报道

教育部将2017年定为高校思政课教学质量年

（2017年5月11日载于人民网教育频道，33个网页刊载相关新闻）

今日，教育部党组审议通过《2017年高校思想政治理论课教学质量年专项工作总体方案》，将2017年定为“高校思想政治理论课教学质量年”。“质量年”专项工作的核心内容是大调研、大提升、大格局，即通过调研，总结成绩、评估绩效、查摆问题、制定解决方案，构建高校思政课建设的大格局，大力提升学生对思政课的获得感[①]。

### 2. 事件焦点分析

长期以来，思政课作为高校思想政治工作的“主渠道”受到广泛关注。而且，由于事关高校意识形态，事关青年成长成才，事关中国特色社会主义事业后继有人，中央领导对高校思政课建设情况也高度重视。习近平总书记在全国高校思想政治工作会议上强调，“要用好课堂教学这个主渠道，思想政治理论课要坚持在改进中加强，提升思想政治教育亲和力和针对性，满足学生成长发展需求和期待……”[②]。

然而，由于多方面原因，与其他专业课程相比，思政课始终面临着学生到课率、抬头率、评价度不高的问题。陈宝生部长就曾在答记者问时指出，“高校思想政治理论课‘抬头率’不高，人到了心却没有到，什么原因？因为内容不适应大学生的需要，‘配方’比较陈旧，‘工艺’比较粗糙，‘包

① 赵英梓．教育部将2017年定为高校思政课教学质量年[EB/OL]．人民网教育频道，2017-05-11.

② 张烁，鞠鹏．习近平在全国高校思想政治工作会议上强调　把思想政治工作贯穿教育教学全过程　开创我国高等教育事业发展新局面[N]．人民日报，2016-12-09(1).

装'不那么时尚,课程亲和力差了,抬头率就低了"[①]。

一方面意义重大、中央领导高度重视,另一方面现实状况却不容乐观,这之间的矛盾显然成为高校思政课广受关注的重要原因。教育部在这样的形势下,明确提出"打一场提高思政课质量和水平的攻坚战"[②],将2017 年定为高校思想政治理论课教学质量年,为此制定专项工作方案,将该事件又一次推向了舆论的风口浪尖。

《2017 年高校思想政治理论课教学质量年专项工作总体方案》(以下简称"总体方案")体现的工作思路、明确的工作任务和预期的工作成效,无疑成为舆论关注的焦点。

**3. 舆情进展分析**

以教育部公开宣布"质量年"专项工作为节点,在此之前和之后,媒体的报道范围和关注的重点略有不同。

公开宣布之前的 4 月和 5 月,相关报道主要集中在教育部领导前往高校调研和深入课堂听课,报道媒体主要是教育部官方网站和所调研高校的官方网站。例如,在 4 月份,教育部官方网站就先后报道了陈宝生前往清华大学听课,到重庆、四川调研,到辽宁调研并到辽宁大学听课,到安徽调研等。《人民日报》《光明日报》等中央主要媒体也对陈宝生前往清华大学听课进行了报道。

5 月 11 日,正式公开宣布"质量年"专项工作。次日,《人民日报》《中国教育报》等都做了专门报道,《中国教育报》还刊登了《教育部社科司负责人就〈2017 年高校思想政治理论课教学质量年专项工作总体方案〉答记者问》,通过这一方式将《总体方案》的主要内容公布于众。

相关报道如表 18-2 所示。

**表 18-2　教育部将 2017 年定为高校思政课教学质量年的相关报道(不完全统计)**

| 序号 | 时间 | 来源 | 新闻标题 |
|---|---|---|---|
| 1 | 4 月 20 日 | 中华人民共和国教育部官网 | 教育部党组与清华大学党委理论学习中心组开展联合学习 |

① 晋浩天. 教育,如何改革发展:教育部部长陈宝生答记者问[N]. 光明日报,2017-03-13(10).
② 柴如瑾. 教育部:高校思政课要打好质量攻坚战[N]. 光明日报,2017-04-21(6).

续表

| 序号 | 时间 | 来源 | 新闻标题 |
|---|---|---|---|
| 2 | 4月21日 | 光明日报 | 教育部:高校思政课要打好质量攻坚战 |
| 3 | 4月24日 | 中国教育报 | 陈宝生调研重庆教育领域综合改革及高校思想政治工作　狠抓教育改革各项措施的落实 |
| 4 | 4月26日 | 中华人民共和国教育部官网 | 陈宝生在四川调研教育综合改革及高校思想政治工作时强调:聚焦改革主题　强化育人功能 |
| 5 | 4月28日 | 中国教育报 | 充分发挥教指委作用　做好思政课教学质量年工作 2017年教育部高等学校思想政治理论课教学指导委员会年度工作会议举行 |
| 6 | 4月28日 | 中华人民共和国教育部官网 | 陈宝生调研辽宁教育综合改革及高校思想政治工作　教育要提高群众满意度扩大受益面 |
| 7 | 5月9日 | 中华人民共和国教育部官网 | 加强法治人才培养　深化教育综合改革陈宝生调研安徽教育工作 |
| 8 | 5月11日 | 人民网 | 教育部将2017年定为高校思政课教学质量年 |
| 9 | 5月12日 | 人民日报 | 教育部发布高校思政课工作方案:增强大学生的思政课获得感 |
| 10 | 5月12日 | 中国教育报 | 努力让大学生真心爱上思政课——教育部社科司负责人就《2017年高校思想政治理论课教学质量年专项工作总体方案》答记者问 |
| 11 | 5月15日 | 中华人民共和国教育部官网 | 陈宝生在宁夏调研教育工作时强调立足实际　形成特色　为民族地区发展培养人才 |

之后,媒体报道范围和关注重点略有转变。参与报道的媒体范围快速扩大,除《人民日报》《中国教育报》、教育部官方网站及调研地、调研高校主要媒体外,整个教育战线媒体迅速加入,例如《中国高等教育》《思想理论教育导刊》和"高校思想政治理论课活页"公众号、"思想政治理论课学习交流平台"公众号、"思政SHOW"公众号等。报道重点除教育部领导赴各地各校调研外,更多地放在了教指委听课调研和各地各高校的工作进展。《中国教育报》在5月23、24、25日连续发表9篇教指委听课的相关报道。教育部社科司网站则对6个省和3个高校落实"质量年"的有关工作进行了展示。各省教育媒体和各高校网站也纷纷对当地各校的有关工作进行了报道。

纵观整个舆情进展，随着时间推移和事件发展，参与报道的媒体数量、层次越来越多，报道内容越来越丰富，关注点越来越集中。然而，无论是中央主要媒体、教育部门官方媒体，还是网络公众号，对事件本身的评价和观点都趋向一致，更多的是政策解读、工作报道，几乎看不到反面观点。

**4. 舆情方向分析**

思政课研究始终是思想政治工作领域的热点。尽管如此，“质量年”宣布后，仍然吸引了不少领域内知名专家的注意。

5 月，在教育部社科司与《中国教育报》共同开设的“思政课教学质量年笔谈”和“高校思政课听课记”栏目中，清华大学艾四林、吉林大学韩喜平、南开大学纪亚光、山东大学王韶兴等专家纷纷撰文，围绕《总体方案》进行政策解读和理论阐述。6 月，《中国高等教育》第 11 期推出“质量年”专题，登载了 10 多篇专家文章，从提高思政课质量和水平的多个角度进行了论述。整体看来，这些文章虽然涉及高校思政课的对象、思路、方法等多个方面，但基本都是围绕《总体方案》的设计框架展开的，主要起到了营造氛围和解读阐释的作用。

值得注意的是 5 月 17 日《光明日报》刊登的中国青少年研究中心青年研究所所长邓希泉的一篇文章。文章指出，要塑造高校思政课的新形象，改变“内容高大不接地、概念抽象冷冰冰、理论高深无大用”的刻板印象；要创设高校思政课的新期待，改变“缺乏理论体系、缺乏教学名师、缺乏经典教材”的不利局面；要保持高校思政课的新鲜感，改变“内容陈旧、方法落后、语言贫乏”的教学窘境；要强化高校思政课的代入感，改变“你说我听”“路人心态”的角色定位；要提升学生对思政课的获得感，改变“思想未解惑、症结未解开、困难未解决”的无功结局①。这篇文章虽然同样是对“质量年”工作的解读，但显示了青少年研究专家眼中思政课存在的问题和不足，“五个改变”显然是对现状的检讨与反思。新华网、中国社会科学网、中国青年网、党建网等多家网站转载该文。

① 邓希泉．高校思政课当与青年思想共振[N]．光明日报，2017-05-17(6)．

#### 5. 舆情点评

教育部将2017年定为高校思想政治理论课教学质量年，并不是一个孤立的事件，而是持续贯彻落实习近平总书记全国高校思想政治工作会议讲话精神的一项重要举措。在整个事件中，从中央到教育部，再到各省级教育部门、各高校，直至相关院系、一线教师，都与该事件息息相关。事件本身是一项工作部署，自上而下的认识基本一致，因此舆论观点也是一面倒的状态，没有形成两派甚至多派针锋相对的局面。

### （三）热点事件三：高校纷纷成立习近平新时代中国特色社会主义思想研究中心

#### 1. 舆情新闻报道

全国首家“习近平新时代中国特色社会主义思想研究中心”在人民大学成立

（2017年10月25日载于新京报网，8个网页刊载相关新闻）

昨日，中国共产党第十九次全国代表大会闭幕。会议通过了关于《中国共产党章程（修正案）》的决议，习近平新时代中国特色社会主义思想写入党章。今天，全国首家“习近平新时代中国特色社会主义思想研究中心”在人民大学成立。该中心是全国首家成立的进行习近平新时代中国特色社会主义思想研究的专业学术机构。中心接下来的任务将分几个阶段，首先要学习、领会、把握十九大精神，把握习近平新时代中国特色社会主义思想的精髓；然后加强理论学习，包括其中涉及的重大问题，进行更深入的研究。再下一步就是，面对社会发展所出现的新的重大的问题，加强对策研究①。

#### 2. 事件焦点分析

作为党的重要理论创新成果，习近平新时代中国特色社会主义思想应该也必然成为高校学习研究宣传的重点课题。相关高校组织优势力

① 王俊．全国首家“习近平新时代中国特色社会主义思想研究中心”在人民大学成立[EB/OL]．新京报网，2017-10-25.

量，开展集中攻关，对习近平新时代中国特色社会主义思想所涉及的重大理论和实践问题进行研究，及时解疑释惑，发挥高校的智库作用，是响应国家需要、承担历史使命的表现。在学习贯彻党的十九大精神中，媒体自身也承担着宣传职责，要在全社会营造起浓厚氛围，对高校成立习近平新时代中国特色社会主义思想研究中心（以下简称“研究中心”）给予极大关注，也反映了媒体在这项工作中的积极表现。

然而，仔细梳理相关报道就会发现，媒体关注的焦点更多集中于“成立”，而对研究中心到底想干什么、能干什么和如何干好等关注较少，报道不够细致，也不够深入，不能不让人感到遗憾。相比较而言，中国人民大学成立“研究中心”的报道还算充分，关注到了中国人民大学既有的学科基础和研究优势，例如《北京日报》的报道中就指出：“中国人民大学在中共党史和中国特色社会主义研究领域一直处于领先地位，学校也是马克思主义教学与研究的高地。此外，人民大学还有全国唯一的中国特色社会主义理论学科的硕士点和博士点。习近平新时代中国特色社会主义思想研究中心，正是依托人民大学以及首都其他高校雄厚的理论资源而成立。”[①]也关注到了“研究中心”的基本组织架构，《北京晚报》的报道提到：“中国人民大学党委书记靳诺、校长刘伟担任中心主任，马克思主义学院教授秦宣担任中心执行主任。成立初始，中心就已经组建高水平的研究队伍，除了本校的学术研究力量外，中心还聘请了中央党校校务委员、副教育长兼科研部主任韩庆祥，中国社科院马克思主义研究院党委书记、院长邓纯东，清华大学马克思主义学院院长、教授艾四林，北京大学马克思主义学院执行院长、教授孙熙国等一批专家学者作为首批校外兼职研究员。”[②]《北京晚报》还关注到了“研究中心”的主要工作和研究方向，指出：“专家学者将从中国特色社会主义进入新时代是我国发展新的历史方位，坚持党对一切工作的领导，坚持以人民为中心，坚持全面深化改革，坚持新发展理念，坚持全面从严治党，伟大斗争，伟大工程，伟大事业，

① 任敏．首家习近平新时代中国特色社会主义思想研究中心成立[N]．北京日报，2017-10-26(8)．

② 张航．习近平新时代中国特色社会主义思想研究中心今天在人民大学揭牌[N]．北京晚报，2017-10-25(8)．

伟大梦想等角度作深入解读。”①

相比之下，其他高校成立“研究中心”的报道就简单多了，有的甚至连最基本的组织机构和研究规划也没有说清楚，感觉更多是为了“成立”而成立、没有长期的设计规划，也没有相关的组织和制度保障。而相关媒体更是为了“报到”而报道，对事件没有进行详细介绍，也没有进行任何评论，缺少“深加工”。

**3. 舆情进展分析**

党的十九大于10月18日至10月24日召开。会议闭幕第二天，也就是10月25日，中国人民大学就率先成立了习近平新时代中国特色社会主义思想研究中心。同一天晚些时候，新京报网、中国新闻网、《北京晚报》、中青在线等就对该事件进行了报道。10月26日，中国人民大学官网登载相关消息，《光明日报》、人民网、《北京日报》等媒体也纷纷发布相关报道，如表18-3所示。

**表18-3　中国人民大学成立首家习近平新时代中国特色社会主义思想研究中心的相关报道（不完全统计）**

| 序号 | 时间 | 来源 | 新闻标题 |
| --- | --- | --- | --- |
| 1 | 10月25日 | 新京报网 | 全国首家“习近平新时代中国特色社会主义思想研究中心”在人民大学成立 |
| 2 | 10月25日 | 中国新闻网 | 习近平新时代中国特色社会主义思想研究中心成立 |
| 3 | 10月25日 | 北京晚报 | 习近平新时代中国特色社会主义思想研究中心今天在人民大学揭牌 |
| 4 | 10月25日 | 中青在线 | 全国首家“习近平新时代中国特色社会主义思想”研究中心成立 |
| 5 | 10月26日 | 中国人民大学官网 | 全国首家习近平新时代中国特色社会主义思想研究中心在中国人民大学成立 |
| 6 | 10月26日 | 光明日报 | 中国人民大学“习近平新时代中国特色社会主义思想研究中心”成立 |

① 张航．习近平新时代中国特色社会主义思想研究中心今天在人民大学揭牌[N]．北京晚报，2017-10-25(8)．

续表

| 序号 | 时间 | 来源 | 新闻标题 |
| --- | --- | --- | --- |
| 7 | 10 月 26 日 | 人民网 | 全国首家“习近平新时代中国特色社会主义思想研究中心”在人大成立 |
| 8 | 10 月 26 日 | 北京日报 | 首家习近平新时代中国特色社会主义思想研究中心成立 |

继中国人民大学成立习近平新时代中国特色社会主义思想研究中心后，各地高校纷纷效仿。一时间，习近平新时代中国特色社会主义思想研究中心如雨后春笋般在全国各高校迅速成立。其中大部分机构名称都相同，只是个别将“研究中心”改为“研究院”。如表 18-4 所示，据不完全统计，十九大闭幕仅半月时间，就有 30 多所高校成立了类似机构。

**表 18-4　10 月 25 日至 11 月 12 日期间全国高校成立“研究中心”情况一览（不完全统计）**

| 时间 | 学校 | 所在省(自治区或直辖市) | 备注 |
| --- | --- | --- | --- |
| 10 月 25 日 | 中国人民大学 | 北京 | 全国首家 |
| 10 月 25 日 | 天津大学 | 天津 | |
| 10 月 25 日 | 天津财经大学 | 天津 | |
| 10 月 26 日 | 广西民族大学 | 广西 | |
| 10 月 26 日 | 南京邮电大学 | 江苏 | |
| 10 月 27 日 | 河南师范大学 | 河南 | |
| 10 月 27 日 | 哈尔滨师范大学 | 黑龙江 | |
| 10 月 27 日 | 内蒙古科技大学 | 内蒙古 | “协同学习中心” |
| 10 月 28 日 | 海南师范大学 | 海南 | |
| 10 月 29 日 | 湖南师范大学 | 湖南 | “研究院” |
| 10 月 30 日 | 南开大学 | 天津 | “研究院” |
| 10 月 30 日 | 广西师范大学 | 广西 | |
| 10 月 30 日 | 吉林师范大学 | 吉林 | |
| 10 月 31 日 | 湖北大学 | 湖北 | “研究院” |
| 10 月 31 日 | 新疆大学 | 新疆 | |
| 10 月 31 日 | 宁德师范学院 | 福建 | |
| 10 月 31 日 | 贵州民族大学 | 贵州 | 民族院校首家 |
| 11 月 1 日 | 西安交通大学 | 陕西 | |

续表

| 时间 | 学校 | 所在省(自治区或直辖市) | 备注 |
|---|---|---|---|
| 11月1日 | 福建师范大学 | 福建 | |
| 11月1日 | 华北水利水电大学 | 河南 | |
| 11月1日 | 浙江工商大学 | 浙江 | |
| 11月1日 | 重庆工商大学 | 重庆 | “研究院” |
| 11月2日 | 青海师范大学 | 青海 | |
| 11月3日 | 云南民族大学 | 云南 | |
| 11月3日 | 东北财经大学 | 辽宁 | |
| 11月3日 | 兰州大学 | 甘肃 | |
| 11月7日 | 陕西师范大学 | 陕西 | |
| 11月9日 | 西南石油大学 | 四川 | |
| 11月9日 | 安徽理工大学 | 安徽 | |
| 11月12日 | 福州职业技术学院 | 福建 | |

从10月底到11月上旬,各大媒体对各高校成立习近平新时代中国特色社会主义思想研究中心给予了高度关注,各种报道层出不穷。中国人民大学由于是“全国首家”,所以得到更多媒体关注。后续各“研究中心”成立也得到了所在地主要媒体的大篇幅报道。各学校官网更是将成立新闻放置在显要位置。但在11月中旬之后,学校成立“研究中心”的热情不似之前高涨,成立“研究中心”的报道也很少能在网上或者报端看到,“研究中心”的舆情热度迅速减退。

**4. 舆情方向分析**

对于成立习近平新时代中国特色社会主义思想研究中心,领域内的专家学者观点趋向一致,基本都是从政治任务的高度来认识这一问题。在公开发表的讲话和访谈中,更多是从成立的意义和功能发挥的角度进行阐述。例如,南开大学党委书记魏大鹏说:“成立习近平新时代中国特色社会主义思想研究院,是时代赋予我们的一个重任,是一项重大的政治任务,是学校在新时代为我们国家和民族的发展贡献力量、更好地服务于党和国家思想理论建设的重要举措。我们要从增强‘四个意识’的高度,全力以赴,全力推进,高起点、高水平地建设好研究院,为用习近平新时代中国特色社会主义思想武装全党、教育人民做出南开贡献,让南开真正成为当之无愧的中国特色社会主义大学‘标杆’。”[①]作为长期从事中国特色社会主义理论体系研究的专家，中国人民大学习近平新时代中国特色社会主义思想研究中心执行主任秦宣说：“中心成立后将充分发挥人民大学作为‘马克思主义理论教学与研究高地’的重要作用，动员和汇集全国顶级学术资源，深入开展习近平新时代中国特色社会主义思想相关课题研究，更好地推进 21 世纪马克思主义、当代中国马克思主义研究，努力建设国内一流的马克思主义中国化最新成果研究传播平台和基地，同时积极开展学科建设和人才培养”[②]。

**5. 舆情点评**

第一，关注“成立”，更要关注“成效”。就该事件的舆情进展来看，媒体在报道过程中，更多地集中于高校“习近平新时代中国特色社会主义思想研究中心”的成立，而对学习研究宣传的“实效”关注不够。习近平总书记在十九大报告中生动指出，“中华民族伟大复兴，绝不是轻轻松松、敲锣打鼓就能实现的”。同样，也可以说，学习宣传贯彻党的十九大精神，学习研究贯彻习近平新时代中国特色社会主义思想，不是轻轻松松组织几个研究中心，开几个研讨会、座谈会就能达到效果的。作为媒体，更要广泛关注党的十九大精神，尤其是习近平新时代中国特色社会主义思想是如何对党和国家历史进程、对经济社会文化各方面、对党政军民学各行业产生深刻影响的，如何深入人心、指导实践，转化成不懈奋斗的“实效”的。

第二，越宏大的工程，越要关注细微。对媒体而言，报道各地各部门学习贯彻党的十九大精神是一项宏大的宣传工程，是一个相对庞大的课题，关注点往往容易放在“大动作”上，而对“小细节”缺乏关注。中央主要媒体和相关部门官方媒体，虽然权威性强、受关注程度高，但如果只关注政策解读、工作部署等内容，而缺少对生动案例和工作实效的深入报道，就很难抓住受众的眼球，往往容易被一掠而过，难以留下深刻印象。

① 陈庆滨，郝静秋．南开大学成立习近平新时代中国特色社会主义思想研究院[EB/OL]．央广网，2017-10-30.

② 张航．习近平新时代中国特色社会主义思想研究中心今天在人民大学揭牌[N]．北京晚报，2017-10-25(8).

第三，新媒体手段运用不够，优势未体现。回顾与事件相关的报道，仍然是传统纸媒和网站报道较多，而微博、微信、公众号等新媒体报道较少。“微言教育”作为教育部官微，对事件的报道也相对滞后。学习贯彻党的十九大精神，很容易被青年学生视为“高大上”，认为离自己的生活很远。如何能够将“高大上”的课题做成青年学生“喜闻乐见”的话题，除了内容上要加强阐释、变换话语体系、贴近青年特点以外，运用新媒体手段、注重传播方式的转换也是不能忽视的重要方面。

## 三、高校思想政治教育舆情应对策略分析

思想政治教育工作既具有教育工作的普遍性，又有思想政治工作的特殊性。正如习近平总书记指出的，“做好高校思想政治工作，要因事而化、因时而进、因势而新。要遵循思想政治工作规律，遵循教书育人规律，遵循学生成长规律，不断提高工作能力和水平”①。而把握规律的一个重要方法就是通过对比，突出特点。从本年度高校思想政治教育舆情来看，当前高校思想政治教育舆情主要存在以下几个特点。

一是中央主要媒体及教育战线相关媒体表现积极。从现有的对重要舆情事件的报道来看，《人民日报》《光明日报》等中央主要媒体积极参与，教育部官方网站、《中国教育报》《中国高等教育》等教育部门媒体承担了大部分宣传任务，各地方教育部门和各高校媒体密切配合，形成了较为立体的媒体报道结构，为高校思想政治教育工作的开展营造了很好的声势。

二是媒体报道对深层次问题讨论不够，缺少持续关注。以高校思政课质量年事件为例，高校思政课作为长期以来领域内关注的热点，无论是媒体报道，还是学术研究，都有很深厚的积累。然而，面对意义重大、中央领导高度重视与现实状况不容乐观的深层次矛盾，如何从学理上、机制上发现问题，直面问题，可能更加重要。从现有报道来看，围绕这些问题的

① 张烁，鞠鹏．习近平在全国高校思想政治工作会议上强调 把思想政治工作贯穿教育教学全过程 开创我国高等教育事业发展新局面[N]．人民日报，2016-12-09(1)．

深层次讨论显然不多。而从年初的“龙袍加身”上思政课事件，到后来的“习近平新时代中国特色社会主义思想研究中心”成立，相关报道的持续关注不够，缺少跟踪报道和后续报道，使得其影响力大大减弱。

三是对思想政治教育客体的关注不够，学生的声音很少听到。从所观察的舆情事件来看，媒体报道更多的集中于政策解读和工作报道，对作为思想政治教育客体的学生群体却鲜有涉及。以思政课质量年事件为例，只有很少量报道关注到学生群体，这些报道基本集中在教指委听课环节对学生的采访。这些采访无一例外都是正面评价，这与思政课整体面临的到课率、抬头率、评价度不高显然是不相符的。更加注重学生感受、从学生视角看待思政课“质量年”，应该成为媒体更加关注的重点。

习近平总书记还强调，“要运用新媒体技术使工作火起来，推动思想政治工作传统优势同信息技术高度融合，增强时代感和吸引力”①。新媒体时代，要从容应对高校思想政治教育舆情，需要在以下几个方面继续改进和加强。

一是要牢牢把握思想政治工作的领导权和主动权，用习近平新时代中国特色社会主义思想武装大学生头脑。思想政治工作，与其他工作不同，它直接关系到培养什么人、怎样培养和为谁培养人的问题，关系到社会主义事业的建设者和接班人的问题。因此，思想政治工作的根本原则不能变，要牢牢把握立德树人的根本宗旨，坚持以习近平新时代中国特色社会主义思想为指导，用党的创新理论成果武装大学生头脑，保证思想政治工作的正确政治方向，确保党对思想政治工作的领导权和主动权。

二是主流媒体要及时发声，加以引导。主流媒体的报道往往更加客观、更加完整，其真实性和权威性得到社会广泛认可。因此，在事件发生初期，主流媒体如果能够及时发声，加以引导，往往能够抓住事件舆情发展的主动权，起到事半功倍的效果。反之，如果主流媒体不及时发声，社会舆论便会无所适从，各种猜测、编造便会甚嚣尘上，对事件舆情发展产生不利影响，甚至有时候会背离正确方向，造成难以控制的局面。

---

①　张烁，鞠鹏．习近平在全国高校思想政治工作会议上强调　把思想政治工作贯穿教育教学全过程　开创我国高等教育事业发展新局面[N]．人民日报，2016-12-09(1)．

三是高校思想政治教育要创新工作形式，主动运用新媒体手段。作为思想政治教育的客体，大学生群体被称为“生活在网上的一代”，他们的年龄特点和时代环境使他们与网络新媒体基本处于“零距离”。要想吸引他们的关注，得到他们的认可，就必须在创新话语体系的同时创新工作形式，用他们愿意接受、乐于接受的教育手段和沟通方式来开展思想政治教育工作。

（房　正）

# 第19章　高等教育反腐舆情分析报告

2017年是中央八项规定出台五周年的关键时期，亦是全面从严治党和惩治腐败取得赫赫战果的一年。据正义网统计，截至2017年12月22日最高人民检察院官方网站共公布职务犯罪大要案信息316条，涉及厅局级以上官员共282人[①]。2017年，中央纪委网站先后推出“五一端午”“中秋国庆”“元旦春节”监督举报曝光专区，开设“我要举报”窗口，充分发挥民众的民主监督权，如发现有某些领导干部节日期间公款吃喝、旅游，收送贵重礼物，出入不当场所，组织隐秘聚会，可及时通过网站窗口一键举报[②]。此外，中央纪委宣传部、中央电视台联合制作《打铁还需自身硬》《巡视利剑》两部电视专题片，对全面从严治党，新时期党在加强自身建设、完善内控机制方面的重大成果完整展现。

具体到教育领域而言，2017年3月1日，教育部召开了教育系统党风廉政建设工作视频会议。教育部部长陈宝生同志在会议上讲话强调，教育系统党风廉政建设和反腐败形势依然严峻复杂，我们必须旗帜鲜明讲政治，发扬自我革命精神，保持战略定力，继续把教育系统党风廉政建设和反腐败工作引向深入，坚定不移推进全面从严治党，以优异成绩迎接党的十九大胜利召开[③]。2017年3月10日起，十八届中央第十二轮巡视开展行动，其15个巡视组全部进驻29所中管高校开展为期两个月的专项巡视。巡视期间，巡视组在各个高校设有专门联络方式，受理该地方和单位相关领导班子重要问题的举报和投诉，尤其是关于违反政治纪律、廉

---

① 牛旭东，杨晓，刘彬，颜好函．六大看点、七个“之最”带你读懂2017反腐这一年[EB/OL]．正义网，2017-12-25.

② 高巍，闫妍．中央纪委网站推出举报曝光专区[N]．人民日报，2017-09-16(4).

③ 谢沂楠．教育部召开2017年教育系统党风廉政建设工作视频会议[EB/OL]．中华人民共和国教育部网站，2017-03-03.

洁纪律、组织纪律、生活纪律等方面的举报①。由此可见，教育反腐仍是党和政府反腐工作的重点对象之一。

2017年中国传媒大学高教传播与舆情监测研究中心对自2017年1月1日至2017年12月31日的高教反腐舆情版块进行监测，共收集高教反腐舆情信息134条，舆情概况与热点事件分析报告如下。

## 一、高等教育反腐舆情概况

### （一）舆情时间分布

2017年高等教育反腐舆情信息134条，信息月分布图和季度分布图如图19-1、图19-2所示。

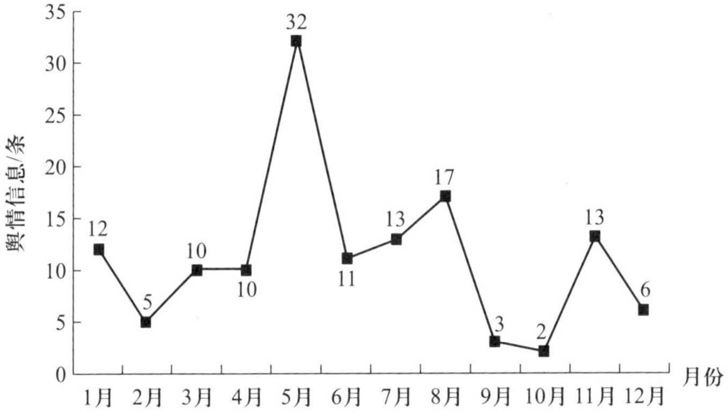


**图19-1　2017年高教反腐舆情信息月分布图**

从图19-1可以看出，2017年高教反腐舆情信息峰值出现在5月份，除此之外，1月、7月、8月、11月几个月份舆情信息数量相对较多。总体来说，2017年高教反腐舆情信息数量全年分布较为分散，相对集中于第二季度。就5月份而言，由于“山东大学一长江学者因贪污获刑”和“107篇医学论文撤稿”两件颇受争议的事件均在这一时期曝光，使得5月高教反腐相关领域舆情信息数量有所增加，并居于全年之首。高校科研经费究竟如何使用，一直是高校管理工作中的一大难题，如何在反腐败斗争和

① 姜洁．十八届中央第十二轮巡视全部进驻[N]．人民日报，2017-03-10(4)．

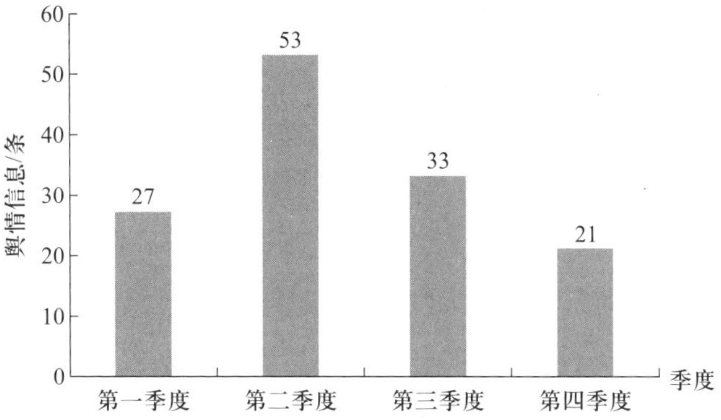


**图 19-2　2017 年高教反腐舆情信息季度分布图**

促进科研两方面达到一个合理的平衡,是一个值得认真思考并深入研究的大问题。而这次山东大学长江学者因科研经费问题获刑,自然再度引起媒体和网民关于科研经费使用制度的广泛讨论。此外,107 篇论文撤稿事件亦引发了媒体和网民的热烈讨论,这次撤稿创下了国际期刊论文撤稿单次之最,而且,这已不是我国科研论文第一次被国际期刊撤稿,且其中有多位作者来自名校和著名研究机构。这类事件的再次发生,亦再度引起了网民关于职称评审制度和学术道德问题的探讨。

## (二)舆情类型分布

2017 年高教反腐舆情信息主要包括:正面信息,如“西安交大通报违纪违规行为,校长带头反思并作检讨”“北京大学召开党风廉政建设警示教育大会”“十八届中央巡视圆满收官”等信息,在网上引发媒体关注,获网民一致好评;招生考试腐败,如“艺考怎么就成了腐败‘重灾区’”等信息;学术腐败,如“高校副教授被曝抄袭本科生毕业论文”“107 篇论文撤稿”等事件;违反八项规定,主要涉及高校部分领导干部落实八项规定政策不到位,被组织调查、处分;师生公德败坏类,如 9 月份被曝光的清华大学 11 位研究生违规违纪,违反社会公德,被学校处以违纪处分事件;国外高校反腐,如“英国名校联盟 23 所大学曝学术造假丑闻”“美国大学涉嫌袒护被控性骚扰者”等信息都在网上引起了广泛关注(图 19-3)。

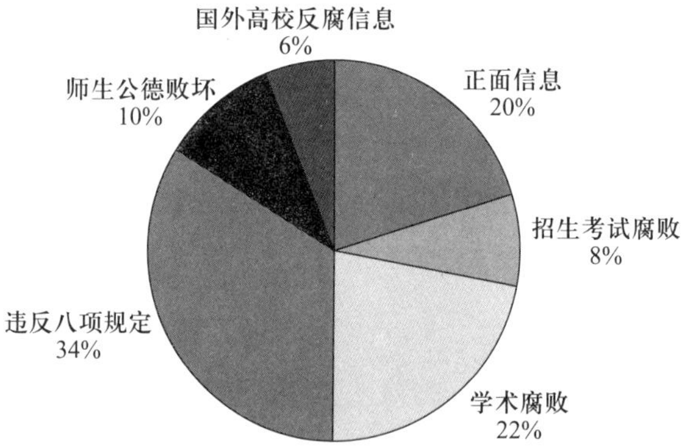


**图 19-3 2017 年高教反腐舆情信息类型分布图**

从图 19-3 可以看出,“违反八项规定”和“学术腐败”类信息在所有类型中所占比例最大。2017 年“违反八项规定”的信息中,仍有新疆大学、湖北师范大学、滨州医学院等多所高校领导因违反相关规定被组织调查、处分。而“学术腐败”类信息则涉及此前“复旦大学博士论文抄袭”“107 篇医学论文被撤”等。

### (三)舆情地域分布

2017 年高教反腐舆情信息共涉及 31 个省份。其中,河北相关舆情信息量最大,山东、上海、北京舆情信息量紧随其后(图 19-4)。从高校反腐舆情信息数量整体分布情况来看,河北、山东等地的教育腐败类事件备受关注。从 2017 年高教反腐热点事件案例来看,此前“河北科技大学韩春雨撤稿”“山东大学长江学者受刑”事件在网上引起较多关注,使得河北、山东两省份相关舆情信息居于全国前两位。此外,上海、北京等高校数量众多、人口密度较高的大型城市亦有较多热点事件发生。

### (四)与 2016 年对比分析

2017 年高教反腐舆情信息与 2016 年相比,不同之处主要有两点。

第一,从数量分布来看,2016 年高教反腐舆情信息波动较大,出现多个舆情峰值。而 2017 年全年高教反腐相关舆情信息波动相对较小,在 5 月份达到峰值以后,总体数量呈现下降趋势。从舆情态势来看,2016 年

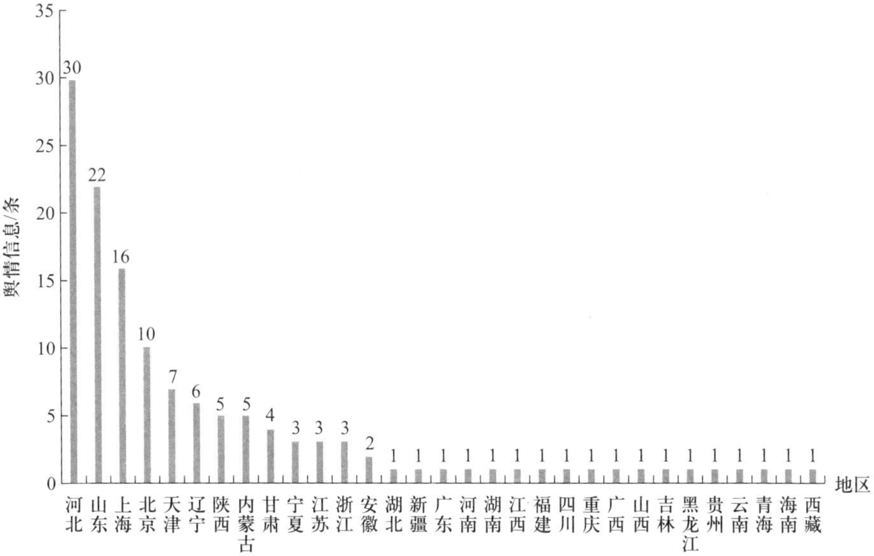


**图 19-4　2017 年高教反腐舆情信息地域分布图**

高教反腐舆情信息大体呈现了“热-冷-热-冷-热”的状态,而 2017 年基本呈现“冷-热-冷”的舆情状态。

第二,从舆情内容类型来看,2017 年相较于 2016 年减少了“学校管理制度腐败”类负面信息,而增加了“国外高校反腐败”信息类型。如此来看,经过之前政策的不断缩紧和反腐倡廉力度的不断加大,我国高校反腐败斗争已经初见成效。而对于国外的高校腐败事件以及其相关惩治制度,则可以择其典型作为案例进行研究,以推动我国高校反腐败斗争不断取得新成果。

## 二、高等教育反腐舆情热点事件分析

### (一) 热点事件一:山东大学长江学者因贪污实验室经费获刑

#### 1. 舆情新闻报道

一长江学者被 50 万元“绊倒”

(2017 年 5 月 17 日载于《中国青年报》,80 个网页刊载相关新闻)

拥有长江学者、山东大学研究生院副院长、泰山学者等多个头衔的陈哲宇因50万元获刑了。济南市天桥区人民法院于2016年年底的一审判决显示，陈哲宇及3名同事被判处贪污罪，其中陈哲宇获刑4年、被处罚金25万元。

陈哲宇称自己虽违反国家规定，但并未构成犯罪，而是体制的不合理。据相关文件显示，陈哲宇为维持其实验室正常运转，他和同事通过虚开发票的方式设立实验室经费“小金库”，这成为他们被指控贪污的源头①。

**2. 舆情进展分析**

“陈哲宇”事件经历了两个较为明显的舆论阶段。相关报道参见表19-1。

表19-1 山东大学长江学者因贪污实验室经费获刑的相关报道（不完全统计）

| 序号 | 时间 | 来源 | 新闻标题 |
|---|---|---|---|
| 1 | 5月11日 | 中国青年报 | 一长江学者被50万元“绊倒” |
| 2 | 5月11日 | 凤凰网 | 山东大学一长江学者被判贪污　本人称是体制问题 |
| 3 | 5月12日 | 大众网 | 一长江学者被50万绊倒　未兑现收入远多于“赃款” |
| 4 | 5月12日 | 新浪新闻 | 山东大学长江学者陈哲宇贪污获刑4年　本人称是体制问题 |
| 5 | 5月12日 | 凤凰网 | 长江学者陈哲宇被50万元“绊倒” |
| 6 | 5月13日 | 大众网 | 山东大学神经生物学所长陈哲宇贪污被抓 |
| 7 | 5月25日 | 苏北网 | 复旦教授工资单惊呆网友　他们工资多高算合适？ |
| 8 | 5月26日 | 新华网 | 莫因“复旦教授工资条”产生反智思想 |

第一个舆论热点是“长江学者被50万‘绊倒’”，其形成大致经历了以下过程：5月11日，《中国青年报》率先发文《一长江学者被50万元“绊倒”》，文章对陈哲宇事件做了详细的报道。随后该文章被大量转发，在全国范围内广泛传播。5月11日当天，新浪微博@财经网发布主题为“长江学者被50万元‘绊倒’：一审被判贪污　称是‘体制问题’”的微博，获网友评论近2 000条，舆情持续发酵。5月12日，知乎《如何看待山东大学长江学者陈哲宇涉嫌贪污50万？》的帖子引起网友积极参与，累计获

① 王景烁．一长江学者被50万元“绊倒”[N]．中国青年报，2017-05-17(5)．

回答 1 341 条，总计浏览 706 万余次，事件再次引发网友热议。5 月 14 日，新浪网友“@ 霜叶”对知乎热帖进行转发，并评论称陈哲宇事件在摧毁科学家对中国的信心，也是中国科学界的耻辱，微博中还批评了山东大学僵化落后的官僚体制。该条微博总计收获网友评论 1 300 余条，转发 4 000 余次。第一个舆论高涨期由此形成。

第二次舆论高潮的形成，主要是复旦大学教授工资事件对陈哲宇事件的提及。5 月 25 日，复旦大学某教授的工资单在网络上流出，工资单中显示月工资应发 15 335 元，但实际到手只有 8 272 元。网友在热议该事的同时又一次提及了陈哲宇事件，高校教授应该有多高的薪酬一时间引起了热议。此次舆论高峰的形成，由高校教授薪酬待遇问题引出，将教授较低的工资与陈哲宇“因故虚开发票设小金库”相提并论。

**3. 舆情方向分析**

根据相关新闻统计，这次事件的观点主要聚焦于以下 5 个方面。

一是对作为科学家的陈哲宇竟然对法律如此无知感到惋惜。《中国青年报》评论称：“中央八项规定出台以来，此种事件已屡见不鲜。在接受讯问和庭审时，陈哲宇多次表示自己不懂法，也不懂财务，此次事件也许在程序上不符合规定，但是他并没有占公家的便宜”①。中国网评论称：“科研经费是研究者的可支配资金，但可支配并不等于可以随意支配。陈哲宇和他的同事，竟然用科研经费设了‘小金库’，用这笔钱开起了公司，实在是有失大学者的气节”②。

二是认为不能因为贡献巨大，贪污数额小就从宽处理。有网友认为贪腐事件不可因为数额小就此搁浅，否则只会让法律的权威被不断践踏。学者贡献固然巨大，但毕竟是违反了国家规定，应当予以处罚。新浪网友“@ 徐志摩吧”评论称：“贪了就是贪了，亿万富翁贪了一分钱也是贪，不是官员贪才叫贪，少拿科学做幌子玷污了科学。”新浪网友“@ 晴空双子”认为“收入多少和贪污没有什么关系。年薪百万也可能瓜分 50 万。对该事件的关注重点应当是钱拿了没？什么钱？拿去干吗了？”

---

① 王景烁．一长江学者被 50 万元“绊倒”[N]．中国青年报，2017-05-17(5)．

② 刘立峰．贪污科研经费，学者气节哪去了？[EB/OL]．中国网，2017-05-11．

三是认为不能将已经发生的违法违规行为归咎于体制不完善。近年来我国屡有学术不端、学术腐败案发生，每遇到此种案件，体制的不完善问题总会成为舆论的关注点之一。凤凰网在文章《长江学者“贪”经费，体制是否该“背锅”》中称，法律尊严是绝对不容许挑战的，在追究一个人的法律责任时，肯定要依据现行的法律制度，按照规定严肃处理。而不能在明知规定的情况下违反规定，随后又将责任推给体制不完善。如此一来，只能为法制社会增添障碍，而科研领域也将会成为违法犯罪的重灾区[①]。

四是建议科研经费使用和管理制度仍需相关部门不断完善，要在给科研人员松绑的同时，堵住科研经费被侵占的漏洞。《南京日报》评论员宋广玉在文章《用制度堵住科研经费被侵占漏洞》中认为“‘绊倒’陈哲宇的除了他对科研经费的不当使用或侵占，还有不合理的科研经费使用和管理制度。而不合理的制度，不仅是引发科研经费不当使用的主要原因，还是科研人员进行科学研究、成果创新的绊脚石。”[②]此外文章还建议我国可适当借鉴科研发达国家的做法，将科研经费开支的一大部分用来支付科研人员自己及其团队的工资与福利，并严格记录科研经费使用的每个环节。

### （二）热点事件二：107 篇医学论文撤稿

#### 1. 舆情新闻报道

国际出版商撤销 107 篇中国医学论文，称涉及在“同行评议”中造假

（2017 年 4 月 21 日载于新京报网，20 个网页刊载相关新闻）

4 月 20 日，施普林格（Springer）出版社旗下期刊《肿瘤生物学》（Tumor Biology），宣布撤回 107 篇和中国研究机构有关的科研论文，其撤稿原因是同行评议造假。据悉，本次撤稿行为创下了正规学术期刊单次

① 熊丙奇．长江学者“贪”经费，体制是否该“背锅”[EB/OL]．凤凰网，2017-05-11.

② 宋广玉．用制度堵住科研经费被侵占漏洞[N]．南京日报，2017-05-12(7).

撤稿数量之最[①]。

**2. 舆情进展分析**

从事件进展及媒体报道情况来看，该事件在舆情发酵过程中经历了四个阶段。相关报道参见表 19-2。

**表 19-2　107 篇医学论文造假被撤的相关报道（不完全统计）**

| 序号 | 时间 | 来源 | 新闻标题 |
| --- | --- | --- | --- |
| 1 | 4 月 21 日 | 新京报网 | 国际出版商撤销 107 篇中国医学论文　称涉及在"同行评议"中造假 |
| 2 | 5 月 22 日 | 齐鲁晚报 | 107 篇中国医学论文被撤 |
| 3 | 5 月 23 日 | 央视网 | 107 篇中国医学论文被国际期刊撤稿　评审造假系主因 |
| 4 | 5 月 26 日 | 搜狐新闻 | 107 篇医学论文被撤，作者向媒体诉苦：如同保姆把孩子卖了 |
| 5 | 6 月 14 日 | 新华网 | 107 篇医学论文被撤稿！科技部：暂停相关项目基金 |
| 6 | 6 月 15 日 | 大众网 | 107 篇中国论文被撤稿　科技部回应：将清理论文造假中介机构 |
| 7 | 7 月 28 日 | 央广网 | 107 篇论文集中被撤调查结果：涉 521 人，11 人无过错，正依规处理 |
| 8 | 7 月 30 日 | 凤凰网 | 五部门通报 107 篇论文被撤稿：涉 521 名作者，正甄别处理 |
| 9 | 9 月 18 日 | 中国教育报 | 107 篇论文撤稿不能只怪作者，临床医生职称评价改革试点中 |
| 10 | 9 月 20 日 | 中国科技网 | 多家高校、医院 107 篇撤稿作者处理结果名单公布 |

第一阶段是"《肿瘤生物学》撤销 107 篇中国论文"被曝光，持续时间段为 4 月 20 日至 30 日。此时间段内，媒体以"《肿瘤生物学》撤销 107 篇中国论文"为主要话题，展开相关报道和评论。据百度检索相关新闻报道数量总计 780 篇。与之相应的新浪微话题#因造假撤销 107 篇医学论文#、#107 篇中国论文被撤#、#107 篇中国论文造假被撤#阅读量分别为

① 李丹丹. 国际出版商撤销 107 篇中国医学论文　称涉及在"同行评议"中造假[EB/OL]. 新京报网，2017-04-21.

5.1万、29.2万、309.4万。事件初始，施普林格·自然出版集团于当地时间4月20日发表声明称，撤回旗下《肿瘤生物学》期刊发表于2012年至2015年的107篇论文，这些论文全部来自中国作者，撤稿原因是同行评议造假。随后，该消息被人民网、新华网、新浪、网易、环球网等多家媒体转发。其中，观察者网于北京时间4月21日中午，以《太丢人！中国学者集体欺骗国际医学期刊 被撤稿107篇论文》为标题转载撤稿声明，最早发布相关新闻，引发媒体广泛关注。4月21日傍晚，新京报网以《国际出版商撤销107篇中国医学论文 称涉及在“同行评议”中造假》为标题发表文章，对此次撤稿事件展开进一步调查。文中称，记者和施普林格在中国的一位工作人员确认了该消息的真实性。文章还对“同行评议造假”做了更为详尽的解释，该文章被其他媒体转发，事件影响范围进一步扩大。此后，媒体报道多围绕造假现象及造假原因展开批评。

第二阶段是五部门就该事件做出初步调查回应，持续时间段为6月14日至18日。该阶段，科技部、教育部、卫计委、自然科学基金会和中国科协五部门就“《肿瘤生物学》撤销中国学者107篇论文”一事做出初步调查回应，事件再次引发媒体关注。在这一阶段内，百度检索相关新闻报道数量总计346篇。6月14日下午，在科技部牵头下，中国科协、教育部、卫生计生委、自然科学基金会等五部门成立联合工作组召开调查处理工作新闻通气会。相关负责人表示已经查实部分论文作者确实存在严重违规现象。对于查实存在问题的论文作者，相关部门必会严肃处理。与此同时，五部门已经开展行动，对涉事论文作者承担或正在申请的科研项目、基金、人才计划等，进行全面排查，其结果也将对外全面公开通报[①]。随后，这次回应被多家媒体报道，五部门对该事件的处理态度获得社会各界一致好评，事件再一次引发公众热议。

第三阶段为科技部等五部门对“论文被撤事件”进行通报，并公布详细调查结果，时间段为7月27日至31日。在这一阶段内，百度检索相关新闻报道数量总计181篇。与之相应的新浪微话题#107篇论文因造假

① 郑亚群．107篇医学论文被撤稿！科技部：暂停相关项目基金[EB/OL]．新华网，2017-06-14．

被撤#阅读量为 44.7 万。7 月 27 日，科技部等部门第二次在北京召开相关会议，会上对《肿瘤生物学》集中撤稿事件彻查处理的总体情况进行了通报，对外公开了被撤稿论文存在的具体问题及涉事作者将面临怎样的处理。事件在经过初次曝光和初步回应两次发酵后，在第三次进入公众视野时，热度已有所降低。舆论对该事件的态度亦有所缓和，媒体报道多趋于理性评论，或是对通报情况进行转载。

第四阶段为多家高校、医院相继公布被撤稿作者名单及处理结果，各媒体竞相报道相关处理结果，时间段为 9 月 18 日至 24 日。在这一阶段，百度检索相关新闻报道数量总计 22 篇。与之相应的新浪微话题#因造假撤销 107 篇论文#阅读量为 611.6 万。在事件发展的最后阶段，虽然媒体对该事的关注度有所降低，且经过之前相关部门的认真表态和处理结果的公布，涉事者所在单位公布的处理结果似乎已在公众的预料之内，但网民对此事的关注热度并没有趋于冷却。

**3. 舆情方向分析**

关于“107 篇医学论文撤稿”事件的舆论焦点主要集中在以下 4 个方面。

一是批评 107 篇中国学术论文被撤回，令中国学术界蒙羞。通过《肿瘤生物学》的撤稿声明可以发现，107 篇被撤的论文全部与中国的科研机构有关系，其中不仅有复旦大学附属华山医院、中国医学科学院北京协和医院等三甲医院，还有武汉大学、同济大学等知名高校[①]。107 篇论文的 521 位作者，几乎都是中国临床肿瘤专家，他们所属的医院或单位也都是顶级的公立机构，而他们的学术论文造假实在无法被容忍。部分网友认为，治病救人的医生也存在弄虚作假着实令人害怕。

二是质疑医疗系统职称评价体系不公正、不合理。新浪网民“木中苑”称：“真是，搞科研搞得好的，临床不一定行，甚至只是一般。我知道的一个老师，在学校附属医院，学历不高，但是人家临床棒呆了好嘛！因为没有科研成果，一直卡在主治上，也是够了。”新浪网民“梓涵_z”称：“医院评职称要求医生有论文、大夫考博硬性规定必须要发表过论文，我就问问你，全年 365 天无休还连轴转，外科大夫每天上班时间至少 10 个

① 赵丽娟.107 篇中国学术论文被撤回是学术界的耻辱［EB/OL］. 长江网，2017-04-24.

小时以上，谁有功夫去搞研究？不问青红皂白就说医生不对，要我说这是体制有问题，为啥体制不换标准?!”

三是指责《肿瘤生物学》杂志审稿不严，巨额版面费助其成为以盈利为目的的“掠夺性期刊”，建议有关部门组织调查，公布一份国外学术期刊黑名单。据权威刊物揭露，《肿瘤生物学》杂志刊登每篇文章需收取“版面费”1 500美元。据该价格估算，6年间仅“版面费”收入就超800万美元①。也正因其高额版面费及审稿不严的行为，该杂志已经被国际学术界普遍谴责为“掠夺性期刊”。上海交通大学江晓原教授发文章称，面对此种“掠夺性期刊”，应当呼吁有关部门组织调查，公布“掠夺性期刊”黑名单，并制定相关规定，严格声明我国作者在黑名单期刊上发表的论文不能算学术成果②。

四是建议尽快完善学术道德科研诚信体系。中国科技网文章称，在处理此类事件时，相关部门不能只宣示“对学术不端行为零容忍”，而是要采取一定措施，对所有科研人员实行有效监督。尽管各高校和相关机构都设有“学术道德委员会”“科研诚信办公室”等监督机构，但学校自治体系之下，仍存在对学术不端行为的包庇行为，不能震慑心怀侥幸者。而且，学术科研道德不仅关乎我国科研创新发展，更关乎我国国际声誉③。

### （三）热点事件三：厦门大学附属中山医院院长蔡建春博士论文抄袭

#### 1. 舆情新闻报道

院长博士论文被指抄袭学生硕士论文

（2017年8月10日载于《中国青年报》，118个网页刊载相关新闻）

近日，厦门大学蔡建春再次被举报涉嫌论文抄袭，缘由是其申请厦门大学博士学位的论文与其学生硕士论文大面积重合。据悉，蔡建春拥有

---

① 操秀英，罗晖．国内学者呼吁拉黑“掠夺性期刊”[EB/OL]．中国科技网，2017-05-01.

② 江晓原．“掠夺性期刊”黑名单应尽早公布[EB/OL]．光明网，2017-04-28.

③ 桂楷东．107论文撤稿给人的启示之一：尽快完善学术道德科研诚信体系[EB/OL]．中国科技网，2017-05-05.

厦门大学党委副书记、厦门大学医学院常务副院长、附属中山医院院长等多个头衔。

记者将蔡建春的博士论文和其两名学生的硕士生毕业论文进行比对，发现蔡建春的论文内容与后两者内容存在大量重复[①]。

**2. 舆情进展分析**

从事件进展及媒体报道情况来看，该事件在舆情发酵过程中，经历了两个阶段。相关报道参见表 19-3。

**表 19-3　蔡建春被指博士论文抄袭学生硕士论文的相关报道(不完全统计)**

| 序号 | 时间 | 来源 | 新闻标题 |
|---|---|---|---|
| 1 | 8 月 10 日 | 中国青年报 | 院长博士论文被指抄袭学生硕士论文 |
| 2 | 8 月 10 日 | 凤凰网 | 中山医院院长博士论文被指抄袭学生硕士论文：连致谢也抄 |
| 3 | 8 月 10 日 | 新京报 | 厦大回应博士论文被指抄袭：学术不端　不构成剽窃 |
| 4 | 8 月 11 日 | 腾讯网 | 医院院长博士论文被指抄袭学生硕士论文：连致谢也抄 |
| 5 | 8 月 11 日 | 齐鲁晚报 | 院长博士论文被指抄袭学生　院方：不知道怎么回应 |
| 6 | 8 月 11 日 | 央视网 | “老师抄学生论文”是抄袭还是“不规范” |
| 7 | 8 月 20 日 | 新华网 | 连环“抄袭”相互致谢　厦大院长问题博士论文再调查 |
| 8 | 8 月 21 日 | 央广网 | 厦大院长蔡建春问题博士论文再调查　连环抄袭相互致谢 |

第一阶段是“蔡建春被指论文抄袭”首次被曝光，持续时间段为 8 月 10 日至 12 日。这时间段内，媒体以“院长蔡建春博士论文抄袭学生硕士论文”为主要话题，展开相关报道和评论。百度检索相关新闻报道数量总计 626 篇。与之相应的新浪微话题#院长博士学位论文被指抄袭#、#副院长博士学位论文涉抄袭#阅读量分别为 36 万、64 万。事件初始，《中国青年报》率先发文称蔡建春博士学位论文抄袭学生硕士学位论文，将该

① 王景烁．院长博士论文被指抄袭学生硕士论文[N]．中国青年报，2017-08-10(4)．

事件带入媒体视野。随后,该文章被法制网、凤凰网、新浪网、网易网、环球网等多家媒体转载,事件在全国范围内广泛传播。8月10日晚,新浪微博@厦门大学发布相关声明,对蔡建春涉嫌论文抄袭予以通报,声明中称蔡建春系学位论文写作和引文严重不规范,属于学术不端行为,不构成学术剽窃。该声明一经发表,就被澎湃新闻、光明网、中国青年网、环球网等多家媒体引用转发,引起网民的热议。

第二阶段是"媒体再度质疑厦门大学调查回应",持续时间段为8月21日至22日。该阶段,《中国青年报》再度率先发文称"厦大院长问题博士论文再调查",文中称,蔡建春存在"4年间同一成果申请3个学位,论文大面积雷同""博士期间蔡建春另有多篇论文涉一稿多投"等行为,事件再次引发媒体关注①。百度检索相关新闻报道数量总计113篇。媒体多就蔡建春学位论文抄袭一事,比对教育部《高等学校预防与处理学术不端行为办法》等相关文件,对厦门大学的通报情况开展质疑,但此次质疑最终并未得到厦门大学回应,随后事件逐渐冷却。

**3. 舆情方向分析**

通过对网民和媒体观点的梳理可以看出,关于"厦门大学蔡建春博士论文抄袭学生硕士论文"事件的舆论焦点主要有以下两个方面。

一是批评蔡建春此举有违学术道德,应予以严惩。有微博网友称,此类事件已然是科研圈不明说的潜规则,代写论文,剽窃成果,屡见不鲜,而对于此类事件的处理,也只能暂时引起小规模注意,随后事件便会在互联网大潮中淡出大家的视野,着实令人失望。

二是质疑厦门大学对该事件处理的不公正、不合理。《中国青年报》文章称,厦门大学仅在声明中通报,学校已按照相关规定正式启动相应的处理程序,但并未明确说明将对蔡建春做出何种处理,实在不具有说服力。从舆情应对的视角来看,面对舆论质疑,厦门大学"学风委员会"不能只对事件做出定论和通报声明,而更应该用证据说话,否则,其处理问题定然也有"严重不规范"的嫌疑②。

---

① 王景烁. 厦大院长问题博士论文再调查[N]. 中国青年报,2017-08-21(4).

② 王景烁. 厦大院长问题博士论文再调查[N]. 中国青年报,2017-08-21(4).

## 三、高等教育反腐舆情应对策略

随着各级纪检监察机关反腐执行力度的不断加大，高校反腐倡廉制度亦不断完善。但滥用职权、监督低效、学术不端等问题在各高校仍时有发生。与2016年相比，2017年高教反腐舆情事件总量大有降低，这充分证明党和政府在高等教育领域再次取得反腐倡廉佳绩，但教育反腐工作仍是今后相当长时期的重要工作之一，只有这样才能更有力地推动我国高校走向世界前列。为了推进我国高教事业的稳健发展，对高等教育反腐领域提出以下两点舆情应对建议。

第一，要不断完善高校各项相关制度。从本年度高等教育反腐舆情热点事件来看，学术腐败仍是高等教育腐败事件的热点。无论是“厦门大学附属中山医院院长蔡建春博士论文抄袭”事件，还是“107篇医学论文造假被撤稿”事件，学术不端行为在我国已然不足为奇。以科研论文被撤稿事件来说，国家自然科学基金委员会在2016年12月12日举办的年度“捍卫科学道德反对科研不端”通报会上公布的数据显示，自2015年3月开始，施普林格、自然、爱思唯尔等国际出版集团的集中撤稿中，涉及中国作者的论文共计117篇①。但这次撤稿文章数量高达107篇，且全部来自中国，实属罕见，这也创下了正规学术期刊单次撤稿数量之最。总的来说，该类事件频频发生，不仅是研究者个人学术道德问题，也与现行的职称评审“唯论文论”有关系。要从根本上杜绝该类事件的发生，还应在加强学术道德教育的同时，不断去摸索相对更为公正的评审机制。

第二，高校管理者要增强打击腐败行为的执行力度。在我国社会变迁和互联网技术快速发展并行的时代背景下，高校应意识到危机事件的多发性和随机性。在手段上可以运用现代信息技术，加大对腐败不端行为的打击力度，健全惩罚处置督办机制，规范对违纪行为的查处程序。高校管理者适当进行相应信息的公开发布，及时处理。例如本年度热点事

① 王晓宇. 基金委通报2015—2016年科研不端行为典型案例[EB/OL]. 中国科技网，2016-12-12.

件复旦大学博士学位论文抄袭一事，复旦大学在及时回应将会严肃处理后，仅在四日内就将相关处理结果进行公布，其行动速度和处理态度值得赞扬。复旦大学不仅运用自媒体及时化解了该负面事件可能引发的不良影响，其处理结果的对外公布也向社会表明了学校对于学位事件的严肃态度，无疑为自身形象加分。

（许艳艳）

# 第20章 国外教育舆情分析报告

《国家中长期教育改革和发展规划纲要(2010—2020年)》指出,我国教育国际交流与发展的趋势已经从单向的引进为主向对内引进与对外传播相结合的双向发展[①]。这意味着我国不仅要借鉴和引进优秀的国外教育模式与资源,也要向世界传播中国文化,提升我国高等教育的影响力和竞争力。与此同时,教育作为人力资本积累的途径,可以推动经济的发展。高等教育国际交流与合作的加强、优质教育资源的引进和交流合作水平的提高,有利于进一步推动世界经济一体化和全球化。由此可见,研究高等教育国际交流与合作有着很重要的现实意义。

国外高等教育舆情研究是高等教育国际交流与合作的"先行军"。社交媒体、自媒体逐步占领了舆论主阵地,网络舆情便成为反映国际教育状况最直接、最快速的渠道。研究国外高等教育舆情,有助于我国在高等教育国际交流与合作中紧抓国际高等教育的发展脉搏和前沿方向,增强自身竞争力;同时,对国外教育舆情信息的分析、研判和预警,能够让人们在教育舆情浪潮中及时获悉国际教育动态、防患教育漏洞于未然。因此,中国传媒大学高教传播与舆情监测研究中心(以下简称"研究中心")对自2017年1月1日至12月31日的国外教育舆情版块进行监测,以期能为我国高等教育的国际化发展贡献微薄之力。

---

① 国家中长期教育改革和发展规划纲要领导小组办公室. 国家中长期教育改革和发展规划纲要(2010—2020年)[EB/OL]. 中华人民共和国教育部官网,2010-07-29.

# 一、国外教育舆情概况

## （一）舆情时间分布

### 1. 数据数量

从绝对数量上看，2017 年，研究中心在国外教育舆情版块共监测相关信息 3 696 条，日平均监测信息 10.12 条。

横向对比，2017 年国外教育舆情板块的信息量低于就业（10 721 条）、大学生（9 007 条）、科学研究（5 245 条）、人才培养（4 303 条）4 个板块，高于思政教育（3 394 条）、教师发展（2 816 条）、学科专业（2 789 条）、高校管理（2 326 条）、体制改革（2 061 条）等版块。14 个专题版块中国外教育舆情版块位于第 5，居中上位置；其信息占有率为 7.5%。上述这些数据表明，在高校舆情领域中，由国外教育事件引发的舆情关注度较高。

纵向对此，研究中心监测到的 2017 年国外教育舆情版块的信息量与 2016 年的 3 604 条相比增加了 92 条，增幅较小。

### 2. 数据分布与走向

2017 年国外教育舆情信息的月分布图和季度分布图分别参见图 20-1、图 20-2。

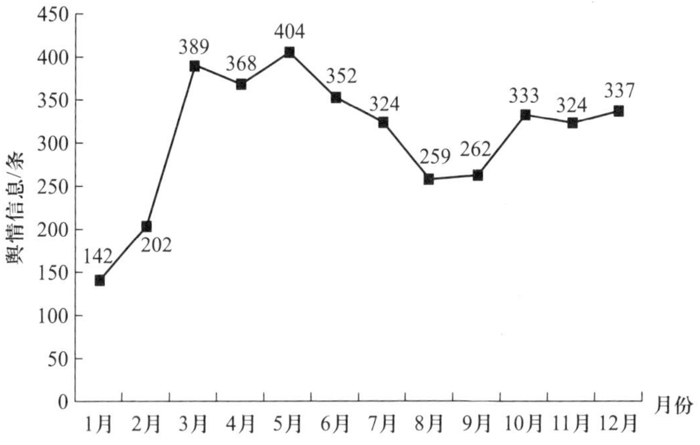


**图 20-1　2017 年国外教育舆情信息月分布图**

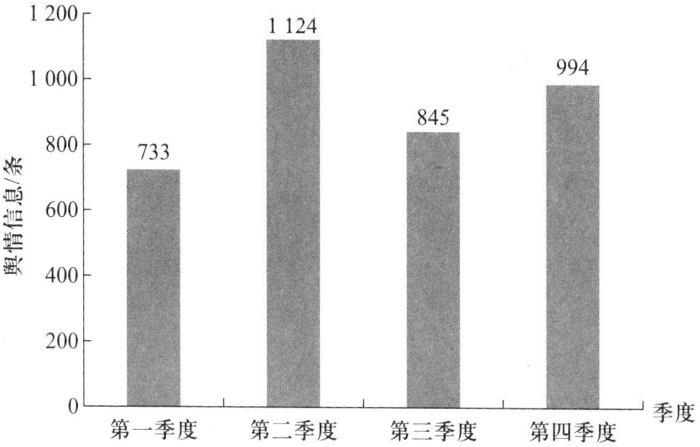


**图 20-2　2017 年国外教育舆情信息季度分布图**

2017 年度国外教育舆情信息在月分布上呈现不均衡发展态势。其中，最高值出现在 5 月份，为 404 条；最低值出现在 1 月份，为 142 条。与 2016 年度国外教育舆情信息月分布相比，最高值和最低值都有所下降（2016 年度最高值出现在 9 月份，为 415 条；最低值出现在 2 月份，为 189 条）。另外，当月国外教育舆情信息占有量高于 400 条的月份有 1 个（5 月份），数据占有量在 300～400 条的月份较多，共有 7 个月份（3 月份、4 月份、6 月份、7 月份、10 月份、11 月份、12 月份），数据占有量在 200～300 条的月份有 3 个（2 月份、8 月份、9 月份），数据占有量少于 200 条的月份仅有 1 个（1 月份）。

从数据走向来看，2017 年国外教育版块的舆情从 1 月到 12 月，经历了迅猛上升、小幅波动、持续下降、缓慢回升的过程。其中，1 月份到 3 月份舆情信息量的变化最剧烈，由 1 月份的最低点（142 条）直接攀升至 3 月份的 389 条，仅次于全年舆情信息峰值 404 条（5 月份）；3 月份至 5 月份舆情信息量呈现小幅波动的发展态势；5 月份至 8 月份，舆情信息量呈现持续下降的趋势；经过 9 月份至 10 月份的缓慢回升之后，国外教育舆情信息进入持平期，连续 3 个月舆情信息量徘徊在 330 条左右。

与 2016 年度国外教育舆情信息月分布图的走向相比，2017 年度国外教育领域的舆情走向表现了的相同和相异之处分别如下。

总体来看，两年来国外教育舆情信息的变化趋势相同处较少，相异处突出。其中相同之处可体现为两年中国外教育舆情的波动都较为剧烈，舆情信息量有大幅度的攀升或跌落。不同之处如下：首先，两年的高峰值和低谷值出现的月份均有所差别（2016 年分别为 9 月和 2 月；2017 年分别为 5 月和 1 月）。其次，国外教育领域舆情在 2016 年上半年呈现近似“W”的发展态势，而 2017 年上半年的舆情波动趋势与之恰好相反，呈现近似“M”的发展态势。第三，2016 年信息量自 9 月份起便呈现持续下跌态势，直至 12 月份跌落至接近最低点，反观 2017 年 9 月份至 12 月份舆情数据大体呈现上升趋势。第四，2017 年该领域的舆情信息波峰波谷差值为 262 条，明显高于 2016 年的 226 条。

从 2017 年度国外教育舆情信息季度分布图中可以看出，国外教育领域舆情热度最高时段是第二季度（共有 1 124 条信息），第四季度信息量次之（994 条），第一季度舆情信息量最低（共有 733 条信息）。

## （二）舆情类型分析

2017 年研究中心监测到的国外教育舆情信息中，主要涵盖留学政策、留学生活、院校发展、合作办学、学术动态 5 类信息内容（图 20－3）。其中，留学政策和留学生活类信息总体占比为全部信息的 60%，相比之下，学术动态及院校发展的信息所占比重较小。

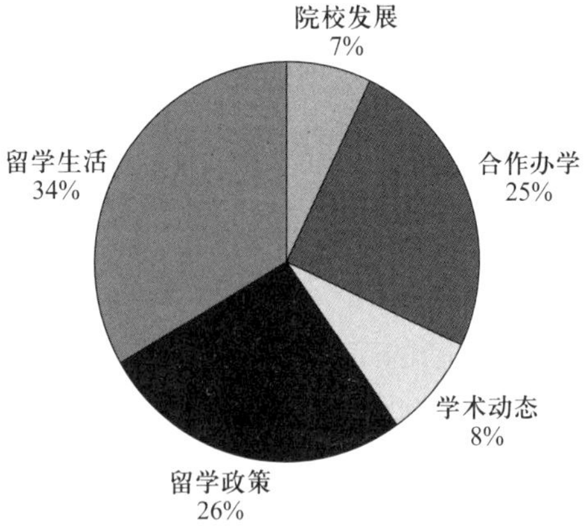


**图 20－3　2017 年国外教育舆情信息类型分布图**

## （三）舆情地域分布

从舆情地域分布情况来看，2017 年度国外教育舆情信息共涉及 34 个省级行政区（省、自治区、直辖市和特别行政区）。呈现东部地区舆情信息量较多，中部省份信息量其次，西部省份信息量相对较少的特征。其中，排在前三位的分别是北京市、上海市和香港特别行政区，信息占有量分别为 717 条、369 条、252 条。这三个城市国外教育舆情信息数量上的优势与其经济的快速发展、教育资源的丰富和教育的国际化息息相关。三个城市 2017 年度的信息占有量共计 1 338 条，占全部信息数量的 36.2%。相比之下，国外教育舆情信息占有量最低的地区为青海省及宁夏回族自治区（均为 6 条）。

与 2016 年国外教育舆情信息相比，2017 年舆情信息地域分布的最高值与最低值均有所下降（2016 年最高值为北京市 749 条，最低值为内蒙古自治区、青海省及宁夏回族自治区，三地均为 12 条）。其中上海市、香港特别行政区、浙江省的信息量几乎与 2016 年持平（图 20-4）。

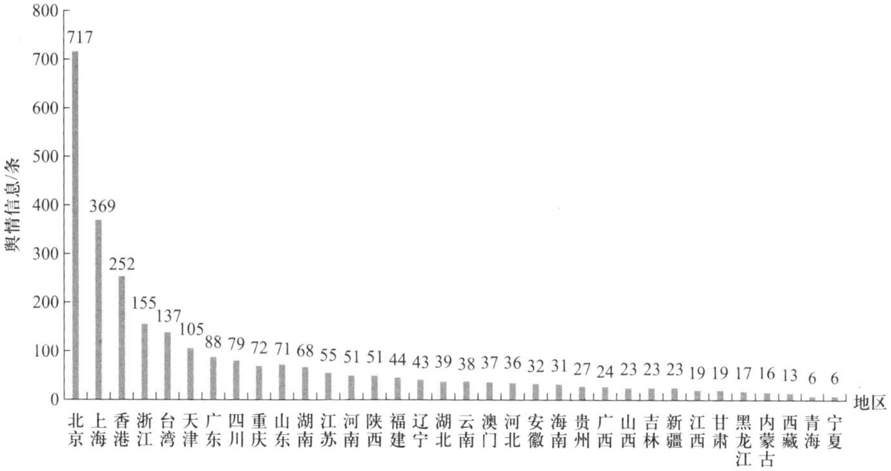


图 20-4　2017 年国外教育舆情信息地域分布图

## 二、国外教育舆情热点事件分析

### （一）热点事件一：美国高校为吸引中国留学生而更名

#### 1. 舆情新闻报道

这家美国高校下血本也要改名，目的竟只是为吸引中国留学生……

（2017 年 1 月 9 日载于参考消息网，20 个网页刊载相关新闻）

这两天，又有一所美国高校要把自己的名字从“学院”（College）改成“大学”（University）了。更名的美国北佛蒙特大学，非要改名的最主要理由却相当“纯粹”：只为了吸引中国留学生[①]。

#### 2. 舆情进展分析

2017 年 1 月 9 日 18 点 40 分，事件相关报道首曝于参考消息网，该事件进入舆情发酵期。当天可搜索到相关新闻文本数量为 3 条。随后，该事件进入舆情高峰期，1 月 10 日百度搜索引擎可搜索到相关新闻文本数为 39 条，凤凰资讯、中财网、环球网和搜狐新闻也相继对该新闻进行转载报道。1 月 11 日该事件的媒体关注度略微下降但仍处于舆情高涨阶段。1 月 12 日至 1 月 14 日，该事件的媒体关注度数量迅速下降，直至 1 月 15 日可搜索到的新闻文本量为零。

从媒体关注的角度来看，各媒体对该新闻大多数只是转载，标题及内容也并无明显的更改，也鲜有媒体对该事件进行评析及解读。然而，对于此次事件，网友的反应相对媒体来说较为热烈，有不少中外网友纷纷对更名事件发表了评论。相关报道如表 20-1 所示。

表 20-1　美国高校为吸引中国留学生而更名的相关报道（不完全统计）

| 序号 | 时间 | 来源 | 新闻标题 |
|---|---|---|---|
| 1 | 1 月 9 日 | 参考消息网 | 这家美国高校下血本也要改名　目的竟只是为吸引中国留学生…… |

① 黄蓉，邓亚君．这家美国高校下血本也要改名，目的竟只是为吸引中国留学生……［EB/OL］．参考消息网，2017-01-09.

续表

| 序号 | 时间 | 来源 | 新闻标题 |
| --- | --- | --- | --- |
| 2 | 1 月 10 日 | 环球网 | 华媒:美国高校为吸引中国留学生　下血本也要改名 |
| 3 | 1 月 10 日 | 中新网 | 美国高校为吸引中国留学生　下血本也要改名 |
| 4 | 1 月 11 日 | “美国留学中心”搜狐号 | 叫 college 太 low? 美帝大学纷纷改名为 university! |
| 5 | 1 月 11 日 | 凤凰资讯 | 美国高校为吸引中国留学生下血本改名 |
| 6 | 1 月 11 日 | 搜狐网 | 万众瞩目! 大学斥巨资改名只为了吸引中国学生 |

**3. 舆情方向分析**

高校更名向来不是什么新鲜话题。中国高校自 20 世纪八九十年代至今,改校名风潮一直延续。据相关统计,2008 年到 2015 年,我国更改校名的高校共有 472 所,占高校总数的 23%。一是地方院校的名称不断“升级”:从市到省,从省到华东、华中等;二是高校层次不断升级,从“专科学校”到“学院”再到“大学”[①]。然而,作为向来对校名并不太在意的美国高校,如今为了招揽中国留学生,将学校的名称从“学院”改为“大学”,无疑说明了当今赴美留学大潮有增无减的现状下,美国高校与中国留学生之间形成的一种择校默契:得到中国学生的青睐需要一个很有分量的名字。对于此次美国高校为招揽中国学生而更名事件,目前并没有专家对此进行专门的评论与分析,但是,在中国高校改名大潮“久涨不落”的现状下,有不少专家对更名背后的动机进行了诠释与解读,或许会有些许借鉴意义。

邓海建在文章《时评:高校更名热背后的功利取向》中指出,高校更名热像一阵风一样以迅雷不及掩耳之势吹遍各类高校。唯一能让这种热潮冷却的办法大概需要考生及家长对报考抱持理性的态度,不要因为高校的名字想当然。只有把这一层“皇帝新衣”脱下来,投机者才不

① 美国各学院纷纷改名为大学,只为招收中国留学生[EB/OL]. 保研夏令营经验分享·搜狐号,2017-01-17.

会见缝插针，更名热也将因此冷却下来[①]。他的分析无疑为人们提供了一种思路：无论是中国高校悠久的更名“历史”，还是美国高校新掀起的更名大潮，其背后根本的推动力其实是中国学生及家长“以名识校”的心理。

新浪教育发表的一篇时评指出了高校更名风波背后的问题，它认为高校真正需要的不是以响亮的名号来证明自己的实力，而是以自身传统和优势沉淀为基础而发展起来的一种细分式、特色化的精致办学模式。在过去，学院到大学的升级或许可以获得巨大的好处，但是现在来看无疑是荒谬的，因为有限教育资源的分配只能是基于相关学校的自身需求和办学效益，而不应仅仅看重其名号或身份[②]。

网友对于“美国高校为吸引中国留学生而更名”事件的观点并没有显示“非黑即白”的强烈倾向性，主要观点可分为以下两种。

首先，对北佛蒙特大学改名之举的效果存在质疑。在美国高校改名的新闻被报道后，有不少中外网友对该事件进行了严肃思考和讨论。也有网友表示，与其扩大国际学生生源不如先把本州的招生工作做好，当地生源也是非常重要的。网友 Michael Donohue 指出，改名不过是为了盈利，但这些由“College”改为“University”的学校并不一定会有学术水平的提升。可见，对于此次美国高校的更名事件不少网友持批判与质疑的态度。

此外，对此次美国高校更名背后驱动力的分析。一位名为“肥龙在天”的网友认为改名只是为了迎合国人的心理。网友“hjw”在观察者网相关新闻报道下评论指出，“在西方人眼里，部分先富起来的中国人就是一只只会走路的储钱罐。只要能够炮制出一个什么名堂，就能把中国人的钱挣了”。显然，该网友的评论有太过偏激的嫌疑，但其评论中指出的“以名择校”确实是中国留学家庭选择国外高校的一项重要指标。

① 邓海建．时评：高校更名热背后的功利取向[EB/OL]．腾讯教育，2015-09-17.

② 然玉．时评：高校更名风波背后的真问题[EB/OL]．新浪教育，2015-09-15.

## （二）热点事件二：北大在英国设立分校

### 1. 舆情新闻报道

北大去牛津开分校　把英国媒体吓到了

（2017 年 4 月 6 日载于观察者网，24 个网页刊载相关新闻）

北京大学汇丰商学院官网消息称，2017 年 2 月，北京大学汇丰商学院与英国开放大学正式签约，购买其位于牛津市的校舍，着手创办北大汇丰商学院牛津校区（Peking University HSBC Business School Oxford Campus，简称 PHBS Oxford），该校区将成为中国大学第一次在海外独立建设、自主管理的实体办学机构①。

### 2. 舆情进展分析

“北大在牛津设分校”的舆情进展呈现了发酵期漫长、舆情高潮期爆发猛烈、舆情消逝期缓慢等特征。相关报道见表 20-2，舆情进展如下。

表 20-2　北大在英国设立分校的相关报道（不完全统计）

| 序号 | 时间 | 来源 | 新闻标题 |
|---|---|---|---|
| 1 | 2 月 22 日 | 汇丰商学院官网 | 北大汇丰商学院将设立英国校区　中国高校走向世界 |
| 2 | 3 月 20 日 | 南方日报 | 北大汇丰商学院开“分号”到牛津大学“隔壁” |
| 3 | 4 月 6 日 | 观察者网 | 北大去牛津开分校，把英国媒体吓到了 |
| 4 | 4 月 7 日 | 搜狐教育 | 北大去牛津开分校　英国媒体吓到了！ |
| 5 | 4 月 7 日 | 凤凰财经 | 英媒：北京大学将在牛津建校区 |
| 6 | 4 月 7 日 | 凤凰资讯 | 英媒：北大将在牛津建校区　中国高校罕见海外扩张 |
| 7 | 4 月 17 日 | 凤凰资讯 | 北大牛津校区，2018 年海外招生 |

第一阶段：舆情发酵期。相比其他舆情热点事件来说，“北大在牛津设分校”事件经历了近两个月的漫长的舆情发酵期。该事件的报道可追溯至 2017 年 2 月 22 日北京大学汇丰商学院官网上发布的一篇题为《北大汇丰商学院将设立英国校区　中国高校走向世界》的文章，然而该文

① 李东尧．北大去牛津开分校，把英国媒体吓到了［EB/OL］．观察者网，2017-04-06.

章发布后，当天乃至当月时段内鲜有媒体转发，也并没有引起公众的过多关注；同样，在3月20日，汇丰商学院院长接受《南方日报》记者采访后的报道《北大汇丰商学院开“分号”到牛津大学“隔壁”》发布后也并未搅动舆论波澜，引发公众讨论。此次事件舆情发酵期的漫长或与信息源（汇丰商学院官网）的影响力有关，当信息源的媒介影响力较弱时，事件便较不易引起公众关注。

第二阶段：舆情高潮期。2017年4月6日，英国《卫报》刊登了一篇与该事件相关的文章，同日，刊于观察者网的一篇题为《北大去牛津开分校，把英国媒体吓到了》的文章正式拉开了此次事件的舆情高潮期的序幕。作者李东尧在文中将英国广播公司（BBC）、《卫报》《泰晤士报》等英国主流媒体关于该事件的相关报道加以收集、总结和分析，引起了众多网友的跟帖及评论，仅当天就有96位网友在文章下展开了激烈的讨论。当天可监测到的相关文本信息为6条；4月7日，该事件的舆情热度迅速攀升，正式进入舆情高潮期，系统可监测到357条相关信息。当日，搜狐网、网易、腾讯网等媒体也相继对该事件进行了报道。值得注意的是，当日有不少媒体将北大汇丰商学院官网于2月22日发布的首曝文章进行转载，这再一次说明了信息传播需要借助媒体推力，仅仅依靠学院官网独家发声是无法达到效果的。4月8日，该事件的舆情热度虽已减退一些，但仍有138条文本数据量。当日除了对该事件的报道以外，也有专家对该事件发表时评类文章，如发表于凤凰评论的《北大办牛津校区，听过师生意见吗？》引发不少网友的共鸣，可谓是该事件的一个舆情节点，引起了公众的热烈讨论。

第三阶段：舆情消逝期。该事件经历了一个较长的舆情消逝期。在4月10日至4月21日期间，北大海外设分校事件的舆情发展态势一直处于低幅度变化阶段，直至4月21日系统可监测到的数据为零，该事件的第一阶段正式进入舆情消逝期（注：在分校建立的过程中及招生阶段，该事件舆情或许会多次、在多时段内爆发，本文主要分析消息发出后的第一阶段的舆情态势）。在舆情消逝期内，监测到的文本类型多为对高潮期文章的转载和内容的二次加工，也有一些媒体及专家对该事件发表评论，但公众的关注热情逐渐消退。

### 3. 舆情方向分析

对于"北大海外设分校"事件,有不少专家对此发表评论和解读。解读角度主要集中在引导公众对海外建校进行理性思考,而不能一味地盲目夸赞或质疑。

教育学者熊丙奇指出,自己对有实力的大学在海外办分校是不反对的,但是这要建立在对高校生源、高校的办学模式以及办学经费进行充分论证的基础之上。如果建立海外分校只是为了给国内学生提供海外培训机会,那这样的海外分校只能称为一种价值很小的形象工程①。

时评作者刘天放在文章《理性看待北大到牛津建校区》中对该事件进行了全面的解读,他在肯定北大迈出了"勇敢的一步"的同时也提出北大海外校区的办学模式是建立在"高投入"的基础上,因此,效果还需进一步检验;此外,他还指出北大新校区的招生以及培养专业和如何派遣或在当地及全球聘用高水平教员、是否真的借鉴了牛津当地的办学理念等都有待进一步的观察和验证②。

"北大在海外开分校"事件中,网友的舆情倾向性主要可分为以下几种类型。

第一种是感性思维下的对"高等教育跨出国门"的一味夸赞。如在文章《北京大学将在英国牛津建分校区　花 880 万英镑买了一块地》一文的评论中,网友"当归 . wxMmAUA"称:"值得肯定,既要走出去,也要别人进来。"

第二种是对海外建校"回报率"的理智思考。如"微博网友23873101"发表中肯评论称:"希望中国的大学、知识、学术不只是输入,也要输出。"

第三种则言辞较偏激,认为海外建校是多此一举的形象工程。网友"＊星＊"言辞犀利地指出:"真正学科学知识的留学生和英国学生没人读,也就是国内某些人弄个文凭或免费招收英国学生才会读吧,还不如建国内北大分校。"

---

① 熊丙奇 . 北大办牛津校区,听过师生意见吗[EB/OL]. 凤凰评论,2017-04-08.

② 刘天放 . 理性看待北大到牛津建校区[EB/OL]. 胶东在线,2017-04-10.

## （三）热点事件三：澳大利亚多所高校现辱华公告

### 1. 舆情新闻报道

澳多所高校出现辱华公告　中国学生会被栽赃

（2017 年 7 月 24 日载于凤凰资讯，17 个网页刊载相关新闻）

今天是澳洲各大高校的新学期第一天。但是，墨尔本大学的校园里却出现了极为令人撮火的一张海报，这张海报不仅仅是用中文写的，内容还富有极强的种族歧视意味。海报公然宣称："此处禁止中国人进入，如果违章将面临起诉以及驱逐出境的可能。"海报上留有墨尔本大学"中国学生会"的 logo，但很快中国学生会就在其官微上发布了一份严正声明。声明表示这件事与该学生组织无关，是别有用心的人恶意诽谤，他们已将该事件向校方进行了举报[①]。

### 2. 舆情进展分析

2017 年 7 月 24 日 13 点 18 分，中国青年网转载了"悉尼印象"微信公众号的题为《澳多所高校出现辱华公告　中国学生会被栽赃》的报道，环球网、东方网、搜狐教育等媒体于当天相继发布了与该事件相关的报道，仅 7 月 24 日一天，该事件的媒体关注度就多达 172 条；7 月 25 日，《南方都市报》发表题为《中方回应澳高校现辱华海报：望维护中国学生安全、尊严与权益》的报道，文章中引用了我国外交部发言人陆慷 25 日在例行记者会对《环球时报》记者就该事的回答，此外，文中还详细提及墨尔本大学及蒙纳士大学中国学生会面对栽赃的态度及官方对该事的处理结果："墨尔本大学中国学生会（CSSA）、蒙纳士大学中国学生会（MCSA）和澳大利亚全国学生会（NUS）发布联合声明称，上述海报内容系'恶意诽谤'；墨尔本大学官方发布公告称校方已报警，而蒙纳士大学也发布公告称该校安保部门已移除 23 份含有种族歧视言论的海报，并将配合警方以追查源头。"[②]随后，网易新闻转载《南方都市报》的

---

① 姜君．澳多所高校出现辱华公告　中国学生会被栽赃［EB/OL］．凤凰资讯，2017-07-24.

② 申鹏．中方回应澳高校现辱华海报：望维护中国学生安全、尊严与权益［EB/OL］．南方都市报·头条号，2017-07-25.

该篇文章，并将其更名为《澳两所高校“辱华”海报事件持续发酵：校方称已移除并报警》，25 日当天该事件的媒体关注度逐渐下降至 107 条。随后几天内，该事件的媒体关注度呈现总体下降偶有上升的态势，事件进入舆情消逝期。至 7 月 29 日，该事件的媒体关注度为 0 条。相关报道如表 20-3 所示。

**表 20-3　澳大利亚多所高校现辱华公告的相关报道（不完全统计）**

| 序号 | 时间 | 来源 | 新闻标题 |
| --- | --- | --- | --- |
| 1 | 7 月 24 日 | 中国青年网 | 澳多所高校出现辱华公告　中国学生会被栽赃 |
| 2 | 7 月 25 日 | 南方都市报 | 中方回应澳高校现辱华海报：望维护中国学生安全、尊严与权益 |
| 3 | 7 月 25 日 | 网易新闻 | 澳两所高校“辱华”海报事件持续发酵：校方称已移除并报警 |
| 4 | 7 月 25 日 | 凤凰资讯 | 澳多所高校现“禁止中国人进入”辱华海报　中方回应 |

**3. 舆情方向分析**

“澳大利亚多所高校现辱华公告”事件发生后，没有相关领域专家对此事件单独进行评析。但近期频发的各种类型的海外辱华事件引起了权威媒体和专家的关注，有不少媒体和专家对“辱华”现象进行了深探。

《环球时报》在《社评：越来越多的辱华者是在向中国碰瓷》一文中将辱华者比作“揩油的人”，文中诙谐地指出作为世界格局变化的焦点，中国引起了一些渴望关注的人和势力来揩我们这个世界最大热点的油①。虽然辱华事件的数量并无增减，但在《环球时报》看来，现如今的辱华事件所产生的心理和舆论效应已经发生质变，辱华者自辱的代价将会越来越高。

环球网评论员单仁平用一句话概括了近期的辱华事件：“西方从真的看不起中国向‘不服’中国过渡，中国人要求得到尊重的标准也同过去大不相同。”②

① 初晓慧．社评：越来越多的辱华者是在向中国碰瓷［EB/OL］．环球网，2017-03-12.

② 单仁平．中国越来越牛×，为什么他们还敢辱华？［EB/OL］．环球网 · 微信公众号，2017-07-23.

同时，也有时评作者注意到，频繁发生的辱华事件有时也会被“精致的投机者”利用以制造出迎合受众的“事件”。有一些不良媒体因为了解受众的“爱国主义敏感性”，所以开始搜刮素材、断章取义、引导煽动，一次次撩拨受众群的敏感神经，以达到提高自身影响力并获得潜在收益（如赞助、合作等）的目的[①]，这样的投机行为往往发生在辱华者本身为华人的事件中。随着中国综合实力的提升，互联网的争论交织着政治立场、经济交易、传统文化复兴等元素，一旦被某一个辱华事件点燃，便足以引起一场网络世界的轩然大波，而事件的核心人物（如杨舒平）则会成为众矢之的，在沉默的螺旋效应的带动下被无理智地攻击甚至遭受“网络人肉搜索”。

网友对于此事的观点主要集中在以下两点。

第一，对墨尔本大学中国学生会被栽赃的愤慨。“辱华公告”的右下方醒目的“墨尔本大学中国学生会”的 logo 使这个非盈利、非宗教、非政治的华人学生学者群体陷入了被污蔑的陷阱。在该学生会于 7 月 24 日 9 点 43 分发布声明宣称“被栽赃”后，许多中国留学生在其微博下方留言，表示相信学生会与该事无关，并对幕后黑手对我国学生会的栽赃表示强烈的谴责。微博网友“赵子俊 mystic”称“这样的人要面临刑责，严重污蔑别人的国家，最起码要求公开道歉”，也有网友从公告中“别扭的简体字和一个繁体字”入手，分析究竟是何组织对学生会进行污蔑；此外，埃塞克斯大学中国学生会在微博上发表“作为海外大学中国学生会的一份子，各地的 CSSA 都努力团结当地的华人华侨学生，传播中国文化和中国声音，维护自己的合法权益。我们不允许任何人抹黑华人群体和祖国的声誉”的声明，支持墨尔本大学学生会维权。

第二，对身处海外留学生的担忧。“辱华公告”事件发生后，不少网友结合近期频繁发生的海外辱华事件，对中国留学生身处海外“被歧视”的处境表示担忧。

---

① ，宗城．消费“辱华演讲”的并非民族主义者，而是精致投机者［EB/OL］．凤凰文化，2017-05-23.

### （四）热点事件四：留学生江歌在日本被害案

#### 1. 舆情新闻报道

“江歌案”今日开庭　围绕案件关键证据和谜团即将解开

（2017 年 12 月 11 日载于人民网，22 个网页刊载相关新闻）

11 日上午 8 点开始，东京地方裁判所门前排起了长队。东京地方裁判所门外已聚集众多中日两国媒体及等待旁听的人。嫌疑人陈世峰已于早上 8 点半乘坐囚车到达东京地方裁判所，11 日庭审于上午 10 点开始到 17 点结束。

此前，江歌妈妈在东京台东区立浅草公会堂接受采访时说，对审判结果没预期。江歌遇害一周年后，江歌妈妈赴日开展签名筹集。12 月 1 日，她向东京地方裁判所提交 450 多万份签名。开庭前期，江歌妈妈临时更换律师，具体原因不得而知①。

#### 2. 舆情进展分析

“江歌案”从 2016 年 11 月 3 日发生至 2017 年 12 月 20 日宣判审判结果，经历了一年多的漫长而复杂的舆情进程。

“江歌案”首曝于日本媒体，在国内并没有引起较大的反响。但是，案发后第二天凌晨，江歌母亲便就女儿遇害一事发布了求助微博，失去爱女的江歌母亲的泣血之言逐渐引起了越来越多网友的关注和同情。11 月 5 日，环球网发布了题为《东京遭砍杀身亡 24 岁女孩为中国硕士留学生》被众多媒体转载。与此同时，江歌母亲的举动也引起了媒体的关注，凤凰资讯于 11 月 5 日发布《中国女留学生在东京遭砍杀身亡　母亲深夜微博求助》的文章，江歌母亲的微博“苦咖啡—夏莲”也在被媒体报道后受到越来越多网友的关注。

2016 年 11 月 24 日，日本警方最终以杀人罪对犯罪嫌疑人陈世峰（江歌闺蜜刘鑫的前男友）发布逮捕令。同日，国际在线发布新闻《中国

① 吴颖，郑瑾．“江歌案”今日开庭　围绕案件关键证据和谜团即将解开［EB/OL］．人民网，2017-12-11.

女留学生卷入室友感情纠纷　疑被室友前男友杀害》,《新京报》等媒体相继进行了转载。

2017 年 3 月,江歌母亲于新浪微博发起“为被害独女讨公道,单亲妈妈众筹赴日”线上活动,得到了众多网友的支持。

2017 年 5 月 21 日,江歌母亲分别在微博和微信上发布文章《刘鑫,江歌的冤魂喊你出来作证》,曝光了刘鑫及其父母亲的姓名、身份证号、手机号码等隐私,文中认为江歌之所以被残忍杀害,是因为刘鑫为了自身安全在江歌被害时锁住了屋门。文章引起了众多网友的广泛关注,甚至有网友对刘鑫进行了人肉搜索。直至此刻,刘鑫以杀害江歌嫌疑人前女友的身份被卷入了汹涌的舆论浪潮。8 月 17 日,江歌母亲在微博上向网友征集网上签名推动“判决陈世峰死刑”,这一举动再次引起了舆论的广泛关注。搜狐教育等多家媒体也对江母征集签名的行为进行了报道。

2017 年 8 月 23 日,迫于媒体及公众的舆论压力,刘鑫在事发 249 天后终于和江母见了一面。这次见面的情况在 11 月 9 日被《新京报》“局面”栏目组以视频的方式陆续发布,至此,“江歌被害事件”在历经了近一年的争议和质问后,引发大量舆论关注,该事件进入了舆情高峰期。值得关注的是,在两人见面后一周,刘鑫于新浪微博发表头条文章《东京留学生遇害案的一些事实》对江歌母亲对自己的指责进行了解释,并认为江母将自己及其家人的私人信息曝光侵犯了隐私权,应该被谴责。文章发布后引发了公众的热议。

11 月 12 日,自媒体微信公众号“咪蒙”发表了一篇文章《刘鑫江歌案:法律可以制裁凶手,但谁来制裁人性?》对刘鑫进行了强烈的谴责和拷问,得到了众多网友的支持和转发,掀起舆论高潮。而刘鑫作为事件中饱受争议的主角,其所作所为也被曝光于媒体的聚光灯下。一时间,大量有媒介审判意味的文章涌入大众视野,如《江歌,你替刘鑫去死的 100 天,她买了新包包染了新头发》《江歌为她挡刀客死他乡,她却消失一年,如今终于站出来》《“江歌案”里的刘鑫:很多人所谓的“善良”,不过是一种自私罢了》等。11 月 13 日,与江歌和刘鑫相关的大量报道在各大媒体和社交平台相继涌现,并被网友大量转发、评论,事件舆情达到顶峰,成了全国性的舆情热点。

同时,也出现了一些观点较为中立的时评类文章,如《南方都市报》在 11 月 14 日发布《江歌之死案:舆论介入还宜抱持冷静与克制》,认为作为身处事外的公众应该学会克制地表达情绪和立场。

12 月 11 日至 15 日,江歌案在东京地方裁判所公开审判。其间新浪、网易新闻、环球网、凤凰资讯等众多媒体相继对庭审现场的情况进行了报道,该事件的舆情热度居高不下。

12 月 20 日,残害江歌的凶手陈世峰被判处 20 年有期徒刑。当天,新浪网、凤凰网、澎湃新闻、网易新闻、腾讯网等媒体对判决结果进行了报道。同时,媒体对刘鑫的媒介审判倾向越发明显,各种谴责刘鑫的文章被大量发布、转载。案件审理结果宣判后,该事件的舆情热度逐渐冷却。

相关报道如表 20-4 所示。

**表 20-4　留学生江歌在日本被害案的相关报道(不完全统计)**

| 序号 | 时间 | 来源 | 新闻标题 |
|---|---|---|---|
| 1 | 2016 年 11 月 7 日 | 网易新闻 | 江歌　再也见不到“秋天”的留日女生 |
| 2 | 2016 年 11 月 9 日 | 人民网 | 中国女留学生江歌在日本遇害　好友首度透露遇害案细节 |
| 3 | 8 月 9 日 | “当时我就震惊了”搜狐号 | 江歌事件始末——人心可以无耻到哪种地步 |
| 4 | 11 月 12 日 | “她刊”搜狐号 | 江歌,你替刘鑫去死的 100 天,她买了新包包染了新头发 |
| 5 | 11 月 12 日 | 凤凰资讯 | 江歌为她挡刀客死他乡,她却消失一年,如今终于站出来 |
| 6 | 11 月 14 日 | 钱江晚报 | 江歌案不了局　先别急着道德审判 |
| 7 | 11 月 15 日 | 网易新闻 | 在日媒体人谈“江歌案”:照片很悲惨　陈世峰有备而来 |
| 8 | 12 月 11 日 | 环球网 | 中国留学生江歌遇害案首开庭:被告否认起诉内容 |
| 9 | 12 月 14 日 | “跟谁学”搜狐号 | 江歌案背后的思考 |

**3. 舆情方向分析**

“留学生江歌在日被害”事件在 2016 年 11 月发生后,于新浪微博开始发酵，经历了数百天的争议后舆情热度于2017年11月达到顶峰。事件从一开始对案情的探讨逐渐演变为一场全社会的议题争论，在这场争议中，有不少媒体相继发表了各自的看法，而网友因江歌母亲与江歌室友刘鑫之间的冲突也逐渐分化为意见分明的两派。

11月12日，在《新京报》“局面”栏目组发布了江母和刘鑫见面视频三天后，自媒体大V“咪蒙”在其微信公众号上发布了一篇题为《刘鑫江歌案：法律可以制裁凶手，谁来制裁人性？》的文章，她认为刘鑫的所作所为表明了她是一个对别人的生命毫无敬畏的人，哪怕别人的生命是为她而失去的。在文中，咪蒙强烈而清晰地表明了自己的立场，称写这篇文章是为了捍卫心中的正义[①]。

环球网12月11日发布文章《蒋丰：江歌血案留给人们的思考》，文中提到刘鑫在案件前后的表现虽然不尽如人意，但这种表现其实也是人类所有弱点中最为软弱同时也是永远无法改变的地方。作为强势的围观者和高道德感的批评者，不能用“道德”把刘鑫逼向死路[②]。

《北京青年报》发表观点，表示应该理性分析江歌案，切勿进行舆论审判；应该坐等真相，而不应该在事实尚未清楚甚至存在谬误的情况下进行判断；应该理性观察，切勿因匆忙表态反而掉入“陷阱”之中。除此以外，《北京青年报》还认为公众应该理解江歌妈妈的“偏执”，理解她痛失爱女的心情[③]。

正义网也发布文章《时评：江歌案更多反思，不妨再等等》，文中认为公众对刘鑫及其家人的谴责和批评究竟是正义还是网络暴力其实是见仁见智的，耐心等待庭审和真相才是最理性的选择[④]。

微信公众号“人民日报评论”则从法律与道德的层面对该事件进行了探讨，得出一些基本共识：首先，江歌事件其实可以分成“法律事件与道德事件”两个事件；其次，质朴的正义感是有意义的，但也可能存在局

① 咪蒙．刘鑫江歌案：法律可以制裁凶手，但谁来制裁人性[EB/OL]．咪蒙·微信公众号，2017-11-12.

② 蒋丰．蒋丰：江歌血案留给人们的思考[EB/OL]．环球网，2017-12-11.

③ 王石川．江歌被害案，请等等真相[N]．北京青年报，2017-11-15(A02).

④ 曙明．时评：江歌案更多反思，不妨再等等[EB/OL]．正义网，2017-11-15.

限性;此外,法律与道德其实都是对出格行为的纠正①。

江歌案从11月9日的《新京报》"局面"采访视频开始,已经逐渐演变为"江歌刘鑫案",而网友对于案件的讨论则主要聚焦在刘鑫与江母的矛盾上,可大致分为三派。

第一派网友可以称为"谴责派"。这一派网友认为刘鑫在案件前后的所作所为完全是"精致的利己主义"作风,有违道德准则,甚至可以称之为"人性险恶"。也有网友在对刘鑫所作所为进行强烈谴责的同时认为这种行为也应该受到法律的制裁。

第二派网友则可以称为"反网暴派",他们认为刘鑫的做法属于情急之下的自我保护,在道德和法律上均无可指摘,反而是江歌母亲肆意煽动网友情绪对刘鑫进行网络暴力的行为应该受到谴责。

另一派网友则是"中立派",这一派网友倡导对江歌事件应该理性看待,不能依据个人情绪对案件的是非曲直进行随意的判断,而应该依据事实理性发声。

## 三、国外教育舆情应对策略分析

### (一)利用平台优势,构建体系化国外舆情应对机制

国外教育舆情的发展往往与我国国际形象和国际文化教育竞争力息息相关,其重要性是不言而喻的。然而,对国外教育舆情危机的收集、分析研判及预警、应对却因媒介国别性、高校媒介介入迟钝和热度指标不明确等原因造成人力、物力以及财力的损耗。例如"北大在牛津设立分校"事件的传播路径并没有遵循"传播源(北大汇丰商学院官网)—国内媒体—境外媒体"的传统路径,反而借助国外媒体的曝光才在国内引起话题。这从一定程度上说明了我国高校官方媒介的传播力、宣传力、介入力仍有待提高。因此利用教育舆情监测平台的优势将国外教育舆情应对机制体系化显得尤为重要。首先应利用高等教育舆情监测平台从数据数

---

① 党报评论君. 江歌案:法律事件与道德事件[EB/OL]. 人民日报评论·微信公众号,2017-11-14.

量、传播速度和广度、时间等多个方面对舆情信息进行收集，保证舆情数据的真实性和客观性。其次，建立一套体系化的舆情热点事件分析指标，将国外教育热点事件中舆情发酵、爆发以及消解的全过程以及事件引发的受众生态和媒介反应进行量化，由此形成快速、精准、系统的舆情热度指标体系，有助于政府及各教育主管部门对国外教育舆情做出迅速、准确的应对。

### （二）提高舆情敏感性，及时干预

国外教育舆情作为一个舆情生态系统，其发展是一个动态平衡的过程。舆情信息的生产者、传播者、消费者和分解者都将对舆情的发展产生不同的影响①。这就要求教育主管部门及舆情相关人员要提高对舆情信息的敏感性，在舆情的发酵期、爆发期、平缓期和消解期对舆情事件进行不间断的关注和跟进，迅速制定合理的舆情应对措施，促进国外教育舆情生态系统的平稳和谐发展。在“澳多所高校出现辱华公告”事件中，被诬陷的“墨尔本大学中国学生会”对事件反应迅速，在微博上发表声明以证清白，避免了可能被“精致投机者”拖入舆论旋涡的风险。

### （三）重视自媒体平台，提高舆情的理性应对能力

在技术不断更新迭代的网络时代，自媒体的“异军突起”给舆情的传播提供了更自由、更广阔的舞台。与此同时，自媒体主体的多样化、平民化、普泛化和自媒体传播的“难引导性”也使网络舆情很可能在强传播力的裹携下演变为网络谣言甚至网络暴力。这就要求自媒体和网民提高舆情的理性应对能力，审慎观察自身在舆论场中的行为，只做真相的探索者，不做情绪驱使下的“键盘侠”。

（郭晓真）

---

① 包雁．2010—2015年我国教育舆情变化态势探析[D]．长春：东北师范大学，2017：18.

# 第四部分　热点事件评论

# 第21章 “双一流”战略评析

【编者按】世界一流大学和一流学科(以下简称“双一流”)建设高校及建设学科名单的发布引起了社会各界的广泛关注,其中有支持和赞赏,也有质疑和反思。“双一流”吹响了中国高等教育进军“世界一流”的号角,向“世界一流”方向迈进,我们在路上……

9月21日,传闻已久的“双一流”名单千呼万唤始出来,引来关注无数。“双一流”建设名单不仅关乎我国高等教育强国战略部署,更关乎高校发展的切身利益。综合来看,“双一流”名单延续了“211”“985”工程高校的基本格局,只有一小部分高校实现破局,成功“挤进”世界一流大学和一流学科建设名单。它反映了我国高等教育改革稳中求进、平稳过渡的特点,也体现了“双一流”竞争优选、统筹布局和动态管理的政策优势。但舆论对“双一流”名单并非是掌声一片,由“双一流”公布引发的质疑在网络空间流传,凸显“双一流”政策依然有待完善。

## 一、“双一流”战略的三大优势

随着经济社会的进步和高等教育事业的发展,我国高等教育改革迈入关键期和深水区,特别是推行已久的“985”“211”工程在取得举世瞩目发展成就的同时,也使我国高校发展面临身份固化、竞争不足、重复交叉的弊端。必须承认,在高等教育全面进入普及化、国际化和信息化的背景下,适时推出“双一流”建设战略,是国家审时度势、高瞻远瞩做出的重大战略举措,为快速提升我国高等教育综合实力和国际竞争力,深入实现我国高等教育治理能力现代化提供了强大动能,也为我国高校逐步走向世界、全面超越以西方发达国家为中心的高等教育治理体系和模式指明了前进方向。

“双一流”战略在吸收“985”“211”工程经验的基础上，开创性地以绩效评价、动态竞争和创新驱动为指引，具有以下三大优势。

目标明确：坚持中国特色、争创世界一流。《统筹推进世界一流大学和一流学科建设总体方案》提出，“双一流”建设要按照“四个全面”战略布局和党中央、国务院决策部署，坚持以中国特色、世界一流为核心，以立德树人为根本，以支撑创新驱动发展战略、服务经济社会发展为导向①。进行“双一流”建设，第一要务是坚持中国特色，必须将“双一流”建设植根于中华民族优秀学术传统，植根于中国特色社会主义的伟大实践。习近平总书记在全国高校思想政治工作会议上强调，“我国有独特的历史、独特的文化、独特的国情，决定了我国必须走自己的高等教育发展道路，扎实办好中国特色社会主义高校”②。这要求“双一流”建设必须建立中国特色的高等教育评价体系，走中国特色建设道路，决不能一味地照抄西方、模仿西方。同时还需要放眼世界，将我国高等教育放在世界高等教育发展的大视野中，加快建设世界一流大学和一流学科，通过竞合提升高等教育发展活力，增加发展动能，实现我国由高等教育大国向高等教育强国转变。

机制灵活：打破身份桎梏，动态调整支持。与“211”“985”工程相比，“双一流”建设的优势在于引入竞争机制，“211”“985”院校“铁帽子王”的时代一去不复返，取而代之的是动态、开放的滚动管理机制，相关部门对“双一流”建设实施动态监测，并以绩效评价的方式对建设过程进行评估。成员有进有出，入选的高校不能一劳永逸，没有入选的高校依然存在希望。这样一来，无论入选与否，高校的压力持续存在：入选的高校承受考核压力，“双一流”建设成效如何，考核立见分晓；未入选的高校承受竞争压力，未来遴选需要自身持续努力，加快发展。由此，广大高校创建一流的热情被极大激发，锐意改革、奋发进取、创新发展成为高等教育工作主旋律，争创世界一流成为入选高校发展总目标。

---

① 国务院关于印发统筹推进世界一流大学和一流学科建设总体方案的通知[EB/OL]. 中华人民共和国中央人民政府网站，2015-11-05.

② 吴晶，胡浩. 习近平：把思想政治工作贯穿教育教学全过程[EB/OL]. 新华网，2016-12-08.

政策精准:全程精准发力、突出扶优扶强。“双一流”高校与学科建设兼顾,改变“211”“985”工程单一的学校扶持局面。细数“211”“985”工程高校不难发现,其中理工类院校居多,人文社科、艺术及医学等特色院校占比相对较少,客观上造成了相关学科发展受限的局面,而“双一流”建设明确提出重点发展优势学科,几乎涵盖了所有学科领域,打破了原有政策学科建设重点不突出、不均衡的局面。同时,“双一流”建设还对建设过程实施动态监测、动态跟踪,并根据监测结果适时调整支持力度,对于建设不力、缺乏实效的学校或学科,及时发出警示,甚至从建设名单中删除。对于实施效果良好、效果突出的学校和学科,则会进一步加大投入,以促进其取得更大进步。值得特别指出的是,“双一流”大学分为A、B 两类,这会加剧 B 类高校改革、发展的压力,但也有助于 B 类高校更加清晰地正视自身差距,更加奋起直追。

## 二、“双一流”政策有待深入解读的三个方面

“双一流”政策的积极意义不言而喻,也毋庸置疑。对于入选高校来说,大多是踌躇满志,但是对于未入选的高校和社会公众而言,还存在一些担忧与质疑。“双一流”政策是未来中国高校发展的导向性政策,直接决定了众多高校的发展方向,因此为了保障该政策的权威性与导向性,针对舆论的一些担忧与质疑,相关部门及主流媒体还应在以下三个方面加强解读。

一是加强政策深度解读,回应社会质疑。“双一流”名单出炉后,结果大致没有超出舆论的预期,一流高校和一流学科的分布基本延续了原“985”“211”的格局,印证了此前部分专家关于“均衡教育资源”的猜想,郑州大学、新疆大学、云南大学、南昌大学等少数高校成功突围,也被小股舆论解读为行政干预、政策照顾的结果。面对这部分公众的误解,相关部门应强化政策解读,指出这是国家统筹高等教育发展大局、合理分配教育资源、促进东西部高等教育均衡发展的结果,可通过新闻发布、专家访谈和评论文章等方式,及时、准确回应社会的关切和质疑。

二是加强对“双一流”遴选标准和过程的解读,增加透明度。在政策

解读过程中，教育部等部门对“双一流”的认定遴选过程进行了详细解读，表示“双一流”建设高校通过竞争优选、专家评选、政府比选、动态筛选等过程产生，主要由“双一流”建设专家委员会承担具体的遴选认定和审核建设方案。但依然有部分舆论提出，“双一流”名单的详细遴选指标并未公开，整个遴选过程的透明度有待提升。相关解读对一些大众印象中的非一流高校、非一流学科为何能够入围解释不够，导致社会信服度不高。建议教育部进一步明确“双一流”遴选的细化指标和评选流程，并及时向社会公布，以减少舆论质疑。

三是对公众预期之外的入选一流学科予以解释说明。比较而言，此次“双一流”遴选，一流高校基本与大众期待吻合，舆论对于郑州大学、云南大学和新疆大学的入选也大致能够接受，毕竟是“统筹考虑国家战略”的结果，但对部分一流学科的认定则持较大疑问，如“复旦这样一个文科强校却拥有航空航天机械制造类的一流学科，而著名的航空航天类大学西北工业大学却没有这个一流学科，复旦的新闻专业居然不是一流学科”①，“以文史哲见长的山东大学和四川大学所有的‘一流’学科均为理工类学科”②，“电子科大的电子并不是一流学科”③等质疑广泛流传；而重庆大学的一流学科全为“自定”，成为“没有一流学科的一流大学”；苏州大学的一流学科也为“自定”，让广大网民直呼“看不懂”。对于这样的质疑声音，教育部应该主动回应，对所谓超出“预期”的一流学科予以特别说明，同时还应组织官方媒体策划系列回应文章，通过摆事实、讲道理的方式为社会大众答疑解惑。

## 三、如何实现“双一流”

对于中国高等教育而言，“双一流”要成为“对症下药”的良方，还需要更多的“配药”和潜心的“煎熬”，要在管理方面发力，特别是要扎好制

---

① 历史的进程．微博评论[EB/OL]．微博，2017-09-23.

② 真-水神．贴吧评论[EB/OL]．燕山大学百度贴吧，2017-09-22.

③ 该如何正确评价新出来的那个“双一流”大学政策？[EB/OL]．知乎，2017-04-16.

度的“篱笆”,进一步细化评定细则,加强评估体系,完善评价办法,强化奖惩机制;同时要保持好政策定力和制度刚性,确保政策执行能够“药到病除”“立竿见影”。落实到具体工作中,就是要严格落实分类建设、特色发展的要求,以动态遴选、多元评价和公平竞争等考核导向为抓手,打破长久以来我国高等教育领域存在的高校身份固化问题,确保“双一流”名单能进能出、能上能下,以一流的评价体系、一流的考核机制和一流的遴选导向,将“双一流”战略打造成为建设高等教育强国的强大引擎。对于广大高校而言,“双一流”描绘的只是愿景。入选榜单是荣誉,更是责任。“双一流”建设并非毕其功于一役,而在于长久坚持、统筹谋划和科学设计,在于的一流人才培养和科学研究,在于现代大学制度的完善和学术文化的建设,在于尊师重道、尊重科学的氛围营造,这需要高校有准确的建设定位、清晰的发展思路和高效的激励机制,更需要高校在落实“双一流”政策的过程中深化体制机制改革,破除以往束缚人才激励、学科发展和科研创新的制度羁绊,借助一流学科和一流大学建设契机,更加突出自身的办学特色,更加有效地实现内涵发展。唯有如此,“双一流”战略才能不负众望,结出蕾蕾果实。

多少年来,中国追寻建设“世界一流”大学的梦想从未停歇。如今的“双一流”再次吹响了中国高等教育进军“世界一流”的号角。“坚持中国特色、争创世界一流”,只要当下中国广大高校牢牢抓住“双一流”这一政策核心,牢固树立以立德树人为根本,以支撑创新驱动发展战略、服务经济社会为导向,始终坚持以中国道路、中国制度、中国理论、中国梦想和中国经验为中心,相信在不久的将来,会有一大批世界一流大学和一流学科相继涌现,我们的高等教育强国梦也将不再遥远!

（葛自发）

# 第22章　如何看待“浙大新规”

【编者按】浙大新规一经颁布，就引发各界关注与争议。面对争议，我们需要思考：新规推出的背景及意义是什么？新规引发争议的焦点在哪里？这一新规究竟该如何落地？

浙江大学（以下简称“浙大”）9月份颁布的将优秀网络文化成果纳入学校科研成果统计、各类晋升评聘和评奖评优范围的学术新规，堪称2017年高等教育界的一件创新壮举。新规颁布后，一时引发诸多争议，有人赞其敢为人先，但也有人忧虑严肃学术评价即将终结。那么，究竟该如何看待这一新规呢？

## 一、互联网背景下的评价机制创新

浙大新规的出现表明，作为一种技术的互联网正在制度层面上加强对管理思维、管理方式、管理手段的改造。

技术究竟如何改变人类社会？回答这个问题看似简单，因为例子俯拾皆是。从远古时期的青铜器、火的使用；到中古时期的四大发明；再到近代的蒸汽轮船、洋枪大炮；直至当前互联网技术支撑下的智慧生活，如滴滴打车、智慧医疗。但若全面、深入地回答技术如何改变人类社会实非一两篇博士论文就能解决的。因为技术，尤其是像工业革命、信息革命这样的划时代技术，从来不肯偏安一隅，从不甘心在物理世界困住拳脚。对此，一个非常棒的佐证就是中国近代向西方学习的三阶段。近代中国被迫打开国门，拜师学艺的第一个招式就是洋务运动，偏重“器物”的师夷长技以制夷；第二招是维新变法、辛亥革命的“制度”领悟；第三招是新文化运动掀起的“思想”学习。那段血雨腥风、激情澎湃的历史，在技术变革与影响的视角下,呈现出这样一条清晰可辨的脉络。但这也正从一个侧面反映出,使得西方社会得以崛起的工业革命也是在器物、制度、思想层面上深刻地改变了人类社会。换言之,技术在经济基础领域完成改造升级的使命后,都必然拾级而上对上层建筑中的制度与思想磨刀霍霍。

回到互联网,依然如此。从1994年中国正式接入国际互联网算起,如果说第一个十年,互联网还是在改变人们信息接收方式上小打小闹的话,那么第二个十年受Web 2.0和电子商务的影响,互联网激发出的社会动员与重组能力以及信息作为生产要素的潜力令人惊叹不已。当前正如火如荼进行的“互联网+”国家战略已跨入第三个年头,这些都说明,互联网作为一种基础设施,在经济基础领域的大戏唱得正红火热闹。而这一切之所以能够实现,就在于互联网具有“连接一切”的能耐!

如何理解互联网的“连接”能力?我们认为,所谓连接就是打破区隔!以极简的方式观察人类社会,会发现其间存在着由点、线、面形成的立体结构。“点”不妨看作村庄、商场、工厂、政府等;“线”可以视作交通、运输、通信等;“面”则是某个产业、某个领域、某个阶层等。传统社会和工业文明中,点、线、面中的区隔始终存在;而互联网做的不就是把这些区隔打开,将其连接融合,从而重新塑造生产结构和社会结构吗?

让我们沿着这个思路将视线重新聚焦浙大学术新规。这一新规的创新之处,不正是打破了媒介场域和学术场域的区隔,试图将两个原本有着天壤之别的评判标准和创作规范的场域相连相容吗?从浙大学术新规能够出现这个现象中,我们似乎嗅到了某种味道,那就是,携带着“连接一切”技术基因的互联网已经渗入到科研管理制度中!浙大面对争议给出的表态——认定优秀网络文化成果,是为了回答在互联网时代如何利用新型传播手段扩大优秀文化成果影响面这一重要课题——也证实了我们的判断。新规在管理思维上,给予优秀网络文化成果与科研成果相似的权重;在管理方式上,将在重点报纸杂志、商业网站和两微一端上发表的理论文章认定为核心期刊;在管理手段上,则是由党委宣传部牵头组织专家委员会进行认定。

## 二、新规惹争议的焦点

在价值评判之外,冷静客观地揭示浙大新规之所以出现背后的深层动因,并不能解释在真实的政治经济结构和利益关系中产生的诸多争议;而辨析这些争议则能够更好地在互联网时代创新管理制度。

焦点一:是否应该打破媒介场域与学术场域的区隔

浙大新规引发的最大争议就是媒介场域与学术场域是否应该打破区隔,或者说,优秀网文能否与严肃论文相提并论?对此,自然是"公说公有理,婆说婆有理",赞成者拍手称快,批判者鄙其媚俗。

持赞成观点的人认为:此举不仅鼓励科研学术成果,还鼓励思想和观点的涌现,更强化了教师、科研人员关心社会事务,通过媒体承担科学普及的义务与责任;此举能够改善高校教研人员千军万马过独木桥的状况,能够在少而精的专业权威与核心期刊外开辟新的考评路线,也有助于减少因强烈供需矛盾导致的各种学术期刊腐败现象。新规让晦涩难懂的学术论文走出象牙塔,避免在曲高和寡中孤独终老;在深入浅出的语言转化中,成为网络舆论场中的"清新剂"。

持批判观点的人则认为:学术作品是需要经过长期的学术训练并遵循特定的学术规范的,而网络作品至今还未形成明确可行的评价标准,两者不应置于一个评价体系;网络文章的转发量、阅读量、点击量等数据在技术上造假难度低,容易产生因评定职称做出的作弊、寻租、腐败等学术不端行为。学术生产逻辑和媒介生产逻辑不同,学术研究讲求的是不媚俗、不从众,与网络文章的通俗化、商业化以及媒体价值导向等需求截然不同;职称评定和论文考核中存在的问题应通过加强专业性来解决,而不是靠网络作品的热度和点击量。

我们认为,尽管媒介场域与学术场域有着各自的使命和功能,但并非不能打破区隔,优秀的网络文章与严肃论文也并非不能在一个评价机制内审视。问题的核心在于,能否稳妥、严密地制定出为学术界认可的评价体系!依靠一份在行政级别上占优势的媒体名单和商业逻辑主导下的点击量来考核教研人员的学术成绩无疑是冒失的。从这点来看,浙大新规出台似乎显得有点“操之过急”了。或许是自觉意识到了这一点，也或许是新规引发的热议倒逼规则制定方重新审视这个问题，不久后，浙大相关负责人接受采访时表示，“网络文化成果等同于‘学术期刊’的表达，并不是排斥现有评价方式，恰恰是对传统学术评价体系的尊重……不是对已有评价方法的排斥、否定、替代，而仅仅是一种补充……阅读量只是认定优秀网络文化成果的基础性指标之一……还需组织学者专家进行认定……晋升需要经过规范的评审程序”[①]。浙大这种主动公关干预舆情的积极作为着实值得点赞。

焦点二：新规能否惠及各学科的科研人员

浙大新规能否惠及不同学科的科研人员？从目前新规的章程来看，它偏向于那些在互联网上更活跃、更能调动媒体人脉与力量的知识分子。也就是说，更认同科研秩序应该走向市场主导的开放秩序的知识分子，这些人在新规的评价机制中更有优势。那么，暂且不提知识分子对市场主导的科研秩序的情感好恶，单从教学科研人员的不同术业背景来看，新规也很难保障全面的公平性。试想，研究理论物理、哲学、考古学等看似“无用”知识的学者写一篇“十万+”的文章该有多难啊！

这一带有市场规则至上味道的学术新规，不禁让人联想起 20 世纪 90 年代以来，在市场化的过程中，媒体成为知识分子成名的助推器这一现象。一些流行的文化类节目捧红了一批知识分子，使其成为文化明星，在媒介场域和学术场域中自由游走，占据更多的公共资源。在互联网时代，这些人的展演空间更加广阔，也更容易创造“十万+”的点击量。

从体悟并执行教育部有关“积极探索建立优秀网络文章在科研成果统计、职务职称评聘方面的认定机制，不断形成吸引优秀人才参与网络文化建设”[②]的政策导向，浙大新规可谓用心良苦。只是在网络文化建设中，浙大新规还应考虑如何保障知识分子不受网络商业氛围的影响、保持其独立性。

---

① 曾福泉．优秀网络成果具体如何认定？浙大再做说明[EB/OL]．腾讯网，2017-09-24.

② 中共中央宣传部　中共教育部党组关于加强和改进高校宣传思想工作队伍建设的意见[EB/OL]．中华人民共和国教育部网站，2015-09-30.

## 三、结语

综上所述,我们认为浙大学术新规确有创新之处,其吸引优秀的科研人员共建网络文化的初衷值得肯定,丰富科研成果认证途径的努力也值得点赞。但新规本身不免操之过急,用力过猛。当下,急需解决的是制定切实可行并被学术界广泛认同的评价机制与规则细节。此外,在学术新规偏向能够调动媒介资源的知识分子的同时,还应兼顾其他教学科研人员的利益。

（范松楠）

# 第23章　“韩春雨事件”带给我们的思考

【编者按】2017年8月3日凌晨,《自然·生物技术》(Nature Biotechnology)发表题为《是该数据说话的时候了》的社论,宣布撤回韩春雨团队在2016年5月2日发表于该期刊的论文。河北科技大学即刻在官网刊登相关声明:“学校决定启动对韩春雨该项研究成果的学术评议及相关程序。”韩春雨事件由此成为超越科学研究领域的热门社会话题。那么,它是如何成为中国科学传播史上的重要事件的呢?我们又应该如何以小见大地认识它,从而促进中国科技创新的发展进程呢?

## 一、争议事件:撤稿始末

2017年8月3日,河北科技大学韩春雨团队新的基因编辑技术——NgAgo-gDNA再度刷屏。这次受到关注的原因在于韩春雨团队主动提出撤稿。

### (一)事件回顾

2016年5月2日,韩春雨以通讯作者的身份与沈啸(浙江大学医学院研究员)等人共同完成的论文在国际顶级期刊《自然·生物技术》(Nature Biotechnology)杂志上发表,该论文称发明了一种新的基因编辑技术——NgAgo-gDNA,向已有的最时兴技术CRISPR-Cas9发起了挑战。论文发表后,一石激起千层浪,迅速引发强烈关注,成为学界热议话题,甚至部分激进的媒体评价该技术为“诺贝尔奖级别”的实验成果。好景不长,该论文所涉及的内容很快陷入了无休止的争议:有专家按照论文所提供的方法操作后发现实验无法重复,但也有人提出异议认为实验可以进行,两者争论无法判断真伪。2017年1月19日,《自然·生物技术》再次发声，称已获得有关韩春雨实验可重复性的新数据，具体定论还需进一步调查研究。2017年8月3日，《自然·生物技术》最后一次针对韩春雨团队发声，称后者主动申请撤回论文。值得注意之处在于，《自然·生物技术》的声明未提及任何“造假”字样，这表明在科学界韩春雨的研究只存在数据缺失，缺乏可重复实验支撑，属于待考察假说。

### （二）相关事件

2017年4月20日，有媒体报道国际期刊《肿瘤生物学》(Tumor Biology)对107篇中国作者论文集中撤稿，这一事件引起社会广泛关注。7月28日，据中国之声《新闻和报纸摘要》报道，科技部、教育部等5部门针对《肿瘤生物学》集中撤稿事件的相关核查工作已基本完成。根据5部门的调查结果，这次事件涉及作者521人，其中11人无过错，486人不同程度存在过错，其他尚待查实的24人将按程序先纳入科研诚信“观察名单”[①]。

## 二、媒体舆论：造神与倒神

2016年发表论文的消息刚传出，在大众媒体的推动塑造下，韩春雨被迅速“封神”。消息一经公布，国内得到风声的媒体便急不可待地宣称韩春雨团队的科研发现“一鸣惊人”，是中国籍科学家发明的“世界一流新技术”，是“诺奖级别的成果”等等。就此，韩春雨不断被赋予各种荣誉。但接踵而至的却是国内外大量实验室所反馈的无法复制实验结果的消息，韩春雨也无法提供有力的数据证明其正确性，因而国内媒体又迅速将其认定为“欺骗”，开始大规模“倒神”。

但是从理性角度分析，科学研究界与媒体舆论场对“成果”有截然不同的定义。在科学研究界，即使在世界著名期刊或高被引期刊上发表论文，也只能说明此项研究成了被学术界认同的一种假说、一种思路、一种想法，而不是成果。比如，诺贝尔奖的获得者从来都是其研究在实际生活中被多年检验之后才得到承认。

① 科技部等通报《肿瘤生物学》集中撤稿事件彻查处理情况[EB/OL]. 央广网，2017-07-28.

对于撤回韩春雨团队的论文,《自然·生物技术》给出的结论如下:“现在,距原论文发表已过去了一年多,我们了解到当初曾报告初步成功重复出实验结果的独立研究小组,无法强化初始数据,使其达到可发表的水平。在征求专家评审人的反馈意见后,我们判定韩春雨及同事提供的最新数据不足以反驳大量与其初始发现相悖的证据。我们现在确信撤掉韩春雨的论文是维护已发表科研记录完整性的最好做法”①。

以上言论未出现任何文字指责韩春雨团队所发表的论文涉嫌造假,只是客观陈述论文所论证的结论不可重复,从未提及韩春雨是否造假。

自始至终,韩春雨事件很可能只是一场多方合力而为的媒体事件。

## 三、韩春雨成为“事件”:社会心理分析

韩春雨事件从高深尖端的科学议题变为街头巷尾的大众议题,有着深厚的社会背景与文化背景。

随着改革开放 30 多年、加入 WTO 以及全球化的进程加快,中国已经从一个贫穷的发展中国家变成世界第二大经济体。根据经济合作与发展组织提供的数据显示,从 1995 年至 2006 年,中国的研发总支出(GERD)以每年 18% 的速度增长②。对被收录在国际引文索引数据库(WoS)的期刊统计,从 13 134 篇(1995 年)飞速增长到 232 070 篇(2013 年),每年中国新发表论文数量增长将近 17 倍③。当然,论文数量成倍数增长是离不开国家自然科学基金委等机构资助的。

可是,科研论文大国并不等于科研实力强国。

每年,国家自然科学基金委都会花费几百亿元资助相关研究(2017 年为 248 亿元,比 2016 年的 229 亿元增加 8.30%④),而在所有资助的研

① 张田勘. 韩春雨论文被撤:论文发表不是科研成果的盖棺定论[N]. 中国青年报,2017-08-08(2).

② 英媒:中国正悄然成为“第二科技大国”[EB/OL]. 中国经济网,2016-06-14.

③ 张田勘. 韩春雨论文被撤:论文发表不是科研成果的盖棺定论[N]. 中国青年报,2017-08-08(2).

④ 魏艳. 基金委发布 2017 资助进展:已批 4 万余项目　近 200 亿资金[EB/OL]. 人民网,2017-08-24.

究中,很少诞生世界级影响力的成果。来自社会的质疑越来越多,民众呼吁将科研数量增长转变到科研质量进步。同时,由于大国崛起,中国在世界民族之林中的分量越来越重,强烈的民族自尊心以及急于取得国际全方位认可的心态,使国民们梦想着中国能够登上世界科技的最高殿堂。

在这一事件中,河北科技大学、河北省科协与韩春雨团队成了命运共同体。联想到事件爆发的2016年,也正是教育部推动"双一流"建设的热门年,而入围"双一流"建设必然需要一流的学科作为支撑。韩春雨团队与论文的发表适时出现。

而事件主人公韩春雨深陷其中,很难要求他以理智、科学、冷静的态度面对翻天覆地的外界变化。因为中国社会始终相信并尊崇"快速成功"的思想,市场上层出不穷并广受欢迎的成功学也印证着这种推断——中国社会文化心理中存在"急功近利"的问题。身处媒体舆论漩涡中的韩春雨代表的不仅仅是自己一个人,而是代表了千千万万渴望"快速成功"的中国人。

更重要的是,媒体人熟稔国民对"世界级"科研成果、对国际认可极度渴望的心态,嗅到了韩春雨团队的爆点,通过渲染民族自豪感,掀起了一场舆论狂欢,使国人瞩目。因此,期盼的机构、围观的国民、激动的学者、热闹的媒体逐渐形成共识。在还未得到学界广泛认同,"假说"已被媒介认定为"成果",用以刺激国民渴望成功的神经,甚至也被部分学者所默认,被寄予"中国科研崛起"的重托。

各利益攸关方急于求成的社会心理为韩春雨事件铸就了温床。

## 四、科学的防护墙:第三方机构缺席

2016年8月2日在《"网红"学者韩春雨:正在持续实验将适时公开验证》的新华社报道中,"一个月左右时间""权威第三方"被提及。报道原文为:"对于国际上一些科学家要求公布原始数据的要求,河北科技大学表示,在一个月左右时间后,韩春雨将采取适当形式公开验证结果,届时将有权威第三方作证"[①]。

① "网红"学者韩春雨:正在持续实验 将适时公开验证[EB/OL]. 中华网,2016-08-03.

伴随着一个月的承诺期限到来的不是“原始数据”，也不是“权威第三方”，而是回避与继续使用“光环”。河北科技大学校长在 2016 年 9 月的开学典礼演讲中提到了以下内容：“（学校）拥有一批在教学上认真负责、在科研上勇于创新的教师队伍，特别是一批像韩春雨一样的年轻老师”①。对之前提及的“原始数据”“权威第三方”闭口不谈。论文发表消息公布不久之后，国家自然科学基金委批准了韩春雨的“NgAgo-gDNA 基因编辑技术的完善及应用探究”项目的 100 万元专项科学基金。河北省甚至决定投入 2.24 亿元预算为韩春雨团队在河北科技大学建设一个标准化的基因编辑技术研究中心②。面对越来越大的外界质疑声以及越来越多验证实验无法重复的学界反馈，韩春雨的光环却越来越亮。

对比 2014 年的日本“小保方晴子事件”，日本理化研究所表现出尊重科学、勇于承担责任、处理干净利落的态度与做法值得我们学习。而发生在 2017 年的大规模撤稿事件，对我们更是一个严肃警醒。

## 五、“韩春雨事件”遗产：科学精神的培育任重道远

韩春雨团队主动撤稿转变了争论点，缓解了河北科技大学、河北省科协、国家自然科学基金委的压力，但背后涉及的其他问题更值得我们深思：应该如何更好地营造科学研究氛围？如何避免不断发生的“打脸”事件？

### （一）国家需要完备的论文审查考核机制

论文撤稿，只能是两种原因：意外犯错和人为造假。意外犯错可原谅，但人为造假应如何处理？特别是《肿瘤生物学》这次大规模、集中性撤稿事件，已严重损害了我国科技界在国际上的声誉。在信仰“一夜成名”的社会大背景下，单纯依靠科学家个人品质、伦理自持与道德修养，

---

① 王盈颖．河北科大开学典礼校长点赞韩春雨 该校基因编辑要冲“世界一流学科”[N/OL]．东方早报，2016-09-09.

② 河北科大基因编辑中心采购仪器预算近二千万，“是韩春雨的”[EB/OL]. E 药脸谱网 · 搜狐号，2016-08-31.

难以保证科研中不会出现论文造假等科研不端行为。因此，还需要第三方机构的监管，针对被撤稿的论文，排查撤稿原因，甄别是意外犯错还是人为造假。“河北科技大学启动评议韩春雨研究成果”若能兑现，那么韩春雨撤稿事件会成为中国科学界走向有序的里程碑之一。此外，也需要科技部真正执行最近所宣传的将联合各大职能部门，完善学术机构、学术期刊监测机制，加强科研学术领域诚信建设与联合奖惩，对造假者依法律法规严肃处理，那么求真务实的科研环境和良好学术生态才能从根本上得到维护。

### （二）社会需要为研究者创造宽松适宜的舆论环境

媒体将韩春雨待论证的研究当作真理膜拜，将论文发表者捧上神坛，最后又在学术界未给出定论的情况下，给韩春雨扣上“造假”的帽子。媒体的相关报道只是整理已有资料与信息，未增加任何一手信息，未采访任何业界专家，因此媒体不能妄自判定成果级别及是否造假。如《成都商报》2016 年 9 月 6 日撰写的《〈自然〉已证实实验可重复但还有不确定因素影响实验结果》“盖棺定论”的文章就属杜撰。在履行监督责任时，媒体人需要习得报道科研类新闻的素养：科研论文只是一种想法、一种假说，距离成果还需反复验证；主动撤回论文是科学界的自我净化，体现了科学家的严谨态度。此外，有社会担当的媒体须避免营造“快速成名”的舆论环境。如 2016 年 5 月 21 日《中国新闻周刊》发表的《河北一副教授十年没发文章　一夜变成“诺奖级”科学家》这类严重违背事实、强调“一夜成名”的文章应杜绝。最重要的是，作为宣传窗口，媒体对国民具有强大的引导作用，因此须以社会观察者的姿态而不是“看热闹不嫌事大”的态度去报道事件。只有培养国民以客观、理性的态度看待科研论文的发表，才能为研究者营造客观理性、信任关怀、自由舒适的社会舆论环境。

### （三）国民需要以积极辩证的心态对待科研人员

对于韩春雨主动申请撤回论文的举动，我们还是应该给予称赞——此行为足以体现科学研究者的严谨态度。此外，面对最需要求真务实态度的科研领域，作为普通人我们还是应相信科学界会以科学态度对待科学问题，相信“科学共同体”的作用，不应听风就是雨，不能动不动就指责“造假”。要看到，我国依然有黄大年、屠呦呦、李保国等大量优秀的科学研究工作者长期以来淡泊名利、潜心研究。更须记住在“韩春雨事件”中顶着巨大压力，用实验、用实名维护科学正义的王立铭、李伟、王皓毅、魏文胜等 13 位中国生物学家。这些人用有扎实数据的评论，维护着中国科学界的脸面与责任，也让我们看到中国科技界有能力自行规范科研行为、净化科研环境。

必须强调，“韩春雨事件”所涉及的对韩春雨个人的讨论自始至终都仅存在于媒体舆论场，科学研究界从未对韩春雨个人进行任何质疑，即使是 20 位国内外科学家的联名质疑，也只针对学术研究本身。107 篇中国作者论文遭遇集中撤稿的事情，所涉及的科研道德问题远比“韩春雨事件”严重得多。

我们期待全社会科学精神的逐步养成以及中国科学昌盛的真正出现。

（黄　维）

# 第24章 “小龙虾”专业设置之争：走出象牙塔VS回归象牙塔

【**编者按**】“小龙虾”登堂入室，险些被收入学校的专业目录。“小龙虾”专业的设置是否科学合理？专业设置应走出象牙塔还是回归象牙塔？引发了人们对高等教育精英化和世俗化的再思考。

2017年2月，媒体曝光湖北省潜江市江汉艺术职业学院开设“小龙虾”专业，一时间舆论哗然，引起颇多争议。8月30日在教育部新闻发布会上，教育部职业教育与成人教育司领导称有些学校滥用自主权，设置专业时不参考专业目录，设置的专业很“奇葩”，“比如有的学校开出了龙虾专业，不能这样。”[①]随后9月初，有媒体再回访江汉艺术职业学院时，发现龙虾学院已更名为饮食文化学院，学院党办主任对媒体反复强调从未有过“小龙虾”专业，开设的“餐饮管理”等专业都出自教育部的专业目录，只是侧重点面向小龙虾产业，所谓的“小龙虾”专业是“媒体在炒作过程中，为了吸引眼球搞的噱头”[②]。

也就是说，从未存在过“小龙虾”专业，而此事件竟在2月下旬到9月中旬这近7个月的时间里屡次刷屏，引起了人们一轮又一轮的争议，这背后折射出了高教领域的哪些问题呢？

## 一、宣传的“噱头”炒作VS专业名称的科学严谨

此桩公案回溯源头，发现江汉艺术职业学院确实从未设过“小龙虾”

① 教育部回应开设龙虾等奇葩专业：要有科学性，不能误人子弟［EB/OL］. 澎湃新闻，2017-08-30.

② 湖北龙虾学院改名　称从未设立过“小龙虾专业”［EB/OL］. 上游新闻·搜狐号，2017-09-11.

专业。学院官网早在 2 月 15 日公布的《江汉艺术职业学院面向“潜江龙虾万师千店工程”单招简章》里就明确提出招生专业为“烹调工艺与营养(二年制)”“餐饮管理(二年制)”“市场营销(三年制)”,三个专业的确出自教育部公布的专业目录,只不过是学生培养面向的是龙虾产业,面向的是“潜江龙虾万师千店工程”①。2 月 22 日,湖北省高等学校招生委员会办公室官网——湖北招生信息网公布了这一消息。2 月 24 日,《长江日报》以《湖北一高校开设“小龙虾”专业》为题对此事进行了报道,文中称“‘小龙虾’今年起将走进湖北高校成为正式专业”②,由此,在各种媒体的转载中,本是面向龙虾产业的三个专业就被含混地统称为了“小龙虾”专业。

究竟是学校授意媒体进行“噱头”式炒作,还是媒体自身的哗众取宠,抑或是学校为了招生、媒体为了眼球而进行的一场合谋,公众不得而知,但可以肯定的一点是,在事件被广泛转载、舆论日益发酵后,作为当事方的江汉艺术职业学院从未出面澄清,可见学院当时对媒体的这一笔误还是乐见其成的,这种默许无形中又加深了公众对专业设置的误会。

“餐饮管理”等专业是否可以设置“小龙虾”专业方向呢? 2015 年教育部颁布的《普通高等学校高等职业教育(专科)专业设置管理办法》第十五条规定:“除国家控制的高职专业以外,高校可根据专业培养实际,自行设置专业方向,无须备案或审批。”③因此高职院校开设“餐饮管理”等专业,通过校企合作方式为当地培养面向地方特色产业的专业人才,无论这一产业是小龙虾、皮皮虾,还是土豆、胡萝卜,都不为过,但是在媒体的报道中,原本中规中矩的三个专业都不见了,而代之以“小龙虾”专业,其合理合法性自然引发争议。招生宣传可以适当张扬特色,但是将原本科学严谨的专业名称戏谑化,就有误导公众之嫌了。教育部职业教育与成人教育司领导对“小龙虾”专业的批评也着眼于此,“如果你做某一个培训、某一个项目、某一种学习,完全可以做,但是涉及专业,要维护它的

① 江汉艺术职业学院面向“潜江龙虾万师千店工程”单招简章[EB/OL]. 江汉艺术职业学院招生网,2017-02-15.

② 谯玲玲,巩平. 湖北一高校开设“小龙虾”专业[N]. 长江日报,2017-02-24(7).

③ 普通高等学校高等职业教育(专科)专业设置管理办法[EB/OL]. 教育部网站,2015-10-28.

科学性和严肃性。”①

## 二、专业设置的需求 VS 专业设置的科学

尽管是一场乌龙，但高职院校能否开设偏僻冷门的新专业还是引发了众多争议。假若真要开设这样的专业，首先要论证其合理性与科学性。

先来看合理性，2015 年 10 月，教育部颁布了《普通高等学校高等职业教育（专科）专业设置管理办法》，扩大了高职院校专业设置和调整的自主权。文件明确了设置专业必须满足专业设置可行性报告、人才培养方案、教师队伍、办学条件及相关制度等五方面的条件。教育部职业教育与成人教育司领导也称设置专业是学校的权利，学校有自主权，但学校应依法、依规自主设置专业。由此看来，只要满足专业设置的五大条件，并且经过相应程序的报备审批，开设新专业就是合理合法的。

再来看科学性，其实上文中的五大条件就已强调新专业设置的科学性——“要有可行性报告，要有科学的人才培养方案”②，除此之外，专业设置的科学性还体现在专业要有一定的延续发展性，专业开设要为学生负责、为社会负责，不能当下什么热就开什么专业，要充分考虑学生三四年后毕业时的现实状况，避免热潮散去后，学生面临就业难题，既耗费了公共资源，又误人子弟。另外，科学性还体现在专业名称上。一个新专业以什么样的名字命名，不仅关系到公众对该专业的认知，更关系到学生未来的求职就业，对一些将来准备进修考研或者考公务员的学生而言，专业名称更是影响深远，近年来因专业名称不符而被取消公务员面试资格的事件屡见报端，因此为新专业取一个什么样的名字，是一件慎之又慎、不容半点马虎的事情。

因此，如果论证了其合理性及科学性，高职院校开设新专业也未为不可，只是名字需细细考究，像“小龙虾”这样的名字就有简单、粗暴、不科

① 教育部回应开设龙虾等奇葩专业：要有科学性，不能误人子弟[EB/OL]. 澎湃新闻，2017-08-30.

② 普通高等学校高等职业教育（专科）专业设置管理办法[EB/OL]. 中华人民共和国教育部网站，2015-10-28.

学之嫌。

## 三、高等教育的精英化 VS 世俗化

在这起专业名称乌龙事件中,有些评论并不关注专业本身科学与否,只是认为“小龙虾”专业听起来不像大学专业,不够高大上,谓之“奇葩”。显然,很多人还以精英化的眼光来看待今天的高等教育。

有数据显示,2017 年很多省市高考总录取率达到 80% 以上,高校毕业生人数逼近 800 万。这表明高等教育已经走下神坛,从以前的精英教育转变为大众化教育。教育的目的也应随之转化,如何培养合格人才并且保障学生毕业后在竞争激烈的就业市场中找到合适的工作岗位,已然成为大多数高等院校面临的首要任务。因此,能不能让学生学有所长,有没有好的就业率,就成了大众化、世俗化背景下评判高等教育成功与否的一个重要标准。

再者,高等教育也是分层次的,除了传统意义上大众认知的普通本科教育,高职教育也是高等教育的重要组成部分。国家教育发展研究中心将中国高等学校分为 4 种类型:研究型大学、教学研究型大学、教学型本科院校、高等专科学校和高等职业学校。4 类高校人才培养层次和培养目标都不同,不应用同一个评判标准等量齐观,不应以大学本科的人才培养与评判标准来要求高职高专院校。高职高专院校主要为了满足当地经济建设及社会发展的需要,在专业设置上较为灵活,因此要正视高职高专院校人才培养的特殊性,不能盲目地将所有高等教育一概而论。

江汉艺术职业学院作为地方高职院校,满足地方经济发展、根据当地经济特色开设相关专业也是其服务于地方的应有之义。学院所在地潜江特产之一便是小龙虾,是湖北乃至全国著名的小龙虾生产和出口基地。“据不完全统计,2016 年全省各类小龙虾养殖、加工、流通、餐饮等综合产值达到 723.33 亿元。湖北全省打着‘潜江龙虾’金字招牌的餐饮企业超过 2 万家,全省每年需要至少 5 万名小龙虾烹饪师、职业经理人、厨政管理师”[①]。当

① “小龙虾专业”并非瞎折腾[N]. 北京日报,2017-03-01(15).

地特色产业——龙虾产业急需大量的专业人才，高职院校培养此类人才恰好能解人才紧缺的燃眉之急。而关于学生的就业问题，此次江汉艺术职业学院在单招简章里明确提出，学生入学签订“就业三方协议”（用人单位、学生、学校），毕业时由潜江市龙虾产业发展局、潜江市虾府餐饮管理公司、潜江市楠鼎众创空间服务公司按“潜江龙虾万师千店工程”工作要求及协议妥善安置工作①。

因此即便真的开了“小龙虾”专业，如果此专业是高职院校经过严密调研、论证后开设的，并且能有力促进地方经济发展，还能保障学生毕业后有一份收入不错、颇有前景的工作，也未尝不可。新专业的开设、专业名称的调整都应是顺应时代发展，不断与时俱进的。

综上所述，尽管“小龙虾”专业是一起彻头彻尾的乌龙事件，但是在关于它的争论过程中还是暴露出了诸多问题，诸如宣传的戏谑化、专业设置的科学与否、高职院校教育功能认知等；而这些问题和纷争的曝光也将有助于我们进一步理解并推动高职教育的发展。

（刘立荣）

① 江汉艺术职业学院面向“潜江龙虾万师千店工程”单招简章[EB/OL]. 江汉艺术职业学院招生网，2017-02-15.